本书获得以下项目资助

西南民族大学中央高校建设一流学科及引导专项资金项目
"中国史一级学科建设经费"

米哈伊尔·普塞洛斯
《编年史》研究

Studies on the Chronographia
of Michael Psellos

赵法欣　著

中国社会科学出版社

图书在版编目（CIP）数据

米哈伊尔·普塞洛斯《编年史》研究 / 赵法欣著.
北京 ：中国社会科学出版社，2024. 11. -- ISBN 978-7-
5227-4448-3

Ⅰ. K134

中国国家版本馆 CIP 数据核字第 2024CD8391 号

出 版 人　赵剑英
责任编辑　安　芳
责任校对　张爱华
责任印制　李寡寡

出　　　版　中国社会科学出版社
社　　　址　北京鼓楼西大街甲 158 号
邮　　　编　100720
网　　　址　http://www.csspw.cn
发 行 部　010-84083685
门 市 部　010-84029450
经　　　销　新华书店及其他书店

印　　　刷　北京明恒达印务有限公司
装　　　订　廊坊市广阳区广增装订厂
版　　　次　2024 年 11 月第 1 版
印　　　次　2024 年 11 月第 1 次印刷

开　　　本　710×1000　1/16
印　　　张　19
字　　　数　275 千字
定　　　价　108.00 元

序

赵法欣的书终于要出版了，我找出他的原稿电子版，那已经是十多年前博士毕业论文答辩时完成的。比较起来，他围绕这本书进行了更多研究，对许多问题形成了更深入的看法，也发表了不少文章，因此新书内容更加充实，学术价值也更大了。

本书聚焦的米哈伊尔·普塞洛斯不仅是其所在时代而且是拜占庭文学史上非常杰出的文人，他的这部作品《编年史》也相当重要。这要从两个方面来说。首先，《编年史》涉及的这个历史时期被称为拜占庭帝国"黄金时代"的巅峰，学界对马其顿王朝治下的帝国内政外交点评甚多，虽然褒贬有别，但还是以赞誉为主，这里不赘述。其中最值得注意的是，以皇帝专制统治为核心的帝国中央集权体制到这个时期已经大体经历了五百年的发展，其自身的"功力"在释放出最后的余晖之际也开始衰败，帝国呈现出盛世之后迅即颓废的态势。事实上，6 世纪查士丁尼一世在早期皇帝们确定的拜占庭中央集权制帝国建设基础上，完成了他们共同的历史使命，将拜占庭帝国推向第一个隆盛时期，也被称为"第一黄金时代"。从那以后，拜占庭军区制改革自上而下地调整了中央和地方的权力结构，更有效地调动整个帝国的人力和物力资源，促使帝国逐步发展到马其顿王朝的"第二个黄金时代"。按照现代政治学逻辑思维，维系强国的三个要素，即成熟的国家、健全的法制和强有力的领导也适用于古代国家，说得有一定道理。然而，在皇帝专制统治下的拜占庭帝国，最高皇权的血亲世袭制度严重制约了进一步的发展，高度集权的重压不仅暴露出其制度性缺陷，而且将深藏的矛盾转变为无休止的宫廷内耗和帝国衰落。《编年史》完成于如此关键的转变时期，也生动地揭示出拜占庭帝国由盛而衰的内幕。

其次，这部《编年史》的全称为《十四位拜占庭统治者：米哈伊尔·普塞洛斯的〈编年史〉》，显然主书名是现代译者加上去的，添加的部分非常准确地抓住了该书详细记述 14 个帝王的特点。这一点也要说一说。综观大量的拜占庭史书，为皇帝作传的不少，但集中十多位皇帝生平于一本书的极少，可能仅此一例。或许普塞洛斯为了充分展开所涉半个多世纪的历史，以在位皇帝为其整部作品的框架，这多少有些类似于《史记》帝王本纪的写法。对此，英译者修特（E.R.A. Sewter）做出精练的评价："作为历史事件的亲身经历者，普塞洛斯这部回忆录本身的价值自然显而易见，其绝大多数内容真实可信，极富智慧与思想，此外它无疑还是一部艺术杰作。尤其是他生动描述事件的能力更是无人能及。对于人物性格的刻画栩栩如生，对心理活动的洞察入木三分。他的作品真实展现了拜占庭的生活，特别是宫廷生活的图景，在这一点上没有人可以超过他。"[1]作史重于皇帝似乎在拜占庭史家中并不鲜见，但关注众多皇帝个人及其在统治期间的表现则很少，普塞洛斯的这部作品是最突出的。很明显，他作为当时最杰出的文人，已经深刻地理解了皇帝专制统治对帝国兴衰的关键作用，换言之，他更清晰地看到帝国的命运系于皇帝个人的秉性和综合素质。用读者熟知的一句话表述就是："一言以兴邦，一言以毁国。"因此读者从《编年史》中读到的不是其他皇

---

① *Fourteen Byzantine Rulers: The Chronographia of Michael Psellus*, with an introduction by E.R.A.Sewter,Harmondsworth Penguin Books,1966,p.15.

帝传记中的歌功颂德，也不是千方百计的自我辩白，而是冷静地观察和点评。拜占庭知识分子类似于我国古代的"士"，他们也发挥着"谏官"的作用，也写出过像《资治通鉴》那样的作品。事有凑巧，《编年史》和《资治通鉴》差不多成书于同一年代，而两位编修人几乎同庚。不久后，流亡在尼西亚的拜占庭宫廷知识分子布雷米狄斯在其《皇帝的形象》一书中，为他的学生、皇太子塞奥多利描述了一位理想的开明君主的形象。他把君主的政治素质摆在首位，提出皇帝"是上帝派往人间的最高官员"，首先应关心臣民的利益，照顾百姓的冷暖，并以身作则，为臣民树立榜样，他苦口婆心规劝皇帝努力成为理想的开明君主，引导百姓到达尽善尽美的境界。这虽然与司马光提出"德才兼备"的立君选官标准不同，但也有异曲同工的效果。

在序言中说这些，无非是希望赵法欣和其他拜占庭研究中青年学者，继续努力，深入探讨拜占庭历史与文化深层次的问题，这些问题有些是深藏于令人眼花缭乱的表象之下的。作为中国的拜占庭研究者，我们应该充分发扬我国历史研究的优秀传统，持续强化拜占庭学专业化水平，为我国拜占庭学科方向的不断发展作出贡献。

陈志强 教授

于天赐园

2024 年 8 月 21 日

目　　录

绪　　论

一　选题意义与目的

1. 选题缘由与意义

本书选择以米哈伊尔·普塞洛斯的《编年史》为研究对象，主要基于以下几点原因：

首先，11 世纪是拜占庭帝国历史上一个重要的发展阶段，近年来关于该世纪的研究成为国际拜占庭学界广泛关注的热点之一。[①]拜占庭帝国在 11 世纪经历了许多重大的发展与变迁，对帝国后来历史的进程产生了深远影响。米哈伊尔·普塞洛斯（Μιχαήλ Ψελλός）的《编年史》（Χρονογραφία)恰是关于 11 世纪拜占庭历史最为重要翔实的一部史料，为我们研究拜占庭帝国 11 世纪的兴衰变迁提供了极为珍贵的素材。因此，通过深入研究《编年史》将有助于我们深化对这一时期拜占庭帝国历史发展变迁的认识。与此同时，普塞洛斯是 11 世纪拜占庭帝国历

---

① 关于 11 世纪拜占庭历史研究的最新成果，可参见 Βασιλική Ν. Βλυσίδου, επιμέλεια έκδοσης, *Η αυτοκρατορία σε κρίση (;): το Βυζάντιο τον 11° αιώνα (1025-1081)*, Αθήνα: Ε.Ι.Ε., 2003; Marc D. Lauxtermann and Mark Whittow, eds., *Byzantium in the Eleventh Century: Being in Between. Papers from the 45th Spring Symposium of Byzantine Studies, Exeter College, Oxford, 24-6 March 2012*, London and New York: Routledge, Taylor & Francis Group, 2017。

史上的一位重要人物，他长期活跃于拜占庭帝国的宫廷，积极参与帝国政治，可以说《编年史》正是他多年辅佐拜占庭统治者的经历总结，书中的一些内容在很大程度上反映出作者的某些政治理念。此外，普塞洛斯还是 11 世纪拜占庭文化史上首屈一指的大学者，在历史学、修辞学、哲学等方面都有高深的造诣。我们以其《编年史》为研究对象，可以在一定程度上总结出这位文化巨匠在史学创作方面的思想倾向，以及他作为政治家为我们研究 11 世纪拜占庭文化发展所提供的重要素材。

其次，近年来拜占庭学领域流行的新的研究视角，为重新解读普塞洛斯这部《编年史》提供了必要性和可能性。随着以卡日丹、柳巴尔斯基为代表的一批学者将人物形象的研究方法引入拜占庭学研究领域，[①]越来越多的学者开始关注拜占庭历史著作中的人物形象问题。根据这种新的研究方法，许多拜占庭历史作品被赋予了新的内涵。原本干枯晦涩的中世纪文献，开始逐渐凸显其文学、美学价值。具体到普塞洛斯的《编年史》，这种新方法的重要意义还远不限于此。总体而言，拜占庭历史作品是以帝王和统治阶层为主要记载对象的，传统的研究方法便是根据这些史学作品所提供的信息去还原这些人物的生平经历，然后对他们的历史功过做出评价。由此我们看到的拜占庭帝王基本上是他们作为政治人物的样态，而且研究者得出的某些结论往往趋于抽象化和理论化，缺乏与这些历史人物所处时代的呼应与共

---

① 笔者此处只列举若干最具代表性的著作：Alexander P. Kazhdan, "Der Mensch in der byzantinischen Literatur-geschichte", *Jahrbuch der Österreichischen Byzantinistik*, 28 (1979), pp.1-21; Alexander P. Kazhdan and Giles Constable, *People and Power in Byzantium: An Introduction to Modern Byzantine Studies*, Washington, D. C.: Dumbarton Oaks Center for Byzantine Studies, Dumbarton Oaks, 1982, pp.96-116; Alexander P. Kazhdan and Ann W. Epstein, *Change in Byzantine Culture in the Eleventh and Twelfth Centuries*, Berkeley/Los Angeles/London: University of California Press, 1985, pp.197-230; Jakov N. Ljubarskij, "Man in Byzantine Historiography from John Malalas to Michael Psellos", *Dumbarton Oaks Papers*, 46 (1992), pp.179-180; Jakov N. Ljubarskij, "New Trends in the Study of Byzantine Historiography", *Dumbarton Oaks Papers*, 47 (1993), pp.131-138。

鸣，因此这种解析方法具有一定的缺陷。普塞洛斯的《编年史》接续"执事"利奥的《历史》开始写作，记载了从瓦西里二世皇帝登基（976年）至米哈伊尔七世皇帝统治期间的史事（1078年前后）。该书紧紧围绕14位拜占庭统治者进行记述，为我们生动展现了他们的生平经历。因此，我们可以根据《编年史》提供的素材，按照这种新的解读方法，联系14位统治者所处的时空环境，勾勒出他们作为一个普通人的鲜活"形象"。我们这样做并不是为了否定他们的帝王身份，反之，通过了解一个帝王的所思所想、喜怒哀乐、生老病死，或许将有助于我们更好地理解11世纪拜占庭人的生活状态，从而达到重新解释这段历史的目的。

最后，国际学术界关于普塞洛斯在《编年史》中所体现的写作理念及思想立场的评价存在较大分歧，对其对待古典文化和基督教信仰的态度评价不一。表面上看，这部《编年史》中充斥着鲜明的基督教信仰的表白，但同时还有作者对古希腊、罗马作家大量的模仿，以及对古典知识的运用，经过深入解读我们会发现，普塞洛斯的作品中实际上具有了中世纪拜占庭帝国的人文主义倾向，这种倾向与后世文艺复兴时代流行的人文主义思想有许多不谋而合之处，但是我们也应该清楚地意识到两者之间所具有的本质区别。唯有这样，我们才能更加准确地评价这部史学著作，以及以普塞洛斯为代表的拜占庭知识分子的思想世界，进而更加客观地认识拜占庭史学在西方史学发展进程中所处的地位。

2. 关于"形象"的说明

本书中所涉及的"形象"一词，并非简单局限于它的字面含义，即一个人的外貌特征，而是借助这一概念来表达更为丰富的内容。具体而言，笔者不仅仅着眼于普塞洛斯对14位拜占庭统治者神情外貌或性格特征的描写，而是将视角扩大到这些人的学识、宗教情结、统治、癖好、疾病等多个方面，从而可以全面地重构每位统治者的整体

"形象"。

笔者这样的处理方法，是符合普塞洛斯这部《编年史》的特征的。普塞洛斯的叙述紧密围绕 14 位拜占庭统治者展开，与同时代的其他史学作品不同，他省略了那个时代许多重大的历史事件，更加关注刻画人物的外貌、性格、癖好等方面内容，而传统意义上作为写作重点的帝王统治术在《编年史》中只构成一个方面的内容。这种写作手法成为《编年史》与其他拜占庭历史作品最为显著的不同之处，因此许多学者都认为这更像是一位政治家的回忆录。[①]正是这种记述重点的不同，让笔者有可能沿着"形象"这条线索去收集归纳《编年史》一书所包含的主要信息，进而从这个角度展开研究。

二　资料分析与研究概况

1. 资料分析

笔者将本书中所使用的资料分成原始资料、二手资料和工具书三大类：其中原始资料以普塞洛斯的《编年史》为核心资料，同时参考其他十余种相关史料；二手资料包括专著和论文两类，主要是关于普塞洛斯及其《编年史》、拜占庭历史写作，以及 11 世纪帝国等相关问题的研究成果；工具书则包括拜占庭历史方面的百科全书以及各种语言和相关学科的词典等。

2. 相关史料述评

除了普塞洛斯的《编年史》外，本书还主要使用了其他 10 余种相关史料，其中拜占庭史籍包括：普塞洛斯的《悼母文》、"执事"利奥的《历史》、约翰·斯基利齐斯的《历史概要》《斯基利齐斯历史续编》、

---

① John B. Bury, "Roman Emperors from Basil II to Isaac Komnenos", in Harold Temperley, ed., *Selected Essays of J. B. Bury*, Cambridge [Eng.]: The University Press, 1930, pp.126-214.

米哈伊尔·阿塔里亚迪斯的《历史》、尼基弗鲁斯·布里恩纽斯的《历史素材》、安娜·科穆宁的《阿莱克修斯政事记》和约翰·佐纳拉斯的《历史纲要》；非拜占庭史籍主要有：艾德萨的马修的《编年史》、阿里斯塔克斯·拉斯蒂韦兹的《历史》，以及安条克的叶赫亚的《历史》。这 10 余种原始资料，既是普塞洛斯《编年史》的有益补充，同时也为我们深入了解 11 世纪拜占庭帝国的历史状况提供了更多的信息。笔者选取的这些史料既有拜占庭的，也包括非拜占庭作家的作品。笔者此处对这 10 余种史料的基本情况以及它们对《编年史》的补充价值做出简要的介绍与评价，力图说明出这些史料对普塞洛斯以及本书写作的价值。

　　（1）普塞洛斯的《悼母文》

　　普塞洛斯的《悼母文》（ἐγκώμιον）是作者为母亲塞奥多蒂所作的一篇葬礼演说，[①]大约写于 1054 年年末即君士坦丁九世统治末期，彼时普塞洛斯刚刚从拜占庭宫廷隐退至修道院不久。普塞洛斯在文中记述了母亲塞奥多蒂的家庭生活和修道生活。《悼母文》的重要价值在于作者时常将母亲与自己的教育经历和宗教方面的成长联系起来，这为我们了解普塞洛斯早年的经历提供了许多珍贵信息。此外，普塞洛斯在《悼母文》中还提及了他的父亲和姐妹，并且细致描述了他们去世的情景。然而，《悼母文》并非一篇自传性质的作品，[②]因为普塞洛斯虽然屡次提及自身，但基本上都是他少年时代的经历，关于普塞洛斯成年之后的内容则没有涉及，文中也没有提及他在拜占庭宫廷中任职的经历。[③]

---

① Michelle Psello, *Autobiografia: encomio per la madre*, testo critico, introduzione, traduzione e commentario a cura di Ugo Criscuolo, Napoli: M. D'Auria, 1989.

② *Mothers and Sons, Fathers and Daughters: The Byzantine Family of Michael Psellos*, edited and translated by Anthony Kaldellis, University of Notre Dame Press, 2006, p.30.

③ Psellos, *Encomium for his Mother*, in *Mothers and Sons, Fathers and Daughters*, pp.51-109.

（2）"执事"利奥的《历史》①

"执事"利奥（Λέων ο Διάκονος）950 年前后出生于小亚细亚的卡洛伊②，有学者将他与斯基利齐斯《历史概要》中的小亚细亚人利奥视作一人。③利奥年轻时便来到君士坦丁堡学习。970 年之后，22 岁的利奥出任执事，并于瓦西里二世登基（976 年）之后成为宫廷教士。986 年，利奥以执事的身份随军，并参与了瓦西里二世对保加利亚人的远征，可是拜占庭军队在这次远征中惨遭大败，利奥于撤退时险些被俘，最终侥幸逃脱。利奥的《历史》（Ιστορία）应该是在 992 年之后完成的，因为在该书第 10 卷中作者提及瓦西里二世重修圣索菲亚大教堂圆顶一事，该圆顶因 989 年一次地震而坍塌。④

利奥的《历史》是拜占庭帝国 10 世纪下半期最重要的史料之一。它主要记载了罗曼诺斯二世（Ρομανός Β′）、尼基弗鲁斯二世·弗卡斯（Νικηφόρος Φωκάς）和约翰一世·兹米斯基斯（Ιωάννης Τζιμισκής）三位皇帝在位期间的史事，最后一卷涉及瓦西里二世统治初期的若干内容。在简要叙述了罗曼诺斯二世的统治之后，利奥首先为我们详细记载了尼基弗鲁斯二世 960 年征讨克里特的胜利，以及随后他的兄弟利奥·弗

---

① 关于"执事"利奥的《历史》，可参见以下作品：Νικόλαος Μ. Παναγιωτάκης, *Λέων ο Διάκονος. Α′ Τα Βιογραφικά. Β′ Χειρόγραφα και Εκδόσεις*, Αθήνα, 1965; Αθανάσιος Μαρκόπουλος, «Ζητήματα κοινωνικού φύλου στον Λέοντα Διάκονο», στον *Ενθύμησις Νικολάου Μ. Παναγιωτάκη*, εκδ. Γ. Μ. Σηφάκης, Ηράκλειο: Πανεπιστημιακές εκδόσεις Κρήτης, 2000, pp.475-493; L. Hoffmann, "Geschichtsschreibung oder Rhetorik? Zum logos Parakletikos bei Leon Diakonos", in M. Grünbart, ed., *Theatron: Rhetorische Kultur in Spätantike und Mittelalter*, Berlin: De Gruyter, 2007, pp.105-139; Martin Hinterberger, "Envy and Nemesis in the *Vita Basilii* and Leo the Deacon: Literary Mimesis or Something More?", in Ruth Macrides, ed., *History as Literature in Byzantium. Papers from the Fortieth Spring Symposium of Byzantine Studies, University of Birmingham, April 2007*, Farnham, Surrey, England; Burlington, VT: Ashgate, 2010, pp.187-206。

② Απόστολος Καρπόζηλος, *Βυζαντινοί Ιστορικοί και Χρονογράφοι*, τόμος Β′ (8ος-10ος αι.), Αθήνα: Εκδόσεις Κανάκη, 2002, pp.475-476.

③ *Ioannis Skylitzae Synopsis Historiarum*, 3.28, p.3; cf. Alexander P. Kazhdan, *A History of Byzantine Literature: (850-1000)*, edited by Christine Angelidi, Athens: Institute for Byzantine Research, 2006, p.278.

④ 参见 Herbert Hunger, *Βυζαντινή Λογοτεχνία. Η λόγια κοσμική γραμματεία των Βυζαντινών*, τ. Β′, Μτφρ. Ταξιάρχης Κόλιας, Αθήνα: Μ.Ι.Ε.Τ., 2007, pp.181-182。

卡斯在帝国东部省区的战争。接下来，利奥的目光转向巴尔干半岛，详细描述了约翰一世率领拜占庭军队与保加利亚人和罗斯人在那里展开的斗争。在《历史》的最后一卷中，利奥记载了瓦西里二世皇帝继位初期巴尔达斯·弗卡斯和巴尔达斯·斯科利洛斯叛乱的情况。因此，利奥的《历史》可以作为普塞洛斯《编年史》的补充，它为我们了解瓦西里二世的统治提供了更多的信息。

利奥《历史》的标准版出版于 19 世纪 20 年代末，编辑者是德国著名文献学家哈希。该版本考订精良，并且配有大量的注释和准确的拉丁文翻译，在学术界享有盛誉，长期以来一直为各国研究者所青睐。[1]雅典大学文献学系教授、著名拜占庭学专家马尔勾布鲁斯秉承其先师帕纳尤达基斯教授遗志，近年来一直致力于《历史》一书新版的整理。马尔勾布鲁斯在巴黎手稿的基础上结合埃斯库列尔手稿以为补充，修订了许多原来的拼写和断句。我们希望这部凝结着两代学者心血的新版《历史》可以早日出版。

迄今为止，利奥的《历史》已经有多个译本，包括罗列托的德文译本（1961 年）、科佩连科的俄文译本（1988 年）、卡拉利斯的现代希腊文译本（2000 年）[2]，以及邦杜和格雷洛瓦的法语译本（2014 年）[3]。笔者主要参考的塔尔伯特和苏利文的英文译本出版于 2005 年，该译本不仅翻译准确，而且附有大量的注释，有些是对史实或专有名词的考订，有些则是对其他相关史料的参照与补充。因此，这个译本囊括了截至其出版时关于利奥《历史》以及 10 世纪拜占庭史研究的最新成果，具有

---

① *Leonis diaconi Calonsis Historia libri decem: et liber de Velitatione Bellica Nicephori August*, e recensione Caroli Benedicti Hasii, Bonnae: Impensis Ed. Weberi, 1828.

② Leonora Neville, *Guide to Byzantine Historical Writing*, Cambridge: Cambridge University Press, 2018, p.126.

③ Léon le Diacre, *Empereurs du Xe siècle*, présentation, traduction et notes par René Bondoux et Jean-Pierre Grélois Paris: ACHCByz, 2014.

极高的学术价值。①

（3）约翰·斯基利齐斯的《历史概要》②

关于约翰·斯基利齐斯（Ιωάννης Σκυλίτζης）的生平经历，我们目前掌握的信息十分有限。大体上可以确定的是，他出生于 11 世纪中期，③卒年大约在 12 世纪初期。根据另一位拜占庭历史学家乔治·凯德利诺斯（Γεώργιος Κεδρηνός）④的记载，斯基利齐斯出生于小亚细亚的色雷西安军区，某位匿名注释者为一份 14 世纪初的手稿所写的批注证明了这一点。⑤斯基利齐斯曾经获得很高的头衔（κουροπαλάτης και δρουγγάριος της βίγλης），但除此之外关于这位历史学家我们再无更多其他的信息。

斯基利齐斯的《历史概要》（Σύνοψις Ιστοριών）意在接续《塞奥

① *The History of Leo the Deacon: Byzantine Military Expansion in the Tenth Century*, introduction, translation, and annotations by Alice-Mary Talbot and Denis F. Sullivan, Washington, D.C.: Dumbarton Oaks Research Library and Collection, 2005.

② 关于斯基利齐斯的《历史概要》，可参见以下作品：Catherine Holmes, "The Rhetorical Structures of John Skylitzes' Synopsis Historion", in Elizabeth Jeffreys, ed., *Rhetoric in Byzantium: Papers from the Thirty-fifth Spring Symposium of Byzantine Studies, Exeter College, University of Oxford, March 2001*, Aldershot: Ashgate, 2003, pp.187-199; Theoni Sklavos, "Moralising History: The Synopsis Historiarum of John Skylitzes", in John Burke et al., eds., *Byzantine Narrative: Papers in Honour of Roger Scott*, Leiden; Boston: Brill, 2006, pp.110-119; Emma Strugnell, "The Representation of Augustae in John Skylitzes Synosis Historiarum", in *Byzantine Narrative: Papers in Honour of Roger Scott*, pp.120-135; Ειρήνη-Σοφία Κιαπίδου, *Η «Σύνοψη ιστοριών» του Ιωάννη Σκυλίτζη και οι πηγές της (811-1057). Συμβολή στη βυζαντινή ιστοριογραφία κατά τον ΙΑ΄ αιώνα*, Αθήνα: Εκδόσεις Κανάκη, 2010; Jean-Claude Cheynet, "Jean Skylitzès, lecteur des chroniqueurs du Xe siècle", in *Remanier, Métaphraser. Fonctions et Techniques de la Réécriture*, édité par Smilja Marjanović-Dušanić et Bernard Flusin. Belgrade: Faculté de philosophie, Université de Belgrade, 2011, pp.111-130.

③ Εύδοξος Θ. Τσολάκης, «Το πρόβλημα του Συνεχιστή της Χρονογραφίας του Ιωάννου Σκυλίτζη», *Ελληνικά*, 13 (1964), p.82.

④ 12 世纪拜占庭历史学家，生平不详，他作有《历史概要》一书，从创世一直写到 1057 年。该书是对伪西蒙、塞奥发尼斯以及乔治·哈马尔托洛斯等人作品的汇编，811 年之后的部分更是几乎照搬斯基利齐斯的作品。Alexander Kazhdan, editor-in-chief, *The Oxford Dictionary of Byzantium*, New York: Oxford University Press, 1991, p.1118.关于凯德利诺斯及其《历史概要》，可参见以下作品：M. Kokoszko, "Imperial Portraits in George Kedrenos' Chronicle", in Waldemar Ceran, ed., *Mélanges d'histoire byzantine offerts à Octawiusz Jurewicz à l'occasion de son soixante-dixième anniversaire*, Lódź: Wydawn. Uniwersytetu Łódzkiego, 1998, pp.151-163; Αλέξιος Γ. Κ. Σαββίδης, «Γεώργιος Κεδρηνός, ο υποβαθμισμένος βυζαντινός χρονικογράφος», *Βυζαντιακά*, 26 (2007), pp.209-220.

⑤ 参见 Απόστολος Καρπόζηλος, *Βυζαντινοί Ιστορικοί και Χρονογράφοι*, τόμος Γ΄ (11^{ος}-12^{ος} αι.), Αθήνα: Εκδόσεις Κανάκη, 2009, pp.239-240。

发尼斯编年史》而作，此书涵盖 811—1057 年间的历史事件，记载了从米哈伊尔一世到米哈伊尔六世 20 多位拜占庭统治者在位期间的史事。在涉及 811—944 年之间的部分，即截至罗曼诺斯一世统治时期，斯基利齐斯主要参考使用《塞奥发尼斯编年史续编》和约瑟夫·耶尼修斯（Ιωσήφ Γενέσιος）的《列皇纪》作为史料来源。关于尼基弗鲁斯二世和约翰一世，斯基利齐斯很可能与"执事"利奥使用了同一种史料，但同时斯基利齐斯也利用了另外一种反弗卡斯家族的材料。至于斯基利齐斯在撰写瓦西里二世之后的内容时使用了哪些材料，学术界尚无明确的结论。[①]

关于《历史概要》的写作时间，学术界有两种意见，一种将它确定在 1070 年，[②]另一种则认为是在 11 世纪末。[③]但是无论哪种意见，我们可以作为证据的材料都十分贫乏。

《历史概要》现行的标准版本是由图尔恩编辑整理的希腊文原文单行本，收录在"拜占庭历史资料大全"（Corpus Fontium Historiae Byzantinae）中。[④]另外，《历史概要》也有多种语言的译本，包括图尔恩的德文译本（1983 年、节译本）、弗吕桑的法文译本（2003 年）、穆苏拉斯和措拉基斯的两个现代希腊文译本（2005 年），以及沃尔特利的英文译本（2010 年）。[⑤]

与普塞洛斯的《编年史》相比，斯基利齐斯的《历史概要》具有以下一些特点：

首先，时间跨度更长，记述内容更为丰富。《历史概要》记载了将

[①] Καρπόζηλος, *Βυζαντινοί Ιστορικοί και Χρονογράφοι*, τόμος Γ′ (11ᵒˢ-12ᵒˢ αι.), pp.243-250.

[②] Werner Seibt, "Ioannes Skylitzes. Zur Person des Chronisten", *Jahrbuch der Österreichischen Byzantinistik*, 1/25 (1976), pp.81-85.

[③] Catherine Holmes, *Basil II and the Governance of Empire (976-1025)*, Oxford; New York: Oxford University Press, 2005, pp.85-89.

[④] *Ioannis Scylitzae Synopsis Historiarum*, recensuit. Ioannes Thurn, [CFHB 5], Berolini-Novi Eboraci: Walter de Gruyter, 1973.

[⑤] Neville, *Guide to Byzantine Historical Writing*, pp.158-159.

近两个半世纪的拜占庭历史，跨越阿摩利（820—867 年）和马其顿（867—1056 年）两个王朝。此外，《历史概要》一书所包含的内容十分丰富。作者认为以普塞洛斯为代表的同时代史学家们，仅仅局限于每个统治者在位多长时间或者谁继承谁登上皇位，忽略了许多更为重要的历史事件，因此这些人的作品对后代而言价值微乎其微。[①]于是在他的《历史概要》中我们可以轻易找到涉及拜占庭帝国宫廷政变、阴谋篡位、皇位更迭以及军事外交活动等方面的内容，而且各部分之间保持了篇幅上的平衡。[②]

其次，个人色彩相对淡薄。与普塞洛斯相比，斯基利齐斯要显得谦恭许多，他将写作的重点全部置于拜占庭帝国所经历的重大历史事件之上，而身为作者的他在《历史概要》中几乎从未出现过。

（4）《斯基利齐斯历史续编》[③]

顾名思义，该书是对斯基利齐斯《历史概要》的续写，涵盖 1057—1079 年间的历史事件。[④]关于该书作者是否就是同一个斯基利齐斯，学术界多有争论。总体上讲，该《续编》的内容是对阿塔里亚迪斯《历史》的摘要，然而却为一些重大历史事件提供了准确的日期，从而弥补了普塞洛斯《编年史》以及阿塔里亚迪斯《历史》在年代信息方面的不足。[⑤]《续编》的标准版是由措拉基斯整理出版的，[⑥]另外还有麦克吉尔等人

---

① Ιωάννου Σκυλίτση, *Χρονογραφία: νεοελληνική μετάφραση με τις μικρογραφίες του κώδικα της Μαδρίτης*, εισαγωγή, μετάφραση: Διονύσιος Ι. Μούσουρας, Αθήνα: Μίλητος, 2006, p.3.

② Hunger, *Βυζαντινή Λογοτεχνία*, τ. Β΄, p.212.

③ 关于《斯基利齐斯历史续编》可参见：Εὔδοξος Θ. Τσολάκης, «Το πρόβλημα του συνεχιστή της Χρονογραφίας του Ιωάννου Σκυλίτση», *Ἑλληνικά*, 18 (1964), pp.79-83; Ειρήνη-Σοφία Κιαπίδου, «Η πατρότητα της Συνέχειας του Σκυλίτζη και τα προβλήματα της: συγκλίσεις και αποκλίσεις από τη Σύνοψη Ιστοριών», *Ἐπετηρὶς τῆς Ἑταιρείας Βυζαντινῶν Σπουδῶν*, 52 (2004-2006), pp.329-362。

④ Hunger, *Βυζαντινή Λογοτεχνία*, τ. Β΄, pp.213-214.

⑤ Demetrios I. Polemis, "Notes on Eleventh Century Chronology (1059-1081)", *Byzantinische Zeitschrift*, 58 (1965), p.60.

⑥ *Η συνέχεια της χρονογραφίας του Ιωάννου Σκυλίτση*, εκδ. Εὔδοξος Θ. Τσολάκης, Θεσσαλονίκη: Ίδρυμα Μελετῶν Χερσονήσου τοῦ Αἵμου, 1968.

的英译本可供参考。①

（5）米哈伊尔·阿塔里亚迪斯的《历史》②

米哈伊尔·阿塔里亚迪斯（Μιχαήλ Ατταλειάτης）为普塞洛斯的同时代人，比后者年岁稍轻。关于阿塔里亚迪斯的生卒年代学术界多有争论，他的出生年代被确定在 1020—1030 年之间，而他的去世年代则有 1079 年和 1085 年两种意见。③根据现代学者的考证，阿塔里亚迪斯因为祖居阿塔里亚（Αττάλεια）而得名。他的父母后来迁居至君士坦丁堡，有学者认为阿塔里亚迪斯即出生于拜占庭帝国的都城。④阿塔里亚迪斯自幼研习法律，后来成了律师，大约在君士坦丁十世在位期间官至大竞技场和帷幕法官（κριτής του ιπποδρόμου και του βήλου）。他随后跻身元老的行列，并且以军营法官（κριτής του στρατοπέδου）的身份参与了罗曼诺斯四世的远征。除官运亨通外，阿塔里亚迪斯在经营理财方面也十分在行，他通过多种渠道在君士坦丁堡及其周围地区、莱代斯托斯和西林布里亚等地获得大量地产房舍，可谓富甲一方。⑤

---

① *Byzantium in the Time of Troubles: The Continuation of the Chronicle of John Skylitzes (1057-1079)*, Introduction, Translation, & Notes by Eric McGeer, Prosopographical Index & Glossary of Terms by John W. Nesbitt, Leiden: Koninklijke Brill NV, 2020.

② 关于阿塔里亚迪斯的《历史》，可参见以下作品：Alexander P. Kazhdan, "The Social Views of Michael Attaleiates", in Alexander P. Kazhdan and Simon Franklin, *Studies on Byzantine Literature of the Eleventh and Twelfth Centuries*, Cambridge: Cambridge University Press; Paris: Éditions de la Maison des Sciences de l'Homme, 1984, pp.23-86; Martin Hinterberger, "Φόβῳ κατασεισθείς: Τα πάθη του ανθρώπου και της αυτοκρατορίας στον Μιχαήλ Ατταλειάτη", in Βασιλική Ν. Βλυσίδου, επιμέλεια έκδοσης, *Η αυτοκρατορία σε κρίση (;): το Βυζάντιο τον 11ο αιώνα (1025-1081)*, Αθήνα: Ε.Ι.Ε., 2003, pp.155-167; Anthony Kaldellis, "A Byzantine Argument for the Equivalence of All Religions: Michael Attaleiates on Ancient and Modern Romans", *International Journal of the Classical Tradition*, 14 (2007), pp.1-22; Dimitris Krallis, *Michael Attaleiates and the Politics of Imperial Decline in Eleventh-century Byzantium*, Tempe, Arizona: ACMRS, 2012.

③ Καρπόζηλος, *Βυζαντινοί Ιστορικοί και Χρονογράφοι*, τόμος Γ΄ (11^{ος}-12^{ος} αι.), p.188.

④ Eudoxos Th. Tsolakis, "Aus dem Leben des Michael Attaleiates. (Seine Heimatstadt, sein Geburts-und Todesjahr)", *Byzantinische Zeitschrift*, 58 (1965), p.5.

⑤ 关于阿塔里亚迪斯的任职经历和财产情况，信息多保留在他为自己修建的修道院所写的《章程》（*Διάταξη*）中：Michael Attaleiates, "Rule of Michael Attaleiates for his Almshouse in Rhaidestos and for the Monastery of Christ Panoiktirmon in Constantinople", in John Thomas and Angela C. Hero, eds., *Byzantine Monastic Foundation Documents: A Complete Translation of the Surviving Founders' Typika and Testaments*, Washington, D.C.: Dumbarton Oaks Research Library and Collection, 2000, pp.326-376. 可另参见赵法欣《阿塔里亚迪斯〈章程〉中反映的 11 世纪拜占庭修道院世俗生活》，载许志伟主编《基督教思想评论》总第二十四辑，宗教文化出版社 2020 年版，第 105—119 页。

阿塔里亚迪斯最重要的著作无疑是他的《历史》(Ιστορία)。该书记载的内容正是作者所经历的时代,具体而言是从 1034—1079(或 1080)年间的历史事件。这部《历史》以一篇献给尼基弗鲁斯三世·博塔尼亚迪斯皇帝(Νικηφόρος Γ΄ Βοτανειάτης)①的《致辞》(λόγος προσφωνητικός)作为开始,字里行间充满赞誉之词。纵观整部《历史》,每位统治者在书中所占的篇幅十分不均,我们从中多少可以看出阿塔里亚迪斯对待他们的不同态度。1034—1057 年这一部分内容相对简短,即关于米哈伊尔四世、米哈伊尔五世、君士坦丁九世、塞奥多拉以及米哈伊尔六世五位统治者的记载,只有 50 多页(以波恩版为依据,第 7—59 页,全书正文共 322 页)。从 1057 年开始内容变得更为详细,具体而言,就是关于伊沙克一世·科穆宁和君士坦丁十世·杜卡斯两位皇帝的记载占据了 33 页内容(第 59—92 页)。内容最为丰富的当数 1067—1077 年这一部分,即涉及尤多西娅、罗曼诺斯四世、米哈伊尔七世和尼基弗鲁斯三世的部分(第 93—322 页)。②有学者认为该书最后一部分实际上是一篇为尼基弗鲁斯三世皇帝所作的颂词,完全按照拜占庭修辞学标准进行的创作。③

阿塔里亚迪斯的《历史》共有多个版本及译本。19 世纪的版本由贝克尔整理,收入著名的"拜占庭历史作品大全"并辅以精确的拉丁文翻译,该版本长期以来受到各国学者的广泛青睐。④近年来,西班牙学者

---

① 拜占庭皇帝,1078—1081 年在位。尼基弗鲁斯三世来自弗里吉亚的朗皮,可能与弗卡斯家族有亲缘关系。自从君士坦丁九世皇帝统治以来,尼基弗鲁斯便以将领的身份参加谋反活动。1077 年 10 月,尼基弗鲁斯在安纳托利亚举起反叛大旗,在突厥人的帮助下在尼西亚打败米哈伊尔七世皇帝的军队,并且于 1078 年 4 月 3 日进入君士坦丁堡继承皇位。尼基弗鲁斯三世毫无节制地封赏宠臣,令他不得不削减官员俸禄,同时将诺米斯马贬值。在他统治末年,突厥人侵袭君士坦丁堡郊区,帝国境内各地的反叛风起云涌,尼基弗鲁斯三世最终于 1081 年 4 月 4 日退位,隐退至修道院中。*The Oxford Dictionary of Byzantium*, p.1479.

② 参见 Hunger, *Βυζαντινή Λογοτεχνία*, τ. Β΄, p.203。

③ Μιχαήλ Ατταλειάτης, *Ιστορία*, μετάφραση-εισαγωγή-σχόλια, Ιωάννης Δ. Πολέμης, Αθήνα: Εκδόσεις Κανάκη, 1997, p.10.

④ *Michaelis Attaliotae Historia*, recognovit Immanuel Bekkerus, [CSHB 4], Bonnae: Impensis Ed. Weberi, 1853.

马丁和希腊学者措拉基斯先后将《历史》重新整理出版，并各自配以西班牙文译文和现代希腊语译文以及丰富的注释，于是越来越多的学者开始使用这两个新的版本。[①]另外，阿塔里亚迪斯的《历史》还有格雷瓜尔的法语译本（1958 年，节译本）、雅各布的土耳其语译本（1990 年）、波莱米斯的现代希腊文译本（1997 年）和卡尔戴利斯与克拉利斯的英译本（2012 年）。[②]

阿塔里亚迪斯完全依靠个人经历进行《历史》的写作，这一点作者在该书前言中便明确指出。此外，这本书也是紧紧围绕拜占庭统治者进行记述，这些特点都与普塞洛斯的作品十分类似。但是与普塞洛斯的《编年史》相比，阿塔里亚迪斯的《历史》仍然具备以下一些不同之处：

首先，记载的内容侧重 11 世纪后半期，即从尤多西娅摄政开始至尼基弗鲁斯三世统治的年代。由于斯基利齐斯的《历史概要》截止于米哈伊尔六世，这样一来，《历史》当中涉及伊沙克一世至米哈伊尔七世诸位统治者的内容，便可以很好地成为普塞洛斯《编年史》后半段内容的补充，为我们提供了大量可资比较和参照的素材。

其次，阿塔里亚迪斯虽然不像普塞洛斯那样着重记载拜占庭宫廷的政治生活以及各种阴谋诡计，但是他详于记述拜占庭帝国在 11 世纪与周边民族，尤其是与东方各族不间断的战争冲突，[③]从而为我们更加全面地了解 11 世纪拜占庭帝国历史的全貌提供了可能。

最后，阿塔里亚迪斯的某些观念与普塞洛斯不尽相同。比如阿塔里亚迪斯对一些军人出身的皇帝不乏赞美之词，并且高度评价战争中英勇

---

① Miguel Ataliates, *Historia*, Introducción, edición, traducción y comentario de Immaculada P. Martín, Madrid: Consejo Superior de Investigationes Científicas, 2002; *Michaelis Attaliatae Historia*, recensuit Eudoxos Th. Tsolakis, [CFHB 50], Athenis: Academia Atheniensis Institutum Litterarum Graecarum et Latinarum Studiis Destinatum, 2011.

② Neville, *Guide to Byzantine Historical Writing*, p.153.

③ Hunger, *Βυζαντινή Λογοτεχνία*, τ. Β΄, p.206.

无畏的行为。此外，他十分看重高贵的出身，将其视作一大幸事。除此之外，阿塔里亚迪斯将许多事件的原因归结为上帝的旨意，这点与普塞洛斯的观念有很大差异。[1]

（6）尼基弗鲁斯·布里恩纽斯的《历史素材》[2]

尼基弗鲁斯·布里恩纽斯（Νικηφόρος Βρυέννιος）是安娜·科穆宁公主的丈夫，阿莱克修斯一世皇帝的女婿。布里恩纽斯生于 1060 年前后，1097 年与安娜公主结婚。[3]他曾经协助阿莱克修斯一世防卫君士坦丁堡城墙，阻挡第一次十字军入城。在 1108 年阿莱克修斯一世与波黑蒙德的谈判中，布里恩纽斯的外交才能得以发挥。[4]1111 年布里恩纽斯被擢升为凯撒。[5]1115 年，他参加了阿莱克修斯一世与摩尼教派信徒的争论。翌年，布里恩纽斯又出现在波利波多斯战役中，他率领着右翼军向马利克·萨珊苏丹发起进攻。[6]阿莱克修斯一世去世（1118 年）后，在安娜公主及其母后伊琳妮·杜凯娜策划夺权的过程中，布里恩纽斯既没有支持也没有阻拦她们母女二人的行动。他在晚年时还辅佐约翰二世·科穆宁皇帝成功征讨安条克，但是返回君士坦丁堡后他便身染重病，不久之后去世。

布里恩纽斯的《历史素材》（Ὕλη Ἱστορίας）是一部未完成之作，涵

---

① Cf. Καρπόζηλος, *Βυζαντινοί Ιστορικοί και Χρονογράφοι*, τόμος Γ΄ (11ος-12ος αι.), p.196; Alexander P. Kazhdan, "The Social Views of Michael Attaleiates", in Kazhdan and Franklin, *Studies on Byzantine Literature of the Eleventh and Twelfth Centuries*, pp.23-86.

② 关于布里恩纽斯的《历史素材》，可参见以下作品: Antonio Carile, "La «Ὕλη ἱστορίας» del cesare Niceforo Briennio", *Aevum*, 43 (1969), pp.254-264; Elizabeth M. Jeffreys, "Nikephoros Bryennios Reconsidered", in Βασιλική Ν. Βλυσίδου, επιμέλεια έκδοσης, *Η αυτοκρατορία σε κρίση (;): το Βυζάντιο τον 11ο αιώνα (1025-1081)*, Αθήνα: Ε.Ι.Ε., 2003, pp.201-214; Κωνσταντίνος Δ. Σ. Παΐδας, «Πολιτική σκέψη και ηγεμονικό πρότυπο στη Ὕλη Ιστορίας του Νικηφόρου Βρυεννίου», *Βυζαντιακά*, 26 (2007), pp.177-189; Constantine D. S. Païdas, "Issues of Social Gender in Nikephoros Bryennios's Ὕλη Ἱστοριῶν", *Byzantinische Zeitschrift*, 101/2 (2008), pp.737-749; Leonora Neville, *Heroes and Romans in Twelfth-century Byzantium: the Material for History of Nikephoros Bryennios*, Cambridge: Cambridge University Press, 2012。

③ Hunger, *Βυζαντινή Λογοτεχνία*, τ. Β΄, p.218.

④ *The Alexiad of the Princess Anna Comnena*, trans. by Elizabeth A. S. Dawes, London; New York: Kegan Paul, 2003, 10.9, p.259; 13.11, p.348; Hunger, *Βυζαντινή Λογοτεχνία*, τ. Β΄, p.218.

⑤ Hunger, *Βυζαντινή Λογοτεχνία*, τ. Β΄, p.218.

⑥ *The Alexiad of the Princess Anna Comnena*, 14.8, pp.386-387; 15.4, pp.402-403.

盖 1070—1079 年的历史事件。《历史素材》共保留下来 4 卷，第 1、2卷写作于阿莱克修斯一世仍然在世之时，而第 3、4 两卷则完成于 1118年之后。书中主要记载了科穆宁、杜卡斯和布里恩纽斯等几个大家族的历史。[1]布里恩纽斯多方获取写作素材，他在书中大量引用普塞洛斯的《编年史》、阿塔里亚迪斯的《历史》、《斯基利齐斯历史续编》等作品中的内容，同时还使用了不少口传材料。[2]

　　布里恩纽斯的著作对省区各大家族的崛起予以了详细的记载，尤其是布里恩纽斯、科穆宁等家族。于是《历史素材》中的许多内容可以作为普塞洛斯《编年史》的补充，为我们更为全面地了解杜卡斯家族统治时期的历史提供了珍贵信息。此外，布里恩纽斯以省区大家族成员的身份进行写作，在立场和观点上、在视角与材料的选取上自然与普塞洛斯有所不同，因此《历史素材》也有助于我们更为全面地了解 11 世纪后半期拜占庭帝国的历史发展。

　　布里恩纽斯的《历史素材》由戈捷整理出版，同时附有法文翻译，收入"拜占庭历史资料大全"中。[3]到面前为止，《历史素材》有格雷瓜尔的法文翻译（1953 年、1955—1957 年）、楚格利笃的现代希腊文译本（1996 年）和洛佩兹的西班牙文译本（2012 年）。[4]

　　（7）安娜·科穆宁的《阿莱克修斯政事记》[5]

　　安娜·科穆宁（Ἄννα Κομνηνή）是阿莱克修斯一世皇帝和伊琳

---

① Hunger, *Βυζαντινή Λογοτεχνία*, τ. Β΄, p.220.

② Καρπόζηλος, *Βυζαντινοί Ιστορικοί και Χρονογράφοι*, τόμος Γ΄ (11ος-12ος αι.), p.357.

③ *Nicéphore Bryennios Histoire*, introduction, texte, traduction et notes par Paul Gautier, [CFHB 9], Bruxelles: Byzantion, 1975.

④ Neville, *Guide to Byzantine Historical Writing*, p.172.

⑤ 关于安娜的《阿莱克修斯政事记》，可参见以下著作：Σοφία Αντωνιάτη, «Η περιγραφή στην Αλεξιάδα. Πως η Άννα Κομνηνή βλέπει και ζωγραφίζει πρόσωπα και χαρακτήρες», *Ελληνικά*, 5 (1932), pp.255-276; Georgina Buckler, *Anna Comnena: A Study*, London: Oxford U.P., 1968; Thalia Gouma-Peterson, ed., *Anna Komnene and Her Times*, New York; London: Garland, 2000; Penelope Buckley, *The Alexiad of Anna Komnene: Artistic Strategy in the Making of a Myth*, Cambridge: Cambridge University Press, 2014; Leonora Neville, *Anna Komnene: the Life and Work of a Medieval Historian*, New York, NY: Oxford University Press, 2016.

妮·杜凯娜皇后的长女，生于 1083 年 12 月 2 日。在其年幼之时，安娜便与米哈伊尔七世皇帝之子君士坦丁·杜卡斯订婚，但是由于后者早夭，这桩婚事便没有了结果。后来安娜与尼基弗鲁斯·布里恩纽斯结为夫妻。阿莱克修斯一世去世后，安娜试图夺取帝国的统治大权，但是被她的兄弟即后来的约翰二世挫败，之后安娜和母亲伊琳妮双双隐退至凯哈利托曼尼修道院（Κεχαριτωμένη）中寻求庇护。在此期间，安娜潜心于学术，广泛结交各地的学者。丈夫布里恩纽斯去世后，安娜心灰意冷，全心致力于《阿莱克修斯政事记》（Αλεξιάδα）的写作。安娜于 1153（或 1154）年去世，享年 70 岁余。[①]

《阿莱克修斯政事记》一共 15 卷，第一卷记述青年时代的阿莱克修斯在罗曼诺斯四世至尼基弗鲁斯三世几任皇帝统治期间的作为，第二卷主要围绕尼基弗鲁斯三世的退位以及阿莱克修斯登上皇位进行记载，在随后的各章中，安娜详细记述了阿莱克修斯一世在位期间的内政外交各种事件，包括他与塞尔柱突厥人和诺曼人的战争、约翰·伊塔洛斯事件、与佩臣涅格人和小亚细亚西岸埃米尔之战、镇压克里特与塞浦路斯的叛乱、与库曼人的战争、与第一次十字军之间的战与和、平息特拉比仲德的反叛等重大历史内容。安娜写作《阿莱克修斯政事记》时使用了多位拜占庭历史学家的作品，包括普塞洛斯、阿塔里亚迪斯、斯基利齐斯和布里恩纽斯等。她还广泛利用了各种文献、档案、书信以及个人的经历和亲属的叙述作为其历史写作的素材，并且从一些老兵那里得到历次军事行动的一手材料。[②]

尽管安娜写作的重心在于其父阿莱克修斯一世登基之后的内容，但是对阿莱克修斯皇帝登基之前的内容也有涉及，我们通过《阿莱克修斯政事记》可以获得许多关于 11 世纪下半期拜占庭帝国历史的重要

① Hunger, Βυζαντινή Λογοτεχνία, τ. Β΄, pp.225-229.
② Hunger, Βυζαντινή Λογοτεχνία, τ. Β΄, p.233.

信息，尤其是关于省区各大贵族势力与中央政权的斗争这一重要主题。

安娜的《阿莱克修斯政事记》有许多版本。进入 20 世纪以来，法国学者利卜的三卷本取代了先前 19 世纪的几个版本，一直为学者们长期使用。[①]直至近年，赖因施和甘比里斯结合新的手稿重新编辑出版了安娜的著作，该版收入"拜占庭历史资料大全"系列中。[②]另外，《阿莱克修斯政事记》还有多种语言的译本，如利卜的法文译本、道斯的英译本（1928 年）、康斯坦诺普洛斯的现代希腊文译本（1938 年）、柳巴尔斯基的俄文译本（1965 年）、希戴里的现代希腊文译本（1990 年/1991 年）、赖因施的德文译本（2001 年），修特和弗兰克潘的英译本（2009 年），[③]以及谭天宇、秦艺芯和李秀玲的两个中文译本（2017 年和 2018 年）。

（8）约翰・佐纳拉斯的《历史纲要》[④]

关于约翰・佐纳拉斯（Ιωάννης Ζωναράς）的生平经历，我们只知道他是 12 世纪的人，在阿莱克修斯一世皇帝统治期间出任高级官员（μέγας δρουγγάριος της βίγλης και πρωτασηκρήτις），其《历史纲要》（Επιτομή Ιστοριών）写作于作者隐退至普罗庞蒂斯的圣格里凯利亚修道院（Αγία Γλυκερία）期间。

佐纳拉斯的《历史纲要》以创世为开始，下限至 1118 年，即约翰二世皇帝（Ιωάννης Β΄ Κομνηνός）登基。法国拜占庭史学者迪康热（Du Cange，1610—1688 年）将佐纳拉斯的《历史纲要》分成 18 卷，每卷

---

① Anne Comnène, *Alexiade*, Texte établi et traduit par Bernard Leib, 3 vols., Paris: Les Belles lettres, 1937-1945.

② *Annae Comnenae Alexias*, recensuerunt Diether R. Reinsch et Athanasios Kambylis, [CFHB 40:1-2], Berolini: Walter de Gruyter, 2001; Καρπόζηλος, *Βυζαντινοί Ιστορικοί και Χρονογράφοι*, τόμος Γ΄ (11^{ος}-12^{ος} αι.), p.419.

③ Neville, *Guide to Byzantine Historical Writing*, p.180.

④ 关于佐纳拉斯的《历史纲要》，可参见以下作品：Iordanis Grigoriadis, *Linguistic and Literary Studies in the Epitome Historion of John Zonaras*, Θεσσαλονίκη: Κέντρο Βυζαντινών Ερευνών, 1998; Κωνσταντίνος Δ. Σ. Παΐδας, «Πληροφορίες για το δίκαιο του ασύλου στην Επιτομή Ιστοριών του Ιωάννη Ζωναρά», *Βυζαντινά*, 23 (2002-2003), pp.125-142; Christopher T. Mallan, "The Historian John Zonaras: Some Observations on His Sources and Methods", in *Sources et modèles des historiens anciens*, textes réunis et édités par Olivier Devilliers et Breno Battistin Sebastiani, Bordeaux: Ausonius, 2018, pp.353-366。

篇幅大致相同。①其中前 12 卷从创世一直写到君士坦丁大帝，其余 6 卷则是关于晚期古代和拜占庭帝国的内容。该书 1081 年以前的部分都是作者根据历代史料编写而成的，关于拜占庭帝国之前的部分，佐纳拉斯使用的文献材料包括《圣经》、希罗多德的《历史》、色诺芬的《大流士传》、弗拉维乌斯·尤瑟夫的《犹太古代史》《犹太战争史》、狄奥·卡西奥的《历史》，以及一部匿名的编年史作品。进入拜占庭帝国时期之后，佐纳拉斯更是使用了各种我们耳熟能详的拜占庭史学作品，包括尤西比乌斯、马拉拉斯、普罗柯比、塞奥发尼斯、斯基利齐斯、普塞洛斯等众多史学家的著作。②只有关于阿莱克修斯一世的那一部分才是佐纳拉斯根据亲身观察所写，因此也更具史料价值。

尽管佐纳拉斯《历史纲要》关于 11 世纪拜占庭帝国历史的记述，主要依据的是斯基利齐斯、普塞洛斯和阿塔里亚迪斯等人的作品，然而作者在其中经常加入自己的观点和评论，这些内容无疑有助于我们从不同的角度审视 11 世纪的历史和人物，因此笔者会时而以佐纳拉斯的著作作为补充，这将有助于丰富我们对 11 世纪拜占庭帝国的认识与把握。

佐纳拉斯的《历史纲要》有两个版本，分别是品德尔和比特纳-沃布版（1841—1897 年）③，收在"拜占庭历史作品大全"中，以及丁多夫版（1868 年）④。佐纳拉斯的《历史纲要》有三个译本，分别是特拉普的德文节译本（1986 年）、格里高利亚迪斯的现代希腊文译本（1999 年）以及班切奇和雷恩的英文节译本（2009 年）。⑤

---

① Hunger, *Βυζαντινή Λογοτεχνία*, τ. Β΄, pp.246-249; *The Oxford Dictionary of Byzantium*, p.2229.

② Καρπόζηλος, *Βυζαντινοί Ιστορικοί και Χρονογράφοι*, τόμος Γ΄ (11^{ος}-12^{ος} αι.), pp.469-486.

③ *Ioannis Zonarae Annales*, [CSHB 47-49], ex recensione Mauricii Pinder & Theodorus Büttner-Wobst, 3 Vols., Bonnae: Impensis Ed. Weberi, 1841-1897.

④ *Ioannis Zonarae epitome historiarum: cum Caroli Ducangii suisque annotationibus*, edidit Ludovicus Dindorfius, Lipsiae: In Aedibus B. G. Teubneri, 1868.

⑤ Neville, *Guide to Byzantine Historical Writing*, p.197.

（9）艾德萨的马修的《编年史》[①]

关于这位亚美尼亚历史学家马修（Մատթեոս Ուռհայեցի）的生平，我们掌握的信息十分稀少。马修的出生地应该就是艾德萨城，后来他在该城附近的一所修道院中生活。马修很可能于 1136 年前后去世，因为他的《编年史》结束于那年。马修的《编年史》（The Chronicle of Matthew of Edessa）涉及 10 世纪中期至 12 世纪中期大约两百年间的史事，根据材料来源的不同，他的著作可以分成三个部分：第一部分从 952 年至 1051 年，根据其他材料写成；第二部分从 1051 年至 1101 年，根据与马修同时代的见证人提供的素材写成；第三部分从 1101 年至 1136 年，是作者自身观察的结果。马修的《编年史》后来被续写至 1162 年，作者是某位格里高利神父。虽然马修的《编年史》主要内容都是关于亚美尼亚地区的历史，但是书中包含了不少拜占庭帝国的内容，尤其是作者对许多拜占庭统治者的评价与拜占庭史料有所不同，因此他的著作可以为我们研究 10—12 世纪的拜占庭历史提供某些补充性材料。[②]

（10）阿里斯塔克斯·拉斯蒂韦兹的《历史》[③]

阿里斯塔克斯·拉斯蒂韦兹（Արիստակես Լաստիվերցի）是 11 世纪亚美尼亚的历史学家，关于他的生平，信息十分零散。阿里斯塔克斯最主要的作品是《历史》，该书写作于 11 世纪 70 年代，主要记载了 1000—1071 年间的史事，其中许多内容涉及亚美尼亚与拜占庭帝国的关系，特别是关于拜占庭试图吞并亚美尼亚-格鲁吉亚的陶地区，以及关于 1071 年曼齐科特战役的情况。阿里斯塔克斯对拜占庭帝国的态度是矛盾的，他一方面哀叹外敌入侵给祖国亚美尼亚带来的各种灾难，但同时又

[①] 参见 The Oxford Dictionary of Byzantium, pp.1316-1317。

[②] Armenia and the Crusades, Tenth to Twelfth Centuries. The Chronicle of Matthew of Edessa, trans. from the Original Armenian with a Commentary and Introduction by Ara E. Dostourian, Lanham; New York; London: University Press of America, 1993, pp.1-16.

[③] 参见 The Oxford Dictionary of Byzantium, p.168。

指责亚美尼亚人自身的罪行而不是针对拜占庭人的罪恶。阿里斯塔克斯《历史》中提供的许多信息可作为拜占庭史料的有益补充。[①]

（11）安条克的叶赫亚的《历史》[②]

叶赫亚（Yahyā of Antioch）全名叶赫亚·伊本·赛义德·阿尔-安塔基，他本是埃及法蒂玛王朝的一名医师，属于阿拉伯正宗东方基督教徒（Melchite）；1015 年由于受到哈里发阿尔-哈基姆的迫害，叶赫亚移居至安条克定居，彼时该城属拜占庭帝国管辖。他去世于 1066 年前后。叶赫亚的《历史》开始于 938 年，但是由于流传后世的手稿版本众多，造成其书下限不一，但最迟不会晚于 1034 年。叶赫亚的《历史》根据多种材料撰写而成，包括拜占庭人的著作、当地基督教文献、穆斯林的材料以及档案、他人提供的信息和个人观察等。叶赫亚将记载的重心放置于拜占庭、叙利亚和埃及，除战争、政治和外交事务外，他还十分关注教会和教义争端，以及社会和经济发展、自然灾害等。此外，叶赫亚对保加利亚和罗斯的历史也十分重视，我们在其书中可以找到许多关于这两个民族的珍贵信息。叶赫亚的《历史》涵盖了马其顿王朝鼎盛时期的历史，由于作者的身份不同，因此他的记载和评论具有不同寻常的价值。[③]

叶赫亚的《历史》由克拉切科夫斯基和瓦西里耶夫整理出版，并辅以法文翻译，收录于"东方教父大全"系列，但是下限仅仅截至 1013 年。[④]另外佛尔西斯的博士学位论文《叶赫亚·伊本·赛义德·阿尔-安塔基的

① *Aristakēs Lastivertcʻi's History*, translated by Robert Bedrosian, New York: Sources of the Armenian Tradition, 1985.

② 关于叶赫亚的《历史》可参见 Marius Canard, "Les sources arabes de l'histoire byzantine aux confins des X et XIe siècles", *Revue des études byzantines*, 19/1 (1961), pp.300-311; F. Micheau, "Les guerres arabo-byzantines vues par Yaḥyā d'Antioche, chroniqueur arabe melkite du Ve /XIe siècle", in Michel Balard et al., eds., *EYΨYXIA. Mélanges offerts à Hélène Ahrweiler*, Paris: Éditions de la Sorbonne, 1998, pp.541-555。

③ *The Oxford Dictionary of Byzantium*, p.2213.

④ *Histoire de Yahya-ibn-Saʿïd d'Antioche*, continuateur de *Saʿïd-ibn-Bitriq* éditée et traduite en Français par I. Kratchkovsky et A. Vasiliev, *Patrologia Orientalis*, I, 18 (1924), pp.699-833; II, 23 (1932), pp.347-520.

拜占庭-阿拉伯编年史》是研究这部《历史》为数不多的专著，可惜尚未出版。[1]另外，叶赫亚的《历史》还有意大利文译本，由皮罗内翻译完成。[2]

另外还有塔伦的斯蒂芬的《世界史》、罗斯的《往年纪事》、克里莫纳的柳特普兰德的《出使记》等一批作品，这些史籍在不同程度上都记录了这个时期与拜占庭帝国相关的内容，为我们提供了许多珍贵的历史信息。但是限于篇幅，这些作品此处不一一介绍。

3. 研究概况

（1）国外研究

①关于普塞洛斯及其《编年史》的研究

关于普塞洛斯生平的概括性介绍，各国学者多有尝试，这些内容通常伴随着对作者其他方面问题的研究。此外，关于普塞洛斯《编年史》某一方面问题的专题研究，作品较多，主要涉及该书的手稿传承，普塞洛斯对古代作家作品的模仿，或是参照其他各种史料对书中某些人物记载的考订与重新评价等。笔者将一些代表性作品简要介绍如下：

第一，关于普塞洛斯的生平及其《编年史》的整体性介绍和评价。

对普塞洛斯及其作品（尤其是《编年史》）的详细介绍，我们首先可以在两部经典的拜占庭文学史、史学史中找到相关内容。

奥地利拜占庭学专家宏格尔的经典巨著《拜占庭世俗文学》是截至20世纪70年末关于拜占庭世俗作家作品最为重要的参考书目之一，读者可以在其中找到关于某位拜占庭作家及其作品的介绍，包含前代学者最具代表性的观点和作者自己的分析总结。宏格尔在该书"历史学"一

---

① John H. Forsyth, *The Byzantine-Arab Chronicle (938-1034) of Yaḥyā b. Saʿīd al-Antākī*, Ph. D. diss., University of Michigan, 1977.

② *Cronache dell'Egitto fāṭimide e dell'impero bizantino: 937-1033*, traduzione dall'arabo, introduzione e cura di Bartolomeo Pirone, Milano: Jaca book, 1998.

章中专门论述普塞洛斯及其《编年史》，对一些重要问题给出了精辟的阐释。作者详细介绍了普塞洛斯的生平、从政经历，将普塞洛斯与其辅佐的若干位拜占庭皇帝的关系细致梳理一番。随后，作者围绕《编年史》的一些基础性问题，如作品性质、内部章节划分及各章篇幅、写作时间、普塞洛斯对历史学的认识、自我主义和信仰等，进行分析论述。但是由于受篇幅所限，作者在某些问题上只是点到为止，并没有进一步深入引证分析。具体到《编年史》中的人物形象问题，宏格尔更是仅仅集中探讨普塞洛斯的写作手法等文学、美学层面的问题，没有将这些写作技巧的运用与普塞洛斯创作的时代背景有机结合，因此未能看到普塞洛斯如此写作的深层次原因。①

约阿尼纳大学的卡尔波齐洛斯教授的《拜占庭的历史学家和编年史家》是关于拜占庭历史学作品最新、最翔实的一套系列丛书。该系列的第三卷涉及 11 世纪和 12 世纪的拜占庭史家和相关作品，作者在书中用了三章的内容对普塞洛斯生平经历及其《编年史》，以及另一部在作者归属问题上有争议的《简史》予以论述。作者根据各种史料和当代学者的论著，系统还原了普塞洛斯的生平，重点在于普塞洛斯的从政经历，这部分内容实际上相当于一篇比较翔实的普塞洛斯的传记，填补了学术界长期以来的一项空白。就某些有争议的问题，比如普塞洛斯的去世年代，卡尔波齐洛斯也提出了自己的观点。随后，作者就普塞洛斯《编年史》的整体情况予以分析介绍，主要涉及手稿、内容、写作时间、写作手法、作品性质、特点、语言风格和客观性等问题，另外作者还专门分析了《编年史》末尾的那篇书信，认为他并非出自普塞洛斯本人之手，而是后来的抄写者加进《编年史》这部书当中的。最值得注意的是，作者专门利用一节的内容，全面论述普塞洛斯《编年史》的立场问题。②卡

---

① Hunger, *Βυζαντινή Λογοτεχνία*, τ. Β΄, pp.187-201.
② Καρπόζηλος, *Βυζαντινοί Ιστορικοί και Χρονογράφοι*, τόμος Γ΄ (11ος-12ος αι.), pp.59-112.

尔波齐洛斯的这部著作是迄今为止最新也是最为权威的关于拜占庭史学的论著，可以说在一定程度上增补并深化了宏格尔《拜占庭世俗文学》一书中关于史学部分的内容。

另外还有一些文章是对普塞洛斯及其《编年史》的综合性分析与评介，其中一些结论有助于深化我们对于作家作品若干问题的认识。

伦敦大学教授赫西在《拜占庭历史学家米哈伊尔·普塞洛斯》一文中对普塞洛斯《编年史》的定位是，在关于历史学家作用的观念和作者自身的心理洞察力方面，普塞洛斯是极为"现代"的；他那些生动的描写及其文学背景，给予时代和作者无与伦比的色彩。尽管带有浓郁的个人色彩，但是《编年史》远非一部回忆录，从其内容和体例上看，它不仅仅是一部编年史。普塞洛斯承认，他撰写这部历史的原因，在于担心自己所处时代发生的事情被后人遗忘，与此同时，他动笔的原因也来自各界人士的要求，其中最主要的是其挚友，后来的牧首利户迪斯。赫西认为，《编年史》可以分作两个部分：第一部分从瓦西里二世至伊沙克·科穆宁统治末期，即从 976—1059 年，这是真正应朋友所邀而作的；涉及从君士坦丁十世至米哈伊尔七世期间史事的第二部分，即从 1059—1078 年，则是普塞洛斯晚年为奉迎米哈伊尔七世所作，并且在作者死后与第一部分合并在一起。其中第一部分公开发表于利户迪斯离世之前、米哈伊尔·基路拉里欧斯葬礼演说之后，应该在 1059—1063 年之间；而第二部分应该创作于米哈伊尔七世在位期间，更准确地说是在 1075 年前后。另外赫西在文中还就普塞洛斯的风格、写作手法、政治观念、宗教观念予以一定的剖析。[①]赫西此文是关于历史学家普塞洛斯研究比较早期的成果，为后世学者们的深入研究提供了许多有益的借鉴；然而，要用一篇论文解决关于普塞洛斯及其《编年史》的诸多相关问题，似乎不

---

① Joan M. Hussey, "Michael Psellus, the Byzantine Historian", *Speculum*, 10 (1935), pp.81-90.

够，因而赫西的某些分析亟待进一步展开。

科里亚拉斯的《米哈伊尔·普塞洛斯》一文，分别从生平、学者（多产作家、人文主义者-基督徒、普塞洛斯对于古典和基督教传统的态度、民俗学兴趣）、哲学家、历史学成就、其他写作活动（古典和简单的语言形式、散文作家的品质）、其人（家庭、教学以及社会活动）、普塞洛斯的光辉与影响等几个方面，对普塞洛斯予以比较全面的介绍和评价。[①]

柳巴尔斯基的《米哈伊尔·普塞洛斯的人格与作品：关于拜占庭人文主义的研究》，是关于普塞洛斯及其主要作品的综合性研究，也是该领域的一部集大成之作。该书第六章第二、第三节专门针对普塞洛斯《编年史》的作品结构和书中人物进行集中论述。作者首先分析了《编年史》的性质，认为它兼具历史、编年史和回忆录多重色彩。普塞洛斯可以较为随意地组织材料，并且不断地令自己出现在作品当中，这些都与严格意义上的编年史作品不甚符合。可是普塞洛斯按照统治者划分各卷，以及其他一些特征，又使这部作品具有编年史的色彩。于是柳巴尔斯基决定从分析该作品的结构入手，进一步论证自己的观点。他首先通过君士坦丁八世传记的解析，得出这样的结论，即普塞洛斯在一篇传记当中可以使用多种叙述体例，时而遵循又时而打破历史事件的时间顺序。此外，普塞洛斯在每篇传记中大体遵循"四部曲"原则，即按照"登基""整体刻画""行为"和"死亡或削发"四个部分对每位统治者进行记述。进而柳巴尔斯基又将普塞洛斯的《编年史》与斯基利齐斯的《历史概要》进行对比，作者通过《历史概要》中对米哈伊尔四世传记的分析，认为斯基利齐斯完全按照年代顺序组织材料，甚至不惜将一些持续时间较长的历史事件分割成几部分处理，而且斯基利齐斯的笔触可以在君士坦丁

---

① Εμμανουήλ Κριαράς, «Ο Μιχαήλ Ψελλός», Βυζαντινά, 4 (1972), pp.55-128.

堡和拜占庭帝国各省区之间自由地转换，他的视角是整个拜占庭世界
（包括受其影响的保加利亚、罗斯等）而并非君士坦丁堡一个城市；另
外，斯基利齐斯极为关注各种自然现象和"奇迹"，我们在《历史概要》
中随处可见作者对地震、干旱、暴风雨、火灾以及圣人显圣的记载，所
有这些都完全符合编年史作品的特征。随后，柳巴尔斯基通过分析《编
年史》中米哈伊尔四世、伊沙克一世、瓦西里二世、罗曼诺斯三世和罗
曼诺斯四世等人的传记结构，指出普塞洛斯在每篇传记中所遵循的叙述
体例并非历史事件的年代顺序，而是主要人物性格变化的发展顺序。柳
巴尔斯基又将《编年史》与同时代史家阿塔里亚迪斯的《历史》进行比
较。按照这一思路，作者进而分析了普塞洛斯《编年史》中的人物描绘
手法，因为在柳巴尔斯基看来这是分析《编年史》一书的基础。[①]柳巴
尔斯基的研究方法和思路为笔者提供了许多有益的借鉴，然而笔者写作
和分析的重点以及最终的结论与他均有不小的区别。

第二，关于《编年史》的语言风格、修辞学手法等方面的研究。

这类作品多是从文学解析的角度，对《编年史》的语言风格与特色、
普塞洛斯的文学技巧等问题进行分析，这种将文学解读与史学研究相结
合的方式无疑可以拓展我们的视野，为我们重新解读普塞洛斯的这部史
学名著提供某些新的思路。

约翰逊的《君士坦丁八世和米哈伊尔·普塞洛斯：修辞学、事实和
拜占庭的衰落，1025—1028 年》一文，作者认为普塞洛斯虽然在《编年
史》中对于除瓦西里二世之外的统治者都持批评态度，对君士坦丁八世
的指责最为严厉。普塞洛斯笔下的君士坦丁完全是一个柔弱、懒散、懦
弱且残暴的人，整日沉溺于美食、喜剧、赛马、狩猎和骰子。君士坦丁

---

　　① Jakov N. Ljubarskij, *Η Προσωπικότητα και το Έργο του Μιχαήλ Ψελλού. Συνεισφορά στην Ιστορία του βυζαντινού ουμανισμού*, μετάφραση: Αργυρώ Τζέλεσι, Αθήνα: Εκδόσεις Κανάκη, 2004, pp.255-348. 该书俄语原文初版于 1978 年，具体信息如下：Я. Н. Любарский, *Михаил Пселл. Личность и творчество. К истории византийского предгуманизма*, М: Наука, 1978。

终日不理朝政，将国家大事交付给一群太监管理，皇帝仅仅通过贿赂的手段安抚边境的敌人，对自己怀疑的人则严厉镇压。即便是非常重要的皇位继承问题，君士坦丁直至临死的那一刻才匆忙做出了安排。但是作者对于普塞洛斯对君士坦丁的记载和评价提出疑问，并由此引发出重新评价同样是被普塞洛斯所强调的 11 世纪的衰落问题。作者大胆作出假设，认为普塞洛斯笔下君士坦丁的形象很有可能是受到狄奥笔下康茂德斯皇帝的启发，并且列举了种种相似之处，一个是马其顿王朝的最后男性继承人，一个则是安东尼王朝的末代君主。作者还指出普塞洛斯提到罗曼诺斯三世有意模仿马克·奥勒留皇帝。作者进一步通过比较《历史概要》中关于君士坦丁八世的记载，指出约翰·斯基利齐斯大体遵循普塞洛斯的框架和主旨，并未提供太多不同的信息。作者进一步指出，其他一些希腊文史料，如约翰·佐纳拉斯、米哈伊尔·格里卡斯、君士坦丁·马纳西斯等人的作品，也基本上借用普塞洛斯关于君士坦丁八世的论述，并无太多新意。然而一些东方史籍，包括阿拉伯、亚美尼亚和叙利亚文，却呈现给我们一个完全不同的君士坦丁八世的形象。安条克的叶赫亚·伊本-赛义德在君士坦丁八世统治时正值壮年，是埃及正宗东方基督教徒，可被视为用阿拉伯语写作的拜占庭史家，作者甚至认为叶赫亚的可信度高于斯基利齐斯。亚美尼亚史学家拉斯提维尔特的阿里斯塔基斯甚至将君士坦丁八世当作拜占庭皇帝的典范，从作者掌握拜占庭术语的情况来看，他很可能对拜占庭事务十分了解，因此不太可能选择一个臭名昭著的君士坦丁八世作为称赞的对象。艾德萨的马修在自己的作品中强调了君士坦丁八世对待罪犯的仁慈，并写到君士坦丁的死令整个国家为之悲伤。另外还有许多后代的叙利亚史家认为君士坦丁八世是仁慈的、慷慨的，是健康的原因令他在联合统治的年代甘愿退居幕后。作者最后指出，尽管存在这样的挑战，但是我们不能就此否定普塞洛斯笔下的君士坦丁八世的形象，亦不可简单地相信非希腊史料的记载。①

　　张伯伦的《米哈伊尔·普塞洛斯皇帝颂词的理论与实践：历史学与修辞学之间的平衡》一文认为普塞洛斯对于历史学和颂词两种体裁之间的区别有着明确的认识，普塞洛斯认为前者要求严格准确，而后者必须利用一切可以利用的材料，将它们装扮成可资赞扬的范例。在创作君士坦丁九世的颂词时，普塞洛斯遵循当时流行的修辞学标准。在进行历史写作时，普塞洛斯却面临着一种困境，因为他必须将此前称颂过的行为进行更为准确的记载，这无疑是一种矛盾。作者进而列举了普塞洛斯为君士坦丁九世创作的颂词及其《编年史》中三组相互矛盾的例子，包括对于皇帝性格的刻画、太监彼得的评价以及邹伊墓前的生长物，作者通过分析这几组表面的矛盾指出，在评判普塞洛斯作为历史学家（或者是颂词作家）的可信性的时候，我们必须时刻记住历史学和颂词创作两种不同文学体裁各自的规范。②张伯伦的文章以普塞洛斯笔下的君士坦丁九世皇帝为剖析样本，通过比较两种文学体裁下的不一致之处，指出普塞洛斯在创作颂词和历史学作品时各自遵循的原则。作者在文中的分析和方法有助于我们更为深入准确地解读普塞洛斯在《编年史》中对其他帝王的记载和评价。

　　洛里岑的《米哈伊尔·普塞洛斯〈编年史〉中的人物描写》是第一部专门研究该问题的系统性著作。作者认为普塞洛斯的哲学思维和知识深刻影响了他对《编年史》中诸多认为的描写，他以柏拉图哲学框架为基础来构建自己笔下的各类人物。另外，作者认为普塞洛斯在《编年史》中还大量使用了修辞学技巧，他同时广泛利用古典文献来增强书中的人物刻画。作者认为普塞洛斯写作《编年史》的核心不在于记录、解释历

---

　　① Gary J. Johnson, "Constantine VIII and Michael Psellos: Rhetoric, Reality and the Decline of Byzantium, A.D. 1025-28", *Byzantine Studies/Études Byzantines*, 9 (1982), pp.220-232.

　　② Ch. Chamberlain, "The Theory and Practice of Imperial Panegyric in Michael Psellus: The Tension between History and Rhetoric", *Byzantion*, 56 (1986), pp.16-27.

史事件，而是在于探究各种人物的性格及其成因。①洛里岑的著作将我们关于普塞洛斯《编年史》的认识坚实地向前推进了一大步，其关于普塞洛斯刻画历史人物的分析对本书的写作帮助颇多。

第三，关于《编年史》中体现的某种思想观念的研究。

这类作品通常深入探讨《编年史》中所展现某一个（或若干）方面的思想，比较常见的是分析普塞洛斯的史学思想，如加多林的《历史和社会理论：特别参照米哈伊尔·普塞洛斯的〈编年史〉、11 世纪的拜占庭和伊斯兰教伦理的相关章节》、斯沃波达的《关于米哈伊尔·普塞洛斯历史方法的若干评论》以及西库特里斯的《关于普塞洛斯的历史作品》等。当然，还有一些成果涉及作者的政治、宗教、哲学以及伦理等方面的观念，如哲莱布季奇的《米哈伊尔·普塞洛斯政治观念中的民主罗马》、库措亚诺普洛斯的《米哈伊尔·普塞洛斯的神学观念》等，这些作品可以帮助我们全方位提升关于《编年史》的整体性认识。

卡尔戴利斯在《普塞洛斯〈编年史〉的主题》一书涉及该书的各方面思想观念，作者在书中指出，很多学者将普塞洛斯的这部著作仅仅当作史料对待，他们满足于从中挖掘一些历史事实，以此还原 11 世纪拜占庭生活的画面，却很少有人将其视为一部文学著作，分析其语言、叙述结构，或是试图探寻作者的"世界观"。卡尔戴利斯认为，普塞洛斯在其《编年史》中运用高超的修辞学技巧掩盖了其革命性的政治观点，这种观点深受柏拉图政治哲学的影响，在本质上是反基督教的。作者明确指出，我们不能简单地将普塞洛斯视作虔诚的基督徒，仅仅因为他自己如此声明，或者简单地因为他本人就是拜占庭人。遵循这一思路，卡尔戴利斯重新解释了《编年史》一书所体现的普塞洛斯对于哲学的认识，以及如何回应政治和宗教权威对他造成的威胁。作者进而指出，《编年

---

① Frederick Lauritzen, *The Depiction of Character in the Chronographia of Michael Psellos*, Turnhout, Belgium: Brepols, 2013.

史》中许多内容前后矛盾和不统一，并非完全源自普塞洛斯的混淆和粗心大意，更多的则是作者有意掩饰自身意图，甚至是用讽刺、反语等文学手段来表达截然相反的意思。因此作者呼吁，必须运用全新的方法和视角重新解读这部史学著作。但该书有一点缺憾便是作者仅仅针对《编年史》的第一部分进行分析，没有将第二部分即第 7 卷纳入自己的研究范围。①

第四，关于普塞洛斯对后世拜占庭史家影响的研究。

普塞洛斯对后世一些拜占庭历史学家产生了不小的影响，这方面内容也得到了学者们的关注，此类作品主要有以下一些代表作，如兰普西迪斯的《作为佐纳拉斯〈历史概要〉材料的普塞洛斯的〈编年史〉》、克拉利斯的《作为米哈伊尔·普塞洛斯读者的阿塔里亚迪斯》、林内尔的《普塞洛斯的〈编年史〉和〈阿莱克修斯政事记〉：一些文字上的相似》等。

②关于拜占庭史学的研究

研究普塞洛斯的《编年史》，需要对拜占庭史学史，尤其是 10—12 世纪期间历史学发展的状况有比较深入的了解。下列作品从不同角度探究拜占庭历史写作的诸多相关问题，归结起来主要有以下几个方面：

第一，一般方法论问题，尤其是关于拜占庭历史文本的解读问题。

俄裔美籍学者雅科夫·柳巴尔斯基在该领域作出了突出贡献，他的一系列作品从根本上改变了我们对解读拜占庭史籍方法的认知。如在《拜占庭史学研究中的新趋势》一文中，作者援引了多位在拜占庭史学领域卓有建树的大学者的著述——如莫拉夫希克、宏格尔、斯科特、卡日丹、凯迈隆以及曼戈等，旨在突出近几十年来在拜占庭史学领域显现的新方法和新趋势。拜占庭史学研究已经由单纯的史料研究（Quellenforschung）

---

① Anthony Kaldellis, *The Argument of Psellos' Chronographia*, Leiden; Boston: Brill, 1999.

发展为语境研究（contextual investigation），即将特定的历史作品还原于其所属的历史背景，同时结合作者的生平和写作状况探讨相关问题，如世界观、写作手法、体裁编排等。作者还通过介绍斯科特对于安娜·科穆宁《阿莱克修斯政事记》、凯迈隆关于普罗科比的《战记》《秘史》《建筑》、卡日丹对于约翰·坎塔库齐诺斯《历史》的新近研究成果，以及对若干编年史的重新评价（如约翰·马拉拉斯、乔治·辛凯洛斯、"忏悔者"塞奥发尼斯等人的作品），来进一步证明这种转变趋势的日趋明显。拜占庭编年史家的创造性和博学，拜占庭史学作品与古典史学传统，文学批评方法在历史学研究中的有效应用，也在文章中被加以分析阐释。①

在《史料研究以及/还是文学评论：拜占庭历史写作中的叙事结构》一文中，柳巴尔斯基还探讨了将文学批评方法引入拜占庭文献研究的应用与适用性。《塞奥发尼斯编年史续编》、米哈伊尔·普塞洛斯的《编年史》、安娜·科穆宁的《阿莱克修斯政事记》和约翰·金纳莫斯的《历史》。作者特别强调，叙事结构方面或许可以打破各种界限，是一种可适用于解读各类拜占庭文献的方法。②

同样，柳巴尔斯基在《怎样阅读拜占庭文献？》一文中指出，对于拜占庭文献的认识和解读态度，学术界大体分为两派：一派以曼戈和阿弗林采夫为代表，主张拜占庭作家更为关注展示自身修辞学技巧，模仿古代作家，而并不十分在意描述历史事实，因此他们作品中可提供的历史信息便非常稀少且价值不大，而且不能仅仅从表面去判断。他们认为拜占庭文献是一部"哈哈镜"（曼戈语），与现实联系不大，拜占庭作家不能在作品中表达自己的情感与思想，现代读者也无法通过阅读他们的

---

① Jakov N. Ljubarskij, "New Trends in the Study of Byzantine Historiography", *Dumbarton Oaks Papers*, 47 (1993), pp.131-138.

② Jakov N. Ljubarskij, "*SO DEBATE. QUELLENFORSCHUNG* AND/OR LITERARY CRITICISM: Narrative Structures in Byzantine Historical Writings", *Symbolae Osloenses*, 73 (1998), pp.5-37.

作品来获知这些内容。另一派则主张现代学者需要通过透过表明深入拜占庭作品当中，从而探知拜占庭作家们的真实意图和主张。这一派的代表人物有卡日丹和柳巴尔斯基等人。作者进而以"执事"利奥的《历史》、米哈伊尔·普塞洛斯的书信和葬礼演说各一篇和尼基塔斯·侯尼亚迪斯的《历史》为样本，解析了拜占庭作家惯常使用的虚构和讽喻等文学技巧。因此，作者在文末强调，有必要运用不同的解读方法和视角去分析不同的拜占庭文学作品，同时应特别留意这些作品当中的弦外之音，因为这些弦外之音有可能才是这些作品中最有价值的部分。①

第二，中期拜占庭历史写作的转型问题。

9—11 世纪拜占庭历史写作的转型是一个国内学者普遍关注的话题，②对这一历史现象的准确把握无疑有助于我们认清普塞洛斯写作《编年史》的时代背景和文化氛围。马尔勾布鲁斯在就该主题曾发表过若干作品，他在《公元 1000 年末的拜占庭历史写作》一文中指出，拜占庭历史写作发展至 10 世纪末在类型上已经进入一个崭新的发展阶段。大量历史学作品的出现，包括《塞奥发尼斯编年史续编》、耶尼修斯的《列皇纪》、"大官"西蒙的《编年史》和"执事"利奥的《历史》，改变了 9 世纪下半期那种史学作品稀缺的局面。除了"大官"西蒙和伪西蒙的作品以外，其他历史学著作均呈现出一些不同于以往的特征，主要有以下四点：其一，严格地遵循年代进行记述的方法已经逐步让位于围绕某些个人的活动来进行创作，这些个人已经成为叙述的中心和历史学家们关注的焦点，他们的经历和命运在事先设定好的框架之内被加以叙述。其二，叙述重点的转变带来作品结构的变化，很多史学作品按照书中人物进行内部章节划分，这种新的结构为修辞学和文学技巧的有效运用提

---

① Jakov N. Ljubarskij, "How Should a Byzantine Text be Read?", in *Rhetoric in Byzantium*, pp.117-125.

② 参见陈志强总主编《拜占庭帝国大通史（1204—1461）》，江苏人民出版社 2023 年版，第 730—759 页。

供了更为广阔的空间。其三，这种新型结构的史学作品所关注的，不仅仅是对往昔好奇的满足，更重要的在于为现世生活树立值得仿效的理念、生活方式和模范。其四，强调主要人物的高贵出身，这种方法逐渐在 11 世纪以后成为定例。[①]马尔勾布鲁斯的分析论述，为我们更好地理解普塞洛斯的《编年史》乃至整个 11 世纪的拜占庭史学奠定了基础。

第三，拜占庭史学作品中的人物形象问题。

将人物形象解读的方法引入对拜占庭史籍的研究，应该将首创之功于亚历山大·卡日丹。他在《拜占庭文学史中的人》《拜占庭的人与力：当代拜占庭研究导论》《拜占庭文学史》（两卷本）等作品中运用年鉴学派所提倡的理论方法，注重以文学的方式对诸多拜占庭史学作品进行重新解读，并努力构建拜占庭史书中的重要历史人物形象。

柳巴尔斯基在很大程度上继承了卡日丹的研究方法，如在《拜占庭史学作品中的人：从约翰·马拉拉斯到米哈伊尔·普塞洛斯》一文中，他以史学作品中人物形象的角度为切入点，精辟分析论述了包括约翰·马拉拉斯的《编年史》、乔治·辛凯洛斯的《编年史》《塞奥发尼斯编年史》《塞奥发尼斯编年史续编》等多部史学作品中的人物形象特色，揭示出拜占庭史学作品中人物刻画手法从6世纪至普塞洛斯之前的整体变化趋势，具体而言就是人物形象从一开始的抽象单一日趋发展为丰满而真实。这项研究为我们更好地了解普塞洛斯《编年史》的史学特色和独到之处做了很好的基础工作。[②]

马克里迪斯在《历史作品当中的历史学家》一文中探讨了拜占庭史学家显身自己作品的问题，她重点关注普塞洛斯、安娜·科穆宁和乔治·阿克罗波利迪斯等几位拜占庭作家。马克里迪斯认为普塞洛斯在

---

① Athanasios Markopoulos, "Byzantine History Writing at the End of the First Millennium", in Paul Magdalino, ed., *Byzantium in the Year 1000*, Leiden; Boston: Brill, 2003, pp.184-185.

② Jakov N. Ljubarskij, "Man in Byzantine Historiography from John Malalas to Michael Psellos", *Dumbarton Oaks Papers*, 46 (1992), pp.177-186.

《编年史》中提及自身，大体可以分为两个方面：第一种类型是普塞洛斯在重大历史关头陪伴在统治者身边，撰写书信，记录宫廷备忘录，或者以使节的身份出使，比如米哈伊尔五世统治末年的君士坦丁堡民众起义或 1043 年罗斯人进攻君士坦丁堡等时刻。另外普塞洛斯还经常把自己说成是某些统治者的重要谋士，比如他与塞奥多拉女皇的往来，为米哈伊尔六世、伊沙克一世以及君士坦丁十世出谋划策等。第二种类型则是普塞洛斯提及自己写作历史的方法和原则。他多次声明自己写作历史并非严格遵循既有的历史创造方法，而是独自开发出一条所谓的"中间道路"。①

第四，拜占庭历史写作与古典史学的关系问题。

厘清拜占庭史学作品与西方古典史学的关系，一直是学者们关注的议题。包括普塞洛斯《编年史》在内的许多拜占庭史著都带有浓厚的古典史学色彩，因此，对该问题的梳理可以帮助我们更加准确地认清《编年史》的某些特色。如斯科特在《拜占庭历史作品中的古典传统》一文中认为，7 世纪之后拜占庭历史写作的方法与古希腊历史学家已经有根本的区别，拜占庭历史著作的显著特征从早先既已形成，对古代作家的模仿只不过是装饰拜占庭传统的一种方法，或者最多是在解释意图时增加其微妙之处；但是它并不会影响拜占庭人记录和解释过去的独特方式，因此这样的模仿并不能作为拜占庭史学作品具有古典传统的证据。斯科特以安娜·科穆宁的作品为例进行论证：安娜表明自己具有良好的古典知识，因此她的作品带有古代历史学家的特色，比如精细的前言、引用演说辞、偏离主题的内容，以及对于命运、偶然因素和命运的强调。但是安娜的作品仍与修昔底德和其他古典史家的著作类型不同，作者并非专指《阿莱克修斯一世政事记》的基督教特色。斯科特认为安娜并没有

---

① Ruth Macrides, "The Historian in the History", in C. N. Constantinides et al., eds., *Φιλέλλην, Studies in Honour of Robert Browning*, Venice: Istituto Ellenico, 1996, pp.205-224.

让基督教影响她对事件的解释，因为安娜更多的是从人的角度做出解释，只是将上帝的裁决视作加强其论点的方式。斯科特认为，真正有意义的区别，在于作者自身出现于作品之中，这种状况不仅仅局限于安娜一人，在其他许多拜占庭作家那里都出现过。相比于古典作家使自己与作品主题分离的倾向，拜占庭历史学家更愿意选择那些与自己相关的题材进行书写，并且他们写作是为了确保自己的观点能够得以正确地体现。另外，拜占庭史学作品还特别突出对于个人或者某些家族的重视，而不再像古典史学作品那样更为关注时代。作者希望找出拜占庭史学著作的特点，并驳斥宏格尔认为拜占庭史学家为了模仿古典著作而置史实于不顾的看法。[①]

③关于 11 世纪拜占庭帝国的研究

若想深入研究一部史学作品，必定要关注作家所生活的时代，因此我们还需要对 11 世纪拜占庭帝国的历史有较为充分的了解。但是由于涉及的内容过多，无法面面俱到，因此笔者仅将关注点限于下面几个方面，对这些问题的深入了解对本书的写作无疑有巨大的帮助和启示。

一是，关于 11 世纪拜占庭帝国的整体性研究，特别关注对这百余年的定位问题。

国际学界关于 11 世纪帝国历史的最大兴趣点之一，便是拜占庭帝国在这 100 年间究竟是走向全面的衰落还是经历了一场国家与社会的转型，这两种观念的交锋一直延续至今，热度未减。早在 20 世纪 50 年代，伦敦大学教授赫西在《11 世纪的拜占庭帝国》一文中便对 11 世纪的拜占庭历史作出了全新的评价。传统上认为，自 843 年起拜占庭帝国经

---

① Roger Scott, "The Classical Tradition in Byzantine Historiography", in Margaret Mullett and Roger Scott, eds., *Byzantium and the Classical Tradition: University of Birmingham Thirteenth Spring Symposium of Byzantine Studies, 1979*, Birmingham: Centre for Byzantine Studies, University of Birmingham, 1981, pp.61-75.

历了鼎盛—衰落—复苏—沦陷的历史发展过程，瓦西里二世去世、科穆宁王朝的建立以及 1204 年君士坦丁堡的陷落，都已成为这期间关键的历史分界点。赫西认为，普塞洛斯对君士坦丁九世以及安娜·科穆宁对阿莱克修斯一世的记载描述，在一定程度上有失偏颇，因而很容易影响后代学者们对这两个时代的评价。她认为拜占庭帝国在 1025—1204 年这近两百年间经历了几个重大的变化。内部表现为军区制瓦解，大地产主势力不可阻挡，小农利益受到冲击，"封建主义"迅速发展，诺米斯马贬值；对外则是三面受敌，北部巴尔干半岛是克罗地亚人、泽塔人和保加利亚人，东面是塞尔柱突厥人侵袭小亚细亚，致使这片地区从此丧失，西部则是诺曼人在南意大利和西西里的日渐强大。另外作者还具体分析了米哈伊尔·普塞洛斯、小西蒙、约翰·毛洛普斯等人的文化造诣。①

弗里奥尼斯在《拜占庭：11 世纪衰落的社会基础》一文中强调，土耳其民族在近东的出现使伊斯兰世界的力量重新壮大，从而加速了拜占庭政治力量在该地区的衰落。在诸多因素当中，弗里奥尼斯尤其侧重分析了 11 世纪拜占庭的内部斗争及帝国省区的民族—宗教冲突，并认为这两重因素是导致小亚细亚陷落的最根本原因。随后作者具体分析了这两个问题：首都官僚集团与行省军功大地产主的相互争斗消化了拜占庭帝国的实力，大地产家族势力的不断膨胀必然以自由小农的瓦解为代价，官僚集团漠视军队建设的行为则在很大程度上削弱了省区兵力，帝国无奈之下不得不依赖于各地的雇佣兵力量。与此同时，周边各民族却趁机日益发展壮大，其中小亚细亚的亚美尼亚人和叙利亚人最为突出，他们本为一性论派，与帝国查尔西顿正统信仰早有冲突，拜占庭中央政府的强迫改宗和残暴的宗教迫害，再加上隐藏在背后的民族和文化对抗，终

---

① Joan M. Hussey, "The Byzantine Empire in the Eleventh Century: Some Different Interpretations", *Transactions of the Royal Historical Society*, 4th series, 32 (1950), pp.71-85.

于使他们纷纷独立，有的甚至反戈导向土耳其人一边。[①]此文着眼于解释为何先前如此强大的拜占庭帝国在曼齐科特一役会有如此惨败，作者紧紧围绕设定主题展开论述，结论具有一定的说服力。

沙兰尼斯的《11世纪的拜占庭帝国》是为塞顿主编的《十字军史》第一卷所写的一章。作者首先肯定，瓦西里二世皇帝统治下的拜占庭帝国无论内政外交都显现出超强的稳定性。但是在他去世后不到60年的时间里，这些稳定的局面全都烟消云散了。帝国的军队败坏，内部秩序一片混乱，边境上的各个蛮族开始威胁帝国的安全。作者分别从外部敌人和内部混乱两大方面综合分析了拜占庭帝国在11世纪所面临的重重困境，进而以阿莱克修斯的上台与重整作为结束，并且为十字军运动的兴起留下了伏笔。[②]沙兰尼斯的文章是我们了解11世纪拜占庭帝国整体状况的有益参考，但或许是为了满足整部《十字军史》的需要，在评价拜占庭11世纪的衰落时，沙兰尼斯的某些论断显得有些过于夸大，而且已经有学者开始重新审视关于某些领域的结论。

近年来，国际学界出版了关于11世纪拜占庭帝国研究的两本论文集，分别是B.N.弗里西笃主编的《危机中的帝国（？）：11世纪的拜占庭（1025—1081）》[③]和D.劳克斯特尔曼与M.惠托主编的《11世纪的拜占庭》。[④]从文集的标题和内容我们可以看出，国际拜占庭学界对11世纪的认知也处在不断的变化中，从先前单纯地将该世纪视作危机时代，开始变为将其视作过渡阶段、转型时期。后一种评判或许更为符合11世纪在拜占

---

① Speros Vryonis, "Byzantium: the Social Basis of Decline in the Eleventh Century", *Greek, Roman and Byzantine Studies*, Vol. 2, 1 (1959), pp.159-175.

② Peter Charanis, "The Byzantine Empire in the Eleventh Century", in Kenneth M. Setton, general editor, *A History of the Crusades*, Vol. 1, *The First Hundred Years*, Madison: University of Wisconsin Press, 1969, pp.177-219.

③ Βασιλική Ν. Βλυσίδου, επιμέλεια έκδοσης, *Η αυτοκρατορία σε κρίση (;): το Βυζάντιο τον 11° αιώνα (1025-1081)*, Αθήνα: Ε.Ι.Ε., 2003.

④ *Byzantium in the Eleventh Century: Being in Between. Papers from the 45th Spring Symposium of Byzantine Studies, Exeter College, Oxford, 24-6 March 2012*, Edited by Marc D. Lauxtermann and Mark Whittow, London and New York: Routledge, Taylor & Francis Group, 2017.

庭帝国千余年历史上的应有地位吧。无论如何，这些文集中所收录的文章以及文集所代表的学术发展趋势值得我们关注，也为本书的研究提供了必要的支持。

二是，关于 11 世纪某些帝王的专项研究。

11 世纪的许多拜占庭帝王引起了学者们的广泛兴趣，这方面的人物专题研究主要有霍姆斯的《瓦西里二世及帝国统治（976－1025）》、史蒂芬森的《保加利亚屠夫瓦西里的传奇》、宏德利笃的《君士坦丁九世·莫诺马霍斯和他的时代（11 世纪）》、斯帕达罗的《米哈伊尔六世的罢免》、卡拉扬诺普洛斯的《帕拉皮纳基斯的小麦价格上涨》等。[①]

另外还有一些作品聚焦于某位帝王统治的时代，集中探讨 11 世纪帝国历史发展的若干问题。如安戈尔德在《帝国的恢复与东正教的反应：11 世纪的拜占庭》一文中以君士坦丁九世·莫诺马霍斯皇帝统治时期的复兴举措为分析对象。君士坦丁九世意在改革文官统治，但忽视了帝国军队的建设。他强调帝国权力的世俗化，并且以人文主义教育和民法作为巩固统治的基础。然而这样的治国思想却与君士坦丁堡当时盛行一时的神秘主义思潮发生抵牾，以东正教会为代表的反对派反复重申，在基督教社会中修道生活才是更高级的形式。基路拉里欧斯和克西菲利诺斯牧首甚至看到东正教正统信仰遭受了各个阵营的攻击，因此他们甚至不惜与皇帝唱反调也要捍卫东正教的正统性。这便解释了东正教信仰横扫一切基督教人文主义观念，成为基督教社会道德基础的原因了。但是它同样损害了皇帝的权威，因为皇帝无法将自己的

[①] Catherine Holmes, *Basil II and the Governance of Empire (976-1025)*, Oxford; New York: Oxford University Press, 2005; Paul Stephenson, *The Legend of Basil the Bulgar-Slayer*, Cambridge, UK; New York, NY: Cambridge University Press, 2003; Σταυρούλα Δ. Χονδρίδου, *Ο Κωνσταντίνος Θ' Μονομάχος και η εποχή του (ενδέκατος αιώνας μ.Χ.)*, Αθήνα: Ηρόδοτος, 2002. 另外，陈志强教授在其主编的《拜占庭帝国大通史》两卷本中，对 11 世纪的 15 位拜占庭帝王（从瓦西里二世至阿莱克修斯一世）分别列传，详见陈志强总主编《拜占庭帝国大通史（610—1057）》，江苏人民出版社 2023 年版，第 321—414 页；《拜占庭帝国大通史（1057—1453）》，江苏人民出版社 2023 年版，第 7—91 页。

观念强加于牧首之上。①此外，安戈尔德的这篇文章还为我们提供了一个新的视角去理解 11 世纪中期的某些历史现象，如君士坦丁堡教育的改革与发展、皇帝与牧首之间的争斗以及当权知识分子之间的冲突等。

三是，其他专题性研究。

国际学界对 11 世纪拜占庭的诸多历史问题予以较多的关注，由于涉及的作品较多，在此不一一列举。仅就政治史领域而言，比较经典的作品包括谢内的《从瓦西里二世到阿莱克修斯·科穆宁的拜占庭军事政策》、阿尔维勒的《9—11 世纪拜占庭帝国管理研究》、勒梅尔的《关于 11 世纪拜占庭的五项研究》等。再如弗里奥尼斯的一系列作品对 11 世纪的一些政治史问题进行了深入的研究，如他在《11 世纪拜占庭的 δημοκρατία 与行会》一文中集中论述了 11 世纪君士坦丁堡民众的政治参与。作者首先为我们澄清了 δημοκρατία 的概念，指出它是城市居民政治煽动和力量体现的有效途径。随后作者将论述的焦点集中于君士坦丁堡的行会，因为此前学者们的相关著述多关注于行会的经济活动或内部组织，而很少将它们与城市暴力结合起来加以考察。作者首先简要回溯了 11 世纪以前君士坦丁堡行会的政治活动、内部组织和活动地点等相关问题，进而指出伴随着德莫与竞技集团的重组和受到压制，行会——与教会一起——逐渐成为君士坦丁堡居民的主要组织形式，并且保留了参与都城政治生活的实力。随后作者结合 11 世纪的诸多史料，详细阐述分析了 11 世纪期间发生在拜占庭首都的若干次民众政治行为，包括米哈伊尔五世统治时期的暴动、伊沙克一世和君士坦丁十世依靠民众的支持而登基的历史事件。作者最后总结到，11 世纪君士坦丁堡的行会代替了之前的德莫与竞技集团，成为民众政治参与的途

---

① Michael Angold, "Imperial Renewal and Orthodox Reaction: Byzantium in the Eleventh Century", in Paul Magdalino, ed., *New Contantines: The Rhythm of Imperial Renewal in Byzantium, 4th-13th Centuries: Papers from the Twenty-sixth Spring Symposium of Byzantine Studies, St Andrews, March 1992*, Aldershot, Hampshire, Great Britain: Variorum; Brookfield, Vt., U.S.A.: Ashgate Pub. Co., 1994, pp.231-246.

径。因此这篇论文是我们了解 11 世纪君士坦丁堡政治生活的重要参
考，特别有助于我们深入了解拜占庭都城民众的政治参与活动。①

此外，弗里奥尼斯在《拜占庭皇权：11 世纪的理论与实践》一文
中指出，拜占庭的皇权理论在 4—6 世纪期间发展定型，此后基本上保
持不变。11 世纪拜占庭帝国所面临的内忧外患，导致皇权理论和实践
上一些最初的变化。然而伴随着阿莱克修斯一世登基并重新稳固帝国
的统治局面，这些新的发展势头被阻断，昔日理论上的标准和模式得
以保持。②

关于 11 世纪拜占庭帝国研究的另一个重要方面便是它的文化生活，
重要的代表作包括布朗宁的《11、12 世纪拜占庭的启蒙与抑制》、赫西
的《11 世纪拜占庭的苦行者与人文主义者》《拜占庭帝国的教会与文化：
867—1185》、卡日丹和爱普斯坦的《11、12 世纪拜占庭文化的变迁》、
基里亚基斯的《11 世纪君士坦丁堡的学生生活》、柳巴尔斯基的《知识
分子的倒台：11 世纪拜占庭的理性和道德氛围》等，这些作品对我们厘
清普塞洛斯《编年史》的文化渊源大有裨益。

（2）国内研究

国内学术界目前没有专门研究普塞洛斯的著作，但是在一些拜占庭
通史中有对这位拜占庭学者及其著作的介绍，比如陈志强教授在他撰写
或主编的一系列著作中对普塞洛斯的《编年史》做出了准确而精练的概
括，他认为该书虽名为编年史实为年代纪，并指出普塞洛斯在叙述中注
意从现实事物中寻找事件发生的原因，力图从人性的缺陷中追寻失败的

---

① Speros Vryonis, Jr., "Byzantine Δημοκρατία and the Guilds in the Eleventh Century", *Dumbarton Oaks Papers*, 17 (1963), pp.287-314.

② Speros Vryonis, "Byzantine Imperial Authority: Theory and Practice in the Eleventh Century", in *La notion d'autorité au moyen âge. Islam, Byzance, Occident: Colloques internationaux de La Napoule, session des 23-26 octobre 1978*, organisés par George Makdisi, Dominique Sourdel et Janine Sourdel-Thomine, Paris: Presses Universitaires de France, 1982, pp.141-161.

原因，而不是从神学的角度理解历史事件。①这些总结概括非常准确地把握住了普塞洛斯《编年史》的总体特征。另外笔者在国内学术期刊发表了关于普塞洛斯《编年史》的论文数篇（详见参考文献），主要涉及普塞洛斯《编年史》的特点、地位、"帝王批判"、人物"形象"塑造以及思想立场等问题。

三 创新与挑战

本书在前人已有的研究成果上试图在以下几个方面作出突破：

首先，研究方法和视角的不同。国外学者对普塞洛斯《编年史》的研究，要么专注于作品本身，集中分析该书的语言特色、修辞学技巧或者是它在文学史方面的地位和贡献；要么专注于《编年史》一书所提供的历史信息，将书中内容与其他史料相互参照，从而作为还原那个时代历史发展轮廓的基础。本书将在借鉴和吸取前人研究成果的基础上，尝试将这两种趋势结合起来，即从分析《编年史》一书的主要内容入手，同时注重作者在写作过程中所运用的史学方法，最终力求展现出作者试图传达给读者的隐性信息。此外，笔者将普塞洛斯在《编年史》中对 14 位帝王的记述分门别类，相应划分成"外貌""学识""性格""统治"等八个方面，力图从人性的角度去评价这些历史人物的功过是非，而不仅仅着眼于他们的统治政策一个方面。这种分析方法是本书的一大特色。

其次，对于某些问题，笔者力求提出自己的见解，或者给出不同于前人的解释。比如对于《编年史》的价值与定位，一些学者认为普塞洛

---

① 陈志强：《拜占庭史研究入门》，北京大学出版社 2012 年版，第 72—73 页；陈志强：《拜占庭帝国通史》，上海社会科学院出版社 2013 年版，第 417 页；陈志强：《古史新话——拜占庭研究的亮点》，人民出版社 2019 年版，第 352—353 页；陈志强总主编：《拜占庭帝国大通史（1204—1461）》，江苏人民出版社 2023 年版，第 748—749 页。

斯在其《编年史》中提供的历史信息非常零散，他过于关注某些细枝末节的处理方法贬损了这部历史学作品的史料价值。但是笔者通过分析普塞洛斯塑造的各种人物"形象"，进而肯定他的这种历史处理方法，他这样做不仅为我们提供了大量珍贵的素材——这些素材往往在其他史家笔下难觅踪影，更重要的是，普塞洛斯在看似纷繁芜杂的信息罗列中始终不移地为我们传送出一个统一的主题。再比如关于普塞洛斯的立场或者客观性问题。有研究者指出，普塞洛斯对于 14 位拜占庭统治的记述与评价，在立场上存在明显的不同，他对有些人过于苛刻，而对另外一些人则是赤裸裸的阿谀奉承。很多学者以《编年史》第二部分为例向普塞洛斯发难，他们认为他在这部分内容中极尽阿谀奉承之能事，这是对杜卡斯家族的献媚。笔者力求重新解读这部分内容，并将其置于整部《编年史》的框架之内，与第一部分进行参照，从而力证出普塞洛斯写作立场的一致性与客观性。鉴于此，我们有必要结合当前流行的新的研究方法对普塞洛斯这部饱受争议的《编年史》加以重新解读，并努力在这些地方得出一些自己的见解。

本书的写作，同时存在着一定的挑战与困难。由于某些地方表面上的不一致以及其他一些原因，普塞洛斯的《编年史》本身已经非常难以把握，因此我们在解析的时候便需要同时代其他的史料或者普塞洛斯其他的作品予以辅助，这样无形中又增加了研究的难度。另外，本书试图将普塞洛斯的《编年史》置于拜占庭历史学发展的进程中加以考察，因此需要作者对拜占庭历史写作的发展状况有一个大体的了解，但是笔者不可能深入研读每一部拜占庭史学作品，所以很多时候只能参阅当代学者的相关论著予以弥补。

除此之外，虽然本书并非严格意义上的史学史或史学理论研究，但是书中难免会偶尔涉及一些史学理论与历史哲学方面的知识。遗憾的是，笔者在这些领域的造诣十分有限，因此对某些理论的使用只能是小心翼翼的，以避免概念上的错误和漏洞。所以笔者在写作本书的同时，着重加强自身的理论修养，以期对作品进行理论方面的提升。

四　全书结构与研究方法

全书除绪论和结语之外，正文共分为四章。

绪论是全书的总纲，包括对一些理论问题的阐释、对主要史料的介绍分析以及对国内外研究现状的梳理评价等。

第一章题为"普塞洛斯及其《编年史》"，对作家作品进行总体概述，共分为两节。第一节主要利用《编年史》《悼母文》等史料所提供的信息，结合当代学者的研究成果，归纳出普塞洛斯本人的生平经历，主要着眼于其家庭身世、教育背景和从政经历，同时还对普塞洛斯对 11 世纪拜占庭文化学术的贡献作一定的评价。随后，笔者将视角扩展至 11 世纪的君士坦丁堡以及普塞洛斯所处的大文化背景，力图揭示出作者生活的政治环境和文化氛围对其写作《编年史》所造成的影响。第二节是对普塞洛斯《编年史》一书概括性的介绍与整体评价，分别论述《编年史》的手稿、版本和翻译情况，《编年史》的主要内容，以及《编年史》的主要特点等问题。

第二章以"《编年史》中的拜占庭帝国"为题，主要围绕《编年史》中所反映的 11 世纪拜占庭帝国的政治、军事和文化生活等问题展开研究，涉及的内容包括皇权继承、宫廷太监专权、官职头衔贬值，雇佣军、叛乱、与周边各民族的战事，以及 11 世纪的哲学和拜占庭的占星术等。

第三章集中探讨普塞洛斯《编年史》中拜占庭帝王的"形象"问题，共分为两节。第一节起铺垫性作用，通过总结普塞洛斯对其书中每位帝王的记载评价，分析作者对 14 位统治者所持的态度。进而，通过与同时期其他史料的对照（主要是斯基利齐斯的《历史概要》和阿塔里亚迪斯的《历史》），判定普塞洛斯所塑造的帝王"形象"是否真实可靠，为下文的进一步分析奠定基础。第二节笔者将普塞洛斯描写刻画帝王的角度划分成八个范畴，包括外貌、学识、性格、婚姻爱情、宗教情结、癖好、疾病、统治，进而再将这八个范畴按照性质归结为三个大类并逐一进行分析，通过这种方法来解析普塞洛斯塑造人物形象时在各个维度上所持的批判态度。

第四章集中探讨《编年史》一书所反映出的普塞洛斯的思想观念，主要围绕其政治理念、宗教观、民族观念以及史学思想展开论述。其中政治理念涉及普塞洛斯的帝王观、对于女人统治的看法，以及作者关于"民主"的观念，宗教观主要分析普塞洛斯的上帝观和他对圣像的看法，民族观念围绕他对外族的基本态度展开，而史学思想则主要探讨作者关于历史的真实性、历史学与颂词以及历史写作目的等问题的态度。

结语是对全书的总结和升华，集中分析普塞洛斯《编年史》中的人文主义倾向，以及这部作品在拜占庭史学，乃至西方史学史中的地位。

全书以马克思历史唯物主义和辩证唯物主义理论为指导，以大量的原始资料为依据，并结合当代学者的著述，通过对普塞洛斯《编年史》的剖析，联系作者的从政经历以及写作环境，分析探讨《编年史》一书所反映的相关问题。在研究中，笔者力求运用相关学科的理论和研究成果，以期使本书能够在理论层面有所深入。

第一章　普塞洛斯及其《编年史》

第一节　作者生平与写作背景

一位作家的成长经历、教育背景和社会角色都可能会在其日后的作品当中留下鲜明的印记，这一点在普塞洛斯和他的《编年史》中体现得尤为明显。因此，在研究《编年史》这部著作之前我们首先简要介绍一下作者普塞洛斯的基本情况。具体而言，通过梳理、分析他的家庭、受教育情况以及从政经历，我们不难看出，普塞洛斯在《编年史》中展现出来的个人旨趣、写作风格乃至各种观念，都有可能来自其人生中不同阶段的经历与积累。

一　普塞洛斯生平经历

关于普塞洛斯的生平，笔者主要依据的史料是他为其母亲所写的悼念性颂词，其中多次提及作者儿时的经历、受教育情况等。另外，要了解普塞洛斯的婚姻和子女状况，笔者参考了他为其女儿斯蒂丽亚妮（未成年）所写的葬礼演说和为其外孙所作的小文章，其中包含着一些普塞洛斯妻子、女儿、养女及其儿子的信息。此外，普塞洛斯在其《编年史》中也偶尔表明身份，提及自己在某位皇帝在位期间担任何种职务等。除此之外，其他一些拜占庭历史学家在自己的作品中也会提到普塞洛斯。所有这些均成为笔者还原普塞洛斯一生经历的主要材料来源。

米哈伊尔·普塞洛斯 1018 年生于君士坦丁堡西部郊区的纳尔苏修道院（μονή Τά Ναρσού）附近，①当时正值瓦西里二世（Βασίλειος Β΄ Βουλγαροκτόνος）皇帝统治时期。普塞洛斯世俗的名字为君士坦丁（Κωνσταντίνος），"米哈伊尔"是他 1054 年进入修道院后所取的教名。"普塞洛斯"可视为他的绰号，意思是"说话时有些口吃"。按照拜占庭传统，许多希腊名字都可以表示一个人的某项外部特征，"普塞洛斯"这个称谓无疑指的是他语言方面的缺陷。②关于普塞洛斯的这一特征，安娜·科穆宁为我们提供了一些有趣的信息："他的口音就如同一个来到我们国家的拉丁青年，已经学习了希腊语却没有掌握我们的发音习惯。他有时会把某些音节念得含糊不清。无论是他那有缺陷的发音还是遗漏掉最后几个字母而不发音，就连平常百姓都能注意到他的这一缺陷，修辞学家们则会指责他的用语'土里土气'。"③关于普塞洛斯去世的年代学术界存在多种意见。波莱米斯认为他死于 1081 年 10 月之后，④而阿纳斯塔西则认为普塞洛斯死于 1078 年，⑤卡尔波齐洛斯将普塞洛斯去世的年份定在 1092 年。⑥但是由于缺少更加有力的史料证据，因此关于这一问题目前尚无定论。

我们在同时代史家的作品当中可以找到一些关于普塞洛斯的零星记载。斯基利齐斯在《历史概要》中曾经提到"至高无上的首席哲学家普

① P. Joannou, "Psellos et le Monastère τα Ναρσού", *Byzantinische Zeitschrift*, 44 (1951), p.283.

② Hunger, *Βυζαντινή Λογοτεχνία*, τ. Β΄, p.187.

③ *The Alexiad of the Princess Anna Comnena*, 5.8, p.134.

④ Demetrios I. Polemis, "Notes on Eleventh Century Chronology (1059-1081)", *Byzantinische Zeitschrift*, 58 (1965), p.75.

⑤ Rosario Anastasi, *Studi sulla Chronographia di Michele Psello*, Catania: Bonanno Editore, 1969, pp.71, 119.

⑥ Apostolos Karpozilos, "When did Michael Psellos Die? The Evidence of the Dioptra", *Byzantinische Zeitschrift*, 96 (2003), pp.671-677.

塞洛斯"，说他是与自己同时代的学者。①阿塔里亚迪斯在《历史》当中提到一个修道士米哈伊尔，说他的祖先来自尼科米底亚（Νικομήδεια）②，这个米哈伊尔曾经掌管国家事务，并且反对尼基弗鲁斯三世皇帝的某些政策。这些特点确实与普塞洛斯有诸多吻合之处，于是有学者认定阿塔里亚迪斯所说的这个人就是普塞洛斯。③

1. 家庭成员

（1）普塞洛斯的父母及姊妹

普塞洛斯的祖先可能祖居在尼科米底亚，祖辈中有人做过执政官，也有人跻身贵族之列，④但是到他父亲时家道已趋于中落。普塞洛斯的家境最多只能算作中等之家，因为他的父亲已经算不上富有之人。普塞洛斯在其《编年史》中曾经写道，他在君士坦丁九世在位期间得到奖赏，在君士坦丁堡城内获得了一处很好的房产，⑤生活境遇得到改善，这或许可以反映出他此前生活的状况一般。有学者认为普塞洛斯有意在自己的作品中隐瞒其父的名姓、门第和职业，因为在作者看来这并无太多值得炫耀的内容。⑥

但是普塞洛斯对其父却不乏赞誉之词，从外貌到性格都大加赞赏。普塞洛斯在作品中生动地描绘了他父亲的外貌特征。"他的身材非常高大，就像一棵高耸着直冲云霄的柏树；他的四肢颀长粗壮；他的眼睛闪烁着光辉，散发出无限魅力；他的眉毛并没有显示出主人的傲慢与自负，

---

① Ιωάννου Σκυλίτση, Χρονογραφία, p.1.

② 比西尼亚城市，位于小亚细亚西北部，今天土耳其的伊兹米特。330 年以前一直是戴克里先皇帝的驻地，随着君士坦丁堡的建成，尼科米底亚的作用日趋减弱，但是仍然作为省区首府存在，358 年曾在地震中严重损毁。由于是通往君士坦丁堡的必经之路，因此尼科米底亚成为一处极为重要的军事基地。The Oxford Dictionary of Byzantium, pp.1483-1484.

③ Μιχαήλ Ατταλειάτης, Ιστορία, p.507; 参见 Karpozilos, "When did Michael Psellos Die? The Evidence of the Dioptra", p.673.

④ Psellos, Encomium for his Mother, 4b, p.57.

⑤ The Chronographia of Michael Psellus, 7.A7, p.334.

⑥ Καρπόζηλος, Βυζαντινοί Ιστορικοί και Χρονογράφοι, τόμος Γ´ (11ος-12ος αι.), p.61.

相反却反映出他那正直的性格。"[1]至于性格品质，普塞洛斯称颂他的父亲朴素高贵，毫不柔弱，性情温和，做事有条不紊。普塞洛斯说他从未见过父亲生气或者心烦意乱，也从没见过他动手打人或者对旁人颐指气使。他的父亲一生辛劳，自食其力。普塞洛斯将父亲视作模仿的对象，但是他并不认为自己对父亲亦步亦趋。[2]

　　普塞洛斯的外祖父母是君士坦丁堡当地人，我们无法准确断定他们两人的生卒年代。普塞洛斯应该是见过自己的外祖父母，因为关于自己母亲塞奥多蒂的许多事情他都是听这两位老人讲述的。外祖父母的家庭也并非显赫之家，但普塞洛斯盛赞他们是道德高尚的人。他的外祖父母至少有三名子女，普塞洛斯的母亲塞奥多蒂是长女，她或许还有两个弟弟。在普塞洛斯心中，母亲塞奥多蒂就是完美的化身，她不仅从先人那里继承到了高尚的情操，而且外表出众、仪态不凡，同时她还可以胜任各种女红。普塞洛斯还告诉我们，塞奥多蒂小时候曾经背着自己的母亲自学文法，并且很快掌握了音节和造句，可见其聪慧异常。[3]

　　据普塞洛斯自己讲，他的父亲同样因为品德高尚而赢得了塞奥多蒂的芳心。那时他的父亲刚刚长出胡须，美得像一尊雕塑。他们两人情投意合，结成连理，他们婚后至少养育了三名子女。[4]他们的第一个孩子是个女儿，即普塞洛斯的大姐，她出生于 1013 年前后，比普塞洛斯大 5 岁左右。普塞洛斯没有给出她的名字，但是称赞她与母亲一样美丽。他甚至夸张地说，如果有人看到她们两人站在一起，可能会很难分辨出谁是母亲谁是女儿。据学者推断，普塞洛斯的大姐大约死于 1034 年，即普塞洛斯 16 岁那年。关于大姐的丈夫和儿子，普塞洛斯没有更多提及。大姐后面还有一个女孩，但是普塞洛斯仅仅提及这些，所以很有可能他

① Psellos, *Encomium for his Mother*, 9b, p.67.
② Psellos, *Encomium for his Mother*, 9a, 9c, pp.67-68.
③ Psellos, *Encomium for his Mother*, 2a, 2c, 3b, pp.53-55; 5d, p.61; 7a, p.63.
④ Psellos, *Encomium for his Mother*, 4a, p.57.

的二姐早早夭折。普塞洛斯是第三个孩子，也是第一个男孩。普塞洛斯记载了他诞生之时整个家庭欢欣和庆祝的场面。普塞洛斯是否还有弟弟妹妹，学术界则说法不一。①

（2）普塞洛斯的妻子及子女

关于普塞洛斯妻子的情况，我们掌握的信息十分零散。普塞洛斯有可能在1041年前后结婚，时年22岁。因为此前他已经是米哈伊尔四世皇帝宫廷的一名秘书，这一职位足以保证一桩美好的婚姻和一个理想的配偶。②普塞洛斯在其《悼念女儿斯蒂丽亚妮》一文中提到过他的妻子，但是没有给出姓名，只是概括性地介绍了她的道德品质。普塞洛斯提到自己的女儿斯蒂丽亚妮（Στυλιανή）因为母亲的缘故而成为皇室的后裔，这表明她的祖先当中有一位可能是某位皇帝的岳父，于是有学者推断这个人很可能是斯蒂利亚诺斯·扎乌齐斯（Στυλιανός Ζαούτζης）。③斯蒂丽亚妮的名字也在某种程度上显示出很可能是按照斯蒂利亚诺斯来命名的。但是，无论如何有一点可以肯定，斯蒂丽亚妮去世时，普塞洛斯的妻子依然健在。

我们目前可以确定的普塞洛斯唯一的亲生子女是他的女儿斯蒂丽亚妮。她出生于1050年早期，未及成年便早早夭折。根据普塞洛斯的记载，斯蒂丽亚妮得的是一种传染性瘟疫，病情持续了30天，人们不知道如何医治，而且还有其他很多人也都被感染。④根据现代学者的推断，斯蒂丽亚妮感染的很有可能是天花病，据斯基利齐斯的记载，1054

① Psellos, *Encomium for his Mother*, 4d, pp.58-59; 13b, p.73; 参见 *Mothers and Sons, Fathers and Daughters: The Byzantine Family of Michael Psellos*, pp.11-12.

② *Mothers and Sons, Fathers and Daughters: The Byzantine Family of Michael Psellos*, pp.12-14.

③ 瓦西里一世和利奥六世统治期间的高官，他生于马其顿地区，899年死于君士坦丁堡。扎乌齐斯出身于亚美尼亚家庭，他在瓦西里一世统治末年出任首席执剑官等官职在利奥六世统治期间又被加封贵族等头衔。当他的女儿邹伊成为利奥六世的情妇以后（898年成为正式的妻子），扎乌齐斯的影响更加显著。*The Oxford Dictionary of Byzantium*, p.2220.可另参见 A. Leroy-Molighen & P. Karlin-Hayter, "A Basileopator's Descendant", *Byzantion*, 38 (1968), pp.280-281。

④ Psellos, *Funeral Oration for His Daughter Styliane, Who Died before the Age of Marriage*, 32, in *Mothers and Sons, Fathers and Daughters: The Byzantine Family of Michael Psellos*, p.130ff.

年君士坦丁堡曾经暴发了一次大瘟疫。[①]因此我们推断斯蒂丽亚妮死去的年代最迟为 1054 年前后。

除了斯蒂丽亚妮之外，普塞洛斯是否还有其他的亲生子女我们不能确定。可以肯定的是普塞洛斯还有一名养女，他领养这个女儿时斯蒂丽亚妮刚刚夭折不久，时间应该在君士坦丁九世统治的晚期。领养之后普塞洛斯立即安排养女的订婚事宜，她的未婚夫埃尔皮迪欧斯·肯赫里斯比普塞洛斯的养女要大很多。后来在塞奥多拉女皇的干涉下，这桩婚姻于 1056 年被解除，普塞洛斯随后又为自己的养女找到了一位更加合适的如意郎君，这个人很可能便是凯撒约翰·杜卡斯（Ιωάννης Δούκας）。[②]

通过对普塞洛斯家庭背景和成员的介绍，我们能够得出以下结论：

首先，普塞洛斯并非出自显赫的贵族家庭，家资也难以称得上殷富。他日后的飞黄腾达应该说是个人努力的结果，并非靠祖上的荫功或者裙带关系而得。如作者自己所言："我之所以出名，与其说是由于我的家庭关系，不如说是由于我的口才。"[③]因此普塞洛斯深知步步攀升的艰辛，有理由格外珍惜业已取得的地位和荣誉，这或许可以解释他在《编年史》中委曲求全而不敢过多得罪皇帝和权贵，正是为了保住这来之不易的成果吧。

其次，对普塞洛斯影响最大的亲人，莫过于他的父母。父亲的影响主要在于性格方面。正如作者自己言道，"如果他身上存在些许古时候

① *Ioannis Skylitzae Synopsis Historiarum*, p.477; Ιωάννου Σκυλίτση, *Χρονογραφία*, p.516.
② *Mothers and Sons, Fathers and Daughters: The Byzantine Family of Michael Psellos*, pp.14-15.约翰·杜卡斯是君士坦丁十世皇帝的兄弟，其兄在位期间约翰曾担任凯撒一职。尤多西娅女皇和罗曼诺斯四世统治期间，约翰全力支持米哈伊尔七世。罗曼诺斯四世被俘获释后，约翰扶持米哈伊尔掌握帝国大权，在约翰的力主之下尤多西娅被流放，罗曼诺斯被割瞎双眼。约翰之后将太监尼基弗里塔斯引荐给米哈伊尔七世。约翰后来成为一名修道士，并于 1078 年劝说米哈伊尔退位。约翰还促成了自己的孙女伊琳妮·杜凯娜与阿莱克修斯一世·科穆宁的婚姻，并且支持阿莱克修斯登上拜占庭皇位。约翰·杜卡斯死于 1088 年前后。*The Oxford Dictionary of Byzantium*, p.658.
③ Μιχαήλ Ψελλός, *Χρονογραφία*, τόμος Β΄, 7.A7, p.351.

的那种率直与朴素的话，那肯定是从父亲那里继承下来的"①。母亲对普塞洛斯的影响则主要在于思想观念和个人旨趣层面，自普塞洛斯幼年时母亲便培养他对学术尤其是对文学的兴趣，后来更是在母亲的督导之下得以接受良好的教育。这一点我们会在下文详细介绍。无论是对于古典的向往与热爱，还是对于文学的热衷，普塞洛斯将这两种情结有机地融入了其《编年史》一书中。

2. 成长历程

作为一代知名学者，普塞洛斯在文化学术领域的造诣冠绝一时。比他稍晚一些的同时代史家米哈伊尔·阿塔里亚迪斯称普塞洛斯"在学问方面超越了同时代的所有人"，②安娜·科穆宁更是盛赞他"达到了知识的顶峰"③。这样广博的知识自然是因为普塞洛斯自幼接受过系统而良好的教育，这一点在很大程度上恐怕要得益于他母亲的远见卓识和精明决策。

普塞洛斯天资聪慧，自幼在纳尔苏修道院接受启蒙教育。普塞洛斯5岁时母亲便把他带到老师那里开始上课，对小普塞洛斯而言，学校的课程"不仅简单而且比任何其他儿童游戏都更能够吸引他"④。普塞洛斯在学习中找到了乐趣，同时也激发了他日后研习文学的热情。到了8岁那年，就普塞洛斯日后学习的方向选择问题，众多亲属的意见与普塞洛斯自己的想法不同，因为他一心想要投身于文学研究。最后还是他的母亲力排众议，坚决站在自己儿子的一边，支持他的决定。⑤普塞洛斯智力非凡，记忆力超群。据他自己讲，他10岁时便能够背诵《伊利亚

---

① Psellos, *Encomium for his Mother*, 9c, p.68.
② Μιχαήλ Ατταλειάτης, *Ιστορία*, p.55.
③ *The Alexiad of the Princess Anna Comnena*, 5.8, p.133.
④ Psellos, *Encomium for his Mother*, 5b, p.60.
⑤ 普塞洛斯在其《悼母文》中还饶有兴致地讲述了他母亲下定决心的原因。塞奥多蒂因为在梦中得到一名修道士（另一个版本说是圣母玛利亚）的启发而最终决定让普塞洛斯专心学习文学。Psellos, *Encomium for his Mother*, 5c-5d, pp.60-61.

特》并能对其娓娓道来。"我并不只是简单地学习文本，包括修辞格、词汇、比喻以及句法结构上的和谐都要涉及。"①

普塞洛斯从 16 岁开始跟随著名学者约翰·毛洛普斯（Ιωάννης Μαυρόπους）②和尼基塔斯（Νικήτας）学习修辞学，③年纪稍长后又跟随法学权威约翰·克西菲林诺斯（Ιωάννης Ξιφιλίνος）④研习法律。⑤至于某些自然科学的领域以及哲学，据普塞洛斯讲他基本上依靠自学。普塞洛斯在其《编年史》中回忆起年轻时的求学经历，显示出他当年所涉及的领域是多么广泛：

那时我 25 岁，正在认真学习。我的努力主要集中在两个目标上：通过修辞学训练我的口才，以便成为一个优秀的演说家，并通过哲学课程完善我的思想。我很快便掌握了充分的修辞学技能，能够区分一个论点的中心主旨，并在逻辑上将它与我的主要观点和次要观点联系起来。我同样学会了不要对艺术完全畏惧，也不要像个孩子一样事事遵从它的戒律，我自己甚至还作了一些微不足道的贡献。之

---

① Κριαράς, «Ο Μιχαήλ Ψελλός», p.56.

② 拜占庭作家，公元 1000 年前后生于帕弗拉戈尼亚；1075—1081 年之后死于君士坦丁堡。毛洛普斯曾经在君士坦丁堡开设学堂，担任教师，君士坦丁九世统治期间他曾担任宫廷修辞学家，并于 1050—1075 年间出任尤哈伊塔都主教，最终隐退至君士坦丁堡佩特拉的先驱修道院。毛洛普斯曾作有一部编年史，但是因为政治观点而被销毁。他的讲演辞往往选择一些最为重要的政治事件为题。1050 年被迫离开君士坦丁堡远赴尤哈伊塔任职后，毛洛普斯专心于教规和圣徒传记的创作。他的演说辞、书信和讽刺诗中充满了生动的形象，他积极地为古代作家（如柏拉图、普鲁塔克）进行辩护，称他们并非无神论者。他的演说辞同时还是我们了解拜占庭与北方各邻邦关系的重要材料。*The Oxford Dictionary of Byzantium*, p.1319.

③ Psellos, *Encomium for his Mother*, 6b, p.62; 15a, p.75.

④ 即君士坦丁堡牧首约翰八世·克西菲林诺斯（1064 年 1 月 1 日—1075 年 8 月 2 日在任）。克西菲林诺斯 1010 年前后生于特拉比仲德，他早年既来到君士坦丁堡求学，与毛洛普斯和普塞洛斯等人关系密切。克西菲林诺斯被君士坦丁九世皇帝任命为君士坦丁堡法律学校的法学监督（Νομοφύλαξ），但是在 1040 年前后失去信任，并于 1050 年与一班好友（包括普塞洛斯在内）离开君士坦丁堡，克西菲林诺斯从此成为一名修道士。1063 年君士坦丁·利户迪斯牧首去世后，君士坦丁十世皇帝任命克西菲林诺斯继任牧首一职。约翰·克西菲林诺斯于 1075 年死于君士坦丁堡。*The Oxford Dictionary of Byzantium*, p.1054.关于克西菲林诺斯可另参见 Κωνσταντίνος Γ. Μπόνης, «Ιωάννης ο Ξιφιλίνος. Ο νομοφύλαξ, ο μοναχός, ο πατριάρχης και η εποχή αυτού: συμβολή εις τας βυζαντινάς σπουδάς της ΙΑ΄ εκατονταετηρίδος», *Byzantinisch-Neugriechischen Jahrbücher*, 24 (1937).

⑤ Κριαράς, «Ο Μιχαήλ Ψελλός», p.56.

后，我投身于哲学的研究，在彻底熟悉了推理的技艺后——包括从原因到直接结果的演绎，以及从各种结果中追溯原因的归纳——我转向了自然科学，渴望通过数学了解哲学的基本原理。[①]

后来由于经济原因，普塞洛斯不得不离开家乡，远赴异乡求职。他的姐姐去世后，普塞洛斯返回君士坦丁堡，重新专注于自己的学业。

在普塞洛斯的成长道路上，对他影响最大、关系最为亲密的一位老师，非约翰·毛洛普斯莫属。毛洛普斯是 11 世纪前半期最杰出的拜占庭学者，他流传于世的作品包括诗歌、书信、布道词、宗教法规以及圣徒传记等，他的这些作品曾经涉及《圣经》、教父作品、伊壁鸠鲁、品达、普鲁塔克和柏拉图等多方面内容。[②]如上文所述，普塞洛斯自从十几岁开始便在毛洛普斯的私人课堂中学习，直至 1037—1038 年前后方才离开后者的学校，师徒二人从此被迫分开。11 世纪 30 年代末，毛洛普斯隐退至修道院中，而普塞洛斯则离开君士坦丁堡开始了自己的任职生涯。但是他们二人之间始终保持着相对频繁的书信往来。1043 年后，已经返回君士坦丁堡的普塞洛斯向君士坦丁九世皇帝举荐恩师毛洛普斯，将其引进宫廷。但是数年后，由于当时对宫廷知识分子的迫害，毛洛普斯被迫前往尤哈伊塔（Ευχάιτα）[③]担任都主教。在这段时期内，普塞洛斯和毛洛普斯师徒二人不仅来往密切，还在文学和政治领域通力合作。[④]普塞洛斯在一篇赞扬性的演说中流露出对昔日恩师毛洛普斯的仰

---

① *The Chronographia of Michael Psellus*, 6.36, p.173.

② 毛洛普斯的许多作品已经由当代学者整理出版，关于他的生平和学术贡献，可参见 Απόστολος Καρπόζηλος, *Συμβολή στη μελέτη του βίου και του έργου του Ιωάννη Μαυρόποδος*, Ιωάννινα, 1982。

③ 今日土耳其的阿夫卡特，黑海南岸城市，位于阿玛西亚以西。5 世纪时尤哈伊塔是很多显赫教会人士的流放地，包括君士坦丁堡和安条克的主教等。阿纳斯塔修斯一世皇帝将尤哈伊塔设置为城市，它随后经历了多次战火的洗礼。后来尤哈伊塔又成为亚美尼亚军区的一个城市，11 世纪之后的情况我们不得而知。起初尤哈伊塔只是阿玛西亚副主教的辖区，7 世纪时成为自治的都主教区，并于利奥六世在位期间成为都主教省。*The Oxford Dictionary of Byzantium*, p.737.

④ Ljubarskij, *Η Προσωπικότητα και το Έργο του Μιχαήλ Ψελλού*, pp.74-76.

慕之情，"在我很年轻的时候便与这个非凡的人物走得很近，因为我对教育的渴求被他点燃，从他那渊博的知识海洋里获得各门学问养料的滋润"[1]。毛洛普斯对普塞洛斯在学术方面的影响体现在很多方面，比如哲学上将物质层面作为通往精神层面的途径，这是普塞洛斯哲学的一个典型特点，这一点我们可以在毛洛普斯身上找到原型。再有，普塞洛斯坚持修辞手段与哲学相结合的必要性，同时用美丽的语言来表达作者的思想，这些主张应该都是受到了毛洛普斯的影响。[2]

　　普塞洛斯早年的教育经历为日后《编年史》的写作创造了许多便利条件，归结起来主要有以下几点：

　　首先，兴趣遍及多个学科，涉猎广泛，是普塞洛斯教育成果的最显著特色。普塞洛斯的学术领域极为广博，涉及神学、法学、历史学、地理学、哲学、伦理学、修辞学、考古学、物理学、化学、数学、几何学、医学、气象学、自然史和农学等多个领域。[3]更加令人惊叹不已的是，他几乎在每个领域都取得了非凡的造诣。拥有这样的知识储备，普塞洛斯便可以在《编年史》中涉及某个学问的时候达到信手拈来的程度，比如他对占星术的论述，对历史学与修辞学关系的辨析，以及对某些哲学问题的阐释、对某些哲学派别的评判，都显得极为专业。另外，普塞洛斯还十分强调不同学科之间的相互作用，这样才能更好地了解精神和物质世界。他在《编年史》中不惜笔墨记述了自己如何学习各门知识，并且在它们之间找到联系的纽带和相互促进的动力。[4]

　　其次，古典传统和基督教思想在普塞洛斯身上有了很好的结合，这

----

[1] Psellos, *Enc. Maur.*, 150.194-196, 200-207, in *Michaelis Pselli Orationes Panegyricae*, ed. George T. Dennis, Stutgardiae: B. G. Teubner, 1994, pp.147-148. 另参见 Panagiotis A. Agapitos, "Teachers, Pupils, and Imperial Power in Eleventh-Century Byzantium", in Yun Lee Too and Niall Livingstone, eds., *Pedagogy and Power: Rhetorics of Classical Learning*, Cambridge University Press, 1998, p.177。

[2] Joan M. Hussey, *Church and Learning in the Byzantine Empire, 867-1185*, New York, Russell & Russell, 1963, p.41.

[3] Κριαράς, «Ο Μιχαήλ Ψελλός», p.59.

[4] *The Chronographia of Michael Psellus*, 6.36-45, pp.173-178.

应该是他多方面地吸取知识的结果。对于一位中世纪的拜占庭学者而言，我们在其作品中见到基督教神学的痕迹，是非常自然的事情。更加值得注意的是，我们在《编年史》中随处可见普塞洛斯对古典作家的引用，如《荷马史诗》和修昔底德的作品等。①此外，普塞洛斯在书中还多次提及占星术等古代多神教知识，这也是他醉心于古典文化的一个表现。

最后，"学而优则仕"，是普塞洛斯良好教育的最大收获。他正是依靠着通过系统教育得来的知识技能最终得以步入仕途，并且步步攀升，最后成为 11 世纪拜占庭政坛的风云人物。普塞洛斯甚至在其《编年史》中炫耀式地写道，他因为演说技能出众而进入宫廷，并且担任君士坦丁九世皇帝的秘书；后来又因为与同样喜爱修辞学的君士坦丁·杜卡斯比试技能，两人的关系由是变得亲密起来。②由此可见，在演说术和修辞学方面的高深造诣，甚至将他与某些拜占庭统治者的关系拉近，令他可以和拜占庭统治者近距离频繁接触，从而为他写作《编年史》提供了别人难以获得的珍贵素材。除此之外，普塞洛斯许多昔日的同学师友日后都成为 11 世纪拜占庭政坛或宗教界的领军人物，这种关系网在一定程度上保证了普塞洛斯在仕途的顺利发展，③同时影响了他许多政治观念的形成，这些在他的《编年史》中也都得以体现。

3. 从政经历

普塞洛斯自年轻时便涉足政坛，他在拜占庭政局中摸爬滚打近半个世纪，并且长期在多位拜占庭统治者身边担任要职，可以称得上是 11 世纪中后期拜占庭政坛上的一位显赫人物。普塞洛斯精明而高超的政治伎俩，是他可以在多位拜占庭帝王身边持续发挥影响的重要因素。

---

① 参见赵法欣《米哈伊尔·普塞洛斯〈编年史〉中的神学观念与古典因素》，《世界宗教文化》2020 年第 6 期，第 69—70 页。

② *The Chronographia of Michael Psellus*, 7.A7, p.334.

③ 参见 *Psellos and the Patriarchs. Letters and Funeral Orations for Keroullarios, Leichoudes, and Xiphilinos*, translated by Anthony Kaldellis and Ioannis Polemis, Notre Dame, Indiana: University of Notre Dame Press, 2015。

普塞洛斯在年龄不大的时候便开始从政。由于家道中落，普塞洛斯 16 岁那年不得不中断学业，在色雷斯和马其顿军区法官①那里谋得一个低级职位，但不久之后（1034 年）由于他的大姐去世而被迫放弃这个职位。②随后，他又在色雷基西安军区③得到一个类似的职位，其后升任布凯拉里昂军区④和亚美尼亚的军区法官。米哈伊尔四世（Μιχαήλ Δ΄ Παφλαγών）皇帝统治期间，普塞洛斯被遴选成为一名宫廷秘书（1040 年前后）。⑤及至米哈伊尔五世（Μιχαήλ Ε΄ Καλαφάτης）皇帝在位时期，普塞洛斯已经是帝国法庭的一名法官助理/秘书（1041 年年底）。⑥他能得到这个职位，应是得益于好友君士坦丁·利户迪斯（Κωνσταντίνος Λειχούδης）⑦的提携，因为后者那时候已经在宫廷里身居要职。

随着君士坦丁九世（Κωνσταντίνος Θ΄ Μονομάχος）皇帝的登基，普塞洛斯的仕途开始逐渐飞黄腾达。1043 年，时年 25 岁的普塞洛斯成为君士坦丁九世的私人秘书。由于被普塞洛斯的修辞学技巧和政治才能所倾倒，皇帝将他册封为元老，并陆续赏赐给他许多很高的职位，包括 βέστης、βεστάχης 以及 πρωτασηκρήτης，即皇家首席秘书一职。普塞洛

---

　① 11 世纪时，色雷斯通常与马其顿作为一个行政管理单位出现，由同一名将军负责管理。*The Oxford Dictionary of Byzantium*, pp.2079-2080.

　② Psellos, *Encomium for his Mother*, 15a-b, pp.75-76.

　③ 希腊文 Θρακησίων，位于小亚细亚西部，得名于曾经在那里驻扎的大量色雷斯人部队。该军区是最早一批安纳托利亚地区的军区，包括爱琴海伊奥尼亚和吕底亚、弗里吉亚和卡里亚的部分地区。军区首府应该在侯奈，但最大的城市显然是以弗所。12—13 世纪期间，色雷基西安军区由一名总督（δούξ）管辖，辖区包括斯米尔纳、以弗所和赫尔墨斯山谷地区，首府设在菲拉戴尔菲亚。随着拜占庭帝国领土的丧失，色雷基西安军区作为抵抗突厥人入侵壁垒的作用日趋明显，至 14 世纪时该军区的最后一名总督仅仅管辖斯米尔纳附近地区。*The Oxford Dictionary of Byzantium*, p.2080.

　④ 希腊文 Βουκελλάριον，小亚细亚中部一军区，8 世纪时由奥普希金军区分离出去，因当地受雇佣的个体士兵而得名。布凯拉里昂军区包括加拉提亚、霍诺里亚斯、帕弗拉戈尼亚以及弗里吉亚的部分地区，总督府设在安吉拉（今日安卡拉）。842 年，帕弗拉戈尼亚从该军区分离出去。利奥六世统治期间又先后丧失东部和南部领土，直至 1071 年曼齐科特战役后该地区完全沦丧于突厥人之手。*The Oxford Dictionary of Byzantium*, pp.316-317.

　⑤ *Mothers and Sons, Fathers and Daughters: The Byzantine Family of Michael Psellos*, p.4.

　⑥ Cf. Hunger, *Βυζαντινή Λογοτεχνία*, τ. Β΄, p.190.

　⑦ 君士坦丁堡牧首[1059 年 2 月 2 日—1063 年 8 月 9（或 10）日在任]。他于公元 1000 年前后生于库齐纳斯（一说君士坦丁堡），死于君士坦丁堡。利户迪斯曾经担任调停人（μεσάζων），但是于 1050 年前后被迫离职。利户迪斯曾与普塞洛斯一道出使伊沙克·科穆宁的叛군阵营，并且促成了伊沙克与米哈伊尔六世皇帝的议和。伊沙克一世上台后让利户迪斯取代米哈伊尔·基路拉里欧斯担任牧首一职。*The Oxford Dictionary of Byzantium*, p.500.

斯在《编年史》中对于他们二人由此形成的亲密关系也予以记述："在第一次会面时，我的语言既不流畅也不优雅，但我告诉了他关于我自己家庭和我所接受的文学教育。至于君士坦丁，他被一种奇怪的愉悦感所影响，就像人们在恍惚中被神启发的话语一样难以解释。他一听到我的声音就深受感动，以至于他几乎要拥抱我了。其他人有权在规定的时间和有限的时间内接近他，但是对我，他的心门是敞开的，而且渐渐地，随着我跟他越来越亲密，他同我分享了他所有的秘密。"①普塞洛斯对君士坦丁九世忠心耿耿，他在很大程度上影响了后者的许多政策；君士坦丁九世自然也对这位值得信赖的谋士器重有加。普塞洛斯负责替皇帝起草发言稿，有资格亲自参与帝国法庭事务，与此同时他还是君士坦丁九世的发言人。②

也正是在君士坦丁九世在位期间，普塞洛斯曾经遭受政敌的指责，说他利用占星术蛊惑皇帝，并且责备他以哲学家的身份参与政治。普塞洛斯为此专门为自己辩护，声称自己研究天文学是为了观察星座对人类的影响，并非以此来左右皇帝。此外，他认为作为一名哲学家不仅要在理论上更要在实际行动上参与国家事务。普塞洛斯为此特别撰写了一份《信仰声明》，以此来消除人们对自己的不信任，证明自身信仰的无可挑剔。③君士坦丁九世去世前不久（1055 年），普塞洛斯追随利户迪斯和克西菲林诺斯的脚步，决定离开拜占庭宫廷，削发并进入奥林波斯山④的修道院当中。对于自己削发的原因，普塞洛斯在《编年

---

① *The Chronographia of Michael Psellus*, 6.46, p.178.

② Μιχαήλ Ψελλός, *Χρονογραφία*, τόμος Β΄, μετάφραση-εισαγωγή-σχόλια: Βρασίδας Καραλής, Αθήνα: Εκδόσεις Κανάκη, 2004, 6.170-171, pp.133-135.

③ 参见 Antonio Garzya, "On Michael Psellus' Admission of Faith", *Ἐπετηρίς Ἑταιρείας Βυζαντινῶν Σπουδῶν*, 35 (1967), pp.41-46.

④ 希腊文 Ὄλυμπος，位于比西尼亚境内，是普鲁萨东南的一处圣山，有时也用来指代普鲁萨平原上的修道院群落。这里最初的修道院修建于公元 5 世纪，在随后的几个世纪里增长至 50 余所。各修道院之间基本上没有正式的联系，并没有出现类似阿索斯圣山或拉特罗斯山那样的修道院联盟。9 世纪，这里的修道院曾遭受阿拉伯人的侵袭，但是有相当一部分保存至 10 世纪。11 世纪，一些失宠的官员[如米哈伊尔四世在位期间的衣橱总管（πρωτοβεστιάριος）西蒙和普塞洛斯]曾隐退至奥林波斯山。该圣山著名的修道院包括美迪基昂和萨库迪昂等，另有一些著名的修道士圣徒曾在这里修道，如斯都底奥斯的塞奥多利以及君士坦丁堡牧首美塞迪奥斯等。*The Oxford Dictionary of Byzantium*, p.1525.

史》中给出了解释："这种变化部分是由于我从小就有一种天生的渴望，一种对冥想生活深深的热爱，部分是由于政治事务的彻底转变。皇帝的反复无常使我警觉起来。他就像战争中的一名士兵，不分青红皂白地攻击敌人。"①

由于不满奥林波斯山修道士们聚敛房产以及违背基督教苦修原则的行为，普塞洛斯在那里只停留了很短的一段时间，便于 1055 年离开修道院返回君士坦丁堡，普塞洛斯声称是重新登上皇位的塞奥多拉（Θεοδώρα）女皇要求自己回来的。②塞奥多拉将普塞洛斯视为身边谋士，但是并没有赏赐给他任何官衔。普塞洛斯没有参与一班大臣们推举米哈伊尔六世（Μιχαήλ Σ΄ Στρατιωτικός）为帝的行动。此外，成功出使伊沙克·科穆宁（Ισαάκιος Α΄ Κομνηνός）的营帐以及及时转换阵营，确保了他在宫廷中继续发挥影响。在伊沙克一世统治期间，普塞洛斯成为首席大臣（πρόεδρος），③后来他又晋升为第一首席大臣（πρωτοπρόεδρος）。普塞洛斯在伊沙克退位的事件中发挥了很大作用，并同时帮助杜卡斯家族成员君士坦丁（十世）（Κωνσταντίνος Ι΄ Δούκας）成功登上皇位（1059年）。④作为回报，普塞洛斯得到了专门为他设立的"极受人尊敬的"（υπερτίμος）头衔，他还成为皇室荣誉成员，并且对皇帝产生了巨大影响。普塞洛斯还担负起指导皇位继承人米哈伊尔的责任，即后来的米哈伊尔七世皇帝。但是由于受到政敌的诽谤攻击，普塞洛斯曾一度隐退至纳尔苏修道院，他的大部分财产也被没收。

君士坦丁十世去世之后，普塞洛斯曾积极反对尤多西娅（Ευδοκία Μακρεμβολίτισσα）皇后与罗曼诺斯·迪奥叶尼斯（Ρομανός Δ΄ Διογένης）

---

① *The Chronographia of Michael Psellus*, 6.191, p.254.

② "当塞奥多拉登上皇位之后，她立刻派人来找我。"普塞洛斯如是说。*The Chronographia of Michael Psellus*, 6.A13, p.267.

③ *The Chronographia of Michael Psellus*, 7.42, p.302; Καρπόζηλος, *Βυζαντινοί Ιστορικοί και Χρονογράφοι*, τόμος Γ΄ (11ος-12ος αι.), p.71.

④ *The Chronographia of Michael Psellus*, 7.79-80, pp.324-325; 7.A11-13, pp.336-337.

的婚姻，但最终罗曼诺斯四世还是于 1068 年登上了皇位。新帝自然对这位皇家顾问缺乏足够的信任，而普塞洛斯也彻底反对罗曼诺斯皇帝的政策和军事策略。曼齐科特战败（1071 年）之后，普塞洛斯再次为杜卡斯家族效力。他继续为自己昔日的学生米哈伊尔七世（Μιχαήλ Ζ΄ Δούκας）献计献策，但是不久之后太监尼基弗里基斯（Νικηφορίτζης）独揽大权，[①]普塞洛斯的政治地位和影响力急转直下。从 1075—1076 年以后，便很少听到普塞洛斯在政坛的声音了。伴随着米哈伊尔七世下台以及阿兰尼亚的玛丽亚（Μαρία η Αλανή）[②]出逃至佩特里翁修道院[③]（1078 年），普塞洛斯的政治生涯宣告结束。[④]

根据上面的论述我们可以总结出普塞洛斯的从政经历具有如下几个特点：

首先，他长年栖身于拜占庭宫廷，活动空间多限于君士坦丁堡，很少到帝国其他省区任职。除去早年在小亚细亚等地短暂的工作经历，普塞洛斯成年之后的从政时光基本是在君士坦丁堡度过的；无论是皇帝的私人秘书、元老院成员，还是"首席哲学家"的教授职位，都把他牢牢地固定在帝国的都城之内。因此，他的《编年史》虽然名为历史，但是并未像其他众多历史著作那样涵盖相当广泛的空间范围，而是将记载的重心局限在了作者生活和工作的场所，这也就解释了《编年史》这部史

---

① 参见 Μιχαήλ Ατταλειάτης, Ιστορία, p.351。太监尼基弗里基斯，即小尼基弗鲁斯，由于他在官员中年龄较轻因此得名。尼基弗里基斯是米哈伊尔七世统治时期的首席大臣，生于布凯拉里昂军区，1078 年死于普罗迪岛。君士坦丁十世在位期间尼基弗里基斯曾经两次被派往安条克主政。米哈伊尔七世登基以后，尼基弗里基斯被任命为驿路总管，并且很快取代了其他的朝臣，甚至包括凯撒约翰·杜卡斯。尼基弗鲁斯三世上台之后，尼基弗里基斯逃跑准备投靠鲁塞尔·德-拜约尔，但是中途被俘后被折磨致死。*The Oxford Dictionary of Byzantium*, p.1475.

② *The Oxford Dictionary of Byzantium*, p.1298.

③ 佩特里翁（Πέτριον）是君士坦丁堡黄金湾附近的一个地区，同时也是该地区"铁门"附近的一所女修道院的名字。该修道院成为众多皇后和其他皇室女子的监禁之所，包括利奥六世的第四任妻子邹伊·卡尔波诺普希娜、11 世纪的塞奥多拉女皇以及阿兰尼亚的玛丽亚等。1081 年，安娜·达拉森妮和一些女性亲属被关押在这里。*The Oxford Dictionary of Byzantium*, pp.1643-1644.

④ Frederick Lauritzen, "A Courtier in the Women's Quarters: the Rise and Fall of Psellos", *Byzantion*, 77 (2007), p.264.

学作品写作的空间范围问题。

其次，长期与多位他曾经辅佐的拜占庭统治者或者宫廷成员保持相对密切的关系，这非常有利于普塞洛斯在变幻莫测的政治局势下长年保持稳固的位置。有学者认为，普塞洛斯长年在拜占庭宫廷保持相对稳定的位置而不受皇位更迭的影响，很重要的一个原因在于他与女性统治者保持着良好的关系。[1]我们从他的《编年史》中也多少能够看出这种态势。普塞洛斯自诩到，君士坦丁九世皇帝还在世时，"如果塞奥多拉想要写点儿机密信件或者处理其他任何私人事务，她也习惯于向我咨询她的信件和计划"。而在塞奥多拉独自统治之后，女皇立即将隐退至修道院的普塞洛斯召回君士坦丁堡，并将其视作心腹之人。[2]当尤多西娅因为改嫁罗曼诺斯·迪奥叶尼斯而心意踟蹰的时候，她第一个想到的便是普塞洛斯这个知心朋友，并且希望第一时间得到他的支持与理解。[3]君士坦丁九世的情妇斯科丽莱娜也经常就希腊神话问题请教普塞洛斯，后者还成功地向她传授古典方面的知识。[4]

最后，由于自身精明的政治手段和圆滑的处世哲学，普塞洛斯曾得到多位拜占庭统治者的信任与重用，他的观念与态度影响了多位统治者政策的制定，普塞洛斯也因此成为 11 世纪拜占庭帝国政治生活领域的一位重量级人物。我们从《编年史》中炫耀性的记载中可以深切地感受到这一点。比如尤多西娅皇后掌权后，经常把其子米哈伊尔七世托付给普塞洛斯，让他引导米哈伊尔熟悉了解皇帝的职权，并且为米哈伊尔提出建议。[5]所以，普塞洛斯本人经常出现在《编年史》书中，除了作者本人的性格使然之外，恐怕也与他确实在历史进程中发挥重要作用，因

---

① Lauritzen, "A Courtier in the Women's Quarters: the Rise and Fall of Psellos", p.252.
② *The Chronographia of Michael Psellus*, 6.A13, p.267.
③ *The Chronographia of Michael Psellus*, 7.B6-7, pp.348-349.
④ *The Chronographia of Michael Psellus*, 6.60, p.184; 6.61, p.185.
⑤ *The Chronographia of Michael Psellus*, 7.B3, p.346.

此不得不被提及有很大关系。

4. 文化建树

关于普塞洛斯在文化领域的贡献，笔者在此无意全面评价他在拜占庭文化史上的地位或其他类似问题，[①]而是仅仅围绕两点集中展开论述，即他对拜占庭教育发展的贡献以及他著作的影响及流传后世的情况。

第一，普塞洛斯对拜占庭教育在 11 世纪发展的推动作用。

除了在帝国宫廷和法庭任职以外，普塞洛斯在教育领域也发挥着自己的作用。与那个好斗、自负、咄咄逼人的文人普塞洛斯相比，作为老师的他倒是表现出几分温情，呈现在我们面前的这个对学生充满爱心的普塞洛斯此时变得更加具有魅力。[②]普塞洛斯开设私人课堂，前来听课的学生数量十分可观，其中不仅有君士坦丁堡本地的学者，还有来自西方（意大利）以及东方（阿拉伯地区）的人士。这些人不仅可以从普塞洛斯那里学习法律知识，更是可以涉猎所有古代人文学科和自然科学，并且可以聆听有关柏拉图主义和新柏拉图主义哲学的演讲。普塞洛斯鼓励学生勇于提问，他自己则竭尽全力对学生们的问题予以答复。普塞洛斯教学的目的，如他自己所言，"是要学生们摆脱那些'世俗的习惯'，促使他们全心投入各门科学，鼓励他们向往哲学，提高语言水平，并且关注自己的文风"[③]。1045 年，普塞洛斯被任命为"首席哲学家"，这是专门为他设置的一个头衔。普塞洛斯还曾作为教师辅导君士坦丁十世之子米哈伊尔，他多次在其《编年史》中难以掩饰这种自豪的情感。[④]

正是在以普塞洛斯为代表的一批知识分子大力提倡并身体力行的情况下，拜占庭的高等教育在 11 世纪确实在一定程度上发生了变化。

① 有兴趣的读者可以参见 Stratis Papaioannou, *Michael Psellos: Rhetoric and Authorship in Byzantium*, Cambridge: Cambridge University Press, 2013。

② Κριαράς, «Ο Μιχαήλ Ψελλός», p.111.

③ Psellos, *De oper. daem.*, 151.转引自 Κριαράς, «Ο Μιχαήλ Ψελλός», p.111。

④ *The Chronographia of Michael Psellus*, 7.C4, p.369.

整体而言，拜占庭的初级和中级教育体系在 11 世纪并没有发生重大变化，课程设置基本保持不变，语法和修辞学仍然是各门课程的基础。学校类型仍旧以私人教师在家开设的课堂为主，学生和老师之间形成一种类似于行会间流行的关系。[①]然而，这一时期拜占庭的高等教育却呈现出一些新的发展趋势：

首先，教育事业不再像 10 世纪（至少是 10 世纪中后期以来）那样具有很强的目的性并且被国家严格操控。具体而言，那时的教师由国家高级教、俗官员构成，而他们培养学生的目的则是训练他们日后成为自己的接班人。《塞奥发尼斯编年史续编》的作者在关于君士坦丁七世（Κωνσταντίνος Ζ´ Πορφυρογέννητος）[②]兴办教育的一段记载中，强调了这种功利主义以及教育事业在培育国家精英方面的重要作用。[③]然而，自瓦西里二世皇帝以来，大批学者开始放弃这种功利性的教育，着手兴办更加自由的私人学堂，其中便包括约翰·毛洛普斯以及普塞洛斯。

其次，在组成教师队伍的学者当中，有很多人来自君士坦丁堡的中等阶层（如普塞洛斯和利户迪斯），另有一些来自帝国其他省区（如毛洛普斯和克西菲林诺斯），这便打破了 10 世纪那种由都城官僚贵族阶层垄断教师职业的局面。这种转变实际上也有助于自由化教育的展开，使教育活动不再像以往那样受到国家的严格控制，同时也有助于学者们自由地研究各门学问。[④]

---

① Kazhdan and Epstein, *Change in Byzantine Culture in the Eleventh and Twelfth Centuries*, p.121.
② 马其顿王朝皇帝，945—959 年在位。君士坦丁生于 905 年 5 月 17/18 日，是利奥六世与第四任妻子邹伊的儿子，959 年去世于君士坦丁堡。尽管君士坦丁七世早在 908 年即已被加冕为共治皇帝，然而他却长期被排斥于最高权力以外长达几十年，先后经历了亚历山大、牧首尼古拉一世和邹伊以及罗曼诺斯一世等人的摄政，直至 945 年君士坦丁七世才开始独立统治。相对而言，君士坦丁在文化学术方面的贡献远胜于他作为一名统治者的贡献。在他统治期间有大量的文字作品问世，包括《历史选编》（*Excerpta Historica*）和《农业志》（*Geoponika*），以及两部历史学著作《塞奥发尼斯编年史续编》和《列皇纪》。除此之外，像《论帝国的管理》《论军区》《礼仪书》也都是在他的主持下编纂完成的。*The Oxford Dictionary of Byzantium*, pp.502-503.
③ Agapitos, "Teachers, Pupils, and Imperial Power in Eleventh-Century Byzantium", p.176.
④ Agapitos, "Teachers, Pupils, and Imperial Power in Eleventh-Century Byzantium", pp.179-180.

最后，与上述两点紧密联系的就是，教育的方式和内容也有所变化。课堂不再仅仅局限于传播那些固定化的知识，教师们开始引入古希腊作家和教父的作品，并且对这些文本进行解释分析。普塞洛斯讲授的课程便涉及多个学科领域，包括语法、古典文献解析、修辞学、辩证法、算术、几何学、天文学、音乐、物理学、形而上学和神学。[1]除此之外，新式教育更加强调对于真理的探究，更加重视学生的原创性，强调他们的对话、辩论和煽动技能。[2]普塞洛斯对昔日同学和挚友尼基塔斯教学方法的评论，十分具有代表性，"他关于荷马、阿尔基罗库斯和品达以及其他诗人的知识是非常广博的，他不仅仅局限于一字一句的解释，或者停留在对表面意思的分析，而是可以深入文字的深层次含义，进而发掘出不同作品当中那种不可思议的美感"[3]。

第二，普塞洛斯为后世留下的作品数量惊人、影响深远，其中包括历史著作、书信、演说辞、纪念性文章、专题论文等多种体裁，这些作品涉及哲学、历史、修辞学、神学、自然科学等多个领域。这些作品在各自的领域、在不同程度上影响了后世拜占庭学术的发展和学者们学术旨趣的选择。因此现代学者将普塞洛斯比之于 9 世纪的佛条斯（Φώτιος）[4]和 10 世纪的君士坦丁七世皇帝，[5]普塞洛斯也被视为引领一代风骚的拜占

---

[1] Κριαράς, «Ο Μιχαήλ Ψελλός», p.109.

[2] Kazhdan and Epstein, *Change in Byzantine Culture in the Eleventh and Twelfth Centuries*, pp.123-124.

[3] 转引自 Nigel G. Wilson, *Scholars of Byzantium*, Baltimore, Md.: Johns Hopkins University Press, 1983, p.149。

[4] 君士坦丁堡牧首（858—868 年，877—886 年在位），学者、政治家。810 年前后他出生于一个显赫之家，死于 893 年之后。佛条斯是塔拉修斯牧首的侄子/外甥，年纪很小的时候他便在拜占庭政府部门中获得很高的职位。牧首伊格纳修斯被迫离职后，佛条斯在米哈伊尔三世皇帝和凯撒巴尔达斯的支持下以平信徒的身份成为新任牧首。然而 869—870 年的君士坦丁堡公会议却恢复了伊格纳修斯的牧首职位，同时将佛条斯流放。伊格纳修斯去世后，佛条斯再次出任牧首。利奥六世登基之后，佛条斯被解职，他的去世并没有引起人们的关注。佛条斯是古典文化的集大成者，他流传后世的作品包括《书目大全》《辞书》《答安菲洛修斯问集》，以及书信、布道词和一些辩论作品。*The Oxford Dictionary of Byzantium*, pp.1669-1670.

[5] Κριαράς, «Ο Μιχαήλ Ψελλός», p.119.

庭学术巨擘。正因为如此，几个世纪以来，各国学者对普塞洛斯作品的热情始终未减，他的各类著作也不断地得以出版或再版。

普塞洛斯的学术成就常常为后代作家所赞颂膜拜，[①]他的作品也时而被后世学者所引用甚至抄袭。我们仅以历史学和哲学两个领域为例予以说明。

11世纪的另外一位历史学家尼基弗鲁斯·布里恩纽斯经常不加修改地整段挪用普塞洛斯的作品。12世纪的编年史家约翰·佐纳拉斯虽然严厉批评普塞洛斯的政治行为，但是经常将后者的作品稍作改头换面之后据为己有。兰普西迪斯指出，佐纳拉斯对普塞洛斯的作品并非逐字逐句地机械照搬，而是将原作简化精炼之后用于自己的作品中。[②]在拜占庭帝国灭亡后，普塞洛斯的影响在文艺复兴时期也丝毫没有减弱。甚至到了17世纪，孔伯菲还将普塞洛斯的《编年史》以及一些书信翻译成拉丁文，足见其影响力之持久。[③]

在拜占庭哲学领域，普塞洛斯同样是一位重量级人物，他与圣瓦西里（Βασίλειος ο Μέγας，329—379年）、大马士革的约翰（Ἰωάννης ο Δαμασκηνός，650—749年）、佛条斯、乔治·帕西迈里斯（Γεώργιος Παχυμέρης，1242—1310年）、格利高里·帕拉马斯（Γρηγόριος Παλαμάς，1296—1359年）和比萨里翁（Βησσαρίων，1403—1472年）等人一起，位在拜占庭著名哲学家之列。[④]普塞洛斯的哲学思想影响了很多后世哲学家，其中不能不提到他的学生约翰·伊塔洛斯（Ἰωάννης Ἰταλός）。伊塔洛斯的哲学思想新颖而富有创见，在很大程度上来自其师普塞洛斯

---

① 这样的例子有很多，比如米哈伊尔·基路拉里欧斯、塞奥菲拉克托斯·阿赫里多斯、约翰·伊塔洛斯、安娜·科穆宁以及尼基塔斯·侯尼亚迪斯等。

② O. A. Λαμψίδης, «Ο Μιχαήλ Ψελλός ως πηγή της 'Επιτομής' του Ἰωάνοου Ζωναρά», Ἐπετηρίς Ἑταιρείας Βυζαντινών Σπουδῶν, 19 (1949), p.170.

③ Κριαράς, «Ο Μιχαήλ Ψελλός», p.121.

④ Katerina Ierodiakonou, "Introduction", in Katerina Ierodiakonou, ed., *Byzantine Philosophy and its Ancient Sources*, Oxford; New York: Clarendon Press, 2002, pp.4-6.

早年的教育和熏陶。另外如科穆宁二世（Ιωάννης Βʹ Κομνηνός）时代曾在牧首学校任教的米哈伊尔·伊塔洛斯，同样继承了普塞洛斯的某些哲学观念。不仅如此，普塞洛斯的新柏拉图主义甚至影响到了拜占庭末代王朝，像尼基弗鲁斯·布雷米迪斯（Νικηφόρος Βλεμμύδης）、哲学家约瑟夫（Ιωσήφ Φιλόσοφος）、塞奥多罗斯·迈托西迪斯（Θεόδωρος Μετοχίτης），以及普利松（Πλήθωνος）等人都从普塞洛斯那里汲取哲学思想的养分。①

自文艺复兴运动以来，各国学者陆续开始收集普塞洛斯的作品并且不断将它们整理出版，可以说时至今日这种热情始终未曾消退。②

最早开始整理普塞洛斯作品的是法国人利奥·阿拉提乌，他于 1634 年发表了关于普塞洛斯的专论，他对普塞洛斯的评价毫不吝惜赞誉之词，他同时列举并记录了 16 世纪、17 世纪归于普塞洛斯名下作品的版本。然而阿拉提乌的最大贡献在于将其所接触到的不同手稿（至少有 90 个条目）悉数列出，但他也坦然承认，自己的收集远不及穷尽。

19 世纪 60 年代，法国人 J.P. 米涅将普塞洛斯的部分作品收录在其著名的多卷本《希腊教父大全》（Patrologia Graeca）系列中。在第 122 卷中，米涅将录入其中的普塞洛斯的作品分为神学、法律、哲学和历史四大类。同样是在 19 世纪，君士坦丁·萨萨斯将 "Parisinus graecus 1182" 手稿中普塞洛斯的作品整理出版，构成其《中世纪书库》（Μεσαιωνική Βιβλιοθήκη）的第 5 卷，名为《（米哈伊尔·普塞洛斯）历史演说书信及未发表的作品》Ιστορικοί λόγοι, επιστολαί και άλλα ανέκδοτα (Μιχαήλ Ψελλού)。书中收录了普塞洛斯的 14 篇演说、200 多封书信以及

---

① Κριαράς, «Ο Μιχαήλ Ψελλός», p.120.
② 主要资料来源：John Duffy, "Dealing with the Psellos Corpus: From Allatius to Westerink and the Bibliotheca Teubneriana" and Anthony Kadellis, "Thoughts on the Future of Psellos-Studies, with Attention to his Mother's *Encomium*", both in Charles E. Barber and David Jenkins, eds., *Reading Michael Psellos*, Leiden; Boston: Brill, 2006。

若干小短文。[①]

E.库尔兹和 F.德莱克斯勒于 20 世纪三四十年代出版两卷本的《次要作品集》（*Scripta minora*），第一卷包含普塞洛斯的散文和韵文共 52 篇，其中许多都是首次刊印；第二卷则收录了超过 200 封从未编辑出版的信件。[②]

由荷兰学者 L.G.韦斯特灵克主持编辑出版的普塞洛斯作品集（托伊布纳系列），可称得上迄今为止最为系统、最为精确的版本，包括普塞洛斯的演说词、哲学文章、神学作品、诗歌和颂词等。该系列尚未全部出版完成，有些分卷仍然在编纂当中，其中已经出版的各卷目录如下：

Oratoria minora, edidit A. R. Littlewood, Leipzig: Teubner, 1985.

Philosophica minora, 2 vols., ediderunt J. M. Duffy et D. J. O'Meara, Leipzig: Teubner, 1989-1992.

Theologica, edidit P. Gautier, 2 vols., Leipzig: Teubner, 1989-2002.

Poemata, recensuit L.G. Westerink, Stuttgart: Teubner, 1992.

Orationes forenses et acta, edidit G. T. Dennis Stutgardiae: Teubner, 1994.

Orationes panegyricae, ed. G. T. Dennis, Stutgardiae: Teubner, 1994.

Orationes hagiographica, edidit E. A. Fisher, Stutgardiae: Teubner, 1994.

这里几乎囊括了普塞洛斯各方面的作品，涵盖演说词、诗歌、哲学、神学、圣徒传记等诸多领域和体裁。

在本节中我们对普塞洛斯的家庭身世、成长历程、从政经历做了比

---

① *Μεσαιωνική Βιβλιοθήκη: συλλογή ανεκδότων μνημείων της Ελληνικής ιστορίας*, επιστασία Κωνσταντίνο Ν. Σάθα, Αθήναι: Γρηγοριάδης, 1972.

② *Michaelis Pselli Scripta minora: magnam partem adhuc inedita*, edidit recognovitque Eduardus Kurtz; ex schedis eius relictis in lucem emisit Franciscus Drexl, v.1. *Orationes et dissertations*, v.2. *Epistulae*, Milano, Società editrice "Vita e pensiero", 1936-1941.

较全面的介绍，从中我们可以总结出这些经历对普塞洛斯日后创作《编年史》所造成的潜在影响。普塞洛斯的家人尤其是他的父母在淬历其品行方面起到了不容忽视的作用，同时他们让普塞洛斯接受良好的教育，为他打下深厚的文学、修辞学和哲学功底，使古典传统文化与基督教情结在普塞洛斯身上得到比较完美的结合。普塞洛斯长期在拜占庭宫廷中担任要职，几十年里陪伴在多位统治者身边，这种近距离的观察与了解，使他有机会获得一般人难以得到的亲身体验，这些亲身经历为日后《编年史》的写作提供了大量珍贵的素材，这也是《编年史》这部历史学著作极具回忆录色彩的一个原因所在。多年的从政经历，令普塞洛斯一直栖身于凶险复杂的拜占庭政局，他需要时刻小心谨慎，提防应对来自政敌的各种挑战和攻击。因此，普塞洛斯养成了谨小慎微、圆滑狡诈的处事风格，这种官场哲学的影子也十分明显地体现在其《编年史》的字里行间，具体而言便是普塞洛斯在写作中时而明褒暗贬，时而欲言又止，那种犀利直率、明确直白的批判并不多见，总是留给读者揣摩的空间。所以，我们有理由认为，普塞洛斯一生的经历，对其《编年史》的写作以及作品风格的形成，具有不容忽视的影响。

二　写作的时代背景

关于普塞洛斯写作《编年史》的时代背景，我们主要考察作者当时所处的政治环境和文化氛围，具体而言就是 11 世纪拜占庭帝国都城的政治动荡，以及拜占庭帝国的文化生活在 11 世纪期间逐步由宽松自由过渡到国家对文化生活的高压控制。

1. 11 世纪君士坦丁堡的政治环境

11 世纪拜占庭帝国的政治局势可以用四个字来概括，那就是内忧外患。瓦西里二世在位期间，帝国军队在这位皇帝的率领下凯歌高奏，在帝国各个边境都取得了辉煌的战果，帝国疆域空前扩大，甚至达到了早期的水平。①但是瓦西里二世于 1025 年突然去世，从此结束了自希拉克略皇帝以来大规模战争的时代。②与此同时，瓦西里留给继任者一项极为艰巨的任务，那就是如何维持巩固这样一个庞大帝国的稳定与良好运转；但是，他的一班后继者们似乎都没有意识到问题的严重性，更有甚者，他们延续瓦西里对外政策的同时却放弃了他的财政政策，这样的做法注定将给帝国带来厄运。③自 1025 年以降，原先被帝国征服或者与其保持良好关系的周边民族和政权纷纷而起，小亚细亚的塞尔柱突厥人，巴尔干半岛的保加利亚人、帕臣涅格人和乌策人，南意大利的诺曼人，都开始不断侵扰拜占庭的领土，尤其对帝国边境地区造成了巨大的冲击和破坏。

与之并行的，帝国内部的情况也比较混乱。伴随着省区大家族和军事贵族势力的壮大，这些势力在 11 世纪屡次向拜占庭中央政权发起冲击与挑战。而在帝国的中心君士坦丁堡城内，各股政治力量你争我夺，竭力把持帝国的最高权力。这一切斗争的焦点，都是集中于宫廷之内围绕皇权和皇位继承所展开的较量，可以毫不夸张地说，11 世纪拜占庭政治生活的重心全部集中在帝国的都城之内。因此，11 世纪拜占庭都城的政治局势是整个帝国政治生活的一个缩影，同时君士坦丁堡城内许多政策的制定无疑直接影响了帝国境内政治生活的走向。长年生活在君士坦丁堡的普塞洛斯在写作时深受自己所处政局变化的影响，我们可以在其《编年史》中深切地感受到当时拜占庭都城的政治氛围。

---

① 关于瓦西里二世在位期间所取得的成就，可参见 Catherine Holmes, "'How the East was Won' in the Reign of Basil II", in Antony Eastmond, ed., *Eastern Approaches to Byzantium: Papers from the thirty-third Spring Symposium of Byzantine Studies, University of Warwick, Coventry, March 1999*, Aldershot; Burlington [Vt.] USA: Ashgate, 2001, pp.41-56; Catherine Holmes, *Basil II and the Governance of Empire (976-1025)*, Oxford; New York: Oxford University Press, 2005。

② Αικατερίνη Χριστοφιλοπούλου, *Βυζαντινή Ιστορία*, τ.Β΄2, 867-1081, Θεσσαλονίκη: Εκδόσεις Βάνιας, 1997, p.194.

③ Michael Angold, *The Byzantine Empire, 1025-1204: A Political History*, London and New York: Longman 1997, p.34.

如果说君士坦丁堡是整个拜占庭帝国政治生活的核心,那么拜占庭宫廷就是君士坦丁堡这座都城的中心,作为宫廷主宰者的拜占庭统治者自然成为一幕幕政治演出的主要角色。而 11 世纪拜占庭宫廷政治的主旋律之一便是皇帝如走马灯般更换不停,因此我们首先简要梳理一下 11 世纪拜占庭皇位更迭的基本情况。

1025 年 12 月,正在筹划远征西西里的瓦西里二世皇帝突然病倒并于几天后(12 月 15 日)去世。[①]他的弟弟君士坦丁八世于是独自一人接过帝国统治的大任。君士坦丁八世仅仅统治帝国不足三年便于 1028 年 11 月 11 日病逝,[②]在他离开人世之前将自己的次女邹伊许配给罗曼诺斯·阿尔基洛斯,后者便是随后登基的罗曼诺斯三世。邹伊的第一任丈夫逐渐对这位皇家公主失去了兴趣,而邹伊也从自己的情人米哈伊尔·帕弗拉贡那里得到了情感上的慰藉。他们二人很可能密谋策划了推翻罗曼诺斯,并且命人于 1034 年 4 月 11 日(或 12 日)将罗曼诺斯溺死在皇宫的浴室当中。[③]随后,邹伊与情人米哈伊尔完婚并将他推上皇位,即米哈伊尔四世。由于健康原因,米哈伊尔四世于 1041 年削发成为一名修道士,同时放弃了自己的皇位,并于当年 12 月 10 日去世。[④]随后继位的米哈伊尔五世是米哈伊尔四世的外甥,由于已经被邹伊收为养子,因此他得以在舅舅退位之后登基。在他统治的最初一段时间里,米哈伊尔五世对待邹伊谦逊有加,但是后来慢慢原形毕露竟然将自己的养母流放至普林基颇岛。君士坦丁堡的民众开始公开反抗,米哈伊尔五世在骚乱中被迫让出了皇位,随后他被流放至埃莱格米修道院(1042 年 4 月)。[⑤]经历了邹伊和塞奥多拉两姐妹的短暂统治后,姐姐邹伊再次结婚,并且将她的第三任丈夫推上皇位,这便是君士坦丁九世。他于 1042 年 6

---

① Ιωάννου Σκυλίτση, *Χρονογραφία*, pp.408-409.

② Ιωάννου Σκυλίτση, *Χρονογραφία*, p.415; Jean Skylitzès, *Empereurs de Constantinople*, texte traduit par Bernard Flusin et annoté par Jean-Claude Cheynet, Paris: Lethielleux, 2003, p.310, note 25.

③ Ιωάννου Σκυλίτση, *Χρονογραφία*, pp.433-434.

④ Ιωάννου Σκυλίτση, *Χρονογραφία*, p.460.

⑤ Ιωάννου Σκυλίτση, *Χρονογραφία*, p.467.

月 12 日加冕，于 1055 年 1 月 11 日病逝，统治帝国 12 年零 7 个月。[①]由于邹伊 1050 年去世，因此作为马其顿王朝最后一位继承人的塞奥多拉此刻独自承担起统治帝国的大任。塞奥多拉的统治持续了不到一年便因为她的离世（1056 年 8 月 27 日）而宣告结束。[②]塞奥多拉的一班近臣推选年老的军人米哈伊尔继承皇位，这就是米哈伊尔六世。他仅仅统治了一年，便在 1057 年伊沙克·科穆宁的反叛中被迫退位。[③]后者于 1057 年 9 月初在圣索菲亚大教堂由牧首加冕，即伊沙克一世。[④]在统治帝国两年之后，伊沙克也因为健康情况恶化，于 1059 年 11 月 22 日（一说 24 日）传位给君士坦丁·杜卡斯。[⑤]这位君士坦丁十世皇帝在去世之前将皇位传给自己的妻子尤多西娅，然后于 1067 年 5 月病逝。[⑥]尤多西娅女皇仅仅在皇位上坐了半年多时间，便打破自己对君士坦丁十世的誓言，下嫁罗曼诺斯·迪奥叶尼斯，后者于 1068 年 1 月 1 日称帝。[⑦]罗曼诺斯四世在 1071 年曼齐科特战役中战败被俘，君士坦丁堡城内的大臣们宣布废黜罗曼诺斯，并于当年 10 月 24 日拥立君士坦丁十世的长子米哈伊尔七世为帝。[⑧]米哈伊尔七世在位期间，拜占庭帝国境内各地的叛乱呈现风起云涌之势。在这种形势下，米哈伊尔于 1078 年 3 月底被赶下皇位，他的统治就此终结，接替他登上皇位的是叛军将领尼基弗鲁斯·博塔尼亚迪斯。[⑨]尼基弗鲁斯三世尚在小亚细亚起兵反叛之时便被拥立为帝，他于当年 4 月 3 日进入君士坦丁堡之后由牧首加冕。[⑩]伴随着阿莱克修斯一世 1081 年 4 月夺取皇位，尼基弗鲁斯三世的统治宣告结束，前

---

① Μιχαήλ Ατταλειάτης, *Ιστορία*, p.105.

② Ιωάννου Σκυλίτση, *Χρονογραφία*, p.519; Jean Skylitzès, *Empereurs de Constantinople*, p.396.

③ Ιωάννου Σκυλίτση, *Χρονογραφία*, p.535.

④ Μιχαήλ Ατταλειάτης, *Ιστορία*, p.119.

⑤ Μιχαήλ Ατταλειάτης, *Ιστορία*, p.135, note 127.

⑥ Μιχαήλ Ατταλειάτης, *Ιστορία*, p.173.

⑦ Μιχαήλ Ατταλειάτης, *Ιστορία*, p.189.

⑧ Μιχαήλ Ατταλειάτης, *Ιστορία*, p.299.

⑨ Ιωάννης Ζωναράς, *Επιτομή ιστοριών*, εισαγωγή, μετάφραση, σχόλια, Ιορδάνης Γρηγοριάδης, τόμος Γ΄, Αθήνα: Εκδόσεις Κανάκη, 1999, p.237, p.239.

⑩ Ιωάννης Ζωναράς, *Επιτομή ιστοριών*, p.237, p.239.

后历时 3 年余。①

通过对 11 世纪拜占庭君主登基和退位方式的简要叙述，我们可以总结出这数十年间拜占庭皇权与宫廷政治的一些基本特征。

在这一时期，与拜占庭统治者相关的一个突出现象是，登上皇位的人数量较多，但是每个人的统治时间都比较短。从 1025 年瓦西里二世去世至 1081 年阿莱克修斯一世登基这 55 年的时间里，先后共有 14 位统治者登上拜占庭帝国的皇位，平均算来每位君主在位的时间不到 4 年。其中有 8 位统治者的在位时间不超过 3 年，只有 1 人的统治超过了 10 年（君士坦丁九世）。这 14 人当中有 5 位皇帝在位期间被推翻，1 人被害致死，1 人宣布退位。如果我们将考察范围扩展至整个马其顿王朝时期，这个统治时间长达 189 年、在拜占庭所有王朝中位列第二的王朝，每位皇帝的平均统治时间只有 9.95 年，在全部 12 个拜占庭统治王朝中仅仅名列第 10 位。②因此这一时期内的拜占庭皇位更迭比较频繁，皇位继承的方式也相对多样。此外，能够以自然死亡的方式退位的帝王只占三分之一不到，被废黜或是因起兵造反而被迫退位的占到将近一半的比例。具体情况可详见表 1.1：

表 1.1　　　　　　　　　　11 世纪的拜占庭统治者

统治者	在位时间	登基方式	退位方式
瓦西里二世	976—1025 年	父死子继，共治皇帝死后独立统治	病死
君士坦丁八世	1025—1028 年	兄死弟继	病死
罗曼诺斯三世	1028—1034 年	娶君士坦丁八世之女邹伊	被害死
米哈伊尔四世	1034—1041 年	娶邹伊后登基	因病退位
米哈伊尔五世	1041—1042 年	被邹伊收为养子	被废黜

① Ιωάννης Ζωναράς, Επιτομή ιστοριών, τόμος Γ΄, p.249.
② 参见陈志强《拜占廷皇帝继承制特点研究》，《中国社会科学》1999 年第 1 期，第 187 页，表 3。

统治者	在位时间	登基方式	退位方式
邹伊和塞奥多拉	1042 年	作为君士坦丁八世之女继位	君士坦丁九世登基后退居幕后
君士坦丁九世	1042—1055 年	娶邹伊后登基	病死
塞奥多拉（独立统治）	1055—1056 年	作为君士坦丁八世之女继位	病死
米哈伊尔六世	1056—1057 年	众人推举	叛乱中被迫退位
伊沙克一世	1057—1059 年	起兵造反	因病退位
君士坦丁十世	1059—1067 年	被伊沙克选中继位	病死
尤多西娅	1067 年	夫死妻摄政	被废黜
罗曼诺斯四世	1068—1071 年	娶尤多西娅后登基	战败后被废黜
米哈伊尔七世	1071—1078 年	作为君士坦丁十世之子继位	被民众推翻
尼基弗鲁斯三世	1078—1081 年	起兵造反	被阿莱克修斯一世推翻
阿莱克修斯一世	1081—1118 年	起兵造反	病死

在上述十几位拜占庭统治者当中，他们的出身和背景也存在很大的差异，其中既有正统的皇室成员，亦有从平头百姓起家的暴发户。罗曼诺斯三世、君士坦丁九世、君士坦丁十世和米哈伊尔七世都来自显赫的大家族，他们在某种程度上都与皇室有着密切的联系；米哈伊尔六世、伊沙克一世、罗曼诺斯四世、尼基弗鲁斯三世和阿莱克修斯一世皆为军人出身，乃是军事贵族集团的代表；米哈伊尔四世和米哈伊尔五世则相对默默无闻，来自平民阶层。只有君士坦丁八世是马其顿王朝的最后一位男性继承人，可是他并没有留下任何男性子嗣，因此随着他的两个女儿邹伊和塞奥多拉先后去世，马其顿王朝寿终正寝。这一时期统治者来源的多样性，体现出马其顿王朝末期拜占庭最高权力的逐渐缺失，也成为 11 世纪拜占庭帝国中央政治局势混乱的一个重要因素。

另外，在这半个多世纪的时间里，各种力量都试图染指帝国最高权力，干涉或者控制皇帝的选举。根据当时的史料记载，在上述 14 位（从君士坦丁八世到尼基弗鲁斯三世）统治者当中，有 11 人的选举是在拜占庭宫廷之内完成的，另有 3 人登基则是决定于皇宫之外。但是数字不足以说明问题，因为看起来似乎拜占庭的皇位传承大部分完成于宫廷之内，具有一定的稳定性。事实则并非如此，在 11 次宫廷之内完成的继位中，有四次是通过与皇室成员结成夫妻（邹伊的三次婚姻以及罗曼诺斯四世娶尤多西娅），一次通过收养义子（邹伊收养米哈伊尔五世），两次来自先帝的遗愿（君士坦丁八世和伊沙克一世），两次被众人推选（米哈伊尔六世和君士坦丁十世）。其他三次完成于宫廷之外的皇位继承，则基本上是起兵反叛的成果。[1]因此我们可以明确地指出，除了血亲继承（包括父死子继和兄终弟及）之外，与皇室成员联姻、被皇室成员收养为义子、被先帝任命、被民众推选或拥护或者通过武装夺权等形式，也成为那些觊觎皇位之人通往皇帝宝座的可行途径。那么，在这些形式众多的继位方式当中，自然掺杂进了不同人群或者不同势力集团的利益。

因此，在分析考察过这一时期拜占庭皇位继承和皇权传递的特点之后，我们便可以将注意力转移到活跃于君士坦丁堡城内的其他各股政治力量之上，因为他们的活动不但构成拜占庭政治生活的重要内容，而且常常影响宫廷之内统治者的政策和皇位的更迭。传统意义上左右皇位更迭和皇帝选举的几股力量，如元老院、君士坦丁堡民众、军队和以牧首为代表的东正教会，在 11 世纪期间仍旧在不同程度上继续发挥他们各自的影响。

虽然拜占庭的元老院已经基本不再参与各项国家事务，但是它仍旧保留着荣誉地位，并且在宫廷仪式中发挥主导作用。[2]而且，每逢皇位更迭的时刻，元老院的作用往往是决定性的。在 11 世纪，元老院成员

① 参见 Vryonis, "Byzantine Imperial Authority: Theory and Practice in the Eleventh Century", pp.144-150。

② Χριστοφιλοπούλου, Βυζαντινή Ιστορία, τόμος Β΄2, p.278.

几乎参与了每次皇位继承人的选定或者是对继任皇帝的认可，获得元老院的同意通常是新帝登基的最基本保证。[①]

君士坦丁堡民众的选举活动通常体现在他们在各种仪式上的欢呼喝彩，以及与皇帝登基相关的某些场合之上。如阿塔里亚迪斯记载的1042 年米哈伊尔五世在复活节当天出行的盛况，"皇家游行队伍已然就绪，市场的头头们在广场上铺满了精美的丝质地毯，从皇宫一直铺到了圣索菲亚大教堂门前。他们准备好这些，皇帝便可以在随从的护拥下从这里穿过"[②]。到了 11 世纪的时候，君士坦丁堡的民众开始在皇位更迭的过程中发挥越来越重要的作用。正如有学者指出的那样，在整个 11世纪，每逢皇位更迭之际，如废黜一位君主，选择一位新君，或叛乱的将领们试图染指皇位时，君士坦丁堡的民众总是十分警觉地抓住一切机会伺机开展暴乱活动。[③]在逼迫皇帝退位（如米哈伊尔五世、米哈伊尔六世、米哈伊尔七世和尼基弗鲁斯三世）或者支持某位皇帝登基的过程中（如伊沙克一世、米哈伊尔七世和尼基弗鲁斯三世），都城民众均发挥了重要作用。因此，自 11 世纪下半期开始，为了赢得他们的广泛支持，拜占庭统治者们经常向都城民众施以慷慨的恩惠和赏赐。米哈伊尔六世在面对伊沙克·科穆宁的反叛时，向君士坦丁堡民众大肆赠与礼物、金钱和荣誉头衔，以换取他们的支持和衷心。但后来正是因为民众倒戈，转而支持伊沙克并且拥立后者为帝，米哈伊尔六世才被迫退位，穿上了修道士的长袍。[④]这些都足以反映出君士坦丁堡民众在帝国政治生活中所发挥的重要作用。

自罗马帝国时代起，许多皇帝因为得到士兵的拥护而获取最高统治

---

① Vryonis, "Byzantine Imperial Authority: Theory and Practice in the Eleventh Century", p.150.

② Μιχαὴλ Ἀτταλειάτης, Ἱστορία, p.39.

③ Lynda Garland, "Political Power and the Populace in Byzantium Prior to the Fourth Crusade", *Byzantinoslavica*, 53/1 (1992), p.46.

④ Ἰωάννου Σκυλίτση, Χρονογραφία, pp.533-535; Vryonis, "Byzantine Δημοκρατία and the Guilds in the Eleventh Century", p.293.

权力，军队在皇位更迭过程中发挥举足轻重的作用，这一传统延续到了拜占庭帝国时期。[①]11 世纪时，许多省区军事长官拥兵自重，时机一旦成熟他们便会依靠军队的拥护对拜占庭皇位发起冲击，其中不乏成功的例子，例如上文提及的伊沙克一世·科穆宁，以及后来的尼基弗鲁斯三世和阿莱克修斯一世等人。

　　由牧首为新帝加冕一直是拜占庭皇帝登基仪式中的一个重要组成部分，这项传统得以长期保留，拜占庭君主权力也因为得到最高宗教领袖的认可而增加了一份神圣色彩。君士坦丁堡牧首于是经常得以参与拜占庭皇位继承的讨论，甚至在某些时刻成为左右皇帝人选的决定性因素。11 世纪的牧首不仅继承了这项光荣的传统，甚至他们当中的一些人还多次参与拜占庭皇位更迭的过程，俨然成为掌控帝国命运的重要人物。1057 年，面对伊沙克·科穆宁反叛大军的逼近和君士坦丁堡各界人士的一再请求，牧首米哈伊尔·基路拉里欧斯（Μιχαήλ Κηρουλάριος）[②]带头认可了他们拥科穆宁为帝的做法，并且呼吁后者切莫耽搁马上进入君士坦丁堡掌权；当然牧首也不忘为自己的合作而向新帝邀功讨赏。基路拉里欧斯同时还给米哈伊尔六世皇帝带去威胁性的口信，强迫后者穿上修道士的长袍，因为唯有如此他的生命安全才能得到保障。[③]当出现叛乱或者内战局面时，关于皇权过渡的法律细节规定得不是很清晰，因此基路拉里欧斯认为自己凭借精神上的无上权威有理由介入皇位继承人

① Ιωάννης Καραγιαννόπουλος, *Το Βυζαντινό Κράτος*, Θεσσαλονίκη: Εκδόσεις Βάνιας, 2001, pp.305-306.

② 君士坦丁堡牧首（1043 年 3 月 25 日—1058 年 11 月 2 日）。基路拉里欧斯出生于 1005—1010 年间，1059 年 1 月 21 日死于赫勒斯庞特。牧首阿莱克修斯·斯都底奥斯去世后，君士坦丁九世皇帝任命米哈伊尔继任牧首一职。米哈伊尔继承了"新神学家"西蒙的严格作风，因此与普塞洛斯为代表的自由派学者产生矛盾，然而他却得到了君士坦丁堡民众的支持。著名的1054年东西方教会大分裂，就是在米哈伊尔任职期间发生的。米哈伊尔六世皇帝上台后，基路拉里欧斯成为政府的主宰，并且促成了伊沙克一世的登基。然而牧首最终与皇帝关系破裂，他被伊沙克逮捕，死于流放途中。*The Oxford Dictionary of Byzantium*, p.1361.

③ Ιωάννου Σκυλίτση, *Χρονογραφία*, pp.533-534; Μιχαήλ Ατταλειάτης, *Ιστορία*, pp.117,119.

的选择。①同样是在 11 世纪下半期，牧首克西菲林诺斯解除了尤多西娅女皇对于先帝君士坦丁十世的誓言，令她可以再嫁罗曼诺斯·迪奥叶尼斯，这样牧首在实质上促成了罗曼诺斯四世的登基。②

以上便是普塞洛斯当时所处的政治环境，时局变幻莫测，风险时刻存在，稍有闪失便有可能成为政治斗争的牺牲品。因此，在历任皇帝统治之下，普塞洛斯使尽各种伎俩，百般钻营，只为在朝廷中始终立于不败之地。③也就是在这样的政治氛围中，普塞洛斯完成了他的《编年史》。

2. 11 世纪拜占庭文化的发展趋势

11 世纪的拜占庭文化经历了从繁荣发展到遭受高压控制的变化过程。拜占庭文化在 11 世纪里蓬勃发展，涌现出多位杰出的大学者，这些论断基本上得到学术界的一致认可。但是随着 1081 年阿莱克修斯一世的登基，科穆宁王朝为了强化统治，巩固新建立的王朝，统治者逐渐加强了对拜占庭文化事业的控制。政府依靠强权介入文化教育事业，是此后几个世纪里拜占庭文化生活的一大特征。

我们首先需要对一个问题加以辨析并予以澄清。一直以来，对于 11 世纪初年即瓦西里二世统治时期拜占庭文化成就的评价，学术界多持否定态度。很多学者倾向于认为瓦西里二世一心扑在军事征服之上，因而极度忽视帝国的文化事业。④但是近年来有学者开始重新审视瓦西里二世在文化建设方面的贡献，他们指出他至少为后世拜占庭文化的繁荣营造了一个和平的环境。⑤而且有学者已经开始对学术界广泛引用的一段普塞洛斯本人的论述加以重新解释。普塞洛斯这样写道：

---

① Angold, "Imperial Renewal and Orthodox Reaction: Byzantium in the Eleventh Century", p.241.

② Nicolas Oikonomidès, "Le serment de l'impératrice Eudocie (1067). Un épisode de l'histoire dynastique de Byzance", *Revue des Études Byzantines*, 21 (1963), pp.101-128; Angold, "Imperial Renewal and Orthodox Reaction: Byzantium in the Eleventh Century", p.244.

③ Charanis, "The Byzantine Empire in the Eleventh Century", p.195.

④ 比如奥斯特洛格尔斯基、瓦西里耶夫和基里亚基斯等人都持有类似的观点。

⑤ Paul Lemerle, *Cinq études sur le XIe siècle byzantin*, Paris: Le Monde Byzantin, 1977, pp.195, 197.

随着年龄的增长和经验的丰富，他（瓦西里二世——笔者注）越来越不依赖比自己更聪明的那些人的判断。他独自一人引进了新的措施，独自一人部署军队。至于民政管理，他不是根据成文法律来管理，而是遵循出于自己直觉的不成文命令，这种直觉是天生具备的。因此，他不再重视有学问的人；相反，他表现出一副完全蔑视的态度——我指的是对那些有学问的人。①

这段记载表现出瓦西里二世尽量疏远那些杰出的知识分子或者贵族家庭成员，选择容易操控、出身相对卑微之人作为身边谋士。所以普塞洛斯的评论只是表现出他对于瓦西里二世选择大臣标准的不满，而并非完全指责皇帝忽视学术建设。因为普塞洛斯接下来自己也承认，"在那个时代却涌现出一大批演说家和哲学家，这看上去是一件美妙的事情"②。所以我们相信，尽管有些后代拜占庭史家认为，"从瓦西里（二世）至莫诺马霍斯（君士坦丁九世）皇帝，他们当中的大多数人都忽视学术建设"③，但是整个马其顿王朝时期包括 11 世纪下半期，拜占庭学术的发展势头并未出现明显的中断。④

瓦西里二世统治期间的文化成就主要体现在军事论文的撰写和人们对于圣徒传记的兴趣，这些文化成就应该说是在瓦西里所推崇的宗教一军事思想理念的鼓舞下取得的。尼基弗鲁斯·乌拉诺斯（Νικηφόρος Ουρανός）是瓦西里二世的近臣和好友，后来出任安条克总督，他于瓦西里西征保加利亚人之际在自己的辖地护卫了拜占庭东

---

① *The Chronographia of Michael Psellus*, 1.29, pp.43-44.
② *The Chronographia of Michael Psellus*, 1.29, p.44; Barbara Crostini, "The Emperor Basil II's Cultural Life", *Byzantion*, 66 (1996), pp.65-66.
③ *The Alexiad of the Princess Anna Comnena*, 5.8, p.132.
④ Hussey, *Church and Learning in the Byzantine Empire, 867-1185*, p.38.

部边疆。乌拉诺斯写成《战略》一书，其中既有对前代军事手册的汇编整理，亦有自己多年作战经验的总结。[①]普塞洛斯曾在《编年史》中提到，瓦西里二世通过阅读某些著作来积累作战技能方面的经验，这里他很有可能指的就是乌拉诺斯的作品。此外，像赫里斯托弗洛斯·米提林尼奥斯（Χριστοφόρος Μυτιληναίος）[②]、几何学家约翰（Ἰωάννης ὁ Κυριοτής）[③]和辛纳达的利奥（Λέων Σύναδα）[④]等人，都是活跃于瓦西里二世在位期间的杰出学者，他们的文化创作活动主要集中于圣徒传记的整理和注释，这也反映出与瓦西里二世关系密切的拜占庭知识阶层的学术旨趣所在。[⑤]因此，我们有理由认为，瓦西里二世广泛吸收利用前代百科全书时代的知识成果，并将马其顿文化复兴的艺术成就带向一个新的高峰，从而为 11 世纪更加辉煌的文化成就奠定了坚实的基础。[⑥]

　　11 世纪拜占庭文化生活繁荣的整体特征，在于人文精神的蓬勃发展。这一时期的文化繁荣体现在文学、教育和艺术等多个领域，一些最具代表性的文化成果，如文学作品、建筑、手稿彩饰插图、镶嵌画艺术等，比较一致地展现出一种时代特征，即世俗与神学因素的融合，古典

---

① 参见 Eric McGeer, *Sowing the Dragon's Teeth: Byzantine Warfare in the 10th Century*, Washington, D.C.: Dumbarton Oaks, 1995, pp.79-169.

② 拜占庭诗人、帝国高官。他于公元 1000 年前后生于君士坦丁堡，1050 年之后（一说 1068 年后）去世。赫里斯托弗洛斯享有贵族等头衔，他曾担任皇家秘书以及帕弗拉戈尼亚和亚美尼亚地区的法官。他的讽刺诗展现了拜占庭帝国日常生活的场景，同时对一些政治事件也有所反映（如罗曼诺斯三世皇帝之死，米哈伊尔五世皇帝被割瞎眼睛等）。赫里斯托弗洛斯还创作了四篇圣徒生平，其中两篇用古代抑扬格和六步格写成，另外两篇则是用同音节节律（isosyllabic meters）写成。*The Oxford Dictionary of Byzantium*, p.442.

③ 10 世纪下半期的拜占庭诗人。约翰有可能出身于贵族家庭，他自幼接受良好教育，曾经在军队中服役，后来隐退至修道院中。约翰的讽刺诗保留了大量拜占庭与保加利亚和罗斯人战争以及帝国境内历次叛乱的信息。约翰的作品中充满了悲观主义色彩，我们常常看到作者提及政治危机、蛮族入侵、农民贫困以及地震和彗星降临等内容。约翰还有一些赞美诗和演说辞流传后世。*The Oxford Dictionary of Byzantium*, p.1059.

④ 都主教、活动家、作家。利奥生于 940 年前后，有大量书信作品传世，其中很多是写给瓦西里二世皇帝的，同时涉及他出使罗马和"弗兰基亚"（即亚琛）等地的情况。我们通常可以在利奥的信中体会到作者适度的幽默和讽刺。*The Oxford Dictionary of Byzantium*, pp.1215-1216.

⑤ Crostini, "The Emperor Basil II's Cultural Life", pp.67-70.

⑥ Crostini, "The Emperor Basil II's Cultural Life", pp.79-80.

多神教传统与基督教理念的贯通，因此一个全面的、百科全书式的知识体系得以建立并且发扬光大。^①具体而言，11 世纪的拜占庭学者继承了前代学者对古典文化成果的吸收与利用这一传统，但是他们的观念和方法已经有了很大的突破。这一时期的学者和知识分子不仅仅局限于 9 世纪、10 世纪间知识阶层对古代文本的收集与抄写，还体现出一种古为今用的原则，即开始有意识地对古代作品进行批判性的使用，并且努力尝试将这些文化成果与自身的文化创造融为一体，从而令 11 世纪的拜占庭文化具备了新的面貌。^②他们的努力对拜占庭人文思想和理性主义的蓬勃发展起到了极大的促进作用。

君士坦丁堡大学的重建和繁荣，是这种人文精神高涨的集中体现和必然结果。君士坦丁堡大学很快便成为帝国教育和学术的中心，大批优秀的学者汇集在这里讲学研究，他们同时也为拜占庭帝国培养了一批又一批文化精英，从而进一步带动了拜占庭社会追求知识的热情。瓦西里二世在位期间，君士坦丁堡确实存在一定数量的私人学校，比如穆西里开办的学校和新神学家西蒙早年学习过的学校等，但它们是如何组织运作的我们不得而知。而盛行于 9 世纪至 10 世纪初的那种国家扶持的教育机构（或称其为大学），由于经费缺乏而停顿。直至普塞洛斯这一代，教育组织的状况开始发生转变。我们能够比较确定的，是君士坦丁九世皇帝于 1045 年兴办的两所高等教育机构——法律学校和哲学学校。^③法律学校坐落于曼加纳的圣乔治教堂，^④由一名法学监督主

① A. A. Vasiliev, *History of the Byzantine Empire, 324-1453*, Vol. I, Madison: The University of Wisconsin Press, 1958, p.361; Kazhdan and Epstein, *Change in Byzantine Culture in the Eleventh and Twelfth Centuries*, pp.138-145.

② Kazhdan and Epstein, *Change in Byzantine Culture in the Eleventh and Twelfth Centuries*, p.136.

③ Μιχαήλ Ατταλειάτης, *Ιστορία*, p.55.

④ 曼加纳是君士坦丁堡的一个地区，位于卫城山的东坡，得名于一处军事器械仓库（μάγγανα），瓦西里一世皇帝在位时将其变为一处皇家地产。君士坦丁九世皇帝在此地修建了圣乔治修道院，以及一处宫殿和一所医院，并且将法律学校的校址定在此处。皇室成员每年4月23日圣乔治节时会到这里参加庆典。1055 年君士坦丁九世死后便葬于此处。*The Oxford Dictionary of Byzantium*, p.1283.

持，并且拥有一所图书馆。法学监督每年从国家获得 200 索里德斯[①]的薪俸，以及一件丝质长袍和其他礼物，同样他和他的家庭还会得到定量配给的物品。法律学校的学生无须缴纳学费，在修满一系列固定的课程并最终通过考核之后，会得到一纸证书证明他们顺利完成学业。[②]但是关于君士坦丁堡的哲学学校，由于没有相关的诏令流传下来，许多细节我们不得而知。普塞洛斯获得"首席哲学家"的头衔或许意味着他的教学事业从此得到帝国的扶持，同时他还要负责监督管理君士坦丁堡的各个学校。[③]

关于两所学校各自的课程设置，由于史料匮乏我们无法确知。然而如果结合这一时期教育教学的内容和方法（如上文所述），我们可以看出 11 世纪拜占庭教育的一个显著特征便是启发学生的自由思维，鼓励原创性研究。无论是普塞洛斯还是毛洛普斯都在自己的教学中鼓励学生大胆发问，教师则予以一一解答。普塞洛斯和伊塔洛斯流传下来的许多作品都是为学生解答问题而作的。通过这种方法，学生不再简单地接受老师所灌输的知识，而是需要自己主动地去思考和探索，只有这样学生们才可以真正体验到探寻真理的过程。[④]

然而，拜占庭文化这种相对自由的发展趋势在 11 世纪末期，具体而言就是科穆宁王朝建立并巩固统治之后，开始呈现被压制和受控于国家官方意志的状态。这种压制与控制，表现为对某些思想自由的学者的指控，指控他们的某些思想观念为"异端"。因此，正如有学者指出的那样，虽然政府没有流放什么人，也没有人因为自己的哲学观点被处死，

---

① 即诺米斯马。*The Oxford Dictionary of Byzantium*, p.1924.

② Robert Browning, "Enlightenment and Repression in Byzantium in Eleventh and Twelfth Centuries", *Past and Present*, 69 (1975), p.7.

③ Angold, "Imperial Renewal and Orthodox Reaction: Byzantium in the Eleventh Century", p.234.

④ Michael J. Kyriakis, "The University: Origin and Early Phases in Constantinople", *Byzantion*, 41 (1971), pp.170-171; Browning, "Enlightenment and Repression in Byzantium in Eleventh and Twelfth Centuries", pp.9-10.

但是 12 世纪整体的学术文化气氛、文化精英教育的体系，以及对于仕途前景的渴望，合力促成了年轻人远离那些可能带来危险的批判态度，变成优雅博学却毫无生气的一群官僚。[①]这种文化氛围的转变，是以对约翰·伊塔洛斯的指控为开始的。

伊塔洛斯是普塞洛斯众多弟子当中最为著名的一个。[②]他生于南意大利，父亲是诺曼雇佣军，母亲是当地的一名妇女。1049 年，已经 30 岁的伊塔洛斯来到君士坦丁堡求学，他投师于普塞洛斯门下，学习希腊语、数学和哲学。和他的老师不同，伊塔洛斯将主要的精力投入到思辨和论证上面。就连普塞洛斯对此也直言不讳，认为自己的这个学生是一位杰出的思想家，如他所写道："他并不依靠冠冕堂皇的措辞和修辞学技巧来使人信服，也不是靠语言风格或者语言的精美来吸引人，而是通过论证的内容来征服自己的听众。"[③]伊塔洛斯出师之后在君士坦丁堡开办了自己的学校，有大批学生慕名而来。再后来，伊塔洛斯还接替他的老师普塞洛斯，承担起"首席哲学家"的大任。但是伊塔洛斯将柏拉图哲学中的逻辑概念应用于解释一些重大神学问题，如基督人格的神秘性或者道成肉身。这种圣经解释法试图将希腊罗马哲学与基督教神学拉近，因此招来很多反对之声，有人开始怀疑他信仰的正统性。尽管如此，伊塔洛斯在米哈伊尔七世和尼基弗鲁斯三世两位皇帝统治期间保持了稳定的地位，可是随着 1081 年阿莱克修斯一世的登基和科穆宁王朝的建立，伊塔洛斯不得不面对新政权对于前朝知识分子和官员的清洗与弃用。

---

① Browning, "Enlightenment and Repression in Byzantium in Eleventh and Twelfth Centuries", p.17.

② 关于伊塔洛斯的生平以及对他的指控，可参见 Lowell Clucas, *The Trial of John Italos and the Crisis of Intellectual Values in the Eleventh Century*, München: Institut für Byzantinistik, Neugriechische Philologie und Byzantinische Kunstgeschichte der Universität, 1981。

③ Psellos, *Enc. Ital.*, 4, in *Michaelis Pselli Oratoria minora*, edidit Antony R. Littlewood, Leipzig: B. G. Teubner, 1985, pp.71.67-72.75. 另参见 Agapitos, "Teachers, Pupils, and Imperial Power in Eleventh-Century Byzantium", p.184。

1082 年 3 月，阿莱克修斯一世在皇宫召开一次私人会议，有宗教人士和行政官员参加，在会议期间伊塔洛斯因为莫须有的证据遭到指控，他被迫公开放弃自己的作品并且弃绝自己的学说。[①]在 4 月 11 日的最后一次大会上，伊塔洛斯被开除教籍，他的 5 名弟子也同时受到审查，并且在承认错误之后受到轻微的处罚。更有甚者，会议还决定在东正教会决议中增加 12 章的内容，专门用于批判伊塔洛斯的学说。[②]

自 9 世纪的弗条斯时代至阿莱克修斯一世统治时期，都鲜有类似对伊塔洛斯这样的异端指控事件发生。因此，伊塔洛斯事件标志着拜占庭文化在科穆宁时代开始失去生机与活力，原先存在的那种理智与信仰之间微妙的平衡被打破，国家与教会重新控制了教育的内容，同时牢牢地限制了人们自由思考的空间。11 世纪人们精神上的觉醒就此烟消云散。[③]然而，伊塔洛斯事件只是科穆宁王朝文化管制政策的一部分，随后不久，"首席哲学家"这个职位便退出了历史舞台。而君士坦丁堡牧首学校的逐渐成型，以及主讲《诗篇》《使徒行传》《福音书》三位教师的确立，标志着拜占庭帝国教育的管理大权彻底被置于教会手中。这三位教师在教会等级中占据特殊的位置，他们直接听命于牧首，负责向牧首报告那些公开表述的异端或反叛思想。他们给学生讲授的内容主要是《诗篇》《福音书》以及使徒保罗的书信。[④]我们纵然可以在牧首学校的课程设置中找到哲学或是修辞学这样的科目，但是作为"神学的侍女"，这些学科最终都是为了满足神学教育的需要，那种启发原创性思维的教学精神已经流失殆尽。

---

① 参见 *The Alexiad of the Princess Anna Comnena*, 5.9, pp.135-137。

② Agapitos, "Teachers, Pupils, and Imperial Power in Eleventh-Century Byzantium", p.187.

③ Browning, "Enlightenment and Repression in Byzantium in Eleventh and Twelfth Centuries", pp.15,19.

④ Robert Browning, "The Patriarchal School at Constantinople in the Twelfth Century", *Byzantion*, 32 (1962), pp.167-202; Kazhdan and Epstein, *Change in Byzantine Culture in the Eleventh and Twelfth Centuries*, p.128.

11 世纪的拜占庭文化从推崇古典文化，重视人文精神，最终发展出一种理性主义；与此同时，这种理性主义逐步成为对现存统治秩序的一种威胁，因此拜占庭统治阶层自 11 世纪末开始强权介入知识阶层的文化活动，并且逐渐将他们纳入帝国的规范体系，所以拜占庭文化在 11 世纪末逐步受控于国家最高权力。

通过上文的分析论述，我们可以看出普塞洛斯的写作环境，在政治上是君士坦丁堡动荡的局势，在文化上是拜占庭官方教会的正统信仰对于希腊罗马文化的抵制，这两股势力无疑对普塞洛斯的写作产生了深刻的影响。一方面，普塞洛斯对统治者的评价明褒暗贬，体现出作者对不安定政局和自身前途的忌惮；另一方面，普塞洛斯多次在《编年史》中为自己基督教信仰的正统性加以辩护，这在某种程度上可以视为作者对那些指责其信仰不够纯洁之人的抗议。

第二节　普塞洛斯的《编年史》

在深入剖析《编年史》一书的若干具体问题之前，我们首先需要对它的基本情况做一概括性的介绍，这里主要涉及《编年史》手稿的传抄、各种版本和译本，《编年史》各卷主要内容的概述，以及该书的一些主要特点。

一　《编年史》的手稿、版本和翻译

普塞洛斯的《编年史》虽然如此重要，但是在拜占庭时期流传得并不广泛，当时只有一个完整的手稿版本流传于后世，保存在 12 世纪下半期的《巴黎希腊抄本》1712（*Parisinus graecus* 1712）中。这是一份 430 页的羊皮纸手稿，现藏于巴黎国家图书馆。有学者认为《巴黎希腊抄本》1712 的手稿直至 15 世纪上半期仍然存放于君士坦丁堡城内，并且从那里直接或经由克里特被转移至威尼斯，最终于 17 世纪由意大利到达法国。[1]17 世纪的钱币学家和藏书家 B. R.特里谢在意大利将这份手稿买下，然后转交给孔伯菲，后者利用它作为自己研究君士坦丁堡的材料之一。这份手稿是特里谢手稿收藏中的第 16 号，1661 年特里谢去世后他的遗孀将全部手稿收藏卖给了科尔柏，这位路易十四的财政大臣将所有这些手稿放置于皇家图书馆内，将含有普塞洛斯作品的这一份编号为 1712。[2]该手稿可以大体分为三个部分，1—6 页和 420—422 页是羊皮纸质地，很可能出自 15 世纪的克里特抄写员乔治·格力高罗普洛斯之手；423—430 页这部分是纸质，落款日期为 1556 年，抄写员是安德烈亚斯·多诺斯。[3]

《巴黎希腊抄本》1712 手稿的主体内容实际上是一部世界通史的汇编，涵盖从创世到米哈伊尔七世·杜卡斯这一段的历史内容，该手稿中包括伪西蒙的《编年史》、"执事"利奥的《历史》，以及普塞洛斯的《编年史》三部作品。[4]在这份手稿中，普塞洛斯的《编年史》接续利奥的《历史》，从第 322 页开始。但是这部《编年史》既没有一个此类作品惯有的"前言"作为开篇，同时缺少一个明确的结束标志。[5]《巴黎希腊抄本》1712 中的《编年史》分为七卷，除米哈伊尔六世和伊沙克·科穆宁二人合为一卷外，其余六卷分别记载一位皇帝（将邹伊和塞奥多拉归入君士坦丁九世统治之内）。在后来新的修订版本中有关君士坦丁十世、尤多西娅、罗曼诺斯四世和米哈伊尔七世的内容才被编入第七卷中。另外有学者认为，《编年史》中可能还包括一篇献给鼓励

[1] Kenneth Snipes, "Notes on *Parisinus graecus* 1712", *Jahrbuch der Österreichischen Byzantinistik*, 41 (1991), p.160.

[2] *The History of Psellus*, edited with critical notes and indices by Constantine Sathas, London: Methuen & Co., 1899, p.ix.

[3] Snipes, "Notes on *Parisinus graecus* 1712", pp.142-143.

[4] Καρπόζηλος, *Βυζαντινοί Ιστορικοί και Χρονογράφοι*, τόμος Γ΄ (11^{ος}-12^{ος} αι.), pp.75,76.

[5] Snipes, "Notes on *Parisinus graecus* 1712", pp.153-154.

普塞洛斯从事历史写作的那个人的献词，但是这篇献词最终没有流传下来。^①此外，学者们近年来在西奈的圣爱卡特里尼修道院的手稿收藏中发现了一份 14 世纪的手稿《西奈希腊抄本》1117（*Sinaiticus graecus* 1117），其中有 5 页内容是普塞洛斯《编年史》最后一部分的节选，包括从罗曼诺斯四世倒台至米哈伊尔七世统治中期这部分内容。^②《西奈希腊抄本》1117 是一份纸质手稿，共 372 页。该手稿由多位抄写员完成，第一部分包括塞奥多利·巴尔萨蒙对佛条斯《教会法教规》（*Nomocanon*）的注释，余下的部分包含许多不同种类的文献，如帝国法令、教规和教会决议、牧首信件，以及 3 篇关于宗教会议的文章。这份手稿另外还包括普塞洛斯的《简史》、一部记述 1204 年君士坦丁堡陷落于拉丁人之手的编年史，以及上文提及的普塞洛斯《编年史》的一小部分。^③

如此重要、著名的一部史学著作仅有一份手稿流传至今，这似乎是难以想象的事情。然而，如果我们考虑到 11 世纪、12 世纪拜占庭手稿的流传状况，那么这一现象也就不足为奇了。因为除了有限几位历史学家以外，大多数 11 世纪、12 世纪拜占庭作家的作品通常只有一两部手稿流传下来。"执事"利奥的《历史》与普塞洛斯的《编年史》一样，仅仅保存在《巴黎希腊抄本》1712 手稿当中；阿塔里亚迪斯的《历史》有两部手稿传世，分别是 12 世纪的《科斯林抄本》136（*Coislin* 136）和 14 世纪的 "*Escorialenis* T-III-9"；布里恩纽斯《历史素材》的手稿甚至已经遗失；安娜·科穆宁的《阿莱克修斯政事记》也仅有两部 12 世纪的手稿流传下来，即《老洛伦佐普鲁泰奥抄本》（*Laur. Plut.* LXX, 2）和《科斯林抄本》311（*Coislin* 311）。约翰·金纳莫斯（Ιωάννης

---

① Καρπόζηλος, *Βυζαντινοί Ιστορικοί και Χρονογράφοι*, τόμος Γ' (11ᵒˢ-12ᵒˢ αι.), pp.76-77.

② 这部分内容由阿尔茨整理出版，W. J. Aerts, "Un témoin inconnu de la Chronographie de Psellos", *Byzantinoslavica*, 41 (1980), pp.1-16。

③ Kenneth Snipes, "A Newly Discovered History of the Roman Emperors by Michael Psellos", *Jahrbuch der Österreichischen Byzantinistik*, 32/3 (1982), pp.53-54.

Κίνναμος)[1]的《历史》也只有一份手稿传世，即 13 世纪的"*Vat. gr.* 163"。唯一的例外是尼基塔斯·侯尼亚迪斯（Νικήτας Χωνιάτης）[2]，他的《记事》保存在十几份 15 世纪之前的手稿当中。[3]另外，君士坦丁·马纳西斯（Κωνσταντίνος Μανασσής）[4]的作品有大量的手稿传世。尽管如此，普塞洛斯的《编年史》却成为 11 世纪、12 世纪众多史学家重要的史料来源，尼基弗鲁斯·布里恩纽斯、安娜·科穆宁和约翰·佐纳拉斯都曾先后引用过他的作品。[5]甚至有学者推断，在拜占庭皇家图书馆中

---

① 拜占庭历史学家、曼努埃尔一世皇帝的秘书。他生于 1143 年之前，死于 1185 年后。金纳莫斯的《历史》涵盖 1118—1176 年间的历史事件，书中关于约翰二世皇帝的记载和评价，与同时代的尼基塔斯·侯尼亚迪斯大致相同，但是随后的内容两位历史学家则存在明显的不同。相比于侯尼亚迪斯，金纳莫斯是曼努埃尔一世的忠实拥护者，并且对十字军持有更大的敌意。金纳莫斯深信历史宿命论，认为人和"命运"在历史发展进程中的作用微不足道。*The Oxford Dictionary of Byzantium*, p.1130.关于金纳莫斯及其《历史》，可参见以下作品：Jakov N. Ljubarskij, "John Kinnamos as a Writer", in Πολύπλευρος νούς: *Miscellanea für Peter Schreiner zu seinem 60. Geburtstag*, herausgegeben von Cordula Scholz und Georgios Makris, Leipzig; München: K. G. Saur, 2000, pp.164-173; Αναστάσιος Δελέογλου, Συμβολή στη μελέτη του ιστορικού έργου του Ιωάννου Κιννάμου, Σέρρες: Νούφαρο, 2016.

② 12 世纪的拜占庭历史学家、官员和神学家。侯尼亚迪斯于 1155 年至 1157 年间生于弗里吉亚的侯奈城，1217 年死于尼西亚。他早年在黑海沿岸地区任职，伊沙克二世在位期间官至帷幕总管（λογοθέτης των σεκρετών），1204 年君士坦丁堡陷落后逃往尼西亚。侯尼亚迪斯的《记事》（Χρονική διήγησις）是关于 1118—1206 年间拜占庭帝国历史最重要的文献，作者在书中展现了人性的矛盾性和复杂性，并且被认为是历史发展进程中的积极因素，上帝则作为最高的道德标准而发挥作用。侯尼亚迪斯的作品还包括演讲、书信和神学论文等。*The Oxford Dictionary of Byzantium*, p.428.关于侯尼亚迪斯及其《记事》，可参见以下著作：Alicia Simpson and Stephanos Efthymiadis, eds., *Niketas Choniates: A Historian and a Writer*, Geneva: La Pomme d'Or, 2009; Alicia Simpson, *Niketas Choniates: A Historiographical Study*, Oxford University Press, 2013; Theresa Urbainczyk, *Writing About Byzantium: The History of Niketas Choniates*, London and New York: Routledge, 2018。

③ Kenneth Snipes, "The *Chronographia* of Michael Psellos and the Textual Tradition and Transmission of the Byzantine Historians of the Eleventh and Twelfth Centuries", *Zbornik Radova Vizantološkog Instituta*, 27-28 (1989), pp.49-51.

④ 拜占庭历史学家。他于 1130 年前后出生于君士坦丁堡，死于 1187 年前后。马纳西斯曾在伊琳妮·科穆宁和曼努埃尔一世的宫廷中担任作家，最终出任瑙帕克托斯都主教。他的《编年史概要》（Χρονική σύνοψις）从亚当写起，下限至 1081 年，他开创了以韵文撰写历史作品的先河。马纳西斯对于贵族阶层有所偏好，对于普通民众自然不屑一顾。*The Oxford Dictionary of Byzantium*, p.1280.关于君士坦丁·马纳西斯及其《编年史概要》，可参见以下作品：Odysseus Lampsidis, "Zur Biographie von Konstantin Manasses und seiner Chronik Synopsis", *Byzantion*, 58 (1988), pp.97-111; Ingela Nilsson, "Narrating Images in Byzantine Literature: The Ekphraseis of Konstantinos Manasses", *Jahrbuch der Österreichischen Byzantinistik*, 55 (2005), pp.121-146; Μαρία Αυγερινού-Τζιώγα, Η Σύνοψις χρονική του Κωνσταντίνου Μανασσή: συμβολή στην υφολογική μελέτη μιας έμμετρης χρονογραφίας, Θεσσαλονίκη: Αθανασίου Αλτιντζή, 2013。

⑤ Antonio Carile, "La «Ύλη ιστορίας» del cesare Niceforo Briennio", *Aevum*, 43 (1969), pp.66-69; St. Linnér, "Psellus' Chronographia and the Alexias. Some Texual Parallels", *Byzantinische Zeitschrift*, 76 (1983), pp.1-9; Οδυσσεύς Α. Λαμψίδης, Ἡ Χρονογραφία του Ψελλού πηγή της Ἐπιτομῆς του Ζωναρά, Αθήνα, 1951.

存有一份《编年史》的手稿，虽然能够接触到它的人群十分有限，但是它很可能曾经被其他作家使用过。[①]

　　类似的情况也出现在对普塞洛斯作品的整理出版上，如此重要的一位多产作家，他的作品直至 19 世纪才成为学者们关注的对象。1874年，君士坦丁·萨萨斯（Κωνσταντίνος Σάθας）首次编辑出版了普塞洛斯的《编年史》，并将其冠名为《拜占庭百年历史》（Εκατονταετηρίς Βυζαντινής Ιστορίας），构成其系列丛书"中世纪文库"（Μεσαιωνική βιβλιοθήκη）的第四卷。这一卷又于 1899 年经萨萨斯和 J. B. 伯里共同修订后再版。[②]萨萨斯版的一个最大的优点在于，书后附有一个十分详细的索引，可供读者方便检索。

　　继萨萨斯之后，法国学者 E.雷诺重新编辑整理了《编年史》文本，该版于 20 世纪 20 年代末问世，并且在随后长达半个多世纪的时间里一直是该书的标准版。除希腊文原文外，雷诺还为读者提供了准确的法文译文和一篇较为详细的导言及大量注释，该版本由是成为研究者必备的参考资料。雷诺在导言中对普塞洛斯予以比较全面的介绍，包括他的生平、作品、语言风格以及《编年史》的史料价值和文学价值等相关问题。[③]

　　《编年史》的第三个版本于 20 世纪 80 年代问世，由因佩里切里等几位意大利的拜占庭史专家共同完成。该书与雷诺版类似，是希腊文原文与意大利文译文的对照本。[④]该版本同样有一个长篇导言，并附有大量学术性注释，体现了学术界关于普塞洛斯《编年史》研究的新动态。

　　《编年史》的第四个、也是最新的版本由德国学者 D.R.赖因施编辑，

---

　　① Snipes, "The *Chronographia* of Michael Psellos and the Textual Tradition and Transmission of the Byzantine Historians of the Eleventh and Twelfth Centuries", p.61.

　　② *The History of Psellus*, edited with critical notes and indices by Constantine Sathas, London, 1899.

　　③ Michel Psellos, *Chronographie: ou, Histoire d'un siècle de Byzance (976-1077)*, Texte établi et traduit par Émile Renauld, Paris: Société d'édition "Les Belles lettres", 1926-1928.

　　④ Michelle Psello, *Imperatori di Bisanzio: Cronografia*, testo critico a cura di Salvatore Impellizzeri, commento di Ugo Criscuolo, traduzione di Silvia Ronchey, Milan: Fondazione Lorenzo Valla/Arnoldo Mondadori Editore, 1984.

出版于 2014 年。[①]编辑者赖因施综合融汇了自 1874 年以来学术界关于普塞洛斯《编年史》的研究成果，对文本进行了改进，对一些语句进行了新的解读。该版还带有一份详尽的注释以及索引。

到目前为止，《编年史》已经有多种文字的译本问世。法文译者即是上文提到的 E.雷诺，他的译文准确优美，长期以来受到学者们的青睐。

《编年史》的英译本由 E. R. A.修特于 20 世纪 50 年代完成，[②]后经修订再版收入"企鹅经典丛书"系列。修特的英译文更加注重保持原著的文学色彩，译者并没有刻意逐字逐句地翻译普塞洛斯的这部历史，很多地方采取意译的原则，这种方法因为《编年史》一书的文字特征自有其可取之处。但是修特的英译本确实存在某些翻译错误（有些是完全把普塞洛斯的原意理解错了）和上下文不甚连贯的情况，而且，该译本最大的缺陷是缺少精确且富含学术价值的注释。因此使用时必须谨慎，时常需要参照其他版本。

《编年史》的意大利文译本出现于 20 世纪 80 年代，它收录于上文提到的希腊文原文与意大利文译文对照本当中，译者为 S.隆谢。

《编年史》有两种现代希腊文译本，分别是 B.卡拉利斯的原文与现代希腊语译文对照本[③]和 A.希戴里的翻译注释本[④]。前者以因佩里切里的意大利文版作为文本基础，同时参照雷诺的法文版和萨萨斯版，并且译者还为读者提供了一定数量的注释。

此外，《编年史》还有捷克语、俄语、罗马尼亚语、保加利亚语、瑞典语、德语、土耳其语、波兰语和西班牙语等多种现代语言的翻译本，在此不一一赘述。[⑤]

[①] *Michaelis Pselli Chronographia*, herausgegeben von Diether R. Reinsch, Berlin: De Gruyter, 2014.

[②] *Fourteen Byzantine Rulers: The Chronographia of Michael Psellus*, translated, with an introduction by E. R. A. Sewter, Harmondsworth: Penguin Books, 1953, 1987.

[③] Μιχαήλ Ψελλός, *Χρονογραφία*, μετάφραση-εισαγωγή-σχόλια: Βρασίδας Καραλής, Αθήνα: Εκδόσεις Κανάκη, 2004.

[④] Μιχαήλ Ψελλού, *Χρονογραφία*, μετάφραση: Αλόη Σιδέρη, Αθήνα: Αγρα, 1993.

[⑤] 参见 Neville, *Guide to Byzantine Historical Writing*, pp.140-141。

二 《编年史》的内容

普塞洛斯的《编年史》共分为 7 卷，其中第 1—4 卷每卷都记载一位拜占庭皇帝，第 5 卷包括米哈伊尔五世和塞奥多拉；第 6 卷涵盖邹伊与塞奥多拉、君士坦丁九世以及塞奥多拉独立统治的内容；最后一卷记载从米哈伊尔六世至米哈伊尔七世的 6 位统治者。

《编年史》第 1 卷记载 976 年约翰一世·兹米斯基斯去世后瓦西里二世独立统治的内容，普塞洛斯意在衔接"执事"利奥的《历史》，同时也是为了让自己的著作篇幅大体涵盖 100 年这个时间跨度。①普塞洛斯在第 1 卷中主要记载了瓦西里二世在位期间的若干重大历史事件，但是多局限于内政的记述，对瓦西里二世的外交活动则几乎很少提及。这种处理方法在后面各章中也都非常明显，因此它可以被视作普塞洛斯撰写历史的一个代表性手法。②普塞洛斯在第 1 卷中着重记载了巴尔达斯·斯科利洛斯和巴尔达斯·弗卡斯的叛乱，太监瓦西里被流放，并顺带提及瓦西里二世的 996 年法令，但是对于这位拜占庭皇帝的巴尔干行动、入侵马其顿、与阿勒颇的法蒂玛王朝开战、罗斯人派军援助并皈依基督教以及保加利亚战争等重要内容，普塞洛斯都未曾提及。

第 2 卷围绕瓦西里二世的兄弟君士坦丁八世展开。君士坦丁八世实际上于 976 年与瓦西里共同继承了帝国的统治大权，但是由于他生性懒散，终日沉浸在骄奢淫逸的生活之中，因此瓦西里在世时君士坦丁宁肯选择退居幕后。③1025 年瓦西里二世病死，君士坦丁八世遂开始个人独立统治，直至 1028 年他去世为止。普塞洛斯对于君士坦丁的记载非常简短，整个第 2 卷也只有 10 个小节的内容。除了概括介绍君士坦丁的统治风格、性格特点以及兴趣爱好之外，普塞洛斯似乎没有记载这位皇

---

① Bury, "Roman Emperors from Basil II to Isaac Komnenos", p.128.

② Crostini, "The Emperor Basil II's Cultural Life", p.58.

③ 参见 Klaus-Peter Todt, "Herrscher im Schatten: Konstantin VIII. (960/961-1028)", *Thetis: Mannheimer Beiträge zur Klassischen Archäologie und Geschichte Griechenlands und Zyperns*, 7 (2000), pp.93-105。

帝统治期间的任何重大历史事件。

第 3 卷是关于罗曼诺斯三世统治的 6 年，普塞洛斯的《编年史》从这一卷开始依靠自己的观察和经历进行写作，正如他所说的那样，对于瓦西里和君士坦丁的评论主要是基于别人提供的信息，而他对罗曼诺斯的描述则是相当独立的。[①]关于罗曼诺斯统治期间的史事，普塞洛斯记载最为详细的当数这位皇帝率军出征安条克并最终遭到伏击兵败而归，此外普塞洛斯简要记述了罗曼诺斯的税收政策。另外，关于罗曼诺斯花费巨资修建教堂以及由此引发的种种舞弊行为，孤儿院院长约翰如何将米哈伊尔·帕弗拉贡带进宫廷以及后者后来与邹伊勾搭成奸，直至最终二人合谋将罗曼诺斯三世害死，普塞洛斯也为我们提供了许多细节。

第 4 卷是关于米哈伊尔四世的统治。普塞洛斯运用大量的篇幅介绍米哈伊尔与邹伊的通奸以及邹伊如何力保米哈伊尔登上皇位，他还细致描绘了太监约翰的性格、作风以及对于帝国的管理，米哈伊尔皇帝的病情，以及约翰如何筹划让邹伊收养米哈伊尔·卡拉发迪斯为义子等内容。至于米哈伊尔统治时期的对外关系，普塞洛斯选取了 1040 年德尔杨领导的保加利亚人起义以及米哈伊尔的镇压作为记述的重点，而内政方面普塞洛斯没有具体详述米哈伊尔的某项政策或措施。

第 5 卷包括米哈伊尔五世以及君士坦丁堡民众暴乱后塞奥多拉的短暂掌权。在这一卷中，普塞洛斯紧紧围绕君士坦丁堡民众的暴乱这一主题展开叙述，他接续上一卷的内容，从太监约翰的阴谋盘算写起，进而谈及米哈伊尔五世与另一位舅父君士坦丁勾结，二人共同反对约翰，最终导致约翰的倒台。随后君臣二人又将矛头指向邹伊，以莫须有的罪名诬告邹伊并随后将她流放，这最终引发了都城的暴乱。在平息这场暴乱的过程中，民众重新请出先前遭受遗忘和冷落的塞奥多拉，并拥护她为女皇，最后的结局就是邹伊和塞奥多拉姐妹二人共同掌权，这一卷也由此结束。

---

① *The Chronographia of Michael Psellus*, 3.1, p.63.

第 6 卷包括邹伊和塞奥多拉短暂的联合统治、君士坦丁九世·莫诺马霍斯当政以及塞奥多拉独立统治等内容。这是《编年史》中篇幅最长的一卷，普塞洛斯主要详于对君士坦丁九世皇帝的记载，这部分内容竟多达 203 节。在简单介绍了邹伊和塞奥多拉的联合统治以及邹伊的第三次婚姻后，普塞洛斯将叙述的重点转向了君士坦丁九世。关于这位皇帝的内政，普塞洛斯记载了以下一些内容：君士坦丁扩大元老院的成员范围，很多下层人士进入元老院；马尼亚基斯和托尔尼基奥斯的反叛；由于宫廷政治气氛的改变，普塞洛斯等人纷纷退出朝廷。普塞洛斯翔实记录了君士坦丁与斯科丽莱娜的私情，以及他的另一位来自阿兰尼亚的情妇。普塞洛斯在这一卷中多次提及君士坦丁登基后努力寻求清静安逸的生活，对于帝国事务没有多大的兴趣。同样，普塞洛斯还不惜笔墨地描述了两个宫内近臣企图谋害君士坦丁皇帝的来龙去脉。我们还可以在这一卷中找到关于邹伊的宗教迷狂、奇怪嗜好、病情以及去世的信息。至于这一时期的对外关系，普塞洛斯记载了罗斯人 1043 年进攻君士坦丁堡，他还简要提及了拜占庭兼并亚美尼亚（1045 年）以及帝国与埃及哈里发的关系，但是另有一些重大事件，如佩臣涅格人的入侵、1054 年的教会分裂，以及塞尔柱突厥人出现于小亚细亚半岛等，普塞洛斯都未曾记载。在本卷的末尾，普塞洛斯利用有限的篇幅来记载塞奥多拉独立统治的情况。普塞洛斯涉及了塞奥多拉任用利奥·斯特拉庞迪洛斯、女皇干预教会事务以及与牧首基路拉里欧斯关系破裂等内容。

　　第 7 卷包括米哈伊尔六世、伊沙克一世、君士坦丁十世、尤多西娅、罗曼诺斯四世、米哈伊尔七世等六位统治者。关于米哈伊尔六世，普塞洛斯记载的主线就是由于这位皇帝忽视军事阶层而引起伊沙克·科穆宁的反叛，最终依靠普塞洛斯等人的出使，双方议和，然后米哈伊尔很快被废黜，伊沙克一世由此继承皇位。在关于伊沙克一世的部分，普塞洛斯主要突出了伊沙克改革这一内容，并且指责他的各项措施过于激进。

他同时记载了伊沙克一世与牧首基路拉里欧斯的不和、皇帝征讨佩臣涅格人，以及如何传位给君士坦丁·杜卡斯等内容。关于君士坦丁十世，普塞洛斯主要记述了自己与皇帝的亲密关系，君士坦丁十世的性格特点，并回溯了皇帝继承皇位的过程，以及他试图将统治大权保存于自己家族成员手中的努力。在接下来关于尤多西娅的部分，普塞洛斯叙述的重点在于尤多西娅如何选定罗曼诺斯·迪奥叶尼斯为第二任丈夫，并且将帝国权力让渡给他。至于罗曼诺斯四世，普塞洛斯主要记载这位皇帝三次出征小亚细亚，与塞尔柱突厥人的战争，以及曼齐科特失败后罗曼诺斯四世与米哈伊尔七世争夺皇位而展开的内战。关于米哈伊尔七世的内容，普塞洛斯并没有全部写完，而且现有段落之间的联系也较为松散。除了介绍这位皇帝的性格和学识之外，作者没有倾注太多的笔墨去记述他的统治。普塞洛斯还简要勾勒了一些皇室成员的情况。《编年史》最终以一封奇怪的书信草草结束。

综上所述，普塞洛斯的《编年史》虽然大体按照帝王为纲展开写作，但是作者并没有将每位统治者在位期间的诸多事件悉数记录下来，而是选取自己最感兴趣的内容加以记载。普塞洛斯写作的重点在于人物的行为活动，作者经常是从常人的角度去审视每一位出现在《编年史》中的人物，而不是仅仅局限于这些人的政治活动或军事行为，这样的处理方法或许有助于我们以不同的视角来评判许多 11 世纪的历史人物。

三 《编年史》的特点

与其他一些拜占庭历史著作相比，普塞洛斯的《编年史》具有以下几点特色：[①]

1. 各卷间的不均衡性

如上文所述，普塞洛斯的《编年史》一共分为 7 卷，各卷的篇幅

---

① 参见赵法欣《普塞洛斯〈编年史〉的特点及其在中世纪欧洲史学的地位》，《西南民族大学学报》（人文社会科学版）2014 年第 5 期，第 214—220 页。

长短不一。每卷包含数目不等的若干小节，每个小节的字数虽然有一定的差异，但是考虑到大多数小节的长短比较接近，因此通过比较每卷所包含的小节数量我们便可以一目了然地看出各卷篇幅的差异。其中最短的第 2 卷只有 10 小节，而第 6 卷多达 224 节，差距巨大。

此外，由于普塞洛斯是按照 14 位拜占庭统治者展开叙述，因此通过比较每位统治者所包含的小节数，我们同样可以清楚地看出，每位统治者在《编年史》中各自所占的比重差异较大。笔者在此将每位统治者所包含的小节数及其在全书中所占的比例做出统计，如表 1.2 所示。以上这些无疑可以反映出普塞洛斯在《编年史》各卷篇幅分配上的不均衡性。

根据表 1.2 的统计，普塞洛斯的《编年史》一共 587 个小节。除了君士坦丁九世皇帝一人占去全书的将近三分之一以外，其余各位统治者所占比重均小于 10%，最多的不过 9.4%（米哈伊尔四世），而像君士坦丁八世和尤多西娅只占全书份额的 1% 多一点。

表 1.2　　　　　　　　　《编年史》中每位统治者所占比例

统治者	在位时间	节数	所占比例（%）
瓦西里二世	50 年	37	6.3
君士坦丁八世	2 年零 11 个月	10	1.7
罗曼诺斯三世	5 年零 5 个月	26	4.4
米哈伊尔四世	7 年零 8 个月	55	9.4
米哈伊尔五世	不足 1 年	51	8.7
邹伊和塞奥多拉	3 个月	21（6.1-6.21）	3.6
君士坦丁九世	12 年零 7 个月	182（6.22-6.203）	31
塞奥多拉	不足 1 年	21	3.6
米哈伊尔六世	1 年	43（7.1-43）	7.3
伊沙克一世	2 年	49（7.44-92）	8.3

续表

统治者	在位时间	节数	所占比例（%）
君士坦丁十世	7 年零 6 个月	29	4.9
尤多西娅	半年余	9	1.5
罗曼诺斯四世	3 年零 8 个月	34	5.8
米哈伊尔七世	不足 6 年半	20[①]	3.4

注：所占比例因统计小数相加为 99%，特此说明。

如果我们要为普塞洛斯这种篇幅不均找一个合理的解释，那恐怕只能归结于《编年史》这部作品的性质了。关于《编年史》的回忆录色彩，学术界已经有普遍的认识。那么作为回忆录性质的作品，作者写作所依据的最重要材料便是自己的经历与回忆。由于普塞洛斯与每位统治者接触的时间长短和密切程度都不一样，因此他所能搜集起来的材料数量也就不会相同。因此，《编年史》对每位统治者所给予的篇幅是不均等的。比如瓦西里二世和君士坦丁八世，普塞洛斯并没有与他们二人实际接触过，如作者自己承认，"瓦西里皇帝在我还是婴儿的时候就去世了，而君士坦丁在我刚开始接受初级教育时就结束了他的统治。所以我从未得到出现在他们面前的机会，也没有听过他们讲话。我甚至不好说是否见过他们，因为我那时太小，不记得了"，因此普塞洛斯对这两位君主的记载相对简单。但是自罗曼诺斯三世之后普塞洛斯的记述逐渐详细，因为他"既见到过罗曼诺斯，而且有一次确实与他交谈过"[②]。至于他最熟悉、接触最为频繁的君士坦丁九世，普塞洛斯自然倾注了最多的笔墨，因而这部分内容占到了全书的三分之一左右。

在此我们有必要指出一点，虽然在各卷篇幅分配上呈现这种不均衡特征，但是普塞洛斯的《编年史》在某种程度上却呈现出古典史学著作

---

① 包括最后一封信。——笔者
② *The Chronographia of Michael Psellus*, 3.1, p.63.

的结构特征。根据德国历史学家瓦赫斯姆特的研究，古代希腊和罗马历史学作品通常采取两种结构方法：以 5 卷和 10 卷为一个作品部分的方法（pentads 和 decades），整部作品以此为基础分成几个部分，比较典型的代表有狄奥尼苏斯的《罗马古事记》和约瑟夫斯的《犹太古史》，这两部作品各由 20 卷组成，波利比乌斯的《历史》和狄奥多罗斯的《历史》各有 40 卷，狄奥的《罗马史》则有 80 卷；另一种是以 6 卷或 3 卷为一个部分的方法（hexads 和 triads），采用这种方法的作品有塔西陀的《编年史》（18 卷）和《历史》（12 卷），这两部作品都以 3 卷或 6 卷构成一个独立的部分。①

　　普塞洛斯的《编年史》虽然有 7 卷，但是根据当代学者的研究，普塞洛斯最初只写了 6 卷内容，下限截至伊沙克·科穆宁统治结束《编年史》便已收笔；第 7 卷是在米哈伊尔七世皇帝的强烈要求下后续上去的。

　　学者们的研究显示，普塞洛斯的《编年史》明显分成两个部分，第一部分从瓦西里二世至伊沙克·科穆宁统治结束；第二部分则是从君士坦丁十世至全书结束。第一部分的公开发表时间应该在 1059 年 12 月至 1063 年 8 月间，具体而言就是介于普塞洛斯对基路拉里欧斯的葬礼演说之后和利户迪斯去世之前。基路拉里欧斯的葬礼演说发表于君士坦丁九世统治初期，普塞洛斯在演说中暗示彼时他的《编年史》尚未发表；而利户迪斯死于 1063 年 8 月，可是普塞洛斯在《编年史》的第一部分中曾经提到利户迪斯仍然在世。②第二部分包括君士坦丁十世、尤多西娅、罗曼诺斯四世和米哈伊尔七世四位统治者，这部分内容明显是写作于米哈伊尔七世统治时期，因为普塞洛斯清楚地在第 7 卷米哈伊尔统治开始的地方写道："我想请我的读者们不要不相信我的叙述，也不要怀疑我现在写在这里的话，因为这些话都是在这位皇帝在世时写的。"③而且普

① 叶民：《最后的古典：阿米安和他笔下的晚期罗马帝国》，天津人民出版社 2004 年版，第 60 页。
② Hussey，"Michael Psellus, the Byzantine Historian"，pp.82-83.
③ Μιχαήλ Ψελλός, *Χρονογραφία*, τόμος Β´, 7.C1, p.435.

塞洛斯还提及米哈伊尔七世亲自为他的写作提供了素材。[1]有学者将普塞洛斯写作第二部分的具体时间定在 1075 年前后，因为作者在书中提到米哈伊尔七世的儿子君士坦丁还是个婴儿。[2]据学者们推断,《编年史》的第二部分应该是在普塞洛斯死后才与第一部分合成一部书，然后公开发表的。

由此可见，普塞洛斯对自己这部《编年史》最初的构架，即该书的前 6 卷，或许符合古典史学以 6 卷或 3 卷为一个部分的原则。至于第 7 卷，作者没有最终全部完成这卷的内容，而且它是在普塞洛斯死后才被后人编辑，与第一部分的前 6 卷内容合在一起出版的，因而不能体现出普塞洛斯本人对于《编年史》的结构设想。

2. 记述主题的集中性

普塞洛斯《编年史》中的主人公是各位拜占庭统治者，因此这部作品的主题就是这些统治者的活动，更确切地说是这些人在拜占庭都城以内的活动。这也就决定了普塞洛斯将记载的重心置于君士坦丁堡一城，甚至可以说集中于拜占庭的宫廷之内，而那些发生在帝国都城之外、各个省区的军国大事则不一定能够引起作者的关注。

从瓦西里二世至米哈伊尔七世这 14 位拜占庭统治者，毫无疑问构成了普塞洛斯这部《编年史》的主要记载对象。在关于每位统治者的各个部分，普塞洛斯都是以这 14 位主要人物的活动为主线展开记述的，偶尔有一些与他们不太相关的内容只能算作偏离主题。而这个时期的其他一些重要人物，均只是陪衬，有的甚至连名字都被作者省去。由此可见，普塞洛斯更为关注的是统治者的所作所为，而并非统治者的行为施加于哪些人之上。

尽管普塞洛斯对各位统治者的记载往往会涉及许多方面的内容，如

---

① Μιχαήλ Ψελλός, *Χρονογραφία*, τόμος Β΄, 7.C11, p.451.

② Μιχαήλ Ψελλός, *Χρονογραφία*, τόμος Β΄, 7.C12, p.451; Hussey, "Michael Psellus, the Byzantine Historian", p.83.

外貌、性格、学识、癖好和疾病等，尽管普塞洛斯声称自己的关注点并不仅仅局限于他们的统治，如作者言道，"关于他（君士坦丁九世——笔者）的一些公开行为，我将把所有这些留给许多其他对此感兴趣的编年史家们。然而我将介绍些许他的私人行为"，[1]然而，如果我们将他对每位统治者的记载概括提炼之后便会发现，普塞洛斯对《编年史》中各位统治者的记述，[2]始终贯穿着一条主线，那就是这些人对帝国最高统治权的把持与争夺。

我们仅以内容最为丰富的君士坦丁九世这一部分为例予以分析，[3]这一章的主要内容梗概如下：

第1—9节：邹伊和塞奥多拉的联合统治。姐妹二人的性格和外貌。

第10—21节：邹伊选中君士坦丁·莫诺马霍斯的过程。君士坦丁九世称帝。

第22—28节：普塞洛斯的两难境地。

第29—35节：总论君士坦丁的统治和性格。挥霍国库，乱封官职。

第36—44节：插叙。普塞洛斯的学术生涯和旨趣。

第45—46节：普塞洛斯与皇帝关系。

第47—49节：君士坦丁九世委政于他人。为帝国日后的灾难埋下隐患。

第50—63节：君士坦丁与斯科丽莱娜的私情。

第64—67节：插叙邹伊的癖好和宗教情结。

第68—69节：继续谈君士坦丁和斯科丽莱娜。后者去世。

第70—75节：引出马尼亚基斯反叛。

---

① Μιχαήλ Ψελλός, Χρονογραφία, τόμος Β΄, 6.167, p.131.

② 笔者将关于米哈伊尔七世内容排除在外，因为这部分内容普塞洛斯最终没有完成，而且它是在这位皇帝在位期间应其再三要求而作，所以难以完全体现出普塞洛斯的意图。

③ 参见 Lauritzen, *The Depiction of Character in the Chronographia of Michael Psellos*, pp.219-222。

第76—88 节：马尼亚基斯的反叛。

第89 节：君士坦丁性格的两重性。

第90—96 节：罗斯人进犯君士坦丁堡。

第97—123 节：利奥·托尔尼基奥斯叛乱。失败。被俘。

第124—133 节：皇帝的病情。忽视自身防卫。

第134—150 节：皇帝宠信弄臣。两次弑君事件。

第151—155 节：皇帝的阿兰尼亚情人。

第156—160 节：邹伊的性格。癖好。患病。去世。

第161—175 节：插叙。引出皇帝的"仁慈"行为。奢侈娱乐。

第176—181 节：皇帝对大权的掌控和收放。

第182—188 节：皇帝修建圣乔治教堂。

第189—190 节：帝国与亚美尼亚和埃及的关系。

第191—200 节：普塞洛斯及其同党失势。隐退。普塞洛斯削发。

第201—203 节：皇帝染病。去世。评价。

通过对这一部分主要内容的概括我们可以看出，普塞洛斯记载的重点在于以下一些重大事件：君士坦丁九世与斯科丽莱娜的私情，马尼亚基斯和托尔尼基奥斯的两次反叛，罗斯人进攻君士坦丁堡，两次弑君事件，皇帝不理朝政、贪图安逸生活，以及普塞洛斯党羽的失势等。其中，除去开篇邹伊与塞奥多拉短暂的联合统治、作者插叙自己的学术生涯和旨趣，以及对皇后邹伊的记载外，其他各节无疑均围绕君士坦丁九世皇帝展开。在这些看似凌乱的内容背后，实际上贯穿着这位皇帝几度收放帝国统治大权的内容。然而普塞洛斯并不是仅仅将着眼点置于君士坦丁九世的统治这一点上，而是在全面介绍皇帝的各种行为之后衬托出他对权力的把控——当然也包括，放松对权力的追逐。平定两次叛乱、击退罗斯人的进攻，自然是对帝国权威的维护，这点很好理解。可是关于皇帝的风流韵事、纵容朝臣从而招致弑君事件的产生以及普塞洛斯等人退出朝廷，这些看上去都与权力之争无甚关联。然而，如果我们将这些内容还原于当时的历史背景便会发现，对斯科丽莱娜的宠信固然是君士坦丁九世私人生活的写照，但同时也多少反映出他登基之后否定邹伊（甚至塞奥多拉）和马其顿皇室权威的意图；宠信弄臣，表明皇帝一度懒于关心朝政，反而醉心于安逸享乐；而普塞洛斯等人退出朝廷，更加鲜明体现了那一时期拜占庭宫廷权力斗争的激烈，以及君士坦丁九世任用大臣的不稳定性，因而，所有这些都在某种程度上反映出君士坦丁九世掌握或放松自己手中统治大权的行为。

类似地，如果我们按照上述思路解析《编年史》的其他篇章，也不难发现深藏其中的同样的主题特征。只有在最后关于米哈伊尔七世的部分这一点不是十分明显，但笔者并不认为这是普塞洛斯有意为自己的学生做不同于他人的特别处理，可能仅仅是因为作者没有能够最终完成这部分的所有内容。

由于普塞洛斯以拜占庭统治者为主要记载对象，而这些人的主要活动范围又是集中于拜占庭都城，因此普塞洛斯的叙述是以君士坦丁堡为中心的，对于都城以外各个省区内所发生的重大事件，他通常会忽略不提。对于帝国某些制度的变迁比如军区的细分他从不提及，他更多的是从人的角度来解释帝国的兴衰。所以我们可以在《编年史》中见到大段对某些统治者或某位大臣、太监性格的描绘，却全然不见普塞洛斯记载瓦西里二世出征保加利亚，或者对君士坦丁九世在位期间土耳其人入侵亚洲省区提及半点。正如有学者指出的，只有当政治事件与宫廷和都城的政治圈子扯上关系，方能引起普塞洛斯的兴趣。[①]

---

① Καρπόζηλος, Βυζαντινοί Ιστορικοί και Χρονογράφοι, τόμος Γ΄ (11ος-12ος αι.), p.85.

普塞洛斯将记载的重心置于君士坦丁堡一个城市，记载的主要人物局限于拜占庭统治者，这也就意味着他省略了其他历史学家笔下的另一个主要记载对象——奇迹与自然现象。[①]对于奇幻现象和自然现象的记载，是许多拜占庭史学作品中的一项重要内容，然而普塞洛斯在《编年史》中却很少涉及这些。我们仅列举一个最典型的事例为证。1059 年，伊沙克一世征讨佩臣涅格人胜利班师途中遭遇恶劣天气，普塞洛斯只是简单地写道"一场突如其来的风暴猛烈地袭击了他的军队，他失去了许多士兵"[②]。然而，阿塔里亚迪斯却详细记录了这场暴风雨的时间、地点，以及它如何导致伊沙克损失了大量的士兵、物资装备和战马的情况。[③]如果我们联想到《塞奥发尼斯编年史》中记载的多次地震与君士坦丁堡的严寒，"执事"利奥《历史》中的日蚀现象与星辰运动以及彗星的陨落，或者是斯基利齐斯《历史概要》中对于天象不厌其烦的记载，那么普塞洛斯在这方面真的是惜墨如金了。

如果我们进一步参照其他拜占庭史家对于自然现象的解释，那么普塞洛斯的独到之处便更加凸显。斯基利齐斯在其《历史概要》中大量记载了各种自然灾害，包括地震、干旱、暴风雨以及蝗虫灾害等，然而他的解释莫衷一是。比如在关于米哈伊尔四世统治的这一卷，作者将这些自然现象视作上帝对米哈伊尔非法取得皇位以及罗马人不虔敬行为的惩罚。[④]与之类似，阿塔里亚迪斯在其《历史》中详细记载了 1063 年 9 月 23 日的大地震，此次地震波及马其顿、君士坦丁堡周边以及赫勒斯庞特等多个地区，并造成巨大的人员伤亡。阿塔里亚迪斯对于地震发生的原因给出了自己的解释，他认为这完全是上帝的旨意，他要求人类克制自身欲望并且接受教训。他还告诉读者，上帝这样做不是要毁灭人类，

① Ljubarskij, *Η Προσωπικότητα και το Έργο του Μιχαήλ Ψελλού*, p.276.
② *The Chronographia of Michael Psellus*, 7.70, p.320.
③ Μιχαήλ Ατταλειάτης, *Ιστορία*, p.133.
④ Ιωάννου Σκυλίτση, *Χρονογραφία*, pp.435-460, passim.

而是通过这样的惩戒使人类得以进步。[①]相比之下，普塞洛斯在《编年史》中基本不涉及这方面内容，而是将自己写作的重心置于人类的活动之上。

普塞洛斯这部《编年史》记述对象和范围的集中，在很大程度上取决于他的材料来源。虽然有迹象表明普塞洛斯曾经引用前代作家作品或者当代文献材料，但是具体细节我们不得而知，我们可以认为普塞洛斯基本上是依据自己的亲身经历来进行写作的。正如作者所言，"我只是将注意力集中到……那些在写此书时我能够回忆起来的事情上面"[②]。只有在涉及自己从未经历的事件时，他才会借助亲历者所提供的证据，比如在记载邹伊与米哈伊尔四世的私情时，普塞洛斯承认自己与一位当时经常出入宫廷的人进行过交谈，他对邹伊的风流韵事非常了解，并且为这部《编年史》提供了素材。[③]因此，当代人写当代事的特征在普塞洛斯的《编年史》中体现得尤为明显。

3. 叙述体例的多样性

普塞洛斯的《编年史》在叙述体例上，既有按年代叙述的编年史特征，又包括叙述史和回忆录的体裁特点，还同时兼具传记作品的风格。普塞洛斯的书中没有明确的年代坐标，他仅以每位统治者的统治顺序安排各卷的顺序，然而他在每卷内部并未遵循固定的时间顺序展开叙述，反之，作者经常使用插叙、倒叙等写作手法，所有这些都反映出《编年史》这部著作叙述体例的多样性。

我们在《编年史》中几乎难以找到明确的时间坐标，这一点与其他许多拜占庭史学作品形成了鲜明的对照。9 世纪的《塞奥发尼斯编年史》严格遵循年代顺序记载历史事件，同时作者塞奥发尼斯在书中采用

---

① Μιχαήλ Ατταλειάτης, *Ιστορία*, p.169.
② *The Chronographia of Michael Psellus*, 6.73, p.191.
③ *The Chronographia of Michael Psellus*, 3.23, p.79.

了多种纪年方法，包括创世纪年法、基督道成肉身纪年法、罗马皇帝纪年法、波斯皇帝（波斯灭亡后由哈里发代替）纪年法、罗马主教纪年法、君士坦丁堡主教纪年法、耶路撒冷主教纪年法、亚历山大主教纪年法和安条克主教纪年法。[①]这样的处理方法为我们确定很多历史事件的准确年代提供了参考。"执事"利奥在《历史》中除了四次使用税收年纪年法之外，还时常使用季节的变换来表示年代。[②]我们经常能够在《历史》中读到类似这样的表述，"时值仲春，太阳慢慢地朝北极移动，将他的战车拉到了金牛座的位置，尼基弗鲁斯·弗卡斯离开拜占庭，渡过海峡抵达小亚细亚"，"随着冬日的阴沉逐渐散去，晴朗的春天降临，（约翰一世）皇帝举起十字架的旗帜，准备前去征讨罗斯人"。[③]相比之下，普塞洛斯的《编年史》除了按照 14 位统治者依次安排各卷之外，作者在每卷之中的叙述基本上没有给出关于时间的信息。普塞洛斯对于人的行为的关注似乎要大于各种事件发生的时间和顺序。

这种对于时间和年代的观念，使普塞洛斯这部著作的体例具有特殊的性质。长期以来，以德国拜占庭学家 K.科隆巴赫尔为代表的一批学者，倾向于将拜占庭的史学作品分为"编年史"和"历史"两大类。前者大体上从创世或亚当开始写作，通常由一些信仰虔诚的修道士所完成，他们使用的语言相对简单粗糙，作者主要关注教会的历史，同时严格遵循年代顺序安排史料和历史事件；而"历史"则多由学识渊博的贵族或国家官员撰写，他们刻意模仿古代作家，善于使用修辞学技巧，作者记载

---

① *The Chronicle of Theophanes Confessor, Byzantine and Near Eastern History, AD 284-813*, translated with Introduction and Commentary by Cyril Mango and Roger Scott, Oxford: Clarendon Press, 1997, p.lxiii.《塞奥发尼斯编年史》有意接续乔治·辛凯洛斯（Γεώργιος Σύγκελλος）的《编年史》而作，该书涉及 285—813 年间的历史事件。作者塞奥发尼斯将时间的流动视为决定历史发展的逻辑，因此他严格按照年代顺序组织材料。塞奥发尼斯是坚定的崇拜圣像派，因此对于那些毁坏圣像派皇帝（如尼基弗鲁斯一世）自然持有很大的敌意。*The Oxford Dictionary of Byzantium*, p.2063.

② *The History of Leo the Deacon*, Introduction, p.19.

③ *The History of Leo the Deacon*, 3.1, p.87; 8.1, p.175.

的通常都是自己所处时代或者年代不甚久远的历史事件。[①]但是普塞洛斯却没有严格遵循这样的区分原则，他的这部史学著作也因此具有双重甚至多重特色。虽然普塞洛斯以这样的词句作为作品的开篇，"这部《编年史》是由最博学、最受人尊敬的修道士普塞洛斯所撰写"，[②]但是作者在自己的这部作品中没有明确区分"历史"和"编年史"两个概念的不同，而是交替使用这两个名称来指代自己的作品。他时而称其为"历史"（6.25.1-26.7；7.c1-13），时而又称其为"编年史"（5.24.16-18）。在一封写给好友马西达里奥斯的信中，普塞洛斯告诉对方自己会在"编年史"中对后者加以称赞。[③]此外，普塞洛斯在书中对 14 位拜占庭统治者的记述却符合人物传记的体例，每篇人物传记的内容大体上遵循"登基""整体刻画""行为"和"死亡或削发"这一模式。这种模式并非严格按照帝王一生的时间顺序来写作，因而从这个意义上讲，他的作品又与编年史作品的特征不相符合。[④]此外，如果我们考虑到普塞洛斯在这部书中加入大量自传或者回忆性质的内容，那么它更像是一部历史或者准确地讲一部回忆录。或许普塞洛斯自己在《编年史》中的一段论述，可以帮助我们对他的写作原则和作品性质有一个更加清晰的认识：

> 与其说它是一篇详尽的专题著作，倒不如说它是一部概要……我在这部作品中省略了许多值得一提的事实。我既没有按照奥林匹克周期来划分年代，也没有（像修昔底德那样）以季节来划分，我只是把注意力集中在那些我写此书时所能回忆起的最重要的事实和所有的事情上……我目前并没有试图调查每件事的特殊情况。我的目标是在记录古罗马皇帝行为的那些人和我们现

① Ljubarskij, *Η Προσωπικότητα και το Έργο του Μιχαήλ Ψελλού*, p.269; Dmitry E. Afinogenov, "Some Observations on Genres of Byzantine Historiography", *Byzantion*, 62 (1992), p.13.

② Μιχαήλ Ψελλός, *Χρονογραφία*, τόμος Α΄, p.37.

③ Καρπόζηλος, *Βυζαντινοί Ιστορικοί και Χρονογράφοι*, τόμος Γ΄ (11^{ος}-12^{ος} αι.), p.77.

④ Ljubarskij, *Η Προσωπικότητα και το Έργο του Μιχαήλ Ψελλού*, p.274.

代的编年史家之间寻求一条中间路线。我既不追求前者的漫无边际，也不试图模仿后者的极端简洁，因为我担心自己的作品要么承载过重，要么遗漏了重要的东西。[①]

　　笔者并不认为普塞洛斯在上述文字中有意要对"历史"和"编年史"两个概念加以明确的界定，他这段论述的主要目的，应该是为了清晰地表达自己的写作方法和选取事件予以记载的原则。正如我们在其《编年史》中所读到的那样，普塞洛斯不曾像编年史家那样严格地遵循年代顺序进行历史事件的记载，而是集中记述他所认为"最重要的史实"。因此，在每位统治者的传记当中，我们都可以或多或少地看到多种叙述体例的存在。现在仅以君士坦丁八世的传记为例，因为它是《编年史》中篇幅最短的一卷，基本上没有什么插叙性质的内容，因此可以比较清晰地体现出普塞洛斯的这种结构安排。我们将君士坦丁八世的传记按照内容分为如下几个部分：[②]

　　（1）第1节前6行：瓦西里"传位"给君士坦丁。

　　（2）第1节第7行—第3节：君士坦丁的行为举止。性格。

　　（3）第4—5节：君士坦丁的婚姻和女儿们。

　　（4）第6节：他的统治。学识。

　　（5）第7节—第9节第7行：君士坦丁的外貌。嗜好。疾病。

　　（6）第9节第8行—第10节：物色继承人。选定罗曼诺斯三世。去世。

---

① *The Chronographia of Michael Psellus*, τόμος Α΄, 6.73, p.395.

② 笔者将柳巴尔斯基的划分稍作修改，但仍以雷诺版为准。Michel Psellos, *Chronographie*, pp.25-31；参见 Ljubarskij, *Η Προσωπικότητα και το Έργο του Μιχαήλ Ψελλού*, p.274；Lauritzen, *The Depiction of Character in the Chronographia of Michael Psellos*, p.216。

　　从表面上看，第（1）部分和第（6）部分分别涉及君士坦丁八世在瓦西里二世死后独自统治以及他选定继承人和去世的内容，是人物传记通常所选用的作为开头和结尾的标志，因此普塞洛斯貌似是按照君士坦丁八世的一生（准确地说是单独统治后的余生）来记载他的各种行为。然而在第（2）部分和第（3）两部分中我们很容易看出，普塞洛斯打乱了事件的时间顺序。具体言之，在简单交代了瓦西里二世传位给君士坦丁之后，普塞洛斯写道"此时的君士坦丁已经七十多岁了"，[①]随后作者概括描述了这位皇帝的性格、生活方式以及行为举止，可是接下来普塞洛斯又将笔端拉回至瓦西里二世在世时，他开始介绍君士坦丁的婚姻，并为我们描述他的妻子和女儿们的情况。从第（4）部分也就是第 6 节开始，普塞洛斯再次将时间转移到君士坦丁八世独立统治之初，涉及的内容是皇帝的统治方式，即将帝国管理的大任托付给一些大臣，进而详细介绍君士坦丁的外貌和嗜好。直至最后的第（6）部分，普塞洛斯重新回到原本的时间坐标，以君士坦丁选定皇位继承人以及他的去世作为这一卷的结束。也就是说，除了开头和结尾的第（1）、第（6）两个部分，作者在第（2）、第（3）部分没有遵循明确的时间顺序，而是按照自己的意图安排史料，而从第（4）部分至第（6）部分，普塞洛斯大体上按照时间顺序记述了君士坦丁八世的统治，并且最终与这一卷的开头形成时间上的呼应。以上分析清晰地反映出，普塞洛斯写作和安排史料并非局限于一种叙述体例，而是将各种方法进行交叉使用。

　　我们并不认为普塞洛斯这样的写作手法是无意识的行为，更不能将其视为作者处理材料时能力的缺陷，反之，普塞洛斯对自己经常使用插叙、倒叙等叙述手法有着清晰的认识，因此常常在《编年史》中对此给予明确的表述。当介绍完米哈伊尔五世在登基之前与其舅父君士坦丁交

---

① *The Chronographia of Michael Psellus*, 2.1, p.53.

好结盟的情况后，普塞洛斯没有紧接着记述这两个人如何共同谋划反对太监约翰，而是插入一段叙述来介绍米哈伊尔五世的性格特征："在这里我要暂时中断一下叙述，同时对皇帝的精神面貌与心灵状态做一些初步的评论。当我在后面描述皇帝的行为时，我的读者可能就不会感到困惑；当他们在这些行为中看到缺乏预先谋划和某种不相关的时候，读者们便不会感到惊讶。"①随后普塞洛斯的叙述又回到刚才的话题，继续讲述米哈伊尔五世与君士坦丁的阴谋。在叙述邹伊和塞奥多拉联合统治的部分，普塞洛斯也使用了同样的手法插叙姐妹二人的性格和外貌特征。②所有类似这样的处理，都是为了满足该书一个重要主旨的需要，即作者主张的"性格决定人物的行为和命运"之论断。③

所以，我们必须认识到，普塞洛斯写作时打乱历史事件的顺序，有时是为了满足自身写作意图而故意为之，因此我们在使用《编年史》的时候需要核对某些事件的先后顺序。例如在瓦西里二世的传记中，普塞洛斯将太监瓦西里的流放置于巴尔达斯·弗卡斯死后（989 年之后），而实际上太监瓦西里在 985 年已经遭到流放。普塞洛斯在这里并不是粗心大意地弄错了两件事的时间顺序，反之，他将巴尔达斯·弗卡斯的叛乱视作皇帝性格改变的原因之一，而流放太监瓦西里则是皇帝性格改变后的一个结果。于是作者不惜打乱两件事原有的顺序而将它们重新排列，为的是满足自己叙述的需要，即为了突出瓦西里二世皇帝性格变化的逻辑过程。④

4. 作者形象的突出性

普塞洛斯在《编年史》中多次提到自己，可以毫不夸张地讲，作者

---

① *The Chronographia of Michael Psellus*, 5.9, p.125.
② *The Chronographia of Michael Psellus*, 6.4-7, pp.156-158.
③ Cf. Lauritzen, *The Depiction of Character in the Chronographia of Michael Psellos*, p.31ff.
④ Cf. Ljubarskij, *Η Προσωπικότητα και το Έργο του Μιχαήλ Ψελλού*, p.282.

本人自始至终地出现在这部作品的字里行间。[1]历史学家出现在自己的作品当中，普塞洛斯并非首创者。在经历了几个世纪的史学创作低潮之后，拜占庭的历史写作从 9 世纪开始复兴，随之而来的是一系列发展变化，体现在作品体例、创作思想、刻画人物手法等多方面，[2]而历史学家自己不断出现在作品当中的趋势也变得日益明显。正如卡日丹指出的那样，自 11 世纪开始，以普塞洛斯为先锋，作者在作品中的自我认知色彩得到复兴，过去几个世纪里作家有意识地隐藏自己身份和个性的做法被取代。[3]

普塞洛斯不断让自己出现在《编年史》中，很多情况下并不仅仅是为了满足于自我标榜式的虚荣。他自己在作品中多次出现，除了涉及作者的学问范畴或学术旨趣的内容外，[4]其余各处的现身是为了满足作者特定的目的，归纳起来大致有如下几种情况：

有时是为了证明自己叙述的真实可靠。从第 3 卷罗曼诺斯三世以后，普塞洛斯开始依据个人经历进行写作，因此我们经常见到他提及某些事情是他的亲身经历或亲眼所见。比如关于罗曼诺斯三世带病参加皇家游行的场景，普塞洛斯写道，"我经常亲眼见到他在游行中痛苦的样子（当时我还不到 16 岁）"；[5]罗曼诺斯下葬时，普塞洛斯目睹了葬礼的整个过程，那时的他"还没有长胡子，而且直到最近才开始研究诗人们的作品"。[6]如果说罗曼诺斯三世在位期间普塞洛斯仍是少年、

① Efthymia Pietsch, "Αυτοβιογραφικά και απολογητικά στοιχεία στην ιστοριογραφία: Η Χρονογραφία του Μιχαήλ Ψελλού", in *L'Écriture de la Mémoire. La littérarité de l'historiographie: actes du IIe colloque international philoloqique "EPMHNEIA", Nicosie, 6-7-8 mai 2004*, sous la direction de Paolo Odorico, Panagiotis A. Agapitos, Martin Hinterberger, Paris: Centre d'études byzantines, néo-helléniques et sud-est européennes, École des Hautes Études en Sciences Sociales, 2006, pp.267-280.

② Τηλέμαχος Λουγγής, «Η βυζαντινή ιστοριογραφία μετά το λεγόμενο "μεγάλο χάσμα"», *Σύμμεικτα*, 7 (1987), pp.125-163; Markopoulos, "Byzantine History Writing at the End of the First Millennium", pp.183-188.

③ Kazhdan and Constable, *People and Power in Byzantium*, p.101.

④ Cf. Macrides, "The Historian in the History", pp.212-213.

⑤ *The Chronographia of Michael Psellus*, 3.25, p.81.

⑥ *The Chronographia of Michael Psellus*, 4.4, p.89.

还没有任职的话，那么自普塞洛斯踏入仕途之后，很多事情就是他亲身经历的了。比如他宣称自己对米哈伊尔四世的记载是准确的，结论是公正的，因为"我亲自参与了这些事情，此外，我还从他的密友那里得到了一些更为机密的信息"①。类似地，在引出君士坦丁·莫诺马霍斯上台的叙述时，普塞洛斯言道，"关于随后的事件，我的描述将更加权威，也更为清晰准确"②。

有时为了凸显自己是某些重要历史事件的参与者，并且偶尔会强调自己在这些事件中所发挥的作用，例如在伊沙克·科穆宁起兵反叛之际，普塞洛斯应邀出席米哈伊尔六世皇帝召开的御前会议，商讨退兵对策。普塞洛斯说自己为皇帝献上了三条建议，分别是皇帝与牧首改善关系、派遣使节出使叛军营地，以及集结帝国西部军队以备战。米哈伊尔六世对这些建议逐一采纳，并且派遣普塞洛斯等人代表皇帝出使伊沙克的军营，以实现双方最终议和。在对整个出使过程的记述中，普塞洛斯所记载的基本上都是他自己如何规劝伊沙克停止反叛、接受凯撒的职位，并最终在皇帝与叛军之间缔结和约的各种努力，似乎是他依靠一己之力才使帝国度过了这次危机。③再比如在前往捉拿米哈伊尔五世的过程中，普塞洛斯宣称带队长官康帕纳里斯是自己的朋友，"我亲自陪同他……实际上，是他邀请我为他出谋划策，并帮助他执行命令的"④。通过这样的叙述，他既强调了自己所记载之事的真实可信，又突出了作者在皇权更迭之际，具体而言就是在捉拿米哈伊尔五世皇帝并弄瞎其双眼的过程中所发挥的重要作用。

有时是为了增加读者的印象。普塞洛斯把自己定义为一个近距离的观察者，他在书中为我们提供了许多生动的细节。在米哈伊尔四世的那

---

① *The Chronographia of Michael Psellus*, 4.38, p.109.
② Μιχαήλ Ψελλός, *Χρονογραφία*, τόμος Α΄, 6.10, p.323.
③ *The Chronographia of Michael Psellus*, 7.9-34, pp.280-297.
④ *The Chronographia of Michael Psellus*, 5.39, p.145.

一卷里，普塞洛斯为读者生动刻画了孤儿院院长约翰的形象，在称赞约翰高超的治国才能后，普塞洛斯也毫不避讳地指出约翰的一大弱点——酗酒成性，同时他还给我们提供了一个生动的例子，来描绘约翰醉酒之后的种种行为："当我在宴会上和他坐在一起时，我观察一个像他这样的人，嗜酒如命，下流猥琐，是如何肩负起权力的重担的，我常常为此感到惊讶。饮醉之时，他会仔细观察每位同伴的表现。事后，就像将他们抓了现行一样，他会对这些人进行审问，并且盘问他们在喝醉时说了什么、做了什么。因此，相比于清醒的约翰，当他喝醉时人们更加惧怕他。"[1]类似地，在涉及罗斯人1043年进攻君士坦丁堡的那段记述中，普塞洛斯为我们生动再现了两国海军在海上对垒的壮观场面。普塞洛斯当时就站在君士坦丁九世的身旁，他与皇帝一起关注着战争的走向，并用这样的话语表达了自己当时激动的心情，"这一景象给每一个看到它的人都留下了最令人震惊的印象"[2]。上述手段无疑可以令读者对某些人物的认知变得丰满，或是对某些历史事件产生身临其境的感觉。

无论如何，普塞洛斯让自己反复出现在《编年史》中，自始至终都是在强调他所依据材料的特殊性，即自己的亲身经历和观察，他最终是为了强调自己所记载的是别人无法或难以掌握的内容。例如，当太监约翰看到米哈伊尔五世与君士坦丁勾结的现状后，他便开始改变自己的策略，普塞洛斯在这里强调说，"我目睹了当时发生的一切，我猜他（约翰——笔者）已经改变了主意，但是大多数人对此一无所知"[3]。又如君士坦丁堡民众反抗米哈伊尔五世并流放邹伊的暴乱，普塞洛斯就此写道："那时我自己正站在皇宫门口。很长一段时间以来，我一直担任皇帝的秘书……我正在外门廊口授一些更为机密的情报……于是我立即

---

① Μιχαήλ Ψελλός, *Χρονογραφία*, τόμος Α΄, 4.14, p.181.

② *The Chronographia of Michael Psellus*, 6.93, p.201.

③ *The Chronographia of Michael Psellus*, 5.10, p.127.

跨上马……亲眼见到了令我难以置信的场景。"①这些表述无疑是反复强调作者本人在诸多历史进程中不可或缺的重要角色，他因此所掌握的信息是其他人无法获得的。

以上我们介绍了普塞洛斯《编年史》的手稿、版本、翻译情况及其主要内容，着重分析了《编年史》一书的特点。从这些内容当中我们不难看出，无论是结构的安排、体例的选择、主题的选定，以及作者本人反复出现在自己的作品中，所有这些都在某种程度上体现出普塞洛斯重视人在历史进程中的作用，这种思想倾向承袭了 10 世纪以来拜占庭历史写作的发展趋势，并且在一定程度上影响了 12 世纪拜占庭史学著述的发展。

---

① *The Chronographia of Michael Psellus*, 5.27, p.139.

第二章　《编年史》中的拜占庭帝国

　　普塞洛斯《编年史》的重心在于对人物的刻画，而有关 11 世纪拜占庭帝国的政治、经济、军事、外交、宗教、文化等多方面内容，作者只是寥寥数语带过，或者仅仅是间接提及。然而通过仔细爬梳史料，我们还是可以在《编年史》中找到一些相关信息，这些信息除了有助于我们还原那个时代帝国生活的某些片段之外，还可以帮助我们分析作者对一些历史现象所持的态度，以及他对拜占庭帝国在 11 世纪状况的基本认识。通过比较我们可以看出，普塞洛斯对历史现象的认识与其对历史人物的评价在很大程度上具有某种一致性。

第一节　政治生活

　　11 世纪是拜占庭帝国的政治生活发生深刻转变的时代，这集中反映在皇位继承、宦官专权以及职衔体系的崩坏等几个方面。普塞洛斯敏锐地捕捉到了这些发展变化，他在《编年史》中对这些现象的记载是我们了解 11 世纪拜占庭政治变迁的重要参考，他在书中呈现出的态度也反映出拜占庭知识精英阶层对国家政治生活的密切关注。

一 皇位继承

普塞洛斯在《编年史》中多次记载了拜占庭皇位在 11 世纪的更迭情况，包括皇帝如何退位或去世，如何任命或选举皇位继承人等情况。这些记载为我们了解 11 世纪拜占庭帝国的皇权实践和理论提供了重要素材，[①]为我们走进拜占庭政治生活的核心内容打开了一扇大门。

在普塞洛斯《编年史》中出现的皇位继承主要有以下几种方式：

第一，父死子继，兄终弟及。这种方式是在家庭成员之间完成的帝国权力交接，它可以保证最高统治权力维持在一个家族或统治王朝内部，因此是许多皇帝所追求的理想传位方式。以这种方式交接皇位的有瓦西里二世与君士坦丁八世，以及君士坦丁十世与米哈伊尔七世。对于君士坦丁八世而言，他其实早已经与其兄长共同继承了帝国的大业，然而他却长期退居幕后，不理朝政。直至瓦西里死后，君士坦丁八世才"再次"登基。普塞洛斯写道："没有人反对。实际上，弥留之际的瓦西里在临终前把他召进皇宫，并在那里把统治大权交给了他。"[②]另一个例子则是杜卡斯家族的一对父子。君士坦丁十世在对长子米哈伊尔进行一番测试之后，认为"他注定要在将来的统治中赢得巨大的声誉，即位仪式随即举行"，[③]这就是日后的米哈伊尔七世。

第二，通过与皇室成员联姻而登上帝位。这里的皇室成员既可以是具有皇室血统的人，亦可以是先帝遗孀。因为根据拜占庭政治传统，皇家女性同样具备继承皇位的资格，并且可以通过与某人结为夫妻而将皇权转移到自己的丈夫手中。11 世纪的四次皇位交接都是通过这种方式实

---

① 可参见陈志强《拜占廷皇帝继承制特点研究》，《中国社会科学》1999 年第 1 期，第 180—194 页；Vryonis, "Byzantine Imperial Authority: Theory and Practice in the Eleventh Century", pp.141-161。

② *The Chronographia of Michael Psellus*, 2.1, p.53.根据斯基利齐斯的记载，瓦西里二世与君士坦丁八世在罗曼诺斯二世皇帝去世后便继承了皇位，但是随后塞奥发诺斯皇后、尼基弗鲁斯二世和约翰一世等人依次摄政或共治，所以直至 976 年约翰一世死后两兄弟才正式掌权。参见 Ἰωάννου Σκυλίτση, *Χρονογραφία*, p.361。

③ *The Chronographia of Michael Psellus*, 7.A21, p.340.

现的，其中三次都与邹伊相关；身为君士坦丁八世的二女儿，她先后将自己的三任丈夫推上了拜占庭皇位。邹伊的第一任丈夫罗曼诺斯·阿尔基洛斯是先帝选中的人，岳父看着女儿与罗曼诺斯完婚之后不久便撒手人寰，而自己的帝国也由这位女婿所继承。然而，普塞洛斯这里却告诉我们，罗曼诺斯三世并不打算延续马其顿家族的统治，因为"这个人坚信，他的统治标志着一个新王朝的开始。从马其顿人瓦西里[1]传承而来的皇室家族已经和他的前任一起寿终正寝，现在他期待着从他自己这里传承下去的一个新的君主世系"[2]。邹伊的第二任丈夫是她的情人米哈伊尔·帕弗拉贡，为了能够保证让自己心爱之人当上皇帝，她在得知罗曼诺斯三世的死讯之后，立即以皇位合法继承人的身份控制了局势，并且不顾众多大臣的反对拥立米哈伊尔为帝。普塞洛斯认为，"事实上，她并不太关心为自己谋取权力，她所有的努力都是为了让米哈伊尔获得皇权"[3]。与妹妹塞奥多拉短暂的联合执政后不久，邹伊第三次结婚并且将帝国的统治大权交给了第三任丈夫君士坦丁·莫诺马霍斯。伴随着君士坦丁九世正式登基称帝，邹伊和塞奥多拉两姐妹退居幕后，普塞洛斯就此写道："这些事情标志着她们的权威和介入国家事务的结束；对君士坦丁而言，则意味着他的统治开始了。"[4]

　　另一位以皇室成员身份让渡帝国统治权力的人是君士坦丁十世皇帝的遗孀尤多西娅皇后。君士坦丁十世临终之时曾经要求尤多西娅立下文书契约，以约束她将来不会再嫁，为的是保证统治大权顺利地传给自己的儿子米哈伊尔。[5]可是不久之后迫于帝国所面临的危急形势，尤多西娅打破自己的誓言，嫁给罗曼诺斯·迪奥叶尼斯，同时将后者推上了

---

[1] 即瓦西里一世皇帝，马其顿王朝的建立者，867—886 年在位。

[2] *The Chronographia of Michael Psellus*, 3.1, p.63.

[3] *The Chronographia of Michael Psellus*, 4.1, p.87.

[4] *The Chronographia of Michael Psellus*, 6.21, p.165.

[5] 参见 Oikonomidès, "Le serment de l'impératrice Eudocie (1067). Un épisode de l'histoire dynastique de Byzance", pp.101-128.

拜占庭皇位，于是罗曼诺斯成为共治皇帝。先前已经继位的米哈伊尔七世只能认可母亲的决定，接受罗曼诺斯四世作为共治皇帝。普塞洛斯亲身经历了这一历史时刻，他在《编年史》中为我们留下了一段关于米哈伊尔七世的生动描述，"他不露声色，面无表情，他拥抱了罗曼诺斯，并立刻与他分享了自己的喜悦和皇位"①。

第三，通过朝臣或民众选举登基。②在反对米哈伊尔五世的暴乱之际，君士坦丁堡民众及高官请出被软禁多日的塞奥多拉，"现在不仅仅是一小部分人，而是所有的权贵都向她表示敬意。每个人都……为她大声喝彩，并且拥立她为女皇"③。普塞洛斯这段的记载体现出君士坦丁堡各阶层人士团结一致，对塞奥多拉掌权表示拥护，她也因此赢得了后来与姐姐邹伊共同执政的资本。后来当塞奥多拉女皇病危之际，身边的一群大臣开始谋划继承皇位的人选。"顾问们聚集在皇位周围，他们的领袖（即利奥·帕拉斯庞迪洛斯——笔者）在中间，决定他们应该选择谁作为新皇帝，而不是其他人，他将是一个可能偏袒他们自己的人，一个可靠的人，一个能保护他们自己利益的人。"④当最终的选择落在米哈伊尔·斯特拉提奥提克斯的头上以后，大臣们毫不耽搁地劝说塞奥多拉任命这个人继承她的皇位。塞奥多拉"毫不犹豫地将他加冕为自己的继承人"，⑤这就是米哈伊尔六世皇帝继位的经过。

最后，是皇帝临死之前将皇位传给自己选定的非血亲继承人，这

---

① Μιχαήλ Ψελλός, Χρονογραφία, τόμος Β΄, 7.B8, p.391.关于拜占庭帝国的摄政（共治皇帝）问题，可另参见 Αικατερίνη Χριστοφιλοπούλου, «Η αντιβασιλεία εις το Βυζάντιον», Σύμμεικτα, 2 (1970), pp.1-144。

② 参见 Milton V. Anastos, "Vox populi voluntas Dei and the Election of the Byzantine Emperor", in Jacob Neusner, ed., Christianity, Judaism and other Greco-Roman Cults: Studies for Morton Smith at Sixty, Leiden: Brill, 1975, pp.181-207; Αικατερίνη Χριστοφιλοπούλου, Εκλογή, αναγόρευσις και στέψις του βυζαντινού αυτοκράτορος, Αθήνα, 1956; Αικατερίνη Χριστοφιλοπούλου, Το Πολίτευμα και οι Θεσμοί της Βυζαντινής Αυτοκρατορίας, 324-1204, Αθήνα, 2004, pp.198-203。

③ The Chronographia of Michael Psellus, 5.37, p.144.

④ The Chronographia of Michael Psellus, 6.A20, p.271.

⑤ The Chronographia of Michael Psellus, 6.A21, p.271.

也是 11 世纪里唯一一次。重病的伊沙克一世意识到自己将不久于人世，在征得家人同意的情况下他并没有将皇位传给自己的亲人，而是选择昔日的部下君士坦丁·杜卡斯作为皇位继承人。普塞洛斯在《编年史》中通过伊沙克之口对这一举动给出了理由，"你（指君士坦丁——笔者）的品质比血缘纽带更重要。我将帝国遗赠给你"①。随后，普塞洛斯又把君士坦丁十世安置在皇位之上，为他穿上紫色的便鞋。元老院一致认可君士坦丁为皇帝。接下来举行其他各种仪式，包括接见文职官员、朝见君主、向皇帝叩拜臣服，以及所有新君登基应该履行的礼节等。

由上文可知，无论是血亲继承还是与皇室成员联姻，体现的都是对正统或者说合法性的追求，这也是自 11 世纪以来拜占庭宫廷政治的一个明显趋势。②即便是米哈伊尔·卡拉发迪斯通过被邹伊收养为义子并最终取得皇位，体现的也是皇位觊觎者对于自身继位合法性的追求。普塞洛斯借孤儿院院长约翰之口，道出了流行于那个时代的关于正统性以及合法继位的观念，如约翰向米哈伊尔四世皇帝进言道："帝国按照世袭应属于邹伊，整个国家都对她更为忠诚，因为她是一位女性，是皇位的继承人……因此我建议，我们应该让她成为我们外甥的母亲……同时劝说她赐予他凯撒的职衔和头衔。"③正是通过成为邹伊的养子，米哈伊尔·卡拉发迪斯才得以成为拜占庭皇室的一员，并最终继承了帝国的皇位。严格意义上讲，11 世纪中只有伊沙克·科穆宁是通过军事反叛而获取的拜占庭皇位，其他统治者都是以和平手段继位。

除此之外我们还可以发现，在这一时期很少出现共治皇帝或者摄政之人。君士坦丁十世去世后，他的遗孀尤多西娅曾短暂摄政，但帝国权

---

① *The Chronographia of Michael Psellus*, 7.89, p.329.

② Cf. Kazhdan and Epstein, *Change in Byzantine Culture in the Eleventh and Twelfth Centuries*, pp.102-104.

③ *The Chronographia of Michael Psellus*, 4.22, pp.100-101.

力很快转移到罗曼诺斯四世的手中。[1]如果我们考虑到罗曼诺斯四世登基时米哈伊尔七世早已经被其父立为皇帝，那么罗曼诺斯应该是出现在《编年史》中唯一一位共治皇帝。[2]这与10世纪时的情况可谓大相径庭。自君士坦丁七世（913—959年在位）加冕之后，先后有三人摄政（牧首尼古拉、皇太后"黑眼圈"邹伊和皇太后塞奥发诺），三人成为共治皇帝（罗曼诺斯一世·利卡皮诺斯、尼基弗鲁斯二世·弗卡斯和约翰一世·兹米斯基斯），这种情况基本贯穿了10世纪的始终。[3]10世纪也因此成为拜占庭千年历史上摄政与共治皇帝出现最为频繁密集的一个世纪。而且，上述三位共治皇帝无一例外均是靠军功起家，他们因为战功卓著而最终攫取帝国的最高统治权。[4]拜占庭帝国从10世纪起掀起了对外扩张的高潮，我们或许可以在其真正的统治者身上找到原因。

通过以上论述我们可以看出，11世纪拜占庭的皇位继承方式呈现出多样化特征，这实际上是帝国政治生活的一个鲜明写照。具体而言，马其顿王朝的实力在11世纪日渐衰微，它的统治以1056年塞奥多拉女皇的去世为标志彻底结束；与此同时，省区大家族一直想方设法攫取帝国的最高统治权。这种"努力"从罗曼诺斯三世·阿尔基洛斯开始，到11世纪下半期随着科穆宁和杜卡斯两大家族登上帝国皇位而达到顶峰，日后更有博塔尼亚迪斯[5]、布里恩纽斯等大家族的夺权行为。1081年，随

---

[1] Αικατερίνη Χριστοφιλοπούλου, «Η αντιβασιλεία εις το Βυζάντιον», *Σύμμεικτα*, 2 (1970), pp.65-75; Χριστοφιλοπούλου, *Το Πολίτευμα και οι Θεσμοί της Βυζαντινής Αυτοκρατορίας, 324-1204*, pp.203-205.

[2] Χριστοφιλοπούλου, *Το Πολίτευμα και οι Θεσμοί της Βυζαντινής Αυτοκρατορίας, 324-1204*, pp.201-202.

[3] 可参见王妍《10世纪拜占庭帝国皇位继承多样性的表现及原因》，《内蒙古大学学报》（哲学社会科学版）2016年第1期，第82—86页；Warren Treadgold, *A History of the Byzantine State and Society*, Stanford: Stanford University Press, 1997, p.859.

[4] 关于这三位共治皇帝，可分别参见 Steven Runciman, *The Emperor Romanus Lecapenus and His Reign. A Study of Tenth Century Byzantium*, Cambridge University Press, 1988; Ταξιάρχης Γ. Κόλιας, *Νικηφόρος Β΄ Φωκάς (963-969): ο στρατηγός αυτοκράτωρ και το μεταρρυθμιστικό του έργο*, Αθήνα: Ιστορικές εκδόσεις Στ. Δ. Βασιλόπουλος, 1993; Gustave Schlumberger, *Η βυζαντινή εποποιία: κατά τα τέλη της Γ΄ εκατονταετίας*, μετάφραση Ιωάννης Λαμπρίδης και Σταύρος Ι. Βουτηράς, Αθήνα: Εκδόσεις Βασ. Ν. Γρηγοριάδης, 1977.

[5] 关于博塔尼亚迪斯家族的情况，可参见 Κ. Αμάντος, «Οι Βοτανιάται», *Ελληνικά*, 8 (1935).

着科穆宁王朝的正式建立，拜占庭帝国的皇权彻底被小亚细亚省区的贵族势力所把持。可以说，拜占庭皇位继承在很大程度上是在中央与地方的博弈中实现的，两股势力的此消彼长导致 11 世纪间拜占庭宫廷政治生活的凶险异常与变幻莫测。普塞洛斯长年深处这股政治旋涡之中，自然对其有着清晰的认识，他的观念也代表了拜占庭文官政治集团成员普遍持有的政治立场。

二　宦官专权

拜占庭历史上最著名的三位宫廷太监都活跃于 11 世纪，他们分别在不同年代的帝国政治生活中扮演了重要角色，这三个人分别是瓦西里·利卡皮诺斯、孤儿院院长约翰以及尼基弗里基斯。普塞洛斯在《编年史》中对前两者的活动给予了比较详细的记载，至于尼基弗里基斯他只是间接地影射，他并未指名道姓地表达自己对这位政敌的不满。另外，我们在《编年史》中还可以见到普塞洛斯对于另外一名太监的记述，那就是深受君士坦丁九世皇帝宠信的太监约翰。

拜占庭的宫廷太监承袭自罗马帝国，自晚期罗马帝国时代起，太监作为一种制度基本定型，许多皇帝的宫廷之中都有固定的太监群体效力。[①]自 7 世纪以后，太监在拜占庭宫廷中的作用日趋显著，到了 11 世纪，甚至一些高级宫廷职位都是由太监把持的，如内务总管（Praepositus sacri cubiculi）、宫廷内务总管（παρακοιμώμενος）等。

拜占庭的太监也必须净身之后才能入宫服役。7 世纪的一部医书中保存着一些关于拜占庭太监净身方式的记载，该书作者埃伊纳的保罗在这里记录了两种净身方式，分别是捏挤法（κατά θλάσιν）和切除法（κατ᾽ἐκτομήν），他这样写道：

---

① Shaun Tougher, *The Eunuch in Byzantine History and Society*, London; New York: Routledge, 2008, p.36.

挤压法是这样进行的：人们把年幼的儿童放在一个盛满热水的罐子中，当身体的各个部分在热水中变软后，人们用手捏挤睾丸直至它们消失，被捏碎的睾丸根本看不见了。而切除法是这样的：我们把要净身的人放在板凳之上，用左手抓住有睾丸的阴囊，然后展开，随后用手术刀对两个睾丸分别进行摘取，当睾丸凸起时便被剖开然后取出，只留下器官上连接的一小部分。要净身的人更多地选择这种方法。因为通过捏挤法净身的人偶尔仍然有性需求，原因在于睾丸的某些部分并没有被清除干净。[1]

瓦西里·利卡皮诺斯是罗曼诺斯一世皇帝（Ρομανός Α´ Λεκαπηνός）[2]与一名斯基泰女奴的私生子，因此他也被称为瓦西里·诺索斯（Νόθος）。[3]瓦西里幼年时即被其父净身，断绝了他觊觎拜占庭皇位的野心。可瓦西里却是拜占庭历史上参与宫廷政治最为频繁的一个太监。他于君士坦丁七世在位时便已经涉足政坛，在挫败了罗曼诺斯一世诸子的夺权阴谋之后，瓦西里赢得了贵族（πατρίκιος）的荣誉头衔，并且出任宫廷内务总管。虽然一度遭到另一名太监约瑟夫·布林加斯（Ιωσήφ Βρίγγας）[4]的

---

① *The Seven Books of Paulus Ægineta*, Translated frome the Greek by Francis Adams, Vol. II, London, 1846, pp.379-380;另参见 Tougher, *The Eunuch in Byzantine History and Society*, p.30。

② 拜占庭皇帝，920—944 年在位。罗曼诺斯 870 年前后生于拉卡皮（该家族因此地而得名），948 年 6 月 15 日死于普罗迪岛。罗曼诺斯是亚美尼亚农民之子，他以海军军官的身份起家，曾出任萨摩斯岛总督，后来升任舰队司令（δρουγγάριος）。罗曼诺斯设法将自己的女儿海伦嫁给君士坦丁七世皇帝，自己则成为"太上皇"（βασιλεοπάτωρ）和凯撒，并最终在 920 年加冕为皇帝。944 年 12 月 20 日，罗曼诺斯一世被自己的两个儿子斯蒂芬和君士坦丁赶下了台，并被流放至普罗迪岛。*The Oxford Dictionary of Byzantium*, p.1806.

③ νόθος 一词在希腊文中即是私生子之意。

④ 君士坦丁七世和罗曼诺斯二世皇帝在位期间的太监。君士坦丁七世时布林加斯出任舰队司令等职，罗曼诺斯二世统治期间他成为内务总管（παρακοιμώμενος），并且掌管整个帝国事务。罗曼诺斯二世去世后，布林加斯在与尼基弗鲁斯·弗卡斯的斗争中失败，最终被流放至尼科米底亚附近的一所修道院中。他 965 年死于比西尼亚的阿斯克里迪斯修道院。*The Oxford Dictionary of Byzantium*, pp.325-326.参见 Αθανάσιος Μαρκόπουλος, «Ιωσήφ Βρίγγας. Προσωπογραφικά προβλήματα και ιδεολογικά ρεύματα», *Σύμμεικτα*, 4 (1981), pp.87-115。

压制和排挤，但是瓦西里在尼基弗鲁斯二世·弗卡斯和约翰一世·兹米斯基斯两位皇帝在位期间大受宠信，并且得到专门为他设置的首席大臣（πρόεδρος）头衔。①太监瓦西里在瓦西里二世皇帝统治初年达到其政治生涯的顶峰，开始全面掌控帝国的军政大权。普塞洛斯对此有一番生动的描述，"他对甥孙瓦西里特别疼爱，以最深情的方式拥抱着这个年轻人，像慈祥的养父一样注视着他的成长。那么，瓦西里把帝国的重担放在了这个人的肩上，人们不必为此感到惊讶……帕拉基莫门努斯让整个世界都在他的脚下。百姓对他俯首听命，军队唯其马首是瞻，公共财政的管理和政府的方向都由他负责，实际上是由他一个人全权负责"②。然而，随着瓦西里二世皇帝逐渐成长，他不再心甘情愿地将统治大权与旁人分享。985 年，皇帝将太监瓦西里流放至博斯普鲁斯海峡北岸的克里迈阿，同时将其聚敛的大量财产悉数充公，太监瓦西里最终死于流放地。③

　　另一位在 11 世纪拜占庭政局中大有作为的太监便是著名的孤儿院院长约翰。约翰曾经为瓦西里二世皇帝出谋划策，并且在罗曼诺斯三世统治期间成为元老院成员，他还享有大总管（πραιπόσιτος）的至高地位。约翰曾辅佐罗曼诺斯三世挫败了君士坦丁·迪奥叶尼斯和君士坦丁·达拉森诺斯等大贵族的反叛阴谋。后来约翰将自己的弟弟引荐给皇帝，并暗中促成米哈伊尔·帕弗拉贡与皇后邹伊勾搭成奸。罗曼诺斯皇帝死后，当朝中大臣在帝位人选上犹豫不定之时，又是约翰说服了邹伊，最终将米哈伊尔推上了皇位。④米哈伊尔四世登基之后，约翰成为拜占庭帝国政治真正的主宰者，总揽一切大权。后来当约翰意识到弟弟的病情加重随时有可能失去帝国统治大权的时候，他又精心策划，最终让邹

　　① Tougher, *The Eunuch in Byzantine History and Society*, pp.55-56.
　　② *The Chronographia of Michael Psellus*, 1.3, pp.28-29.
　　③ Ιωάννου Σκυλίτζη, *Χρονογραφία*, p.381;参见 W. G. Brokkaar, "Basil Lecapenus: Byzantium in the Tenth Century", *Studia byzantina et neohellenica Neerlandica*, 3 (1972), pp.199-234。
　　④ *The Chronographia of Michael Psellus*, 4.2, p.88.

伊收养自己的外甥小米哈伊尔为义子，并将他立为皇位的合法继承人，为的是一旦米哈伊尔四世病死，帝国的权力仍然掌握在自己家族手中。米哈伊尔五世上台之后逐渐与另一个舅父君士坦丁勾结在一起，并且最终与约翰形成对立之势。约翰试图推翻米哈伊尔的统治，但是皇帝先发制人将他流放至莫诺巴托修道院中，后来在牧首基路拉里欧斯的命令下，约翰被弄瞎双眼，直至最后君士坦丁九世下令将其流放至米提林岛（Μυτιλήνη），约翰最终死在那里。①

在《编年史》中普塞洛斯还提到了一名太监，此人也叫约翰，是君士坦丁九世的一名宠臣，他曾于 1050 年取代君士坦丁·利户迪斯出任总理大臣（λογοθέτης）。随着女皇塞奥多拉 1055 年独立统治的开始，这个约翰失去了所有权力。普塞洛斯讥讽他是"一个乳臭未干的蠢笨年轻人……从未使用过笔墨……的街头流浪儿"，"一个彻头彻尾的无赖，一无是处"。②然而君士坦丁九世却对这个"可爱的孩子"宠爱非常，甚至把帝国的最高权力交给了他，并且让他成为元老院的一名主要成员。③

宦官制度本是专制皇权高度发展背景下的产物，拜占庭统治者任用太监在宫内任职，为宦官专权把持朝政创造了条件。与晚期罗马帝国相比，拜占庭时期的宫廷太监已经不完全由异族奴隶充任，越来越多的本土自由人充斥于拜占庭宫廷太监的行列。④11 世纪时，拜占庭宫廷太监当中有不少还是皇室成员，如上文中我们提到的瓦西里·利卡皮诺斯和孤儿院院长约翰，与皇帝的亲近关系和血缘纽带进一步增加了这些太监

---

① Μιχαήλ Ψελλός, *Χρονογραφία*, τόμος Α΄, 5.14, p.263; 参见 Raymond Janin, "Une ministre byzantin: Jean l'Orphanotrophe (XIe siècle)", *Échos d'Orient*, 34 (1931), pp.431-443. 米提林岛即莱斯博斯岛，米提林是该岛的两大主要城市之一。因此，有时也以"米提林"统称整个岛屿。米提林岛位于爱琴海东北部，是通往君士坦丁堡的海上必经航线之一。*The Oxford Dictionary of Byzantium*, p.1219.

② *The Chronographia of Michael Psellus*, 6.177, pp.247-248.

③ Μιχαήλ Ψελλός, *Χρονογραφία*, τόμος Β΄, 6.177, p.141.

④ Tougher, *The Eunuch in Byzantine History and Society*, p.67.

把持帝国大权的可能，无论是利卡皮诺斯在瓦西里二世统治初期的大权独揽，还是约翰在米哈伊尔四世时期的专权，都鲜明地反映出这一趋势。身为皇帝亲属的宫廷太监得到在位皇帝的信任，可谓顺理成章；皇帝将统治大权托付于自己的家人手中，也是为了防止权力的外流。然而，最终的结果有时候却与皇帝的初衷相抵牾。这些身体残缺之人借此努力钻营，从而攫取帝国的最高统治权力。因为太监是无法登上拜占庭皇位的，那么将帝国的统治大权垄断在自己手中，在某种程度上架空皇帝的权力，也是太监实现政治野心的有效手段。这样的局面进一步加剧了11世纪拜占庭宫廷权力斗争的激烈性，我们从孤儿院院长约翰一手策划并最终促成其外甥米哈伊尔五世继承皇位这一事件中便可窥见一斑。

就普塞洛斯所写的内容来看，我们并没有在《编年史》中看到作者对太监群体持有明显的偏见，普塞洛斯对于太监的评判更多的还是基于这些人行为与性格，这一点与他评价其他历史人物的原则并无太大区别。首先对于太监的身体特征，普塞洛斯并没有对此进行刻意的贬损，反而有时会像描绘正常人那样称赞他们体态仪表上的美感，比如他认为太监瓦西里"是那个时代罗马帝国最赫赫有名的人物，智力超群，体格强健，有帝王之相"[①]。同样，对于太监出众的治国能力，普塞洛斯也予以充分的肯定，比如他评价孤儿院院长约翰"机智过人，如果说有谁是精明的，那就是他了；他锐利的目光显露出那些品质。他对自己的各项职责一丝不苟；实际上，他在这方面的表现已经做到了极致。他在政府的所有部门中都有丰富的经验，然而在公共财政管理方面他的智慧和精明尤为明显"[②]；普塞洛斯甚至称赞约翰"是皇帝名副其实的堡垒和真正的兄长，因为他从不放松警惕，无论白天还是晚上。他从未忘却自己对责

---

① Μιχαήλ Ψελλός, *Χρονογραφία*, τόμος Α΄, 1.3, pp.43,45.

② *The Chronographia of Michael Psellus*, 4.12, p.92.

任的热忱，即便在他纵情享乐之时，或者是他参加宴会、公共仪式和节日的时候也是如此"①。

当然，对于太监的某些缺陷与过错，尤其是性格方面的缺点，普塞洛斯也会直言不讳地予以批判，这符合他品评人物的一贯原则。例如他在称赞孤儿院院长约翰之后，立即告诉读者这名太监身上"相反的品质"，即性格上的弱点，具体而言就是约翰的虚与委蛇和酗酒成性，另外对于约翰纵容其他几个弟弟任意妄为，普塞洛斯也大加诟病。②

三 职衔体系崩坏

官职（offices，ἀξίαι διὰ λόγου）指的是具有实权的高级管理职位，它是拜占庭帝国国家官僚体制的重要组成部分，拥有官职的人通常掌握着国家的军事、司法、民事等领域的权力。头衔（dignities，titles，ἀξίαι διὰ βραβείων）通常是通过徽章（βραβείον）③的形式赐予某些人，基本上不具有实际的行政职权，更多的是一种荣誉称号。理论上讲，官职与头衔有所区别，但是两者之间的界限有时并不是特别清晰，而且有些官职实际上会转化为头衔。拜占庭的头衔总是经历一个由新生头衔取代旧有头衔的过程，具体到本书所涉及的年代，从 11 世纪中期开始，流行多个世纪的头衔体系开始瓦解，"贵族"等旧有头衔的重要性开始减弱，一些过渡性的头衔不断出现，比如首席大臣（πρόεδρος），直至 11 世纪末以"受尊敬者"（σεβαστός）为基础的头衔体系得以建立并日臻完善。

普塞洛斯在《编年史》中清楚地描绘了拜占庭职衔体系被破坏的过程，他还直言不讳地指出，这种崩坏源自统治者们毫无节制地胡乱封赏，

---

① The Chronographia of Michael Psellus, 4.12, p.93.

② The Chronographia of Michael Psellus, 4.13-15, pp.93-95.关于当代人对拜占庭太监的各种看法，可参见 Tougher, The Eunuch in Byzantine History and Society, pp.98-118。

③ βραβείον 的原意为"奖赏"或"报偿"，在《职官表》中用来指代封赏头衔时的徽章。The Oxford Dictionary of Byzantium, p.319.

它的始作俑者是君士坦丁九世莫诺马霍斯皇帝。

君士坦丁九世继位伊始便开始大肆册封官员。普塞洛斯说这位皇帝打乱了头衔及固定的官位晋升原则，破坏了官员等级次序，废除了固有的晋升规则。因此"得到荣誉封赏的人不止二三，也不是一小撮人，而是成群结队的人在他当上皇帝之后很快只靠一纸谕令便坐上国家最高的一些官位；得到头衔的人不止二三，也不是少数几个人，在他当上皇帝之后，成群结队的人只靠一纸谕令便做上了帝国的高官"①。由于君士坦丁九世无度的封赏，以至于最后发展到了这样的局面，那便是普塞洛斯所认为的，拜占庭人在很多时候被一些奴隶统治着，这些人都是先前他们从各个蛮族那里购买而来的。于是普塞洛斯在《编年史》中不禁感叹："一些重要的国家官职并没有交给伯里克利或泰米斯托克力这样的人，而是交给了斯巴达克斯这样毫无价值的无赖。"②

如果说君士坦丁九世的封赏具有领受人数众多、涉及人群范围广的特点，那么米哈伊尔六世则因为其独特的封赏方式而留名。普塞洛斯说他赏赐官职头衔的做法极为鲁莽轻率。"他提拔某个人，不是立即提拔到比现有级别更高一级，而是提拔到下一级或者再高一级。实际上，皇帝的臣子们只需要提出自己作为第四次晋升的候选人，他就会很欣然考虑他们的要求。于是，另一个人站在他的另一边，扯着他的另一只袖子，会要求并得到第五次晋升。"③然而米哈伊尔皇帝却无视伊沙克·科穆宁

---

① *The Chronographia of Michael Psellus*, 6.29, pp.170-171.

② *The Chronographia of Michael Psellus*, 6.134, pp.225-226. 伯里克利（约公元前 495—前 429 年）和泰米斯托克力（公元前 524—前 460 年）都是古代雅典的政治家，斯巴达克斯则是公元前 1 世纪的罗马角斗士，他曾经领导了一场反对罗马共和国的大起义。普塞洛斯此处将前两者与斯巴达克斯进行对比完全是带着一种否定的意味，这在一定程度上反映出拜占庭人对于西方拉丁人的恐惧和反感。参见 Μιχαήλ Ψελλός, *Χρονογραφία*, τόμος Β′, p.91, note 25. 阿塔里亚迪斯在其《历史》中也声称君士坦丁九世继位之初曾经向几乎所有人赏赐帝国头衔，并且馈赠丰厚的礼物，以此赢得臣民的欢心和拥护。Μιχαήλ Ατταλειάτης, *Ιστορία*, p.49.

③ Μιχαήλ Ψελλός, *Χρονογραφία*, τόμος Β′, 7.2, pp.209, 211.

等军事将领的要求，并且冷酷地否决了他们的晋升请求，这便为伊沙克·科穆宁起兵造反提供了口实。

然而，我们在《编年史》中也可以找到反其道而行的统治者，他们对官职头衔的控制相对严格，可正是因为这种看似吝啬的封赏却引来臣子民众的普遍不满。塞奥多拉于 1055 年独掌大权后，并没有遵循每逢新帝登基一定要向文官和士兵赏赐荣誉头衔的惯例，于是引起普遍的不满。但是塞奥多拉有自己的理由，因为她自其父君士坦丁八世去世的那一刻就已经继承了拜占庭皇位，然而由于罗曼诺斯三世、米哈伊尔四世、米哈伊尔五世和君士坦丁九世等人先后登基，塞奥多拉的继承权一直被忽视，然而"她并不是现在继承皇位，而是很久以前从她父亲那里继承了它，现在她又继承了自己天然和正当的遗产"，普塞洛斯写到，"这个解释似乎很合理，所以尽管人们以前准备抱怨，但是现在他们都满意了"。①如果说塞奥多拉只是因为没有让众人尝到甜头而暂时遭到抱怨，那么伊沙克一世则因为褫夺了众人的既得利益而受人憎恨。普塞洛斯在《编年史》中写道："米哈伊尔（六世——笔者）的捐赠，伊沙克统统拿走……他完全废除了相当多的措施。结果是，人民开始憎恨他，军队中也有不少人赞同他们的观点……为了推行这样的政策，他不可避免地要在其他受害者中加入教会的司祭们。"②普塞洛斯这里所指的既得利益自然也包括先帝已经封赏出去的各种官职和头衔。

尤其值得注意的是，普塞洛斯专门在《编年史》中为我们提供了一些信息，这些内容揭示出 11 世纪拜占庭元老院门槛降低、元老头衔贬值这一重要历史现象。君士坦丁堡的元老院承袭自罗马帝国，它由君士

---

① Μιχαήλ Ψελλός, *Χρονογραφία*, τόμος Β΄, 6.A3, p.181.
② Μιχαήλ Ψελλός, *Χρονογραφία*, τόμος Β΄, 7.60, p.297.

坦丁一世皇帝（Κωνσταντῖνος ὁ Μέγας）①创建于公元 4 世纪，并且一直存留至拜占庭帝国灭亡。元老院在拜占庭政治生活中的作用日益减弱，其功能主要体现在议政和组织各项仪式两方面，但是跻身元老阶层却成为一种至高的荣誉头衔，元老院成员多由拜占庭贵族上层人士构成，并且代代相传，平头百姓难以染指。②

普塞洛斯于君士坦丁九世在位期间成为元老院成员，③在伊沙克一世登基之后升任元老院院长。④进入元老院后，普塞洛斯由此得以近距离观察这个古老的机构，并且目睹了它在 11 世纪中的发展变化。普塞洛斯的记载令我们认识到，正是从君士坦丁九世皇帝开始，社会各个阶层的人群都可以成为元老，元老院的声誉一落千丈。根据普塞洛斯的记载，君士坦丁九世把各种身份、各个阶层的人都封为元老院成员，其中包括他所宠信的太监约翰、一个保加利亚弄臣，⑤他甚至将"元老院的大门大开，市井走卒和流氓无赖均得以混入其中"⑥。到了君士坦丁十世统治期间，情况继续恶化。普塞洛斯认为在君士坦丁十世上台之前，普通民众与元老阶层之间有着明确的区分，然而君士坦丁十世通过提高体力劳动者的社会地位打破了这一界限。普塞洛斯说这两个群体"被合并为一个整体"⑦。

通过上述分析我们很容易看出，普塞洛斯把 11 世纪拜占庭职衔体系崩坏的原因归结为某些统治者的滥加封赏，是这些人毫无原则地将官

---

① 拜占庭皇帝，306—337 年在位。君士坦丁 273 年前后生于奈苏斯（今塞尔维亚境内），337 年去世于尼科米底亚。君士坦丁是君士坦提乌斯一世和海伦娜的儿子，他早年曾在戴克里先的宫廷中任职，后来投奔其父并且被父亲的军队拥立为帝。君士坦丁在随后的内战中战胜各路对手，于 324 年重新统一帝国。他在统治期间推行多项改革措施，如基督教合法化、地方省区治理、迁都君士坦丁堡等。*The Oxford Dictionary of Byzantium*, pp.498-500.

② 关于拜占庭帝国的元老院，可参见 Αικατερίνη Χριστοφιλοπούλου, *Η σύγκλητος εις το βυζαντινόν κράτος*, Αθήνα, 1949.

③ Μιχαήλ Ψελλός, *Χρονογραφία*, τόμος Α΄, 6.14, p.329.

④ *The Chronographia of Michael Psellus*, 7.42, p.302.

⑤ *The Chronographia of Michael Psellus*, 6.177, p.248; 6.135, p.226.

⑥ Μιχαήλ Ψελλός, *Χρονογραφία*, τόμος Α΄, 6.29, p.347.

⑦ *The Chronographia of Michael Psellus*, 7.A15, p.338.

职头衔随意赏赐给能够讨得他们欢心的弄臣甚至无赖，拜占庭官员队伍由是变得鱼龙混杂。

第二节 军事

普塞洛斯关于军事问题的记载主要涉及拜占庭帝国对于雇佣军的使用、11世纪将领的反叛夺权行为以及帝国与周边各民族和政权的战事。这些现象实际上反映出 11 世纪中拜占庭军事领域最重要的几个内容，它们是 10 世纪下半期以来帝国历史发展的延续和必然趋势；普塞洛斯虽为文官政治集团的成员，但他也深知军事上的成功对帝国命运的影响，因此他在《编年史》中不仅记载了帝国的各种军事活动，而且还将军事素养作为衡量统治者的重要标准之一。

一 雇佣军

拜占庭人对外族雇佣军（μισθοφόροι）的使用可以说贯穿帝国历史的始终，可以毫不夸张地讲，拜占庭军事史在一定程度上就是一部拜占庭雇佣军的历史。[①]雇佣军在拜占庭帝国的历史上留下了浓墨重彩的一笔。4 世纪末至 5 世纪，外族士兵成为罗马军队的主导力量，他们逐渐取代了本土军队，以至于日耳曼士兵被屠杀的事件时有发生，如公元 400 年由牧首约翰·赫里索斯托姆（Ἰωάννης ὁ Χρυσόστομος）领导的对哥特士兵的屠杀。[②]大规模雇佣外族士兵的趋势在 7 世纪之后有所减缓，但是我们仍然能够见到如塞奥弗波斯的"波斯军团"在拜占庭军中效力。从 10 世纪末开始一直到 11 世纪，由于安纳托利亚的丧失以及军役制被纳税雇佣士兵所取代，拜占庭军队经历了由本土士兵向雇佣军转

---

① 参见 *The Oxford Dictionary of Byzantium*, p.1343。

② 参见 Alan Cameron, Jacqueline Long, Lee Sherry, *Barbarians and Politics at the Court of Arcadius*, Berkeley: University of California Press, 1993, p.199ff。

化的过程。[①]甚至到了 12 世纪，图戴拉的本杰明（Benjamin of Tudela）[②]惊呼，希腊人已经不再参与战事。

从普塞洛斯的《编年史》中我们可以了解到，11 世纪时雇佣军不仅被用来在疆场之上作战拼杀，很多皇帝还将他们当作私人护卫。与其他时代相比，11 世纪拜占庭雇佣军的一个显著特征就是构成人员来自不同的国家与民族——晚期罗马帝国时期以日耳曼人为主，到了科穆宁和尼西亚时代则主要是土耳其人。

很多 11 世纪的拜占庭统治者在帝国军队中大量使用雇佣军进行各种战争。

据普塞洛斯记载，瓦西里二世皇帝于巴尔达斯·弗卡斯反叛之际，利用一支由罗斯人组成的军队以为援助。[③]普塞洛斯写道："他曾在一个单独的军团中训练他们，又将另一支雇佣军与他们编在一起，并将他们以连划分，然后派他们出去跟叛军作战。"这支队伍出人意料地发动了袭击，在消灭了不少人之后，他们又将其余的人驱散到四面八方。[④]同样，某些拜占庭皇帝在征讨周边蛮族的时候，也会将雇佣军作为自己军队的一部分。1030 年罗曼诺斯三世意欲率军出征叙利亚，根据普塞洛斯的记载，罗曼诺斯三世统领着一支十分庞大的军队出征，"队伍得以扩充，新的阵形被设计出来，而雇佣军则被合并成一支部队，一些新的部队也被征召"[⑤]。然而，当时的拜占庭与阿拉伯边境并不存在严重的危

---

① Jean-Claude Cheynet, "La politique militaire byzantine de Basile II à Alexis Comnène", *Zbornik Radova Vizantološkog Instituta*, 29-30 (1991), p.61.

② 12 世纪西班牙的犹太旅行者，著有《游记》一书。本杰明于 12 世纪 60 年代从西班牙出发，游历地中海沿岸各个国家，走访近 25 个拜占庭帝国的城市，他对君士坦丁堡的描写为后世留下了极为珍贵的素材。*The Oxford Dictionary of Byzantium*, p.282.

③ 这支 6000 人的罗斯部队是从基辅驰援而来的，他们受弗拉基米尔大公的派遣于 988 年达到君士坦丁堡。作为回报，瓦西里二世同意将自己的妹妹安娜许配给弗拉基米尔为妻，同时弗拉基米尔受洗皈依基督教。这些罗斯人在巴尔达斯·弗卡斯被击败后仍滞留于希腊。参见 Ιωάννου Σκυλίτση, *Χρονογραφία*, p.382.

④ *The Chronographia of Michael Psellus*, 1.13, pp.34-35.

⑤ Μιχαήλ Ψελλός, *Χρονογραφία*, τόμος Α', 3.7, p.125.

机，罗曼诺斯三世此次征讨阿拉伯人完全是要效仿前代诸帝建立军功伟业，[①]最终罗曼诺斯三世遭受伏击大败，狼狈返回君士坦丁堡。

拜占庭君主不仅在军队中大量使用外族雇佣军，很多统治者还将雇佣军作为私人护卫，这些外族士兵也由此得以进入拜占庭宫廷。

在论及米哈伊尔五世强化个人统治的举措时，普塞洛斯写道："至于他的私人护卫，他在队伍里补充了一些新兵，那都是他以前购买的斯基泰青年……他们明白他对他们的要求，他们非常适合满足他的各种愿望……他安排其中一些人负责实际的警卫工作，另一些人则去执行他希望完成的各种任务。"[②]曼齐科特战役失利后，罗曼诺斯四世遭到废黜，米哈伊尔七世在两名堂兄弟安德罗尼库斯和君士坦丁的建议下，决定脱离母后尤多西娅的束缚，自主行事。米哈伊尔七世首先赢得了瓦兰几亚宫廷护卫的忠诚拥护，普塞洛斯生动记述了这些外族人支持米哈伊尔七世登基的过程，"这些人无一例外地装备着盾牌和罗姆菲亚剑……卫兵们一起猛敲盾牌，并且声嘶力竭地喊着战争口号，他们以剑相击，并发出回应的喊声，然后他们奔向皇帝那里，以为他身处危险之中。然后，他们在他周围围成一圈，任何人都无法靠近，并把他抬到宫殿的高层"[③]。就这样，米哈伊尔夺过了帝国的统治大权，他的母亲则被流放至修道院中。除此之外，普塞洛斯在关于君士坦丁九世的相关部分也提到了作为宫廷护卫的外族雇佣军。

根据普塞洛斯的记载，我们可以总结出 11 世纪拜占庭帝国雇佣军的若干特点：

首先，11 世纪的拜占庭雇佣军来自多个国家与民族。伊沙克·科穆宁反叛之际，米哈伊尔六世皇帝派遣代表团出使叛军军营议和，身为代

---

① 斯基利齐斯与普塞洛斯都持这样的看法，参见 Jean Skylitzès, *Empereurs de Constantinople*, p.315 及 note 31。

② Μιχαήλ Ψελλός, *Χρονογραφία*, τόμος Α΄, 5.15, p.265.

③ Μιχαήλ Ψελλός, *Χρονογραφία*, τόμος Β΄, 7.B28, pp.413,415.

表团成员之一的普塞洛斯在伊沙克的营帐内看到来自不同地区的雇佣军，包括来自意大利的诺曼人以及陶鲁斯地区的斯基泰人，[①]普塞洛斯对这两个不同民族的士兵给予了生动的刻画，他尤其注意两个民族之间的不同之处，如作者所写："他们面目狰狞，穿着可怕的衣服，都同样对自己的周围怒目而视。但他们在其他方面并不相似，因为一个部落在自己身上涂上颜料并且拔掉眉毛，而另一个部落则保持着自然的本色；一个是受精神的驱使而发动攻击，鲁莽且容易冲动，另一个则是带着疯狂的愤怒；前者在第一波进攻中势不可当，但他们很快就丧失了热情；另一方面，后者没那么急躁，在战斗时他们不遗余力，并且完全不在乎伤势。"[②]另外，通过其他同时期史料证明，11世纪拜占庭的雇佣军队伍中还包括土耳其人、阿兰人、日耳曼人、佩臣涅格人以及保加尔人等。[③]普塞洛斯的这段记载反映出，拜占庭雇佣军虽然被纳入帝国的军事体系，但是他们在很大程度上仍然构成独立的战斗序列，并且保留着自己的武器装备与作战方式，这些军队的将领也都是由本族军官担任。这虽然有助于雇佣军在最大限度上发挥自身的作战能力，但同时无疑增强了雇佣军的独立性，为他们今后的反戈一击埋下了隐患。

其次，外族雇佣军的作战能力确实毋庸置疑，只要能够善用其能，那么在这些外族士兵的协助下，拜占庭军队经常可以取得战争的胜利。除了上文提及的瓦西里二世利用雇佣兵胜利征剿叛军外，普塞洛斯还为我们描述了另一次雇佣军协助拜占庭军队取胜的例子。罗曼诺斯四世统治时期，一支诺曼雇佣军在其首领克里斯皮诺斯（Κρισπίνος）的率领下在小亚细亚横行劫掠，罗曼诺斯四世派萨穆埃尔·阿鲁西亚诺斯（Σαμουήλ ο Αλουσιάνος）去征剿但最终失败，后来克里斯皮诺斯虽然

---

① 此处指的是罗斯或瓦兰几亚雇佣军。参见 Μιχαήλ Ψελλός, *Χρονογραφία*, τόμος Β΄, p.243 注释 20。
② *The Chronographia of Michael Psellus*, 7.24, p.289.
③ Charanis, "The Byzantine Empire in the Eleventh Century", p.200.

归顺罗曼诺斯四世，但他并未受到重用。米哈伊尔七世上台之后将克里斯皮诺斯重新委以重任，皇帝命他率军对抗企图再次夺取皇位的罗曼诺斯·迪奥叶尼斯。[①]普塞洛斯在《编年史》中专门倾注了一段笔墨，集中描写克里斯皮诺斯倒戈之后如何为拜占庭军队英勇作战的情形："这个克里斯皮努斯起初是作为罗马人的敌人出现的，但是后来他改变了态度，他新的忠诚并不亚于他以前的敌意。克里斯皮努斯看到迪奥叶尼斯的人已经做好了战斗准备，他劝安德罗尼库斯相信他，说自己要向敌人的骑兵发起冲锋。说完，他和他的部下全速向他们的中心奔驰。他直接穿过队伍，当他看到抵抗很弱时，叛军只抵挡了他的攻击一小会儿，然后就逃跑了，他带着他的几个骑士追赶逃亡者。于是，他给对手造成了巨大的损失，并且俘虏了更多的人。"[②]

最后，尽管这些外族雇佣军作战勇猛，但是普塞洛斯也为我们揭示了雇佣军的不稳定性。这些外族士兵首先考虑的是自身利益而并非拜占庭帝国的安危，当自身利益得不到满足时他们反而成为帝国安全最严重的威胁。[③]某些拜占庭皇帝也因为对雇佣军驾驭不当而深受其害。1042 年君士坦丁堡民众暴乱之际，米哈伊尔五世处于孤立无援、内外交困的窘迫局面，而那些充当宫廷侍卫的雇佣军此时此刻却没能给皇帝提供些许帮助，就像普塞洛斯记载的那样，皇帝"在皇宫内没有盟友，也无法派人去求助，甚至他手下的那些雇佣军，有些人的忠诚也令人怀疑，他们不再一如既往地服从命令，另一些人则公开敌对"[④]。再后来这些雇佣军彻底倒戈，他们站到了皇帝的对立面，开始与暴民形成一条阵线。

① Μιχαήλ Ατταλειάτης, *Ιστορία*, pp.225,227,229,303.
② *The Chronographia of Michael Psellus*, 7.B39, p.364.
③ Charanis, "The Byzantine Empire in the Eleventh Century", p.200.
④ Μιχαήλ Ψελλός, *Χρονογραφία*, τόμος Α′, 5.30, p.285.

二 叛乱

普塞洛斯在《编年史》中记载了 11 世纪几次著名的反叛活动，包括巴尔达斯·斯科利洛斯和巴尔达斯·弗卡斯对瓦西里二世的反抗、乔治·马尼亚基斯和利奥·托尔尼基奥斯在君士坦丁九世在位期间的叛乱，以及伊沙克·科穆宁起兵反叛米哈伊尔六世皇帝的行为。纵观这几次叛乱的领导者，无一例外都是手握兵权的将领，这鲜明地体现了军事贵族集团在 11 世纪势力膨胀，以至于达到与中央政权分庭抗礼的程度。

1. 两个巴尔达斯的反叛

普塞洛斯在《编年史》第一卷详细记述了巴尔达斯·斯科利洛斯（Βάρδας Σκληρός）和巴尔达斯·弗卡斯（Βάρδας Φωκάς）先后起兵反抗瓦西里二世皇帝的行为，以及此二人兵合一处、共谋大事的情况。

巴尔达斯·斯科利洛斯是约翰一世·兹米斯基斯皇帝[①]的妹夫，约翰临终之时曾许诺将皇位传给斯科利洛斯。然而最终瓦西里二世继承皇位，斯科利洛斯决意为争夺皇位而起事。普塞洛斯说这个斯科利洛斯"拥有巨额财富（对于一个觊觎皇位的人来说，这并非一笔微不足道的财富），并且拥有皇室血统和在伟大战争中成功的威望，所有的军事阶层都在他周围帮助他的事业"[②]。瓦西里二世派遣巴尔达斯·弗卡斯前去迎敌，此人乃是尼基弗鲁斯二世·弗卡斯皇帝[③]的侄子，著名将领利奥·弗卡

[①] 拜占庭皇帝，969—976 年在位。约翰 925 年前后生于亚美尼亚的霍扎纳，976 年 1 月 10 日死于君士坦丁堡。他的绰号"兹米斯基斯"的意思是"身材矮小的"。约翰的母亲是尼基弗鲁斯二世皇帝的姊妹，而他的第一任妻子玛丽亚则是巴尔达斯·斯科利洛斯的姊妹。969 年 12 月 10/11 日，约翰参与并领导了谋害尼基弗鲁斯二世皇帝的阴谋，随后自己登上帝位。玛丽亚去世后，约翰娶君士坦丁七世的女儿塞奥多拉为妻，后者是瓦西里二世和君士坦丁八世的姑姑。约翰在位期间，拜占庭帝国取得了多次对外战争的胜利，领土也进一步扩张。*The Oxford Dictionary of Byzantium*, p.1045.

[②] *The Chronographia of Michael Psellus*, 1.5, p.30.

[③] 拜占庭皇帝，963—969 年在位。尼基弗鲁斯生于912年，969 年 12 月 11 日死于君士坦丁堡。954 年尼基弗鲁斯取代其父巴尔达斯·弗卡斯出任军队司令（δομεστικός των σχολών），并率领拜占庭军队在叙利亚、克里特取得一系列辉煌胜利。罗曼诺斯二世皇帝死后，尼基弗鲁斯因军功卓著登上拜占庭皇位。他的政策无疑代表了军队和军事贵族集团的利益。在位期间尼基弗鲁斯继续大规模的对外战争，取得多次胜利。969 年，尼基弗鲁斯二世在皇后塞奥发诺和约翰·兹米斯基斯等人策划的谋反中遇刺身亡。*The Oxford Dictionary of Byzantium*, pp.1478-1479.

斯之子。双方于 979 年在潘卡里亚交战，斯科利洛斯战败，逃至巴格达避难，反而被侯斯洛埃斯国王囚禁。因为侯斯洛埃斯对于斯科利洛斯的这支大军心有畏惧，担心他们会对自己突然发动袭击。"这件事情的结果是"，普塞洛斯写到，"所有斯科利洛斯的人都成了俘虏，被关进了监狱"。①第一次叛乱就此平息。

得知瓦西里二世 986 年征讨保加利亚人失败②的消息后，侯斯洛埃斯将囚禁中的斯科利洛斯释放，让他带领自己的人马再次竞逐拜占庭皇位。瓦西里皇帝将征剿叛军的重任再次赋予巴尔达斯·弗卡斯，后者召集起哈尔西亚农军区（Χαρσιανόν）③的军士，但是在 987 年夏天自立为帝，举起反叛的大旗，因为他不满于皇帝对他的忽视与冷落。随后不久，弗卡斯与斯科利洛斯合兵一处，共同反抗瓦西里二世。然而不久之后，弗卡斯囚禁了斯科利洛斯，独自一人统领整支叛军。处于困境之中的瓦西里皇帝只得向罗斯人求援，大公弗拉基米尔派遣雇佣军驰援瓦西里。最终在 989 年 4 月的阿比多斯（Ἄβυδος）④战役中弗卡斯战死，叛军遂告瓦解。

弗卡斯战死之后，他的遗孀将斯科利洛斯释放，后者收拾起自己的人马与其他残部，再次反叛。普塞洛斯说斯科利洛斯避免与瓦西里的军队作正面交锋，采取迂回的游击战术，令皇帝对这支叛军一度无可奈何。最终，瓦西里二世向斯科利洛斯遣使议和，后者分析了当前的局势，意识到自己年事已高，于是接受了皇帝的条件。根据双方的协议，斯科利洛斯将放弃皇冠，不再穿紫色的衣服，⑤但是他将

---

① *The Chronographia of Michael Psellus*, 1.9, p.32.
② 关于此次远征，可参见 Ἰωάννου Σκυλίτση, *Χρονογραφία*, pp.376-377。
③ 该地位于凯撒里亚和哈里斯之间，它起初是卡帕多西亚的一处城堡，9 世纪中期成为独立的军区。1071 年曼齐科特战役后丧失于突厥人之手。*The Oxford Dictionary of Byzantium*, p.415.
④ 赫勒斯庞特城市，位于今日土耳其共和国的恰纳卡莱附近。阿比多斯长期作为往返于君士坦丁堡船只的海关收税站而存在，同时它还是拜占庭帝国一处战略意义重大的海军基地，隶属于爱琴海军区，后来又成为独立的军区。*The Oxford Dictionary of Byzantium*, pp.8-9.
⑤ 在拜占庭帝国，紫色服饰是皇室成员的专属特权，其他阶层的人不得穿戴。参见赵法欣《拜占庭帝国的服饰与身份意识》，《清华大学学报》（哲学社会科学版）2024 年第 1 期，第 30—44 页。

获得仅次于皇帝的优先地位；与他一起反叛的将军和其他人员将保留他们目前的军衔，并且在有生之年享受他先前授予他们的任何特权；他们既不会被剥夺以前拥有的财产，也不会被剥夺属于他们的任何其他利益。[①]

2. 乔治·马尼亚基斯造反

乔治·马尼亚基斯（Γεώργιος Μανιάκης）的出身并不高贵，但是他身材伟岸、胆识过人，而且极富军事才能。普塞洛斯声称自己见过马尼亚基斯，并且对其威武庞大的身躯表示惊叹，"他有 10 尺高，看到他的人必须仰视，就像在看小山或山顶一样。马尼亚基斯的外表一点也不柔和或是令人愉悦。实际上，他更像是一股炽热的旋风，声音如雷，双手有力，足以震得墙壁摇晃，铜门颤抖。他的动作敏捷如狮子一般，面容不怒自威，令人生畏"[②]。马尼亚基斯曾于 1030 年打退阿拉伯人对泰鲁赫城的进攻，又于翌年（或 1032 年）夺回艾德萨城。1038 年，马尼亚基斯奉米哈伊尔四世皇帝之命进攻西西里岛，并且征服该岛。然而由于受人诬陷，马尼亚基斯于 1040 年被召回并囚禁于君士坦丁堡。此后，米哈伊尔五世将马尼亚基斯释放，并再次派他率军出征南意大利的诺曼人。可是由于与罗曼诺斯·斯科利洛斯在小亚细亚的地产纷争，君士坦丁九世再次将马尼亚基斯从前线召回。[③]普塞洛斯对于这些背景交代得不是特别详细，他只提到马尼亚基斯在君士坦丁九世统治期间受到冷落，因而激起他的反叛决心。

普塞洛斯却详细记述了马尼亚基斯反叛的经过。君士坦丁九世首先派遣使臣到马尼亚基斯那里，在普塞洛斯看来，"使臣既不打算奉承，

---

① *The Chronographia of Michael Psellus*, 1.26, p. 42.

② *The Chronographia of Michael Psellus*, 6.77, p.193. 这里的"尺"（希腊语 πούς）是拜占庭时期的长度单位，1 尺约合今天的 31 厘米。普塞洛斯在描写人物身高时惯用这种夸张的说法。*The Oxford Dictionary of Byzantium*, p. 1708.

③ *The Oxford Dictionary of Byzantium*, p.1285.

也不只是为了消除他的烦恼，并使他回到道德之路上来。他们的任务，就是去杀了他，或者不那么激烈地讲，就是不断地斥责他对皇帝不友好的态度。除了鞭笞他、把他投入监狱、把他赶出都城之外，他们什么都能做"①。马尼亚基斯自然被激怒，于是他率领军队朝君士坦丁堡进发。但是马尼亚基斯却功败垂成，他在奥斯特罗沃之战中战死疆场，他的军队遂作鸟兽散。君士坦丁九世为自己的军队举行了盛大的凯旋仪式，并且大肆封赏将领和士兵。马尼亚基斯的首级则被带回君士坦丁堡，被悬挂于大竞技场的高处。

3. 利奥·托尔尼基奥斯的反叛

利奥·托尔尼基奥斯（Λέων Τορνίκιος）本是君士坦丁九世的表兄弟，他是来自亚德里亚堡（Ἀδριανούπολις）②的贵族。普塞洛斯说他"生性狡猾，他的大脑永远对那些革命思想敞开着"③，但是得到整个马其顿地区军队的支持。托尔尼基奥斯与君士坦丁九世的妹妹尤普里皮娅一度打得火热，这引起皇帝的不满，于是君士坦丁九世以任命托尔尼基奥斯为伊比利亚（Ἰβηρία）④总督为借口将他赶出君士坦丁堡。即便如此，关于托尔尼基奥斯蓄意谋反的传言还是此起彼伏，忧虑之中的君士坦丁九世命人将托尔尼基奥斯削发，并把他带回君士坦丁堡软禁起来。但是居住在君城的一些马其顿人偷偷地将托尔尼基奥斯营救出来，他们返回亚德里亚堡之后立即宣布起义。这些人拥立托尔尼基奥斯为帝，并四

---

① *The Chronographia of Michael Psellus*, 6.80, p.194.

② 或称奥里斯提亚斯，现今土耳其共和国的艾迪尔内。该城位于色雷斯境内，赫布罗斯河中游，是贝尔格莱德-索菲亚-君士坦丁堡军事干线上的重要一环。亚德里亚堡的军事战略位置显要，是保护蛮族从北方侵袭君士坦丁堡的北方壁垒，因此这里经常爆发战事。作为马其顿地区贵族势力的中心，亚德里亚堡在 11 世纪、12 世纪期间产生了三名叛乱者，分别是利奥·托尔尼基奥斯、尼基弗鲁斯·布里恩纽斯和阿莱克修斯·布拉纳斯。奥斯曼土耳其人于 14 世纪下半期攻占该城，自此直至1453年君士坦丁堡陷落，亚德里亚堡一直是奥斯曼帝国的首都。此外，亚德里亚堡自4世纪末以来一直是主教辖区。*The Oxford Dictionary of Byzantium*, p.23.

③ Μιχαήλ Ψελλός, *Χρονογραφία*, τόμος Β′, 6.99, p.43.

④ 拜占庭帝国东北部边境军区，由瓦西里二世皇帝创立，其范围大致包括黑海东南沿岸及亚美尼亚中部地区。*The Oxford Dictionary of Byzantium*, p.971.

处招兵买马，在做好战争的准备之后，叛军向君士坦丁堡进发。在进军的途中，又有很多人赶来加入托尔尼基奥斯的队伍。可是反观君士坦丁九世那里，情况十分可怜，"当时没有国家军队，该地区没有任何辅助部队，除了一小队雇佣军，他们的职责是在帝国游行中担任护卫。至于东部的军队，它甚至没有在自己的省份扎营，如果得到命令，它可以迅速集结起来，并在危险威胁时帮助皇帝。这些人驻扎在伊比利亚的深处，在那里他们正忙于驱逐那些蛮族入侵者"[1]。君士坦丁皇帝只能在城防上大做文章，他命人加固那些年久失修的残垣断壁，然后在城墙之上安置了许多投石器。托尔尼基奥斯将大军驻扎在君士坦丁堡城门以外，叛军的第一次攻城虽然未取得明显的胜利，但是在城内居民当中制造了极大的恐慌。无计可施的君士坦丁九世不得不释放一些被关在监狱中的士兵，同时招揽许多平民用来补充军队。此外，皇帝命人连夜挖了一道环绕都城的壕沟，并且安置了栅栏和路障，用来抵挡叛军的进攻。可是所有这些都不能阻挡叛军的攻击，皇帝的部队很快败下阵来；然而，托尔尼基奥斯却在此刻犹豫不前了，他没有立即进入君士坦丁堡，而是将进城的日期延迟了一天。翌日，托尔尼基奥斯率军开拔，他大肆使用心理战术，命令一班俘虏在城下控诉君士坦丁九世的罪行。然而就在此时，城内守军向叛军投掷石块，有一块石头险些命中托尔尼基奥斯，造成了巨大的恐慌。用普塞洛斯的话说，叛军的运气由此转变，他们先是撤回自己的营地，几日之后便拔营撤军了。随后不久，君士坦丁九世召集起东部的军队，追剿西撤的托尔尼基奥斯叛军，许多人倒戈投靠皇帝，另有很多人四散逃亡。托尔尼基奥斯与其忠实的部下约翰·瓦塔基斯（Ιωάννης Βατάτζης）被俘并且被弄瞎双眼。

---

[1] Μιχαήλ Ψελλός, *Χρονογραφία*, τόμος Β΄, 6.105, p.53.

4. 伊沙克·科穆宁造反[1]

1056 年米哈伊尔六世上台之后，开始大肆封赏文官集团成员，普塞洛斯在《编年史》中有一段形象的描述，"他提拔某个人，不是立即提拔到比现有级别更高一级，而是提拔到下一级或者再高一级。实际上，皇帝的臣子们只需要提出自己作为第四次晋升的候选人，他就会很欣然考虑他们的要求。于是，另一个人站在他的另一边，扯着他的另一只袖子，会要求并得到第五次晋升"[2]。然而米哈伊尔六世却坚决回绝了以伊沙克·科穆宁为首的军人代表团的请求，他拒绝对这些人加以封赏；伊沙克等人第二次讨封失败后，决定起兵造反。伊沙克赢得了小亚细亚各支势力的拥护，并于 1057 年 6 月在帕弗拉戈尼亚（Παφλαγονία）[3]被拥立为帝。随后，伊沙克开始征收税款，整饬军队，在做好充分的准备之后，他率领大军开赴君士坦丁堡。由于小亚细亚地区的军队大多投靠了伊沙克的叛军，米哈伊尔六世只能召集起西部军与之对抗。伊沙克的叛军初战告捷，皇帝无奈之下派遣使团前往叛军营帐议和，出使的人员当中就有普塞洛斯本人。

根据普塞洛斯的记述，他所在的这个使团先后两次前往伊沙克的营帐进行和谈之后，最终皇帝与伊沙克达成协议：后者被指定为皇位继承人，并可以享有凯撒的头衔，"至于那些在这场叛乱中与他一起服役的人"，普塞洛斯借米哈伊尔六世的言语写到，"他们每个人都可以不受惩罚地保留伊沙克授予他们的任何特权，如金钱、财产或者高级官职"。[4]于是，伊沙克停止了反叛行为，并准备立即前往君士坦丁堡面见皇帝。

---

① 关于伊沙克造反的内容，可参见 Koichi Inoue，"The Rebellion of Isaakios Comnenos and the Provincial Aristocratic *oikoi*"，*Byzantinoslavica*, 54/2 (1993), pp.268-278。

② *The Chronographia of Michael Psellus*, 7.2, pp.275-276.

③ 小亚细亚北部加拉提亚和黑海之间的狭长地带，该地在 9 世纪初期成为独立的军区。1071 年曼齐科特战役失败后，帕弗拉戈尼亚大部基本被突厥人占领。12—13 世纪期间有多股拜占庭势力曾经占领帕弗拉戈尼亚的全部或部分地区，至 14 世纪晚期此地完全沦于突厥人或热那亚人之手。*The Oxford Dictionary of Byzantium*, p.1579.

④ *The Chronographia of Michael Psellus*, 7.33, p.295.

然而就在此时传来了米哈伊尔六世被迫退位的消息，以牧首基路拉里欧斯为首的一班大臣控制了都城的局势，并且邀请伊沙克立即赶赴君士坦丁堡继承皇位。1059 年 9 月，伊沙克进入君士坦丁堡，普塞洛斯在《编年史》中记载了这场盛大的入城仪式："全都城的人都涌出来向他致敬。一些人举着点燃的火把，仿佛他本人就是上帝，而另一些人则向他身上喷洒芬芳的香水。每个人都以自己独特的方式试图取悦他。人们毫无例外地将这一天视为节日一般。到处都是歌舞升平……不仅是城里的人或元老院成员，还有农民和商人一起组成了快乐的人群：那里还有神学院的学生、山顶上的居民，以及那些离开了他们在石雕墓中的共同家园的隐士；那些住在半空中的柱头修士（στυλίτης）①也加入了人群。"②

普塞洛斯在《编年史》中记载的数次反抗朝廷的行动，具有一个共性，那就是行动的领导者基本上都是地方军事贵族的代表，而且他们大多来自小亚细亚地区，比如瓦西里二世时期的弗卡斯和斯科利洛斯家族，以及米哈伊尔六世时期的科穆宁家族。另外如马尼亚基斯和托尔尼基奥斯虽然出身不是极其显赫，然而手中却掌握兵权，雄霸一方，这些人也可被视作地方豪强势力的代表人物。这些反叛者的身份无疑为我们揭示了 11 世纪拜占庭帝国一个重要的历史现象，即地方势力的壮大，并且开始不断地向中央政权发起挑战与冲击。自 9 世纪中期开始，由大地产主和军功贵族构成的大家族在小亚细亚崛起，这些人也就是 10 世纪拜占庭文献中经常提到的豪强（δυνατοί）③。瓦西里二世挫败了弗卡斯和斯科利洛斯家族的几次反叛后，省区豪强逐渐开始与中央政府合作，并

---

① 这里指的是那些生活于没有遮盖的高大圆柱顶部的基督教苦行者，他们这样做是为了远离尘世并躲避朝圣者的追逐。*The Oxford Dictionary of Byzantium*, p.1971.

② *The Chronographia of Michael Psellus*, 7.40, pp.300-301.

③ *The Oxford Dictionary of Byzantium*, pp.667-668; 参见 Rosemary Morris, "The Powerful and the Poor in Tenth-Century Byzantium", *Past and Present*, 73 (1976), pp.3-27。

且依靠地租、薪俸和皇室赠与以及贸易活动，形成了自己的经济基础。瓦西里二世的去世重新开启了省区豪强对帝国最高权力的争夺历程，[①]于是我们看到，1025 年之后的数次反叛行为都是由地方大家族势力领导的，如上文提到的几次叛乱，以及没有包括在普塞洛斯《编年史》当中的布里恩纽斯、博塔尼亚迪斯和科穆宁家族（阿莱克修斯一世）的数次夺权行为。

此外，普塞洛斯的记载还给我们留下这样一种印象，这些揭竿而起之人往往都是受到了皇帝的不公正待遇才被迫起事的，我们在《编年史》中似乎找不到隐藏在历次反叛行为之后那些豪强贵族的权力野心。作为文官集团成员之一的普塞洛斯，在自己的书中并没有过多地对军功贵族阶层争取帝国统治权力的行为予以过多批判，我们甚至还能在其字里行间感受到作者呼唤军人皇帝统治帝国的渴望，这或许是因为当时的拜占庭帝国周边危机四伏，不能领兵作战的书生皇帝终究不能给国家带来稳定和安全。从这一点上看，普塞洛斯虽然是在宫廷任职期间撰写的《编年史》，然而他并不是一个纯粹意义上的帝王御用史家，这不由得令我们再次联想起他的前辈"执事"利奥。[②]这两部历史作品所代表的均不是官方正统立场或者说皇家所鼓吹的言论，它们也没有专门地为某位统治者歌功颂德。

三　与周边各民族战事

普塞洛斯的《编年史》主要集中记载发生在君士坦丁堡城内的事件，更确切地说是发生在拜占庭宫闱以内的各种事件，因此关于 11 世纪拜占庭与周边民族关系的信息在他的著作中十分零散，对于战争的记载也

---

① *The Oxford Dictionary of Byzantium*, pp.169-170.谢内关于拜占庭贵族及其军事活动问题曾发表多篇论著，收录于其《拜占庭贵族及其军事职能》一书中，参见 Jean-Claude Cheynet, *The Byzantine Aristocracy and Its Military Function*, Aldershot; Burlington: Ashgate, 2006。

② Καρπόζηλος, *Βυζαντινοί Ιστορικοί και Χρονογράφοι*, τόμος Β΄(8ος-10ος αι.), p.483; Markopoulos, "Byzantine History Writing at the End of the First Millennium", p.190.

并非这部《编年史》的主要内容。然而普塞洛斯确实提及了 11 世纪里拜占庭帝国所经历的几次最重要的对外战争，比如 1043 年罗斯人进攻君士坦丁堡和 1071 年的曼齐科特战役等。我们将书中这方面的内容简要梳理如下：

1. 与北方各民族的战争

（1）1040 年保加利亚人的起义①

普塞洛斯没有提及此次保加利亚人（Βούλγαροι）起义的原因，实际情况是，拜占庭征税官长期以来在保加利亚地区采取勒索式的税收方式，以及后来孤儿院院长约翰推行的税收改革，他剥夺了保加利亚人以实物缴纳赋税的特权，使保加利亚农民的经济状况日趋恶化。②普塞洛斯首先描述了彼得·德尔杨的出身，并且将他的希腊语名字由 Δελεάνος 故意改为 Δολίανος，这使人们自然联想到 δόλος（骗子、叛徒）一词。③随后普塞洛斯向我们介绍了德尔杨如何伪造自己的皇室贵族身份，由此获得保加利亚人的拥护，最后成为起义的领袖和保加利亚沙皇。接着，普塞洛斯着重记载了米哈伊尔四世不顾元老院和众亲属的反对，坚持带病御驾亲征保加利亚的情况。普塞洛斯在此笔锋一转，插叙进来另一位保加利亚起义领袖阿鲁西亚诺斯（Αλουσιάνος）的经历。此人乃是保加利亚沙皇弗拉迪斯拉夫的次子，闻听本国同胞的起义消息后他迅速逃离拜占庭回到祖国，并且很快赢得许多人的支持。在众人的提议下，阿鲁西亚诺斯和德尔杨联合起来，但是两个人却彼此猜忌，最终阿鲁西亚诺斯将德尔杨逮捕并弄瞎双眼。在尝试抵抗拜占庭大军未果后，阿鲁西亚诺斯向米哈伊尔四世皇帝求和，于是双方缔结和约。米哈伊尔四世于

---

① 关于此次事件可参见 Dennis P. Hupchick, *The Bulgarian-Byzantine Wars for Early Medieval Balkan Hegemony. Silver-Lined Skulls and Blinded Armies*, Cham: Palgrave Macmillan, 2017, p.324。

② Dimitri Obolensky, *The Byzantine Commonwealth: Eastern Europe, 500-1453*, Crestwood, N.Y.: St. Vladimir's Seminary Press, 1974, p.277.

③ 德尔杨的名字在斯拉夫语中意为"胜利者"。*The Oxford Dictionary of Byzantium*, p.601.

是胜利返回君士坦丁堡，北方危险暂时解除。[1]

（2）1043年罗斯大公雅罗斯拉夫[2]派兵攻打君士坦丁堡[3]

普塞洛斯只字未提罗斯商人在君士坦丁堡被杀可能才是此次战争的动因，他认定罗斯人根本没有找到什么正当的理由，便无缘无故地开始发动进攻。[4]因为普塞洛斯觉得"这支蛮族一直对罗马帝国怀有一种疯狂的仇恨，在任何可能的情况下，他们先是以一个想象的借口，然后是另一个借口，他们对我们发动战争"[5]。接下来普塞洛斯简要介绍了罗斯人长期以来的备战工作，以及他们在君士坦丁九世统治期间发动攻势。起初，罗斯人提出一项苛刻的议和条件，要求拜占庭支付每艘罗斯战船1000斯塔第尔（στατήρ）[6]的赔偿金，而且必须在罗斯人的船上交接。普塞洛斯说他们故意提出这个令人难以接受的条件，就是为了给开战寻找一个合理的借口。[7]随后，拜占庭人加紧备战，双方在翌日于博斯普鲁斯海峡正式开战。拜占庭人靠着希腊火的威力以及有利的风向击败了罗斯舰队，当时与君士坦丁九世皇帝一同观战的普塞洛斯记录下这一壮观的场景：

> 天气发生了变化。一阵强风从东向西吹过，像飓风一样翻腾着海面，把海浪卷向罗斯人。他们的一些船只在巨浪的重压下当场被摧毁；其他的则被冲到很远的地方，被扔在岩石上和陡峭的

---

① *The Chronographia of Michael Psellus*, 4.45-51, pp.113-116.

② 希腊语 Ίεροσθλάβος，基辅大公，生于978年，1054年死于基辅，1036年雅罗斯拉夫在皇位争夺战中取得胜利，成为全罗斯大公。1043年进攻君士坦丁堡失败后，雅罗斯拉夫再次寻求与拜占庭帝国议和，双方于1046年缔结和约，君士坦丁九世皇帝的一个女儿与雅罗斯拉夫之子韦斯沃洛德联姻。*The Oxford Dictionary of Byzantium*, p.1032.

③ 关于这次事件可参见 George Vernadsky, "The Russo-Byzantine War of 1043", *Byzantinisch-neugriechische Jahrbücher*, 18 (1945-9, publ. 1960), pp.123-143。

④ Μιχαήλ Ψελλός, Χρονογραφία, τόμος Β΄, 6.91, p.31; 参见 Jonathan Shepard, "Why Did the Russians Attack Byzantium in 1043?", *Byzantinisch-neugriechischen Jahrbücher*, 22 (1979), pp.147-212.

⑤ Μιχαήλ Ψελλός, Χρονογραφία, τόμος Β΄, 6.91, p.29.

⑥ 一种古代货币名称。

⑦ Μιχαήλ Ψελλός, Χρονογραφία, τόμος Β΄, 6.92, pp.31, 33.

海岸上。后者当中有一些是被我们的三层桨战船追击的。其中一些被他们沉入深海中，船员还在船上呢。三层桨战船上的战斗人员将其他人砍成两半，并将他们拖到附近的海滩上，其中一部分被淹没了。于是，一场对蛮族的大屠杀发生了，真是血流成河，将大海染成了红色。①

普塞洛斯对于后面的事情都没有交代，具体情况是这样的：罗斯舰队的残部在色雷斯海岸附近击败了一支拜占庭小分队，但是这对整个战局并无影响。其余的罗斯军队在返回途中被帕里斯特隆总督率领的军队击溃，另有 800 名战俘被带回君士坦丁堡，并且被弄瞎眼睛。双方于 1046 年缔结和约，拜占庭释放了罗斯俘虏，君士坦丁九世的女儿与大公雅罗斯拉夫的小儿子联姻。②

（3）佩臣涅格人的入侵

佩臣涅格人（Πετσενέγοι）本是一支游牧部落，有学者将其定义为突厥人的一支。③9 世纪末期他们从中亚地带迁徙至伏尔加河流域，后来定居在顿河与多瑙河下游之间的大草原地区。④10 世纪的拜占庭统治者对佩臣涅格人采取友好政策，利用他们牵制罗斯人、马扎尔人和保加利亚人。君士坦丁七世皇帝在《论帝国的管理》中强调："只要罗马皇帝与佩臣涅格人和平相处，那么无论是罗斯人还是突厥人就无法凭借暴力手段入侵罗马帝国，这些人也不能从罗马人那里得到大笔的钱财和物资作为和平的补偿，因为他们惧怕佩臣涅格人的实力……同样，如果罗马皇帝能够与佩臣涅格人缔结和平，那么保加利亚人也不会兴风作浪，因为他们的邻居佩臣涅格人可以轻而易举地侵入他们的领土

① Μιχαήλ Ψελλός, Χρονογραφία, τόμος Β΄, 6.95, p.37.
② Obolensky, The Byzantine Commonwealth: Eastern Europe, 500-1453, p.294.
③ 陈志强：《巴尔干古代史》，中华书局 2007 年版，第 425 页。
④ The Oxford Dictionary of Byzantium, p.1613.

并且征服他们。"①

在《编年史》中,普塞洛斯记载了佩臣涅格人在伊沙克一世和君士坦丁十世两位皇帝在位期间对帝国的入侵情况。1059 年冬,佩臣涅格人趁着多瑙河冻结之际,如履平地般越过大河跨越两国边境,南下进犯拜占庭帝国。接着,普塞洛斯详细介绍了佩臣涅格人的武器装备、作战方式以及饮食习惯,着意突出这个民族的野蛮成性和不守诺言。普塞洛斯以鄙夷的口吻写道:"友好条约对这些蛮族没有任何约束作用,甚至在祭品之前所发的誓言也不受尊重,因为他们根本不敬畏任何神灵,更不用说上帝了。"②伊沙克一世率领大军征讨佩臣涅格人,然而后者被拜占庭军队的威严所震慑,不战而退。伊沙克并没有追击逃跑的敌人,他只是在捣毁他们的营盘、收缴战利品之后,满载凯旋。然而伊沙克在率军返回的途中遭遇一场暴风雨的袭击,许多士兵因此丧命。1064—1065年间,佩臣涅格人和乌策人联合进犯拜占庭帝国。普塞洛斯对此次战事的记载非常简略,他只提到君士坦丁十世皇帝征召了一支人数很少的军队前去抵抗,但最终取得胜利。③至于佩臣涅格人联合乌策人于米哈伊尔七世统治期间以及他退位之后两次进犯拜占庭的情况,普塞洛斯未曾来得及记述《编年史》便戛然而止。

2. 与东方各民族的战争

(1)罗曼诺斯三世出征叙利亚

罗曼诺斯三世继位后一心要建立丰功伟绩,并且认为只有战胜东部的敌人才算得上真正的胜利,于是在并无开战口实的情形下,他不顾军队将领的反对,率领大军向叙利亚地区进发。在攻占安条克城

① Constantine Porphyrogenitus, *De administrando imperio*, Greek text edited by Gyula Moravcsik, English translation by R. J. H. Jenkins, [CFHB 1], Washington, D.C.: Dumbarton Oaks Center for Byzantine Studies, 1967, p.51, p.53; 参见 Charanis, "The Byzantine Empire in the Eleventh Century", p.182。

② *The Chronographia of Michael Psellus*, 7.69, p.319.

③ *The Chronographia of Michael Psellus*, 7.A23, p.341.

（Ἀντιόχεια）①之后，罗曼诺斯三世举行盛大的入城庆祝仪式。随后，阿拉伯人遣使议和，却遭到罗曼诺斯三世的拒绝，普塞洛斯说他"想效仿著名的图拉真们和哈德良们的传统功业，或者效仿历史上更久远的奥古斯都们和凯撒们，或者效仿他们的先辈、腓力之子亚历山大（Alexander）"②。可是在离开安条克继续进军的途中，罗曼诺斯三世的大军却遭到阿拉伯人的伏击，拜占庭军队还未抵抗便开始全线溃败，全体兵士四散奔逃。阿拉伯人缴获了大量的战利品，普塞洛斯的记载让我们认识到这些物品是何其奢华，"他们首先夺取了帝王的帐篷，它几乎与今天的宫殿一样珍贵，因为里面装满了项链、手镯、王冠、珍珠和贵重的宝石，总之是各种各样辉煌的战利品。要数清这些财宝的数量绝不是一件容易的事，要充分欣赏它们的美丽与豪华也并非易事，因为皇帝帐篷里的财宝是如此丰富与奢华"③。侥幸逃生的罗曼诺斯三世收拾起残兵败将，狼狈地返回君士坦丁堡。但是不久之后，阿勒颇④以及其他一些边境的埃米尔国不得不再次承认拜占庭的宗主地位。⑤

（2）罗曼诺斯四世三次征讨塞尔柱突厥人及曼齐科特战役⑥

拜占庭的历史学家将君士坦丁九世统治时期视为塞尔柱突厥人（Σελτζούκοι Τούρκοι）威胁的开始，并且指出小亚细亚的大部分领土就

---

① 此处指的显然是叙利亚地区的安条克城，即今天土耳其的安塔基亚，距离地中海大约 25 公里。*The Oxford Dictionary of Byzantium*, pp.113-116.

② *The Chronographia of Michael Psellus*, 3.8, pp.67-68. 图拉真和哈德良都是罗马安东尼王朝的皇帝：图拉真吞并了亚述和美索不达米亚地区，但哈德良不得不放弃它们，尽管他曾经多次造访叙利亚和巴勒斯坦。奥古斯都（屋大维）最终将大部分东部地区并入帝国。普塞洛斯此处提及亚历山大大帝，是因为他征服了东方的波斯阿黑门尼德王朝。参见 Miguel Pselo, *Vidas de los emperadores de Bizancio*, introducción, traducción y notas Juan Signes Codoñer, Madrid: Editorial Gredos, 2005, pp. 441-442, note 5。

③ *The Chronographia of Michael Psellus*, 3.10, p.69.

④ 古时候称贝里亚。拜占庭帝国境内共有两个城市名为贝里亚，此处指的是叙利亚的贝里亚（Βέρροια），阿拉伯语名称为哈拉卜，位于安条克以东。*The Oxford Dictionary of Byzantium*, p.283.

⑤ Charanis, "The Byzantine Empire in the Eleventh Century", p.180.

⑥ 曼齐科特，凡湖以北一城市。9 世纪时它是重要的军事和贸易中心，1071 年拜占庭军队在此大败于塞尔柱突厥人，并且将该城丧失。*The Oxford Dictionary of Byzantium*, p.1288.关于曼齐科特战役还可以参见 Carole Hillenbrand, *Turkish Myth and Muslim Symbol. The Battle of Manzikert*, Edinburgh: Edinburgh University Press, 2007, pp. 3-17。

是从那时起彻底丧失。易卜拉欣·伊纳尔（Ibrahim Inal）于 1048 年率军入侵伊比利亚地区，并且将商贸重镇埃尔泽卢姆夷为平地，城内居民被屠杀殆尽，财物被洗劫一空。1054 年，塞尔柱突厥人在苏丹图格鲁尔·贝格（Tughrul-Beg）的率领下，再次入侵拜占庭领土，他们在凡湖、埃尔泽卢姆和特拉布松之间的地区劫掠，甚至一度威胁曼齐科特（Μαντζικέρτ）。在之后的若干年中，塞尔柱突厥人先后对塞巴斯提亚、阿尼、艾德萨、安条克和卡帕多西亚的凯撒里亚（Καισάρεια）[1]发动攻势，数位拜占庭皇帝对此无计可施。[2]

罗曼诺斯四世就是在这样的背景下决意与塞尔柱突厥人一战的，可是普塞洛斯却在《编年史》中认为罗曼诺斯此次出征"既是源自他个人的野心，也是出于他捍卫整个国家的愿望"[3]。普塞洛斯进而简要记述了罗曼诺斯四世前两次出征塞尔柱突厥人的情况，用作者自己的话说，他虽然没有取得辉煌的胜利，但是也没有失败。这两次出征的最大收获，在普塞洛斯看来，就是滋长了罗曼诺斯的自负和野心，这为他第三次军事行动的失败埋下了隐患。由于敌人进犯拜占庭边境，罗曼诺斯四世决定第三次出征。他先是行军到凯撒里亚，随后他不顾一切孤军深入。不仅如此，普塞洛斯还尖锐地批评罗曼诺斯不懂得军事战略，认为皇帝分散了自己的兵力，有些人集中在他周围，另有些人则被派去担任其他职位。因此，罗曼诺斯没有用全部兵力来对抗他的敌人，只有不到一半人真正参战。[4]1071 年 8 月 26 日，拜占庭军队与塞尔柱突厥人于曼齐科特交战。普塞洛斯没有亲身经历这场战事，他的记载都是后来得自别

---

① 卡帕多西亚城市，位于小亚细亚中部，今日的卡伊塞里。自拜占庭帝国早期开始凯撒里亚便是一处重要的军事基地，后来分别构成亚美尼亚、卡帕多西亚军区的一部分，直至利奥六世皇帝时期并入哈尔西亚农军区。此外，从 4 世纪开始凯撒里亚即已成为都主教教省。*The Oxford Dictionary of Byzantium*, pp.363-364.

② Charanis, "The Byzantine Empire in the Eleventh Century", pp.190-191.

③ *The Chronographia of Michael Psellus*, 7.B11, p.351.

④ Μιχαήλ Ψελλός, *Χρονογραφία*, τόμος Β΄, 7.B20, p.405.

人的转述。在肯定罗曼诺斯亲临战阵英勇作战的同时，普塞洛斯指责他更应该履行一名统帅的职责，指挥三军，运筹帷幄。正是由于这样身先士卒，罗曼诺斯被敌军认出并包围，最终他受伤被擒。罗曼诺斯四世成为第一个被阿拉伯人擒获的拜占庭统治者，曼齐科特战役之后塞尔柱突厥人的进攻势头更加不可阻挡。①

3. 南意大利的战事

瓦西里二世在位期间，拜占庭帝国在南意大利的统治十分稳固，卡拉布里亚、阿普里亚、本内文托、卡普阿以及萨莱尔诺等地都在帝国的控制范围之内。特别是瓦西里·博雅尼斯镇压了巴里贵族梅洛领导的起义之后，前者实行了精明的管理策略，以至于拜占庭人认为他征服了直至罗马的意大利领土。随后，西西里的阿拉伯海盗于 1027—1035 年间先后发起多次入侵，但是均被拜占庭海军击退。1038 年，乔治·马尼亚基斯对西西里的阿拉伯海盗发起攻势，拜占庭军队一度占领该岛的大部分，但是随后由于他与海军司令斯蒂法诺斯发生分歧，马尼亚基斯被皇帝召回并身陷图圄，接替他的斯蒂法诺斯指挥不力，致使阿拉伯人再次夺取该岛。②后来米哈伊尔五世释放了马尼亚基斯，并再次派遣他率军收复西西里。普塞洛斯虽然没有详细记载拜占庭军队在西西里的征战，但是在关于马尼亚基斯反叛的部分，作为背景他为我们提供了马尼亚基斯第二次出征西西里的信息。普塞洛斯写道："当我们的意大利被夺走之后，我们帝国最宝贵的部分便告丢失，第二个米哈伊尔（即米哈伊尔五世皇帝）派这个人去和占领它的敌人作战。他受命为罗马人收复这个行省……马尼亚基斯全副武装地进攻那些地区。尝试了所有的军事策略，很明显，他将驱逐征服者并且阻止他们的入侵——如果其他所有人都失

---

① Charanis, "The Byzantine Empire in the Eleventh Century", p.193.
② Charanis, "The Byzantine Empire in the Eleventh Century", pp.180-181.

败了，那么他将会亲自动手。"①

从上述内容我们可以看出，普塞洛斯对于拜占庭帝国在 11 世纪所经历的历次战争的记载，在很多情况下并非专门为了记述某次战争，他更多的是将应对战争作为拜占庭统治者的治国能力之一加以分析评论，有时更是为了凸显出某些君主在特定时刻的性格特点。比如他写罗曼诺斯三世出征阿勒颇，是为了衬托出这位皇帝空谈战略，"他除了制订计划什么也不做，或者我应该说，他在空中建造城堡，然后在实际操作中又把它们推倒"②。同样，他记载罗曼诺斯四世三次出征塞尔柱突厥人，特别是最后一次的失败，是为了强调这位军人皇帝登基之后志得意满，对身边大臣乃至尤多西娅皇后全都不屑一顾，"从现在起，他对皇后产生了蔑视，对国家官员则完全藐视，并且拒绝接受建议，而且——皇帝们的不治之症——他在任何情况下都无一例外地不依赖别人的任何建议和指导，仅仅依靠他自己"③。类似地，在伊沙克一世讨伐佩臣涅格人胜利后，这位皇帝的性格也由此改变，"从那时起，这个人身上出现了一些新的品质，与他的正常举止格格不入……他变得更加傲慢，以至于会蔑视其他所有人"；④紧接着，普塞洛斯便引出伊沙克从此痴迷于狩猎活动，并最终在一次捕猎过程中染病，直至最后去世。这样，普塞洛斯便将战争记述的重心转向了皇帝们在战争中的表现，而不是具体的战争细节，如策略的使用、军队的驻扎与操练，或是详细记录每一次敌我双方交战的场面，这与"执事"利奥的《历史》中对于战争的记载有着很大的不同。⑤另外，普塞洛斯有意突出拜占庭皇帝们在历次战争中的失误所在，他们或是不听劝告，一意孤行，或是战略不当，最终失败。

---

① *The Chronographia of Michael Psellus*, 6.78, pp.193-194.
② *The Chronographia of Michael Psellus*, 3.4, p.65.
③ *The Chronographia of Michael Psellus*, 7.B14, p.352.
④ *The Chronographia of Michael Psellus*, 7.71, p.320.
⑤ *The History of Leo the Deacon*, Introduction, pp.36-47; Καρπόζηλος, *Βυζαντινοί Ιστορικοί και Χρονογράφοι*, τόμος Β΄(8ος-10ος αι.), p.483.

即便是米哈伊尔四世征讨保加利亚人的胜利，也仅仅是因为敌军内部的不和；而君士坦丁九世成功击退罗斯人对君士坦丁堡的进攻，在很大程度上得益于有利的天气条件，普塞洛斯甚至讥讽君士坦丁能够化险为夷是来自好运的眷顾。

第三节　文化生活

普塞洛斯是 11 世纪拜占庭文化领域的代表性人物，他积极参与各项文化创建活动。因此他的《编年史》中也有涉及帝国文化生活的内容，通过将这些信息整理归纳后主要涉及以下两个方面，即 11 世纪哲学生活的繁荣，以及以占星术为代表的科学活动在帝国境内的流行。上述两项内容既是 11 世纪拜占庭帝国最为突出的两种文化现象，同时也是普塞洛斯个人文化追求和学术旨趣的直接体现。

一　哲学

普塞洛斯在《编年史》中多次提及自己在哲学及其他领域的学术造诣，虽然这些内容有作者自我标榜的嫌疑，但是通过这些记载我们还是可以大体上了解到拜占庭哲学在 11 世纪的发展状况，以及普塞洛斯本人在哲学领域的主要活动。至于普塞洛斯在拜占庭哲学史上的地位问题，[①]诸如他在多大程度上带动了哲学的繁荣，他的哲学作品具有何种程度的原创性等，笔者无意在这里深入展开，我们只须简单地指出一点，普塞洛斯的哲学活动为拜占庭的文化生活注入了一股新的活力，他的学术创作对后世拜占庭知识分子（如迈索尼的尼古拉、塞奥多罗斯·迈托

---

① 关于普塞洛斯在哲学方面的成就，可参见 Κριαράς, «Ο Μιχαήλ Ψελλός», pp.61-107; John Duffy, "Hellenic Philosophy in Byzantium and the Lonely Mission of Michael Psellos", in Katerina Ierodiakonou, ed., Oxford; New York: Clarendon Press, 2002, pp.139-156; David Jenkins, "Michael Psellos", in *The Cambridge Intellectual History of Byzantium*, edited by Anthony Kaldellis and Niketas Siniossoglou, Cambridge University Press, 2017, pp.447-461。

西迪斯和耶米斯托斯·普利松等）具有一定的影响。[①]

　　普塞洛斯先是展现了那个时代哲学发展的状况，以及自身对于很多所谓哲学家学术旨趣的不满态度。在论及罗曼诺斯三世统治时拜占庭宫廷的学术氛围时，普塞洛斯直言不讳地指出："那个时代几乎没有产生什么博学之士，甚至他们只是站在亚里士多德学说的门外，只是重复柏拉图式的寓言，而不了解它们的隐含意义，也不了解哲学家们在辩证法或三段论推理中的研究。由于没有适当的标准，他们对这些伟大人物的评价是错误的。"[②]普塞洛斯认为这些所谓的哲学家虽然在一定程度上拓展了研究领域，但许多重要问题还是悬而未决。因此普塞洛斯最后讽刺道，虽然皇宫确实披上了哲学的外衣，让所有人都看得到，但这只是一种伪装和假象：那里没有真正的考验，也没有对真理的真正追求。[③]由此可见，普塞洛斯对于当时学术状况尤其是哲学研究流露出强烈的不满，同时作者也表露出在该领域锐意革新的强烈意愿。

　　接下来，普塞洛斯结合自身的求学和从教经历，再现了他如何令哲学研究在 11 世纪得以复兴的过程。诚如作者所言，在他第一次学习哲学的时候，这门学问已经奄奄一息；他进而自诩完全依靠一己之力，在没有任何大师指点的情况下使这门学问复兴了。随后普塞洛斯不断与一些哲学领域的专家交流切磋，并向他们学会了如何系统地学习。接下来，普塞洛斯开始接触亚里士多德和柏拉图的作品，并由此研习逻辑学和物理学。通过比较，他深切地感到和上述两位哲学家相比，其他的那些老师们只能退居次席了。最终，普塞洛斯进入形而上学的研究，广泛涉猎普洛提诺、波尔菲利、扬布里库斯以及普罗克洛斯[④]等人的著作，[⑤]后来，

---

　　① 参见 Angold, *The Byzantine Empire, 1025-1204: A Political History*, pp.102-109; Jenkins, "Michael Psellos", in *The Cambridge Intellectual History of Byzantium*, p.459。

　　② Μιχαήλ Ψελλός, *Χρονογραφία*, τόμος Α΄, 3.3, p.119。

　　③ *The Chronographia of Michael Psellus*, 3.3, p.64.

　　④ 普洛提诺、波尔菲利、扬布里库斯和普罗克洛斯均为古代著名哲学家。

　　⑤ *The Chronographia of Michael Psellus*, 6.37-38, pp.173-174.

普塞洛斯将这种学习方法和进度安排应用于君士坦丁堡大学哲学院的教学中，[①]为拜占庭帝国培养了许多哲学人才，其中最杰出的代表无疑当属约翰·伊塔洛斯。

我们可以这样认为，普塞洛斯重视哲学研究，除了本身的学术旨趣使然之外，他更是将哲学视作提高文学作品思想境界的一种必要手段。在普塞洛斯的观念中，哲学和修辞术是修饰、美化文学作品的两个重要途径，修辞学更为关注语言的华丽，无论是演说、写作还是进行哲学思辨。因此，它就如同电闪雷鸣，其声响与光辉为人所共见。[②]相比之下，哲学则很少关注词汇的修饰。它的目标是探究宇宙的性质，并揭示它的秘密。[③]因此普塞洛斯在进行文学创作之时，有意识地尝试将哲学与修辞学的优点相结合，令其成为他剖析人物性格与心理的有力武器，[④]这样既可以让自己的作品在思想上具有一定深度，又可以华美的语言表现出来。这或许也可以被视为普塞洛斯极为注重哲学研究的一个重要因素。

二 占星术

占星术在拜占庭帝国属于"低等"科学的一种，[⑤]它是关于未来的预测或是解释过去的一门"学科"，它的根据是行星间的相对位置、各行星与黄道十二宫及其支系的相对位置、行星与 12 个占星场所的相对位置，以及黄道十二宫与这些场所的相对位置。拜占庭的占星术有四种基本形式：星命学、择时占星术、决疑占星术、政治占星术。在古典时代只存在前三种形式的占星术，第四种政治占星术起源于萨珊波斯和早

---

① 参见 Basil Tatakis, *Byzantine Philosophy*, trans., with introduction by Nicholas J. Moutafakis, Indianapolis, IN: Hackett Publishing Company, Inc., 2003, p.134。

② Tatakis, *Byzantine Philosophy*, p.130.

③ *The Chronographia of Michael Psellus*, 6.41, p.176.

④ 参见 Lauritzen, *The Depiction of Character in the Chronographia of Michael Psellos*, chap.4 and passim。

⑤ *The Oxford Dictionary of Byzantium*, p.1853.

期伊斯兰世界，并于 800—1000 年开始流传至拜占庭帝国境内。拜占庭的
占星术文献经历了三个发展阶段：4—7 世纪对古代占星术的摘要，10—
11 世纪对阿拉伯文占星术作品的翻译，以及 11—14 世纪对大量摘要的
汇编以及对于早期文献的编辑。①普塞洛斯生活的时代，正是拜占庭占
星术蓬勃发展的一个时期。就在公元 1000 年之际，拜占庭人开始大量
翻译阿拉伯文的占星术作品，其中包括阿卜-曼沙尔（Abu Ma'shar）和
他的弟子沙德罕（Shadhan），以及波斯人艾哈迈德（Ahmad the Persian）
等人的著作。②

　　普塞洛斯在《编年史》中多次插入有关占星术的内容，这显示出
他曾经花费时间精力系统研究过这门学问，我们可以根据这些内容推测
出作者对于这门学问的态度。表面上看，普塞洛斯对占星术似乎不屑一
顾，甚至每当他提及这门学问时总是流露出一种鄙夷的语气，因为普塞
洛斯曾经明确地表达了对于占星活动的立场，"我不相信这种理论，即
我们人类的命运会受到星星运动的影响"③。但也有人认为，普塞洛斯
对占星术实际上持有一种模棱两可的态度，④其真实立场并非简单地全
盘否定或是全部接受。

　　在记述米哈伊尔五世蓄谋流放皇太后邹伊之前，普塞洛斯插入了
一段占星术的内容，他说那个时代专门有一批"杰出的人"从事占星研
究，这些人并不十分关心天球中星星的位置或运动，他们没有接受过用
几何定律来证明这类事情的训练，当然在他们研习占星术之前也没有获
得这种演示的能力。普塞洛斯说这些人"把自己局限于建立占星中心，
研究黄道星座在地平线上下的涨落。其他与这些运动相关的现象也成为

---

① *The Oxford Dictionary of Byzantium*, p.214; 陈志强：《拜占廷学研究》，人民出版社 2001 年版，
第 288—289 页。关于拜占庭帝国的占星问题，可另参见 Paul Magdalino, "Astrology", in *The
Cambridge Intellectual History of Byzantium*, pp.198-214。

② *The Oxford Dictionary of Byzantium*, p.215.

③ *The Chronographia of Michael Psellus*, 5.19, p.133.

④ Magdalino, "Astrology", in *The Cambridge Intellectual History of Byzantium*, p.213.

他们研究的对象——主宰行星、行星的相对位置和界限，以及那些被视为是有利的和不利的方面"①。随后，在一班心腹之臣的建议下，米哈伊尔五世向这些所谓占星学家咨询未来之事，后者建议皇帝放弃这样的计划，然而米哈伊尔对占星学家的意见嗤之以鼻，最终还是将邹伊流放至普林基坡岛。

在关于塞奥多拉独立统治的那一部分，普塞洛斯又一次插入关于占星术的论述。他不仅再次重申自己对这门学问不屑一顾，甚至还借题发挥地阐明了自己貌似坚定的宗教信仰，他宣称自己虽然透彻地研究过占星术，可是却根本不相信它的那些原理，而且从未不正当地运用过自己的知识；普塞洛斯之所以这样做，"并不是科学原因让我放弃了这些想法，而是我受到了某种神圣力量约束"②。然而，如果我们联系普塞洛斯当时所处的政治文化环境，考虑到作者曾经多次受人指责并且不得不为自己信仰的正统和纯洁做出辩护，那么他在《编年史》中关于占星术的插叙或许是一种无声的抗议，他的态度甚至可以被理解为完全相反的意思，普塞洛斯在此表达的是自己对于希腊罗马古典传统文化的接纳，是他力图将古典传统与基督教文化融合的一种尝试。

通过梳理分析普塞洛斯《编年史》中的信息，我们可以看出作者在记述 11 世纪拜占庭帝国的状况时，把握住了帝国当时最重要的一些历史事件和发展趋势，展现出普塞洛斯对国家政治、对外关系以及文化生活等问题的关注，流露出一名知识分子对国家命运前途的担忧。不仅如此，这种忧虑还集中体现在普塞洛斯对 14 位拜占庭统治者的记载与评价上，关于这部分内容我们将在下一章当中做系统阐释。

---

① Μιχαήλ Ψελλός, *Χρονογραφία*, τόμος Α΄, 5.19, p.269.
② Μιχαήλ Ψελλός, *Χρονογραφία*, τόμος Β΄, 6.A12, p.193.

第三章 《编年史》中的拜占庭帝王"形象"

对 11 世纪拜占庭 14 位统治者的记录，构成了《编年史》一书的核心内容。通过梳理总结普塞洛斯关于这些统治者记载的主要内容及其特点，以及他对不同类型帝王的评价，我们可以从中看出普塞洛斯对 14 位拜占庭统治者所持的基本态度。与此同时，如果我们将《编年史》中关于帝王的材料按照特定的目录进行分类，便可以上升到另一个维度，其中所展示出来的是普塞洛斯对拜占庭统治者所持的普遍的批判态度。当然，我们必须澄清一点，本章关注的重点在于普塞洛斯对帝王"形象"的塑造，而并不在于我们今天如何对《编年史》中的 14 位统治者进行评价，或者是确定他们在拜占庭历史上的地位。

第一节 帝王"形象"的构建

按照出身或身份的不同，《编年史》中的 14 位拜占庭帝王可以划分为几种类型，分别是马其顿王朝皇帝、贵族皇帝、军人皇帝、平民皇帝和女性统治者。需要说明的是，虽然邹伊和塞奥多拉也是马其顿皇室成员，但是因为普塞洛斯对于女性统治者的态度比较一致，特别值得关注，因此专门将她们二人与尤多西娅放在一起进行集中分析。

一 马其顿王朝皇帝

瓦西里二世和君士坦丁八世是罗曼诺斯二世皇帝的两个儿子，是马其顿王朝的最后两位男性继承人。虽然普塞洛斯承认他对瓦西里和君士坦丁的评论主要依靠他人的记述，但是显然作者对这两位皇帝的评价差别明显，甚至可以说态度迥然。因为瓦西里皇帝去世时他还是个孩子，而君士坦丁在他刚开始接受初级教育时就结束了他的统治。因此他说道："所以我从未得到出现在他们面前的机会，也没有听过他们讲话。我甚至不好说是否见过他们，因为我那时太小，不记得了。"[①]

1. 瓦西里二世

普塞洛斯笔下的瓦西里二世皇帝天生一派高贵气质，处处显露出一代明主的刚毅与坚韧。普塞洛斯说瓦西里的身高比常人要矮一些，但是身体各个部分的比例很协调。他的眼睛是蓝色的而且炯炯有神，时时闪耀着男子汉的光辉。他的脸很圆，脖子结实但不太长。[②]特别是当瓦西里策马进攻之际，他会稳坐雕鞍，腰板挺直；而当他勒马收缰之时，又仿佛身生双翼一般高高跃起；他无论是上马还是下马都同样优雅。[③]通过这样的外貌和神态描写，我们不难看出，普塞洛斯有意将瓦西里二世塑造成一位强健英武的皇帝。

《编年史》中瓦西里二世的另一个显著特点就是务实，他所有的行为都是着眼于改善帝国的状况。普塞洛斯认为瓦西里的学术造诣并不算高，他的语言风格简洁明了，说话风格更像是一个农民。[④]但是作者又强调瓦西里对军事战争方面的知识非常熟悉，"他对军队生活的细节有

① *The Chronographia of Michael Psellus*, 3.1, p.63.
② *The Chronographia of Michael Psellus*, 1.36, 37, pp.48-49.
③ *The Chronographia of Michael Psellus*, 1.36, p.49.
④ *The Chronographia of Michael Psellus*, 1.36, p.49.

着准确的了解，我指的不是他对军队构成、各个单位在整个部队中的相对功能，或适合不同编队的各种分组和部署的全面了解。他在军队事务方面的经验远不止于此：队首（πρωτοστάσης）的职责和半纵队队长（ημιλοχίτης）的职责，以及直属下级的任务——所有这些对瓦西里来说都不是什么秘密，这些知识对他的战争很有帮助"[1]。我们认为瓦西里并非不学无术，而是非常有针对性地掌握那些最能够为自身统治带来益处的知识，他学习的目的只有一个，那就是满足帝国当时状况的需要。因此普塞洛斯竭力刻画的瓦西里二世，完全是一位实干家的形象，具备简单、精干与务实的风格。柳巴尔斯基将《编年史》中瓦西里二世的形象概括为坚韧、精力充沛、顽强、多疑而残酷，[2]应该说这是比较准确的。

普塞洛斯笔下的瓦西里二世皇帝的又一个显著特征就是严格自律。普塞洛斯在《编年史》中特别突出瓦西里对帝国的贡献，而这些成就的取得除了得益于瓦西里适当的统治政策，另外一个重要原因便在于他严于律己的生活作风。瓦西里终生未婚，在统治后期更是禁绝一切娱乐和享受，一心致力于帝国的管理和国家的繁荣当中。瓦西里在位期间通过征服和没收等手段大量聚敛财富，使国库极度充盈；然而他本人却并不贪图享受，甚至是在参加游行和接见总督时，他只穿一件紫色的长袍，袍子上点缀着少许宝石作为区别的标志。[3]瓦西里二世苦修一般的生活作风，有助于他全身心地投入帝国事务，他先后镇压了斯科利洛斯和弗卡斯的叛乱，平定了帝国周边蛮族的侵扰，不仅稳定了拜占庭国家内部的局势，同时令帝国的领土扩张达到了一个新的高峰。[4]

① Μιχαήλ Ψελλός, Χρονογραφία, τόμος Α΄, 1.32, p.87.
② Ljubarskij, Η Προσωπικότητα και το Έργο του Μιχαήλ Ψελλού, p.306.
③ The Chronographia of Michael Psellus, 1.31, pp.45-46.
④ 关于瓦西里二世的统治可参见以下作品：Catherine Holmes, Basil II and the Governance of Empire (976-1025), New York: Oxford University Press, 2005; Paul M. Strässle, Krieg und Kriegführung in Byzanz. Die Kriege Kaiser Basileios' II. gegen die Bulgaren (976-1019), Köln: Böhlau, 2006。

通过分析普塞洛斯对于瓦西里二世的记载与评价，我们有理由认为，作者似乎将瓦西里作为一个理想帝王的楷模来加以塑造，使其成为《编年史》中帝王的典范，因此他对瓦西里"形象"的刻画也基本上呈现出褒扬的色调。通过对比我们很容易发现，瓦西里之后的 13 位统治者，在普塞洛斯眼中均存在某些不足，甚至是严重的缺陷。这种处理方法很容易令我们联想起《塞奥发尼斯编年史》中的君士坦丁一世皇帝，作者塞奥发尼斯经常将自己书中的其他拜占庭统治者与君士坦丁大帝作比较，如果某位皇帝具备君士坦丁身上的优点，那么便会获得赞美之词，而相反的情况自然得到的是辛辣的批判。[①]

2. 君士坦丁八世

对于君士坦丁八世，普塞洛斯几乎没有赞美之词，他笔下的君士坦丁皇帝只是一个贪图享乐、暴戾乖张、性格多变的浪荡君主，在他身上也自然难觅其兄长瓦西里二世为帝国呕心沥血的那种献身精神。[②]君士坦丁从最初的没有权力欲，最后发展为将帝国政事全部交付于一班大臣。他终日不理朝政，任用一群太监管理国家大事，对于那些被自己怀疑谋反的人则会严厉镇压。君士坦丁每日沉浸在美食、戏剧、赛马、狩猎和骰子之中。甚至极为重要的皇位继承问题，君士坦丁直至临死之时方才想起。普塞洛斯眼中这位皇帝唯一的"作为"，可能便是他依靠赐予头衔和贿赂来安抚在帝国边境四周虎视眈眈的那些蛮族了。[③]普塞洛斯将君士坦丁视作将帝国带向衰落的罪魁，认为他终日"沉溺于声色犬马之中，决心挥霍并浪费掉一切"，普塞洛斯甚至断言，"如果不是死亡迅速把他

---

① Ljubarskij, "Man in Byzantine Historiography from John Malalas to Michael Psellos", p.181;参见 Athanasios Markopoulos, "Constantine the Great in Macedonian Historiography: Models and Approaches", in Paul Magdalino, ed., *New Constantines: The Rhythm of Imperial Renewal in Byzantium 4th-13th Centuries: Papers from the Twenty-sixth Spring Symposium of Byzantine Studies, St Andrews, March 1992*, Aldershot, Hampshire, Great Britain: Variorum; Brookfield, Vt., U.S.A.: Ashgate Pub. Co., 1994, pp.150-170。

② 参见 Todt, "Herrscher im Schatten: Konstantin VIII. (960/961-1028)", pp.93-105。

③ *The Chronographia of Michael Psellus*, 2.2, p.53.

带走，君士坦丁一个人就足以毁灭帝国"。[1]斯基利齐斯也用类似的笔调评价了君士坦丁八世独立统治以后的状况，认为他是给国家带来许多危害的根源。他任命一些无能的太监担任要职，这些人几近使国家覆灭。[2]

然而，一些东方史籍对于君士坦丁八世的记载和评价却与拜占庭作家的立场存在很大的不同，例如艾德萨的马修在其《编年史》中写道，君士坦丁八世是一个仁慈且虔诚的君主，他释放了监狱中的囚犯并且将瓦西里二世修建的用来关押权贵的监牢全部夷为平地。[3]另外在安条克的叶赫亚·伊本-赛义德、亚美尼亚历史学家拉斯提维尔特的阿里斯塔基斯等人的作品中，我们也可以看到类似的记载。总之，东方史家笔下的君士坦丁八世皇帝完全是一个称职的君主，兼具仁慈、慷慨等各种美德，与《编年史》中的形象可谓南辕北辙。因此，根据这些不同的材料，我们有必要重新评估君士坦丁八世皇帝的"形象"问题，甚至有学者指出，拜占庭帝国在11世纪的衰落是否像普塞洛斯告诉我们的那样简单，或许我们应该从1025年之前的年代开始探寻帝国衰落的根源。[4]

笔者认为，普塞洛斯在瓦西里和君士坦丁两兄弟"形象"之间塑造出这种巨大的反差，在很大程度上是为了满足整部《编年史》的创作主旨。在普塞洛斯看来，自瓦西里二世之后的拜占庭统治者基本是一些无能之辈，他们对帝国指挥管理的不善导致帝国在11世纪日趋衰落，而这衰落的根源便从君士坦丁八世那里肇始。一代英主瓦西里二世的去世，以及无能的弟弟君士坦丁独立统治开始，开启了拜占庭帝国在11世纪由盛转衰的大幕。在《编年史》随后的各卷中，我们常常读到普塞洛斯

---

① *The Chronographia of Michael Psellus*, 7.52, p.308.

② Ιωάννου Σκυλίτση, *Χρονογραφία*, pp.411-412; 参见 Anthony Kaldellis, *Streams of Gold, Rivers of Blood: the Rise and Fall of Byzantium, 955 A.D. to the First Crusade*, New York, N.Y.: Oxford University Press, 2017, pp.155-158。

③ *The Chronicle of Matthew of Edessa*, part Ⅰ, 56, p.50.

④ Johnson, "Constantine Ⅷ and Michael Psellos: Rhetoric, Reality and the Decline of Byzantium, A.D. 1025-28", pp.228-232.

关于帝国衰落的各种描述和解释，对于这些内容，作者或许在记述君士坦丁八世的这一卷便已经定下了基调。①

二 贵族皇帝

贵族势力在 11 世纪的拜占庭政坛再次显露头角，特别是在 11 世纪下半期，有若干贵族家庭的成员成功坐上了帝国的皇位。因此在《编年史》中出现的统治者当中，有多位出身显赫，他们分别来自阿尔基洛斯、莫诺马霍斯、杜卡斯等著名家族。普塞洛斯在书中十分注意突出这些君主的显赫出身以及与之相伴的高贵气质，然而我们不能简单地将其视为作者对于高贵身世或贵族血统的倾慕。通过仔细分析普塞洛斯对几位贵族皇帝的记载与评判，我们有理由认为作者对于贵族出身的皇帝总体上持有一种否定的态度。

1. 罗曼诺斯三世

罗曼诺斯三世来自著名的阿尔基洛斯（或称阿尔基洛普罗斯）家族，该家族繁盛于 9 世纪中期至 11 世纪中期。这个家族的成员多为显赫的军事将领，如利奥、马里亚诺斯和波索斯等。罗曼诺斯是这个家族当中第一位显赫的文职官员，曾经担任圣索菲亚大教堂主管（οικονόμος）和君士坦丁堡市市长（ἔπαρχος τῆς πόλεως）等职务。②据普塞洛斯所讲，从罗曼诺斯三世的那一卷起，他开始根据自己的经历进行写作，"我不仅见到过罗曼诺斯，而且有一次我确实与他交谈过"，所以"我对罗曼诺斯的描述是相当独立的"，③因此《编年史》中罗曼诺斯三世的"形象"也更加丰满且鲜活。

① 参见 Ralph-Johannes Lilie, "Fiktive Realität: Basileios II. und Konstantinos VIII. in der Chronographia des Michael Psellos", in *Theatron: Rhetorische Kultur in Spätantike und Mittelalter*, herausgegeben von Michael Grünbart, Berlin; New York: Walter De Gruyter, 2007, pp.211-222。
② *The Oxford Dictionary of Byzantium*, pp.165, 1807.
③ *The Chronographia of Michael Psellus*, 3.1, p.63.

罗曼诺斯三世一个显著的特征就是自负。[1]普塞洛斯笔下的罗曼诺斯三世皇帝，虽然极具帝王风采，然而却好空谈不切实际，他野心勃勃地一心想要比拟古代的杰出君主，但最终一事无成。[2]他误以为自己熟知战争中的一切，对于将官们的建议和阿勒颇埃米尔的求和之请毫不理睬，罗曼诺斯贸然出兵与撒拉逊人开战，最终大败而回。[3]在普塞洛斯看来，罗曼诺斯三世的一切雄心壮志，就是为了建立属于自己的王朝，为此他在婚后想尽各种办法试图与邹伊留下男性子嗣，可是由于两个人年龄过大最终也没能实现。由此可见，无论是文治武功还是私人生活，罗曼诺斯三世都过高地估量了自己的实力。

罗曼诺斯三世的另一个显著特点是奢侈无度，滥用国库资源。普塞洛斯并未留下太多关于罗曼诺斯三世内外政策的记载，反而不惜笔墨详细记载了罗曼诺斯在修建教堂和修道院上面的铺张与无度，我们有理由将罗曼诺斯这种行为视作他统治初期的慷慨无度以及一贯的宗教虔诚之逻辑结果。普塞洛斯对罗曼诺斯的这种浪费国库资财的行为予以严厉的批判，因为在他看来，"为了表示一个人的虔诚，犯下巨大的不公正，致使整个国家陷入混乱，并且破坏了整个政体，这是不对的"，普塞洛斯甚至质疑道，"对称的墙壁、环绕的柱子、悬挂的挂毯、华丽的祭品，以及其他类似的光辉事物——它们能为虔诚的神圣目标做什么贡献呢？"[4]可见，在普塞洛斯眼中，罗曼诺斯三世的虔诚不过是一种借口和伪装，令作者更加无法容忍的是这位皇帝以虔诚为借口挥霍国家公共资源的行为。

与普塞洛斯相比，斯基利齐斯笔下的罗曼诺斯三世并没有过分显

---

[1] Ljubarskij, *Η Προσωπικότητα και το Έργο του Μιχαήλ Ψελλού*, p.318.

[2] 参见 Bury, "Roman Emperors from Basil Ⅱ to Isaac Komnenos", pp.145-151.

[3] 斯基利齐斯的记载显示，早在君士坦丁八世在位期间，安条克总督斯庞迪里斯曾受到一名阿拉伯囚犯穆沙拉夫的蒙骗，损失惨重，阿拉伯人在叙利亚地区横行劫掠，不断给拜占庭帝国制造麻烦。参见 Ιοάννου Σκυλίτση, *Χρονογραφία*, p.421.

[4] *The Chronographia of Michael Psellus*, 3.15, p.73.

露出这种不切实际与自负，反而令人觉得这位皇帝的各种政策比较务实且很有针对性。罗曼诺斯三世上台伊始，首先安抚那些在君士坦丁八世在位期间遭受不公正待遇的人士，对他们予以金钱或是地位上的补偿。①另外针对帝国周边各处外敌的骚扰与进犯，罗曼诺斯三世总是能够筛选出适当人选率军迎敌，所以拜占庭帝国在他统治期间并没有经历大面积的领土丧失。此外，斯基利齐斯也并没有提及罗曼诺斯的性格由继位之初的慷慨转变为日后的吝啬与多疑。唯一受到斯基利齐斯指责的行为，似乎只有罗曼诺斯三世修建"受人敬仰的圣母"修道院②一事了。斯基利齐斯说罗曼诺斯毫不吝惜钱财，全体居民都被迫为工程搬运石头和其他建筑材料，苦不堪言。③斯基利齐斯的不满也仅仅就是这一句话而已，我们看不到普塞洛斯笔下种种弊端的滋生；此外，在罗曼诺斯三世统治末年，他全身心投入于公共和慈善事业，包括重建君士坦丁堡的引水系统，修复了蓄水池，重建了因地震而毁的麻风病人收容所和济贫院。用斯基利齐斯的话讲，罗曼诺斯关心所有这样的慈善工作。④有学者认为斯基利齐斯可能使用了某种有利于阿尔基洛斯家族的史料，其立场自然是倾向于罗曼诺斯三世一方。⑤因此，我们在《历史概要》中看到的是一个有责任心、头脑清醒、政策基本得体的罗曼诺斯三世皇帝。在笔者看来，普塞洛斯和斯基利齐斯对同一内容评价的分歧在于"度"的问题，前者认为罗曼诺斯使用国库资源时挥霍无"度"，而后者则认为皇帝使用适"度"。

2. 君士坦丁九世

君士坦丁九世来自莫诺马霍斯家族，该家族名称希腊文是

---

① Ιωάννου Σκυλίτση, *Χρονογραφία*, pp.417-418.
② 该修道院位于斯都底奥斯修道院附近，包括一个医院和一所旅店。修道院的地基保留到了今天，不过名字已经改为 Sulumanastir。Jean Skylitzès, *Empereurs de Constantinople*, p.318, note 49.
③ Ιωάννου Σκυλίτση, *Χρονογραφία*, p.427.
④ Ιωάννου Σκυλίτση, *Χρονογραφία*, p.433.
⑤ Angeliki E. Laiou, "Imperial Marriages and Their Critics in the Eleventh Century: The Case of Skylitzes", *Dumbarton Oaks Papers*, 46 (1992), p.171.

Μονομάχος，字面含义是"单打独斗者"。莫诺马霍斯家族在君士坦丁堡拥有地产，其成员主要以法官为职业，代表人物有首席仗剑官（πρώτοσπαθάριος）和大竞技场法官波索斯。虽然家族姓氏看似与争战有千丝万缕的联系，但是这个家族成员中唯一一个军人，当数尼基弗鲁斯三世皇帝统治期间的伊利里坎总督乔治。这个家族从 11 世纪开始繁荣，最大的功臣就是这位君士坦丁九世皇帝。莫诺马霍斯家族的成员在整个科穆宁王朝时期默默无闻，但是自 12 世纪末期开始又重新登上拜占庭政治舞台，他们的影响一直持续到 14 世纪上半期。[1]

与罗曼诺斯三世有些类似，普塞洛斯着重强调君士坦丁九世的外在，说他相貌出众，仪表堂堂，极具个人魅力。普塞洛斯称君士坦丁身体上的美是大自然的赐予，无论是他的身材、皮肤乃至头发都散发着非凡的魅力，用作者的话说，"是一个自然的奇迹，在我们这个时代没有人能与他相比"[2]。与此同时，普塞洛斯对于君士坦丁的举止风度也极尽赞美之词，认为他"优雅的言语，迷人的谈吐，以及一种特别迷人的微笑，会让那些看到他的人立刻着迷"[3]。

君士坦丁九世另一个值得称道之处在于他的谦恭和友善。普塞洛斯认为君士坦丁九世"完全没有那种浮夸自大和虚伪的骄傲，事实上从他口中从来不会说出那些傲慢或者夸大的言语"[4]。此外，君士坦丁为人随和，他总是面带微笑、神情喜悦，普塞洛斯说君士坦丁最喜欢和那些真诚淳朴的人在一起，而且极为讨厌别人带着一副苦相出现在自己面前。这种友善往往还能演变为一种宽宏大量，正如普塞洛斯所说："对于那些过去对他不太友善的人，以及在其争取权力之路上没有为他提供什么帮助的人，他从未有过怨恨。他不仅原谅了以前所有责

---

[1] *The Oxford Dictionary of Byzantium*, p.1398.

[2] Μιχαήλ Ψελλός, *Χρονογραφία*, τόμος Β΄, 6.125, p.77.

[3] Μιχαήλ Ψελλός, *Χρονογραφία*, τόμος Β΄, 6.126, p.301.

[4] *The Chronographia of Michael Psellus*, 6.31, p.172.

难过他的人，而且他特别安抚了那些有理由认为自己会比其他人先遭到报复的人。"①

　　普塞洛斯同时非常认可君士坦丁九世的虔诚，这一点极其鲜明地体现在后者对待上帝的态度上。普塞洛斯在《编年史》中为我们介绍了君士坦丁的病情，虽然这位皇帝饱受病痛的折磨与摧残，但是从君士坦丁的嘴里从未流露出半句亵渎上帝的话。甚至当他发现有人在自己面前对他的遭遇唏嘘不已时，便立即比往常更加严厉地将此人赶走。②更有甚者，如果君士坦丁发现有谁胆敢亵渎上帝，"他就会以流放作为惩罚，或者将他们的行动限制在一个限定区域，或者把他们关在监狱里，他曾经秘密发誓永远不会释放他们"③。

　　然而，作为皇帝的君士坦丁在普塞洛斯眼里却是不合格的，一个突出的表现就是身为一国之君的君士坦丁毫无责任心可言。④自继位以来，君士坦丁九世一直寻求安逸的生活，对自己作为君主的责任毫不关心。早年的流放经历令君士坦丁九世上台之后抓紧一切机会享受生活，他"将皇宫视作一处港湾，在经受惊涛骇浪的冲击之后他便在里面寻求庇护——那些他所经历的痛苦好似一次流放——而且为了补偿过往的遭遇，他需要彻底的休息和绝对的安宁"⑤。君士坦丁对于君主政治的性质并没有一个清晰的认识，他没有意识到护佑臣民的福祉是君主的职责所在，而且皇帝必须时刻关注国家的管理，同时确保它沿着合理的路线发展。于是他将公共事务的管理、执行判决的特权以及军队的监督，都委派给了其他的人。他自己只保留很小的一部分职责，却过上了安闲

---

　　① *The Chronographia of Michael Psellus*, 6.31, p.172.

　　② Μιχαήλ Ψελλός, *Χρονογραφία*, τόμος Β΄, 6.131, pp.85,87.

　　③ Μιχαήλ Ψελλός, *Χρονογραφία*, τόμος Β΄, 6.167, p.131.

　　④ 关于君士坦丁九世的统治可参见 Σταυρούλα Δ. Χονδρίδου, *Ο Κωνσταντίνος Θ' Μονομάχος και η εποχή του (ενδέκατος αιώνας μ.Χ.)*, Αθήνα: Ηρόδοτος, 2002.

　　⑤ Μιχαήλ Ψελλός, *Χρονογραφία*, τόμος Α΄, 6.34, pp.351,353.

奢侈的生活。①

君士坦丁九世的另外一个缺点，便是奢侈无度，肆意挥霍公共资源。普塞洛斯说他将国库中的钱财挥霍一空，"连一个奥伯尔（一种古希腊银币——笔者）都没有剩下，至于那些荣誉，他不加区分地赏赐给一大堆根本无权得到的人，尤其是那些对他死缠烂打之徒和哗众取宠之辈"②。不仅如此，君士坦丁还经常滥用国库资源来满足自己情妇所需。他在皇宫里发现了一个铜匣子，上面装饰着浮雕人物，他把匣子装满了钱，然后作为礼物送给情妇斯科丽莱娜（Σκλήραινα）。③斯科丽莱娜死后，君士坦丁又找到了一位阿兰尼亚的女子作自己的情妇，对其百般宠信。普塞洛斯记载到，每年都会有来自阿兰尼亚的使者到拜占庭拜见这名女子两三次，君士坦丁则会让她在使者面前露面。皇帝会给使者们一些礼物，他鼓励美丽的"妻子"（斯科丽莱娜——笔者）送给他们。④另外，君士坦丁对于邹伊和塞奥多拉奢侈生活与怪异癖好的纵容，以及他斥巨资修建圣乔治教堂等行为，都可以鲜明体现出这位皇帝的奢侈与浪费。

君士坦丁九世的第三个缺点，在普塞洛斯看来，就是此人性格上的反复无常。在君士坦丁统治后期，普塞洛斯与其好友克西菲林诺斯、毛洛普斯等人先后退出这位皇帝的朝廷，他们或隐退至修道院中，或离开都城远走他乡任职。普塞洛斯介绍了他们几个人隐退的前因后果，并且反复强调皇帝的性格瞬息万变，令人难以捉摸，为了避免有朝一日遭受突然打击，他们几人才达成共识，选择远离皇帝。⑤正如作者自己一再指出的那样，由于害怕君士坦丁的异想天开，他们宁肯选择修道士的生活，也不要一个朝臣式的低劣生存；宁肯选择教会里无忧无虑的平静，

① Μιχαήλ Ψελλός, *Χρονογραφία*, τόμος Α΄, 6.47, p.179.
② Μιχαήλ Ψελλός, *Χρονογραφία*, τόμος Α΄, 6.29, p.347.
③ *The Oxford Dictionary of Byzantium*, p.1911; Μιχαήλ Ψελλός, *Χρονογραφία*, τόμος Α΄, 6.57, p.377.
④ Μιχαήλ Ψελλός, *Χρονογραφία*, τόμος Β΄, 6.154, p.117.
⑤ *The Chronographia of Michael Psellus*, 6.191-200, pp.254-259.

也不要宫廷里的混乱和无序。①

　　通过上述分析我们不难看出，普塞洛斯对于君士坦丁九世的刻画，并非一味地批判或者赞扬，而是有褒有贬，诚如作者自己所言，"事实上，皇帝的行为是一个由好与坏交织而成的混合体，而这些其他的作家发现自己既不能毫无保留地谴责，也不能真诚地赞扬，因为他们对相反品质的紧密结合印象深刻"②。普塞洛斯在肯定君士坦丁九世外貌、风度和信仰方面优点的同时，毫不隐讳地指出其作为君主的不称职，他政策方面的失误以及性格上的某些缺陷。③

　　斯基利齐斯对君士坦丁九世皇帝的记载，最后的归结点也是指出此人并非一位称职的皇帝，甚至就是因为他才导致了国家的衰落。尽管斯基利齐斯的记载在某些细节上与普塞洛斯稍有出入，例如他写道，君士坦丁九世登基之后将所有元老院成员升官是根据每个人的行为品德，④而并非像普塞洛斯说的那样毫无原则。然而，我们在《历史概要》中看到作者对于君士坦丁九世的批判，绝不亚于普塞洛斯在《编年史》中的指责。比如关于修建圣乔治修道院，斯基利齐斯补充道，由于过度的铺张，君士坦丁九世缺少资金，于是他发明了各种增加收入的贸易活动，设计出一些别出心裁的征税名目，并且任命一些心术不正之人，通过他们大量聚敛非法钱财。君士坦丁甚至遣散了伊比里亚的5万军队，开始从当地征税而不是获取兵源。斯基利齐斯直言不讳地指出，正是由于君士坦丁九世的肆意挥霍与放荡，拜占庭帝国开始走向全面的衰败。⑤

　　3. 君士坦丁十世

　　君士坦丁十世和他的儿子米哈伊尔七世都是杜卡斯家族成员，他

---

① *The Chronographia of Michael Psellus*, 6.200, p. 259.

② *The Chronographia of Michael Psellus*, 6.25, pp.167-168.

③ 参见赵法欣、邹薇《普塞洛斯〈编年史〉中拜占庭帝王"形象"塑造的特点》，《史学理论与史学史学刊》2016年下卷（总第15卷），社会科学文献出版社2017年版，第180—181页。

④ Ιωάννου Σκυλίτση, *Χρονογραφία*, p.470.

⑤ Ιωάννου Σκυλίτση, *Χρονογραφία*, p.516.

们的家族名称 Δούκας 来自希腊语 δούξ 一词，意为"领袖""将领"。[1]第一位知名的杜卡斯家族成员出现于 9 世纪，到 10 世纪该家族已经非常显赫，其成员安德罗尼库斯和君士坦丁都曾担任军队司令。杜卡斯家族成员多是一些大地产主，常常与其他一些贵族家庭成员通婚，如科穆宁家族和帕莱奥洛格家族等。[2]

普塞洛斯着重强调君士坦丁十世的高贵出身，可以追溯至杜卡斯家族。"君士坦丁声名显赫，他的祖先非常杰出：事实上，他的血统可以追溯到那些著名的杜卡斯家族成员，我指的是安德罗尼库斯和君士坦丁，他们因为才智敏锐和英勇事迹而成为历史学家著作中备受关注的对象。"[3]这里的安德罗尼库斯和君士坦丁很明显就是 10 世纪的杜卡斯家族父子，是君士坦丁十世的父系祖先。安德罗尼库斯是利奥六世统治时期的将领，904 年在马拉斯对阿拉伯人取得辉煌胜利。安德罗尼库斯曾于 906 年卷入一场针对利奥六世的阴谋，后来死于阿拉伯人的监狱中。君士坦丁乃安德罗尼库斯之子，他很可能参加了其父反叛利奥六世的行为，并随父一同到达阿拉伯境内。君士坦丁后来返回拜占庭，出任军队总司令一职。913 年亚历山大皇帝死后，君士坦丁率军进入君士坦丁堡，并且在大竞技场中被拥立为帝，然而却在皇宫大门口被杀。[4]另外，普塞洛斯提到在君士坦丁十世的先人中还有一位潘塞留斯。此人与君士坦丁十世有可能是母系亲属，而并非杜卡斯家族成员。实际上，潘塞留斯是罗曼诺斯一世·利卡皮诺斯的亲戚，945 年前后取代著名的约翰·库尔库阿斯（Ιωάννης Κουρκούας）[5]担任军队总司令。尽管拥有上

---

① *The Oxford Dictionary of Byzantium*, p.659.

② *The Oxford Dictionary of Byzantium*, pp.655-656; Demetrios Ⅰ. Polemis, *The Doukai: A Contribution to Byzantine Prosopography*, London: Athlone Press, 1968, pp.1-15.

③ *The Chronographia of Michael Psellus*, 7.83, p.326.

④ *The Oxford Dictionary of Byzantium*, p.657.

⑤ 拜占庭著名将领，罗曼诺斯一世皇帝的忠实拥护者，921年前后升任军队总司令，罗曼诺斯一世下台后库尔库阿斯被解职。*The Oxford Dictionary of Byzantium*, p.1157.

述地位显赫的先人，但是有学者已经指出，君士坦丁十世的父亲安德罗尼库斯或许并非高贵之人，关于此人的记载也是少之又少。①

君士坦丁十世为人宽宏大量，颇具仁慈之心，这一优点被普塞洛斯在其《编年史》中反复称颂。普塞洛斯说"即使是在犯下最可怕罪行的地方，也从没有人被他处死。没有人在他的命令下被弄残肢体"②。这里说的"最严重的罪行"指的是 1061 年君士坦丁十世继位之初，君士坦丁堡市长和一些贵族密谋杀害皇帝的阴谋。但是后来由于配合失误阴谋败露，皇帝逮捕了这些同谋者。普塞洛斯认为君士坦丁本可以将这些人一律斩首，也可以砍掉他们的双手，或者以其他方式将他们弄残废。③但是因为君士坦丁十世在加冕之时曾经向上帝发誓，自己绝不会对他人造成肉体伤害④，因此皇帝没有处死任何人，他仅仅强令其中一些人进入修道院，其他的人或是被投入监牢或是被流放，要么就是被没收全部财产。⑤

君士坦丁十世的另一项值得称颂的品德，在普塞洛斯看来就是他的虔诚。普塞洛斯记载道，君士坦丁登基后的第一个举动便是感谢上帝，"他双手举过头顶，眼里噙满了泪水"⑥。除此之外，君士坦丁在处理国事闲暇之余唯一的消遣便是阅读圣典。普塞洛斯说皇帝对于《圣经》的研习并不仅仅局限于文本，而是延伸到其背后的深层的精神观念。作者甚至夸张地认为，在信仰方面君士坦丁十世的虔诚无人能及。⑦

君士坦丁十世另外一项受到普塞洛斯赞扬的品质，是这位皇帝致

---

① Polemis, *The Doukai: A Contribution to Byzantine Prosopography*, pp.9,28.
② *The Chronographia of Michael Psellus*, 7.A4, pp.332-333.
③ *The Chronographia of Michael Psellus*, 7.A22, p.341.
④ *The Chronographia of Michael Psellus*, 7.A19, p.339.
⑤ 阿塔里亚迪斯在《历史》中对此次阴谋的全过程给予了详细的记述，他同样提及君士坦丁十世仅仅对谋反者予以流放或没收财产的处罚，但并没有处死任何人。参见 Μιχαήλ Ατταλειάτης, *Ιστορία*, pp.139-147; Polemis, *The Doukai: A Contribution to Byzantine Prosopography*, p.31。
⑥ *The Chronographia of Michael Psellus*, 7.A14, p.337.
⑦ *The Chronographia of Michael Psellus*, 7.A24, p.342.

力于寻求公正的努力。[①]普塞洛斯认为君士坦丁熟稔各种民法原则，他审理案件时可以做到一针见血，直抵要害；[②]普塞洛斯写道，"作为一名法官，他开门见山，根据案情处理案件，并给各方一个适当的机会陈述自己的主张，在不公正的地方小心谨慎地维护公正"[③]。这样的处理方法保证了原告与被告一样，在同时被尊重的情况下受到同样的询问。

然而普塞洛斯对于君士坦丁十世某些政策上的失误也未曾掩饰，在作者看来这位皇帝在位期间政策上的最大失误就是忽视军队的建设，令拜占庭帝国面临腹背受敌的局面。普塞洛斯一针见血地指出，"实际上，他在这方面大错特错，因为当军事组织崩溃时，我们敌人的力量就增强了，他们就更加积极地反对我们"[④]。在当时边境形势紧迫的情况下，这样的政策无异于自取灭亡，可是在君士坦丁看来，要解决国际争端，靠的不是武力，而是通过赠送礼物和其他友谊的象征来解决，因为这样既可以避免在军队上面花费大量国库收入，此外他自己的生活方式也不会受到干扰。[⑤]其结果自然是灾难性的，1064 年塞尔柱突厥人攻占了亚美尼亚的阿尼城，拜占庭帝国丢失了一处重要的东方战略要地。[⑥]

普塞洛斯在《编年史》中对于君士坦丁十世的评价，被后世很多学者认为是赤裸裸地献媚与吹捧，[⑦]但是如果结合当时的历史背景我们有理由认为，普塞洛斯在这一节中多次运用了明褒暗贬的反讽手法对自己的好友皇帝予以刻画。我们承认，作者确实留下许多这样的语句，如

---

① Angeliki E. Laiou, "Law, Justice and the Byzantine Historian: Ninth to Twelfth Centuries", in Angeliki E. Laiou and Dieter Simon, eds., *Law and Society in Byzantium, Ninth-Twelfth Centuries*, Washington D.C.: Dumbarton Oaks Research Library and Collection; [Cambridge, Mass.]: Distributed by Harvard University Press, 1994, pp.174-175.

② *The Chronographia of Michael Psellus*, 7.A2, p.332.

③ *The Chronographia of Michael Psellus*, 7.A19, pp.339-340.

④ Μιχαήλ Ψελλός, *Χρονογραφία*, τόμος Β΄, 7.A18, p.365.

⑤ *The Chronographia of Michael Psellus*, 7.A17, p.339; Polemis, *The Doukai: A Contribution to Byzantine Prosopography*, pp.32-33.

⑥ Μιχαήλ Ατταλειάτης, *Ιστορία*, pp.153-155.

⑦ Ljubarskij, *Η Προσωπικότητα και το Έργο του Μιχαήλ Ψελλού*, p.170.

"他开始实行温和的财政政策。没有愚蠢的花费……他谨慎地预先决定了自己准备花费的资金，于是，他留下的国库虽然未满，当然还没到充盈的程度，但是也满了一半了"，①并且认为没有哪个皇帝比君士坦丁走过更加光荣的一生，他的统治是在平静和愉快中度过的。②然而，有学者认为这应该是普塞洛斯的一种讽刺，因为帝国当时的状况已经岌岌可危。诺曼人占领了意大利，1064 年匈牙利人占领贝尔格莱德，1067 年土耳其人侵占凯撒里亚进而渗透至该地区内部。1071 年曼齐科特之战的失败更加使局势恶化。③考虑到普塞洛斯与君士坦丁十世的特殊关系，我们有理由认为作者上述评价有勉为其难的因素，甚至可以被视作暗中的讽刺。

在阿塔里亚迪斯的《历史》中我们也随处可见这位历史学家对于君士坦丁十世的批评，其着眼点与普塞洛斯有颇多吻合之处。阿塔里亚迪斯毫不隐讳地指责君士坦丁十世削减军事开支，造成拜占庭军队败坏，最终难以抵挡边境上外族的入侵。④另外阿塔里亚迪斯还认为，君士坦丁最感兴趣的事情莫过于增加国库收入和保证公民享受法律公正，然而，诚如作者所指出的那样，君士坦丁却忽视了其他方面的国家事务，比如维护军队的权威以及在战争中获得的荣誉，于是拜占庭国家的各个部门开始瘫痪，帝国全体臣民深受其害。⑤由此我们或许有理由认为，普塞洛斯和阿塔里亚迪斯两位 11 世纪的历史学家因为帝国在小亚细亚地区的窘迫局面同时感受到了整饬军队乃是当务之急，过分专注于内部行政事务而忽视军备的做法是极为不可取的。

此外，关于君士坦丁皇帝的仁慈和公正，阿塔里亚迪斯有着不同

---

① Μιχαήλ Ψελλός, *Χρονογραφία*, τόμος Β´, 7.A3, p.347 and note 60.
② *The Chronographia of Michael Psellus*, 7.A28, p.343.
③ Μιχαήλ Ψελλός, *Χρονογραφία*, τόμος Β´, p.377, note 60.
④ Μιχαήλ Ατταλειάτης, *Ιστορία*, pp.151-167.
⑤ Μιχαήλ Ατταλειάτης, *Ιστορία*, pp.147,149.

的看法。他尖锐地指出，尽管君士坦丁十世收容了许多穷人和修道士，他对待教会也极为虔诚，但是这些所谓仁慈义举的受益者只是少数人而已，而且通常是那些在他身边能够讨得他欢心之人。但是君士坦丁的吝啬贪婪，独断专行，以及忽视军队建设和边境防御，却令绝大多数人遭殃。除此之外，他还会谴责很多人，并且强令他们为国库缴纳根本不该缴纳的税款，他还制造新的名目要求各个省区缴税。[1]与普塞洛斯相比，在写作这段历史的时候阿塔里亚迪斯或许拥有更大的自由和空间，因此也许能够更加全面地记录君士坦丁十世的各种行为，而无须像普塞洛斯那般欲言又止、点到为止。

4. 米哈伊尔七世

首先我们应该指出一点，普塞洛斯关于米哈伊尔七世的记载，主要侧重于这位皇帝的外貌、学术旨趣和性格，并没有太多涉及他在位期间的各项政策。有学者认为关于米哈伊尔七世这一部分作于皇帝在位期间，并且是在皇帝的强烈要求下普塞洛斯才开始写作的。因此这部分内容显示出强烈的歌功颂德的色彩，或者至少是作者对于自己昔日学生的一种歌颂和回护。[2]然而，这一部分内容普塞洛斯没有全部完成，《编年史》也正是在这里突然结束，所以我们不能就仅有的内容对普塞洛斯这样的处理方法妄下判断。而且，就普塞洛斯自己所写的文字来看，他在这部分内容当中赤裸裸的歌颂或许是一种身不由己。因为这些文字"是在这位皇帝在世时写的"，因此"我不可能不钦佩他"。于是作者请求读者相信他的记载，"不要不相信我的叙述，也不要怀疑我现在写在这里的话"[3]。这段文字或许鲜明地表露出普塞洛斯在写作米哈伊尔七世这部分的时候那种无奈的心情。

---

[1] Μιχαήλ Ατταλειάτης, *Ιστορία*, pp.147-149.

[2] 参见 Maria L. Agati, "Michele Ⅶ Parapinace e la Cronografia di Psellos", *Bolletino della Badia Greca di Grottaferrata*, n.s. 45 (1991), pp.11-31.

[3] *The Chronographia of Michael Psellus*, 7.C1, p.367.

普塞洛斯眼中的米哈伊尔七世，少了一分皇室贵胄的高贵与优雅，增添了几分稳重与庄重，甚至在作者看来，这位年轻的皇帝倒是显得有些过于老成，缺乏朝气。普塞洛斯说米哈伊尔不喜欢娱乐，不贪恋美食，也不鼓励奢华的宴会。在情爱方面严格自律，对其中的大多数都一无所知。①

普塞洛斯眼中米哈伊尔七世的另一大特点——或者说优点，就是这个年轻人醉心于学术。"最令他高兴的莫过于阅读各种学术书籍、学习文学性随笔、精辟的格言和谚语；他喜欢优美的作品、巧妙的词语组合、风格的变化、新词的创造以及诗意的措辞。"②普塞洛斯写道，米哈伊尔对于各个领域的学问都有涉猎。"他与哲学家们坐在一起，和演说家们讨论强调或轭式修饰法，跟光学家们探讨光线的折射或衍射；当我们谈到寓言时，他常常胜过眼前的这位历史学家。"可是在普塞洛斯看来，米哈伊尔最为中意的还是哲学。普塞洛斯对于米哈伊尔学术旨趣的赞美，不免令人联想到作者对自己学生的影响，因而多少有一些炫耀的成分。此外，另有其他拜占庭史家认为米哈伊尔皇帝一心扑在所谓学术之上，对国家事务并无多少热情，令拜占庭帝国处于糟糕的境地。③

在普塞洛斯看来，米哈伊尔七世并无多少政治抱负，一个鲜明的体现就是这位皇帝对于帝国统治大权的自我远离和放弃。在其父君士坦丁十世去世之后，米哈伊尔其实和他母亲尤多西娅一起继承了皇位，而且在普塞洛斯看来米哈伊尔已经具备了承担起帝国统治大任的能力，然而米哈伊尔却将整个帝国都交给母亲，对她言听计从、百依百顺，甚至母亲在场时本可以开口说话的他却缄口不言，好像他无法说话一样。④这种做法甚至连普塞洛斯都感到非常不满。后来尤多西娅再嫁罗曼诺斯四

---

① *The Chronographia of Michael Psellus*, 7.C3, p.368.
② *The Chronographia of Michael Psellus*, 7.C4, p.369.
③ Ιωάννης Ζωναράς, *Επιτομή ιστοριών*, τόμος Γ΄, p.225.
④ *The Chronographia of Michael Psellus*, 7.B2, pp.345-346.

世，并且将后者推上了拜占庭皇位。得到消息的米哈伊尔也并未发出反对的声音，或是以实际行动维护自己的权力。普塞洛斯说当米哈伊尔得到这个消息后，"他不露声色，面无表情，他拥抱了罗曼诺斯，并与他分享了自己的喜悦和皇位"[①]。即便是在罗曼诺斯四世获释后企图复位的关键时刻，米哈伊尔七世也只是在堂兄弟们的建议下，并且在瓦兰几亚护卫的支持下，才开始独立执掌帝国的统治大权。

其他拜占庭史家对于米哈伊尔皇帝漠视统治大权，甚至是委政于他人的记载，可以补充普塞洛斯《编年史》中的信息，令我们对于这位皇帝的统治方式有一个更为清晰的认识。[②]佐纳拉斯在其《历史纲要》中记载，米哈伊尔七世皇帝根本不能胜任国家的管理，他先是任命西迪的都主教约翰执掌国政，后来又把国家大事全权委托给太监尼基弗里基斯。佐纳拉斯甚至认为米哈伊尔已经完全沦为尼基弗里基斯的奴隶。[③]由此可见，普塞洛斯虽然对米哈伊尔多有称赞，但是却一针见血地指出了这位皇帝最致命的弱点，足以体现出这位历史学家法眼之所在。

通过以上分析论述，我们可以得出这样的结论：

普塞洛斯对于上述四位出身贵族家庭皇帝的记载和评论，有意着重突出这些人高贵的出身、优雅的气质和风度以及虔诚的信仰，有时还要称赞一下个别人出众的学识。然而这些特质均不能被视作一名合格君主的最重要素质，换言之，仅仅拥有上述"优点"并不足以令他们成为杰出的统治者。那么很自然，在涉及这些人统治政策的时候，普塞洛斯基本上保持一种否定的批判态度，他们或是过度奢侈并肆意挥霍国库资源，或是因为缺少权力欲和统治热情而将帝国统治大权交付给身边大臣，

---

① Μιχαήλ Ψελλός, *Χρονογραφία*, τόμος Β΄, 7.B8, p.391.

② 参见 Ιωάννης Καραγιαννόπουλος, «Η ύψωσις της τιμής του σίτου επί Παραπινάκη», *Βυζαντινά*, 5 (1973), pp.106-109。

③ Ιωάννης Ζωναράς, *Επιτομή ιστοριών*, τόμος Γ΄, p.225.

最好的情况是某些君主确实推行了某些政策,但是因为力度不得当而给国家造成恶劣的后果。上述这些行为,与作为帝王典范的瓦西里二世相比自然是大相径庭,可以说瓦西里身上所具备的优秀品质在这几个人身上完全难觅踪影。因此我们有理由认为,在普塞洛斯这样家境平凡之人看来,贵族血统尽管令人欣羡,但是贵胄子嗣并不一定就能够成为一名合格的统治者。

三 军人皇帝

在《编年史》中还有几位皇帝,或者登基之前长期在军中任职,如米哈伊尔六世,或者先前依靠军功发迹成为著名将领,如伊沙克一世和罗曼诺斯四世。普塞洛斯对这几位军人皇帝的刻画,并不仅仅局限于他们在战争中的表现,而是从记载一位皇帝的出发点来记述评论每一个人,因此我们从普塞洛斯的记载当中可以了解到作者对于军人皇帝的一般性观念。

1. 米哈伊尔六世

米哈伊尔是布林加斯家族(Βρίγγας)成员,曾担任军队税官(λογοθέτης του στρατιωτικού)。[①]10世纪的《礼仪书》中对这一职务的权限作出了明确的规定,即负责管理士兵家庭的免税和重新征税。早期税官的职责只限于财政事务,至11世纪时开始兼具法官的职能。1088年之后该职位不复存在。[②]由于继位之时年岁已高,因此很多时候米哈伊尔六世也被称为"老米哈伊尔"。普塞洛斯在《编年史》中对米哈伊尔六世的记述,主要围绕伊沙克·科穆宁起兵造反一事展开,真正涉及米哈伊尔的内容其实并不算太多。[③]普塞洛斯的一个主要论调,就是

---

① Μιχαήλ Ατταλειάτης, *Ιστορία*, p.107; *The Oxford Dictionary of Byzantium*, p.1366.

② *The Oxford Dictionary of Byzantium*, p.1248.

③ 关于米哈伊尔六世的研究成果并不多,可参见 M. D. Spadaro, "La deposizione di Michele Ⅵ: un episodio di 'concordia discors' fra chiesa e militari?", *Jahrbuch der Österreichischen Byzantinistik*, 37 (1987), pp.153-171。

谴责米哈伊尔皇帝忽视帝国的军事阶层，作者认为皇帝应该为伊沙克的反叛负上很大的责任。

普塞洛斯关于米哈伊尔六世统治的记载，基本上是围绕皇帝对待军功贵族阶层的态度以及由此引起的结果所展开的。米哈伊尔六世继位伊始便开始大肆封赏，大量中下层民众得以进入元老院，此举无疑赢得了君士坦丁堡市民阶层的欢心。因为"如果文职官员得到妥善处理，皇位就可以安全地得到保障而无任何争议"[①]。然而在普塞洛斯看来，米哈伊尔完全忽视省区军事贵族集团的请求，招致后者的普遍不满，最终的结果就是以伊沙克·科穆宁为首的军事贵族成员起兵反叛。因为军事贵族集团的成员认为皇帝的诸多举措伤害到了他们的利益，他们之间的冲突已经不再是一个社会阶层之内的私人恩怨，而是演化成了整个阶层的生存和补偿而进行的斗争。[②]无论如何，普塞洛斯在《编年史》中对米哈伊尔行为的记述，似乎是有意将他作为这些争端的始作俑者加以谴责的。

在斯基利齐斯的《历史概要》中，我们也可以见到类似的指责。1057年复活节之际，以伊沙克·科穆宁为首的一些小亚细亚地区的军事将领，包括卡塔卡隆·凯考曼诺斯（Κατακαλών Κεκαυμένος）[③]、米哈伊尔·布尔基斯及君士坦丁和约翰·杜卡斯等，前往君士坦丁堡觐见皇帝，准备接受一年一度的封赏酬劳。然而米哈伊尔六世仅仅夸奖伊沙克和凯考曼诺斯是贵族和杰出的统帅，并且称赞了其他人一番，但是并没有满足他们任何人的要求，也没有将伊沙克和凯考曼诺斯擢升为首席大臣（πρόεδρος）。[④]这些将领随后做出第二次尝试，请求利奥·帕拉斯庞

---

① *The Chronographia of Michael Psellus*, 7.1, p.275.

② Χριστοφιλοπούλου, *Βυζαντινή Ιστορία*, τόμος Β´2, p.227.

③ 拜占庭将领，出生于科罗尼亚。卡塔卡隆曾与马尼亚基斯一起奉命前往西西里守卫麦西拿，随后分别在多瑙河沿岸城市和伊比亚等地担任军事首领或总督。卡塔卡隆积极支持伊沙克·科穆宁的反叛活动，并因此被封为宫廷总管（κουροπαλάτης）。*The Oxford Dictionary of Byzantium*, p.1113.

④ Ιωάννου Σκυλίτση, *Χρονογραφία*, pp.522-523.

迪洛斯（Λέων Παρασπόνδυλος）①在皇帝面前求情，竟然遭到无情的奚落，将领们忍无可忍最终决定起事。②由此可见，米哈伊尔六世确实要为伊沙克领导的这次叛乱负一定的责任。

2. 伊沙克一世

《编年史》中伊沙克一世的"形象"特色鲜明。在普塞洛斯的眼中，军人出身的伊沙克皇帝外表高贵，甚至仅仅看他一眼便足以令人肃然起敬。他思想高尚，性格坚毅。③普塞洛斯说伊沙克的这种气质也影响了他与大臣的相处方式，普塞洛斯生动记载了伊沙克与元老院成员相处时的情景："当皇位为他准备好，伊沙克就会立刻陷入沉默……他的沉默在元老院成员们的心中引起了不小的恐惧。有些人一动不动地站在原地，就像被闪电击中了一样站在雷劈时的那个位置，冷冰冰的、无精打采，就像没有灵魂的人。其他人的反应则不同：有人僵硬地站得笔直，有人比平时更紧地把双臂交叉在胸前，还有人凝视着地面。"④在一定程度上，伊沙克的这种气质也决定了他处理国家事务时的方式。

《编年史》中的伊沙克一世，作风快速高效、绝不拖沓，普塞洛斯毫不掩饰对皇帝这种风格的称赞。在伊沙克一世这部分的开篇，普塞洛斯便明确地写道："科穆宁是一个实干家，他继承了皇位之后片刻也不耽误，使自己成为帝国真正的主人。从一开始，他便亲自监督国家事务。进入皇宫的当晚，他还没有来得及抖去战争的灰尘，没有更换衣服，也没有来得及为第二天而沐浴，他便向军队和城中居民发出了命令……那天剩下的时间以及整个晚上，他都在处理国事。"⑤随后普塞洛斯又为我

---

① 帕拉斯庞迪洛斯可能是一个绰号，意思是"骗子"。利奥在米哈伊尔四世皇帝在位期间开始任职，女皇塞奥多拉和米哈伊尔六世统治期内利奥执掌帝国行政大权，享有高级头衔。伊沙克一世登基后利奥被免职。*The Oxford Dictionary of Byzantium*, p.1586.

② Ιωάννου Σκυλίτση, *Χρονογραφία*, p.525.

③ *The Chronographia of Michael Psellus*, 7.5, p.278.

④ *The Chronographia of Michael Psellus*, 7.47, pp.304-305.

⑤ *The Chronographia of Michael Psellus*, 7.44, pp.302-303.

们介绍了伊沙克一世如何在很短的时间内便完成了军队的遣散工作，并且没有在君士坦丁堡民众当中造成恶劣影响。①伊沙克的雷厉风行还鲜明地体现在他的语言风格上，普塞洛斯认为这位皇帝说话时"比任何人都更加言简意赅，他不会用那么多字眼来表达自己的全部想法，但他的意思却毫不含糊"②。

普塞洛斯运用比喻的手法记载并评价了伊沙克一世改革政策的核心内容，即削减文职官员数量，减少国家开支；限制教会和修道院财产的进一步膨胀，收回其多余财产，增加国库收入。以上措施或许都是为了满足最终的目的，即重整帝国军队，以此应对周边各民族的入侵。③普塞洛斯将拜占庭帝国臃肿的官僚机构比作庞大的怪物躯体，"它长着许多的头，是一个丑陋的牛脖子，手多得数不清，脚也一样多；它的内脏溃烂且患病，有些地方肿胀，有些地方日渐消瘦，这里水肿，那里随着消耗而变小"④。伊沙克试图对国家肌体的病症进行立即而全面的革除，普塞洛斯形象地将皇帝此时的身份比作赛车手和医生，说他时而使用外科手术、灼烧和使用泻药等手段，去除一切身体上败坏腐朽的东西；⑤时而又像是驾驭那些脱缰的马匹一样，给它们套上缰绳。⑥伊沙克就是以这样的方式意在控制帝国肢体的进一步扩大，然而在普塞洛斯看来却同时产生了许多不良后果。

伊沙克一世的另一项重要举措，便是减少用于修建宗教建筑的开支。普塞洛斯指责伊沙克之前的很多统治者为了确保死后自己的葬礼可以更为壮观，安葬地更加奢侈，为了用钱和财产装饰自己的冥想之所（即

---

① *The Chronographia of Michael Psellus*, 7.45, p.303.
② *The Chronographia of Michael Psellus*, 7.48, p.305.
③ Treadgold, *A History of the Byzantine State and Society*, p.600.
④ Μιχαήλ Ψελλός, *Χρονογραφία*, τόμος Β΄, 7.51, p.285.
⑤ 关于拜占庭时期的外科治疗手段，可参见邹薇《拜占庭对古典医学的继承和发展》，《世界历史》2017年第3期，第114—115页。
⑥ *The Chronographia of Michael Psellus*, 7.57-58, pp.310-311.

教堂和修道院），他们不仅用光宫廷财产，甚至染指人民上交到国库的钱财。[①]然而伊沙克一改先前诸帝的奢侈浪费行为，没有将国库的钱财用来修建、装饰教堂和修道院建筑。普塞洛斯说伊沙克削减了用于修建神圣建筑的开支，将这些钱财悉数充入国库，而且他还为教界估算了最基本的需要，从而使"冥想之所"更加名副其实。[②]

　　普塞洛斯认为伊沙克的改革措施过于激进，未能从根本上革除弊端、使国家复兴，因此在他看来伊沙克的改革不能算作成功。如作者所言："如果这位皇帝选择了正确的时机实施各项改革，如果他不赞同某项措施，我们姑且这么说，允许暂时以另一项措施取而代之，并且在不久之后彻底废止前者，如果在截除手术之后、在进行新手术之前休息一下，如果他能够一步一步、悄然无声息、并不引起旁人注意的情况下，进行他的根除手术，那么我可以断言，他会让国家事务重新走向真正的和谐。"[③]然而，由于伊沙克的改革措施损害了许多人的既得利益，因此教界人士和民众，甚至一些士兵纷纷起来反对他。[④]

　　阿塔里亚迪斯在《历史》中对伊沙克一世的财政政策也给予了详细的记载。伊沙克登基之后意识到有一场迫在眉睫的大战即将到来，因此他必须削减国家的开支，增加国库的储备，并且采取严厉的财政政策。于是伊沙克首先减少对官员的封赏，并且像一名猎手一样各处聚敛钱财。接着，皇帝又从许多个人那里收回大量的地产，增加了皇室土地的面积。随后，伊沙克将注意力转向各大修道院，从后者那里得到了大宗地产，仅仅给修道士们留下必要的生活所需，其余的一律收归国有。阿塔里亚迪斯进一步分析道，尽管虔诚的宗教人士将伊沙克的行为视作非法，是

① *The Chronographia of Michael Psellus*, 7.59, p.311.
② *The Chronographia of Michael Psellus*, 7.60, p.312.
③ Μιχαήλ Ψελλός, *Χρονογραφία*, τόμος Β΄, 7.62, pp.299,301.
④ 关于伊沙克一世的改革可参见 E. Stănescu, "Les réformes d'Isaac Comnène", *Revue des Études Sud-Est Européennes*, 4 (1966), pp.35-69。

一种亵渎上帝的行为，然而作者却认为这样的做法有着双重的益处：一方面，修道士们可以由此不再为与他们不相关的事情分心，避免金钱的诱惑，全身心地投入于静修生活；另一方面，生活于修道院附近的农民可以不再受修道士们的压榨，因为后者强迫这些农民让出自己的土地，以满足修道士们聚拢大量地产的野心。[①]除此之外，国库也开始增加自身的财源，改善经济状况。[②]由此我们不难看出，阿塔里亚迪斯有意强调伊沙克财政政策中的积极因素，看到了国家由此得到的利益。然而阿塔里亚迪斯关于伊沙克这些措施的描述，无疑印证了普塞洛斯的记载。

3. 罗曼诺斯四世

罗曼诺斯四世是迪奥叶尼斯家族（Διογένης）的成员，该家族发迹于卡帕多西亚（Καππαδοκία）。[③]不过普塞洛斯在《编年史》中似乎并未着重突出罗曼诺斯四世出身的显赫，反而将其父早年的叛变视作罗曼诺斯自身不光彩经历的一部分。普塞洛斯关于罗曼诺斯四世的记载，主要围绕他的三次军事行动展开，作者展现给我们的是一个做事鲁莽、不听劝告的军人皇帝形象。有学者将普塞洛斯笔下的罗曼诺斯四世视为傲慢性格的代表，并且指出作者认为正是这位皇帝的傲慢自大才促使其三次带兵征讨塞尔柱突厥人，最终酿成了曼齐科特战役的失败。[④]但是我们同时也应该注意到，正是通过普塞洛斯略带讥讽与责备的描写，我们看到的是一个洞悉帝国危难局势的皇帝，他的所作所为正是当时的拜占庭帝国所最需要的。[⑤]因此笔者认为，罗曼诺斯四世的行为其实是一位军人皇帝应对国家危局的必然反应。普塞洛斯眼中罗曼诺斯的"傲慢自大"主要体现在两个方面。

① 参见 Rosemary Morris, *Monks and Laymen in Byzantium, 843-1118*, Cambridge: Cambridge University Press, 1995, pp.200-240。

② Μιχαήλ Ατταλειάτης, *Ιστορία*, pp.121-123.

③ Μιχαήλ Ατταλειάτης, *Ιστορία*, p.187; *The Oxford Dictionary of Byzantium*, p.627.

④ Ljubarskij, *Η Προσωπικότητα και το Έργο του Μιχαήλ Ψελλού*, p.320.

⑤ Treadgold, *A History of the Byzantine State and Society*, p.604.

首先是罗曼诺斯否定尤多西娅皇后的权威。普塞洛斯在《编年史》中多次提及罗曼诺斯登基之后逐渐忽视尤多西娅的存在，以至于最后发展到了这样的地步，"他把尤多西娅皇后当作战俘一样对待，甚至同意把她赶出皇宫"[①]。普塞洛斯反复强调随着罗曼诺斯野心的膨胀，他开始越发地试图摆脱尤多西娅的束缚，就像作者记载的那样，"尤多西娅越是想支配他，罗曼诺斯就越是对她的控制感到苦恼，越是怒视着控制着自己的那双手"[②]。但是我们应该意识到，当初正是因为尤多西娅女皇无力应对帝国四面危机的困境，才打破对君士坦丁十世立下的誓言再嫁罗曼诺斯，就是为了找寻一位能够领兵作战的军人皇帝应对危局，因此罗曼诺斯独揽大权可以说是当时局势的需要，如果他仍旧像杜卡斯家族的父子一样无心政事，或者像女皇自己一般遇事犹豫不决，那么皇帝的作用与威严也就无从谈起了。

其次是罗曼诺斯孤注一掷地带兵出征小亚细亚，决意与塞尔柱突厥人一战，最终目的是维护帝国东部边疆的安宁。普塞洛斯对于罗曼诺斯三次出征的指责，或许更多地源自皇帝没有采纳他的建议，而是听信了那些总是习惯与普塞洛斯唱反调的"讨厌鬼"的意见，正是这些人"使我们的国家走向毁灭，过去如此，现在仍是如此"[③]。从当时的情况来看，塞尔柱突厥人在小亚细亚地区横行肆虐——1068年3月至1069年1月间，新凯撒里亚和阿摩利昂遭受劫掠，而第二次是在1069年秋季，塞尔柱突厥人洗劫伊康努（Ἰκόνιον），侯奈（Χῶναι）被毁，[④]因此罗曼诺斯的出征是十分必要的。另外，罗曼诺斯的前两次出征并非没有成果，第一次远征叙利亚期间他曾经收复了边境堡垒阿尔塔赫以及阿拉伯

---

① *The Chronographia of Michael Psellus*, 7.B18, p.354.

② *The Chronographia of Michael Psellus*, 7.B10, p.350.

③ Μιχαήλ Ψελλός, *Χρονογραφία*, τόμος Β΄, 7.B12, p.395.

④ Χριστοφιλοπούλου, *Βυζαντινή Ιστορία*, τόμος Β΄2, p. 242.

边境城市曼比耶。[①]因此普塞洛斯对罗曼诺斯四世军事行动的指责，或许更多的是出于策略和见解的不同。

但普塞洛斯对罗曼诺斯四世的某些批评是有道理的，比如他在第三次出征时将兵力分散于各地，最终寡不敌众。正如普塞洛斯指出的，"他分散了他的兵力；有些人集中在他自己周围，另有些人则被派去担任其他职位。因此，他没有用全部兵力来对抗他的敌人，只有不到一半人真正参战"[②]。除此之外，与那些熟知战争策略的帝王相比，如希拉克略、尼基弗鲁斯·弗卡斯以及瓦西里二世等，罗曼诺斯四世在这方面确实稍逊一筹。战略素养方面的欠缺导致他在出征之前忽视了对于许多重要因素的考察，如不同的地形、敌方的确切兵力、敌人的战术，以及道路、气候等。阿塔里亚迪斯也经常批评罗曼诺斯将部队驻扎在并不熟悉的地方，或者率军穿越崎岖无比甚至是难以通过的隘口。阿塔里亚迪斯还列举了一次生动的事例：罗曼诺斯率军从炎热的安条克地区穿过西里西亚的陶鲁斯山隘路，时值 12 月底，由于气候的突然变化，许多士兵、骡马牲畜难以抵抗严寒而冻死。[③]因此我们有理由认为，普塞洛斯对罗曼诺斯四世的批判具有一定的合理性，然而他并非有意全面否定罗曼诺斯征讨塞尔柱突厥人的军事行动，作者只是希望皇帝采取更为周密有效的策略，以便取得更大的胜利。

通过分析普塞洛斯对军人皇帝的刻画我们不难看出，尽管作者身为文职官僚集团的代表人物，但是他并未持有那种所谓的对于军事阶层固有的偏见。相比于普塞洛斯否定贵族皇帝们推卸责任、玩忽职守，这些

---

① Treadgold, *A History of the Byzantine State and Society*, p.602.

② *The Chronographia of Michael Psellus*, 7.B20, p.355.

③ Μιχαήλ Ατταλειάτης, *Ιστορία*, pp.199,241,221; Χριστοφιλοπούλου, *Βυζαντινή Ιστορία*, τόμος Β΄2, pp.241-242.除此之外，阿塔里亚迪斯对于罗曼诺斯四世决策方面的失误、用人不当以及在关键时刻犹豫不决，都予以一定程度的批判。参见 Athanasios Markopoulos, "The Portrayal of the Male Figure in Michael Attaleiates", in Βασιλική Ν. Βλυσίδου, επιμέλεια έκδοσης, *Η αυτοκρατορία σε κρίση (;): το Βυζάντιο τον 11ο αιώνα (1025-1081)*, Αθήνα: Ε.Ι.Ε., 2003, p.226。

军人皇帝能够认清帝国的危难局面和自身应负的职责，从而积极应对帝国的内外困境，从这一点而言普塞洛斯对这些人的评价便具有了肯定的意味。当然，普塞洛斯在赞扬军人皇帝积极投身于帝国事务的同时，也会毫无避讳地指出这些人的鲁莽之处和失误所在。

普塞洛斯笔下军人皇帝的"形象"，并不具备显赫的身世和优雅的气质，也不似贵族皇帝那般懈怠，置统治者的责任于不顾，或者整日沉迷于各种兴趣爱好而难以自拔。反之，上述几位军人皇帝比较清醒地认识到帝国所处的局面和自身应该担负的责任，可以说是不遗余力地投入改革或者与周边民族的战争之中。但是在普塞洛斯看来，由于这些人的政策过于激进甚至有些鲁莽，最终没有扭转拜占庭帝国日趋衰败的局面。或许在普塞洛斯的观念中，军人皇帝的务实高效加上文职官员的精明筹划才是保证国家繁荣昌盛的最佳途径。

四　平民皇帝

《编年史》中真正意义上出身平民的皇帝，恐怕只有米哈伊尔四世和米哈伊尔五世这舅甥两人了。普塞洛斯毫不隐讳地强调他们两人出身的平凡甚至是卑微，或许我们可以认为，作者对两个米哈伊尔皇帝的否定从介绍他们低贱出身的那一刻便开始了。

1. 米哈伊尔四世[①]

对于米哈伊尔四世的出身，普塞洛斯并非直接点出，而是通过交代他的哥哥太监约翰"家境卑贱可鄙"，进而引出"这个太监有一位兄弟"，[②]于是很自然地表明米哈伊尔皇帝的卑微身世。但是普塞洛斯最主要的关注点并不在于米哈伊尔的身世，作者在《编年史》中对米哈伊尔的记载可以分成两大部分，分别构成他对米哈伊尔"形象"塑造的两个重点。这

---

① Φ. Σ. Ιωαννίδης, «Η Χρονογραφία του Μιχαήλ Ψελλού ως ιστορική πηγή για την εποχή του Μιχαήλ Δ΄ Παφλαγόνα», *Nicolaus*, 16 (1989), pp.219-229.

② *The Chronographia of Michael Psellus*, 3.18, pp.75,76.

两个部分分别记述米哈伊尔如何通过与邹伊勾搭成奸最终登上拜占庭的皇位，以及登基之后皇帝的统治和各种行为。通过对这两部分内容的记载，普塞洛斯巧妙地完成了对米哈伊尔四世皇帝"形象"的构建。

　　关于米哈伊尔登基之前的所作所为，普塞洛斯为我们呈现了一个为获取帝国最高权力而千方百计赢得邹伊欢心的伪君子形象，而一旦阴谋得逞登上了皇位，米哈伊尔立即恢复本来面目，摇身一变成了一个忘恩负义的无耻之徒。在兄长太监约翰的安排下，年轻的米哈伊尔得以进入皇宫并且很快赢得邹伊的爱慕，然而正如普塞洛斯写到的："他丝毫也不想要她，因为她已经过了恋爱的年龄，他心里只想着权力会给自己带来的荣耀。为此，他准备什么都敢做，并且耐心忍受。"①然而米哈伊尔的逢场作戏并没有坚持很久，他在登基之后不久便原形毕露，邹伊对他的一腔真情换来的只是忘恩负义。②米哈伊尔最后甚至剥夺了邹伊的一切自由。后者想要离开皇宫都遭到了拒绝，她被幽禁在妇女区当中，不允许任何人接近；如果有人前来探望邹伊，只有在护卫队队长仔细盘查了来访者的身份、来历和目的并特别允许之后才可以探视！③普塞洛斯详细记载了米哈伊尔从勾引、利用皇后邹伊到最后疏远、软禁她的详细过程，展现了这个出身低微之人在拜占庭宫廷权力斗争中所使用的狡诈伎俩，以及此人的奸诈本性。

　　关于米哈伊尔四世的统治，普塞洛斯的评价自始至终都充满了戏谑和讽刺的味道，比如作者言道，"如果你赦免他对罗曼努斯犯下的这一项罪行，也赦免对他通奸的指控，以及仅仅因为怀疑而流放他人的指控，那么这个人在罗马诸帝的最前面还可以占据一席之地呢！"④可是在普塞洛斯笔下，米哈伊尔皇帝的"作为"主要也就是上述那些内容，由此不

---

① Μιχαήλ Ψελλός, *Χρονογραφία*, τόμος Α΄, 3.19, p.149.

② *The Chronographia of Michael Psellus*, 4.6, p.89.

③ *The Chronographia of Michael Psellus*, 4.16, p.95.

④ *The Chronographia of Michael Psellus*, 4.7, p.90.

难看出作者对这位皇帝的所作所为总体上持否定态度。不仅如此，普塞洛斯还写到，米哈伊尔继位之初一度沉迷于与邹伊的奢靡生活，完全忽略了一位帝王应负的责任。但是很快米哈伊尔惊醒，认清了自己的职责所在，用普塞洛斯的话讲，"他的性格就突然发生了彻底的改变。他似乎已经长大成人，不再像一个孩子，从那一刻起，他以一种更为男子汉并且更加高贵的方式统治着他的帝国"①。可是接下来普塞洛斯并未提供任何米哈伊尔出色统治的细节，反而将叙述转移至皇帝的几个兄弟为非作歹以及太监约翰的包庇纵容上面。可见普塞洛斯的意图并非要称颂米哈伊尔的任何政绩，反而是要为下面的记述内容做一下掩人耳目的铺垫。于是我们有必要谨慎对待普塞洛斯在这一卷的最后为米哈伊尔所作的评语，不能简单地接受其字面含义。普塞洛斯写道："在他统治期间，米哈伊尔做了并且谋划了许多事情；他很少遇到失败。就我自己而言，当我翻检他的事迹，并且将成功与失败对照时，我发现前者更多，在我看来，这个人确实获得了更高级的生命。事实上，我确信他真的得到了更好的命运。"②实际上除了通过与邹伊私通并由此登基，米哈伊尔四世似乎再无其他的"好运"，而所谓的"成功"，指的是远征保加利亚人的胜利，在很大程度上是源自民族的内乱，除此之外，我们也再难找到任何事迹可以被视为米哈伊尔"高尚"的命运了。

斯基利齐斯对米哈伊尔四世的记载与评价也充满了否定意味，甚至比普塞洛斯的批判还要直接和犀利。唯一有所不同的是，斯基利齐斯认为米哈伊尔基本上对帝国政事不闻不问，全权委托给太监约翰，后者由此做出了许多令人不齿的邪恶勾当。而对米哈伊尔皇帝，斯基利齐斯主要的指责在于他与邹伊的奸情并且谋害了罗曼诺斯三世皇帝。米哈伊尔为此企图通过祈祷、慈善行为加以弥补，然而他赏赐修道士、兴建修道

---

① *The Chronographia of Michael Psellus*, 4.9, p.91.
② *The Chronographia of Michael Psellus*, 4.54, p.118.

院等动用的却都是国库资源，因此斯基利齐斯尖刻地反诘道："难道他认为上帝是那么的没有头脑、那么的不公正，以至于通过别人的钱财（即国库——笔者）便可以将其收买，他自己便可以得到宽恕吗？"[①]斯基利齐斯将皇帝的病症视作魔鬼作祟，可见在这位历史学家眼中尽管米哈伊尔做出了许多虔诚的行为，但最终还是没有逃脱上帝的惩罚。

2. 米哈伊尔五世

与对其舅父米哈伊尔四世的处理方法不同，普塞洛斯细致描绘了米哈伊尔五世的家庭背景，意在强调这位皇帝的出身极其卑微。普塞洛斯首先详细交代了米哈伊尔父亲的情况，说此人默默无闻，不为人所知，来自人迹罕至的穷乡僻壤，或者是某个偏僻的角落。他并不从事农业生产，而且根本没有半点土地。他也没有饲养牛羊，或是从事其他畜牧业活动。随后普塞洛斯有些故弄玄虚地写到，此人的工作与大海有关，然而既不是经营海上贸易，亦不是在船上充当领航员，也不是靠在船只进港或出海时为它们领航来谋生。他的工作其实就是捻缝工——米哈伊尔五世也因此而得名（Καλαφάτης），普塞洛斯至此才明白地指出，"当其他人完成组装后，他非常熟练地将组装好的部分涂抹上沥青。没有一艘新造的船能在大海中下水，除非这个家伙，用他老练的技巧先给它画龙点睛一番"[②]。至于米哈伊尔五世母亲家族的情况，普塞洛斯同样认为"除了他舅舅之外，其他人与其他父亲的先人们并无本质区别"[③]。

早在米哈伊尔四世那一卷里，米哈伊尔·卡拉发迪斯既已出现。普塞洛斯在《编年史》中关于米哈伊尔五世的记载，主要集中于他如何攫取帝国统治大权，如何与太监约翰及女皇邹伊反目，以及最后在君士坦丁堡民众的暴动中失去皇位，至于其他方面普塞洛斯基本上略

① Ιωάννου Σκυλίτση, Χρονογραφία, p.441.
② The Chronographia of Michael Psellus, 4.26, pp.102-103.
③ The Chronographia of Michael Psellus, 4.28, p.103.

过不提。通过上述事件，《编年史》中米哈伊尔五世的"形象"具有三个主要特点。

首先是他的虚伪性格。[1]在介绍完邹伊收养米哈伊尔为义子并授予他凯撒的头衔之后，普塞洛斯便第一次对此人的伪善做出了描绘："他具有一种超凡的本领可以掩盖'灰烬下面的火焰'，就是说，在他友善的外表之下隐藏着一个邪恶的本性。在构思和谋划不太可能实现的企图时，他是个行家里手。他从来不知报答自己的恩人，也不会因为别人对他的友情、关心或热爱而感激任何人。但是他的掩饰才能如此登峰造极，以至于他能够将这一切悉数隐藏起来。"[2]当上凯撒以后的米哈伊尔对自己的舅父约翰阳奉阴违，表面上满嘴的恭敬言辞，对约翰也是言听计从，可是暗地里却时刻盘算着如何除掉约翰；称帝之后的米哈伊尔很快露出了本来面目，开始敢于和约翰唱反调，不久之后便将约翰流放。

米哈伊尔五世的第二个特点是忘恩负义。仍旧是刚刚当上凯撒之后，米哈伊尔便开始设想将来的复仇计划，"凡是那些曾经有恩于他以及提携过他的人，他都准备除掉。他对皇后（指邹伊——笔者）极为痛恨，他要杀死几个舅舅，其他人则一律流放……太监约翰是他背信弃义阴谋的主要目标，但是从米哈伊尔的举动中丝毫没有显露出来"[3]。果然如普塞洛斯所写的那样，登基之后的米哈伊尔五世先是流放了舅舅约翰，随后又将矛头指向了皇太后邹伊。他先是禁止邹伊进入内阁会议室，进而剥夺她动用国库财产的权力。他监视着邹伊的一举一动，甚至侍奉她的宫女们也受到控制。然而所有这些还不能令米哈伊尔满意，最终他诬告邹伊参与谋反而将她流放至普林基颇岛。[4]这便是米哈伊尔五世如何对待将他推上皇位的两个人的手法，其忘恩负义的本性显露无遗。

① Cf. Ljubarskij, *Η Προσωπικότητα και το Έργο του Μιχαήλ Ψελλού*, pp.315-317.
② *The Chronographia of Michael Psellus*, 4.28, p.103.
③ *The Chronographia of Michael Psellus*, 4.28, p.104.
④ *The Chronographia of Michael Psellus*, 5.21, p.134.

最后普塞洛斯还为我们展现了米哈伊尔五世的怯懦本性，这一点鲜明地体现在米哈伊尔遭受割眼酷刑之时。因为不满于米哈伊尔流放邹伊，君士坦丁堡民众闻讯开始暴动，走投无路之际的米哈伊尔与舅父君士坦丁只得到斯都底奥斯修道院[①]中寻求庇护。然而在女皇塞奥多拉的坚持下，刚刚上任的君士坦丁堡市长康帕纳里斯奉命前往教堂捉拿米哈伊尔与君士坦丁，并就地将二人弄瞎双眼。[②]普塞洛斯为我们生动刻画了米哈伊尔受刑前的逡巡畏缩，"他遭受磨难的整个过程中表现出同样的性格弱点。他呻吟并号啕大哭，每当有人走近他，他便祈求援助。他谦卑地呼唤上帝，并举起双手向天堂、向教会以及向他能想到的东西祈祷"[③]。可是反观他的舅父君士坦丁，在临刑的那一刻仍表现得坚定勇敢。通过甥舅二人的鲜明对比，普塞洛斯似乎是在向我们暗示，米哈伊尔五世当初的行为为自己的悲惨结局埋下了根源，然而当灾难降临之时这个可怜虫由于懦弱的本性却难以承受。[④]

斯基利齐斯对米哈伊尔五世的记载十分简短，因为毕竟这位皇帝仅仅在位4个月零5天。除了更为突出米哈伊尔的亲戚（如太监约翰和君士坦丁）在流放邹伊事件中的作用以外，斯基利齐斯对米哈伊尔五世的评价基本上也呈现一种否定色彩，着力突出米哈伊尔的脆弱与缺乏主见。邹伊为他戴上皇冠的那一刻，米哈伊尔竟然晕厥在地，人们用了橄榄油、香料等物品才使他恢复神志，体现出这个年轻人未曾经历过重大场面，心理素质极为脆弱。后来他又因为太监约翰和君士坦丁等人的书信而开

---

① 位于君士坦丁堡的普萨马提亚地区，修建于450年前后，是进献给施洗者约翰的一所修道院。毁坏圣像运动期间因为其院长塞奥多利而闻名，9世纪它成为一处学术文化中心。该修道院同样也是失败反叛者或退位皇帝的囚禁地，米哈伊尔五世、伊沙克一世和米哈伊尔七世等几位君主都曾隐退至此。*The Oxford Dictionary of Byzantium*, pp.1960-1961.

② Ιωάννου Σκυλίτση, *Χρονογραφία*, p.466.

③ *The Chronographia of Michael Psellus*, 5.48, p.149.

④ 参见 Apostolos Karpozilos, "The Narrative Function of Theatrical Imagery in Michael Psellos", in *Ενθύμησις Νικολάου Μ. Παναγιωτάκη*, Ἐκδοτικὴ Ἐπιτροπή: Στέφανος Κακλαμάνης, Ἀθανάσιος Μαρκόπουλος, Γιάννης Μαυρομάτης, Ηράκλειο, 2000, pp.303-310。

始蓄谋针对邹伊，似乎完全不会用自己的头脑思考；同时他还错误地估计了形势，乐观地认为君士坦丁堡的民众会站在自己一边，可是最终由于判断失误而一手促成自己的倒台。[①]

《编年史》中两个米哈伊尔皇帝的共同特征，便是不择手段地攫取帝国最高统治权力，而一旦达到目的便原形败露，开始肆无忌惮地对自己的恩主大加迫害，他们忘恩负义的恶劣本性在这一点上暴露无遗。或许正是因为这两人的这种虚伪和忘恩负义，才招致了普塞洛斯的反感与厌恶，这也就解释了他们两人在《编年史》当中极具否定色彩的"形象"。

五　女性统治者

《编年史》中先后出现了多位女性统治者，她们或是因为皇室血统而继承了帝国的最高统治权，或是以先帝遗孀的身份摄政并成为帝国实际的最高统治者。我们通过普塞洛斯笔下三位女性统治者的"形象"可以看出，作者对于女性执掌国家最高权力基本上持否定的看法，因为在普塞洛斯的观念里，拜占庭帝国的最高统治者无疑应该是男人。[②]

1. 邹伊

邹伊是君士坦丁八世皇帝的次女，是马其顿王朝的最后两位直系继承人之一。普塞洛斯关于邹伊的记载与描绘，分散于《编年史》的许多卷内容当中，从与罗曼诺斯三世的婚姻开始，直至君士坦丁九世在位期间邹伊去世，但是并没有专门的一卷（或一节）针对邹伊而作。因此柳巴尔斯基将普塞洛斯的这种处理方法称为"间接性"手法，即不是通过直接描述，而是通过一系列精挑细选的细节来刻画人物。[③]

普塞洛斯多次论及邹伊的外貌气质，有意将这位皇家女子塑造得相

---

① Ιωάννου Σκυλίτση, *Χρονογραφία*, pp.461-467.

② 参见 Κατερίνα Νικολάου και Ειρήνη Χρήστου, «Οι αντιλήψεις των Βυζαντινών για την άσκηση της εξουσίας από γυναίκες (780-1056)», *Σύμμεικτα*, 13 (1999), pp.49-64.

③ Ljubarskij, *Η Προσωπικότητα και το Έργο του Μιχαήλ Ψελλού*, p.322.

貌迷人，魅力无穷。"她举手投足具有帝王风范，而且是个非常漂亮的女人，她的举止和威严皆令人赞叹。"①尽管岁月流逝、年龄增长，然而邹伊的皮肤依旧光亮白皙，身材依旧匀称，甚至到了 70 多岁的时候，在普塞洛斯看来邹伊仍然年轻美貌，容光焕发，脸上没有一丝皱纹。②如果仅就外表而言，普塞洛斯呈现给读者的邹伊是一位雍容华贵、气质不凡的皇家女子形象。可是普塞洛斯对邹伊的赞美也仅限于此，我们在其他方面很难看到作者持有类似的立场。

在普塞洛斯看来，邹伊虽然长期退居幕后，但丝毫没有放松对帝国统治权力的控制和把持；她虽然没有以最高统治者的身份出现，但时刻关注并影响着帝国皇权的更迭变化。虽然自其父君士坦丁八世去世那一刻起邹伊便继承了帝国最高统治大权，然而她真正作为一名统治者在位的时间非常有限。邹伊通过三次婚姻和一次收养将帝国权力先后让渡给罗曼诺斯三世、米哈伊尔四世、米哈伊尔五世以及君士坦丁九世，因此关于邹伊的内容也就分布于上述几位皇帝的相关章节当中。普塞洛斯多次提及上述几位皇帝限制邹伊的活动范围，减少她与外界的沟通交流，甚至削减她所支配的钱财，笔者认为这在一定程度上或许反映出邹伊虽然长期以皇后或皇太后的身份退居幕后，但实际上并未放松对于权力的把持；反之，邹伊通过授意或是亲身参与某些宫廷阴谋始终对皇位虎视眈眈，这对在位皇帝而言无疑是一种巨大的威胁。普塞洛斯的一段论述或许正是针对这一点而言的："他们非常害怕她，就好像她是一头暂时丢弃了凶猛的母狮。他们不可避免地要考虑自身的安全问题，他们筑起了各种各样的屏障和壁垒，来保护自己不受她的攻击。"③我们从邹伊后来不愿与塞奥多拉分担帝国统治一事上，也可以看出邹伊的权力欲望。

---

① *The Chronographia of Michael Psellus*, 2.5, p.55.

② *The Chronographia of Michael Psellus*, 6.158, p.239; 参见 Thomas Whittemore, "A Portrait of the Empress Zoe and of Constantine IX", *Byzantion*, 18 (1948), pp.223-227.

③ *The Chronographia of Michael Psellus*, 4.17, p.96.

反对米哈伊尔五世的君士坦丁堡民众暴乱结束后，关于皇位人选元老院一度束手无策，于是普塞洛斯记载道："邹伊第一次欢迎了妹妹，并且热情地拥抱了她。更重要的是，她与妹妹分享了她们共同继承的帝国。"①可是实际上，邹伊一直以来都不愿塞奥多拉插手帝国事务，甚至还因忌惮塞奥多拉染指帝国权力而将妹妹流放并削发。②

如果说邹伊时刻不愿放松对帝国最高权力的觊觎，是因为她的皇室血统和继承人身份，这一点可被视为邹伊忌惮帝国大权旁落他人的正常反应，普塞洛斯对此未做过多的道德评判，甚至对于邹伊几度被架空还报以些许的同情；那么关于邹伊的私生活，普塞洛斯则完全给予否定的评价。

在私生活方面，普塞洛斯认为邹伊是一个性欲旺盛的女人，风流韵事不断，甚至达到了乱交的地步。《编年史》中记载了邹伊一生经历的三次婚姻，这其实已经超出了东正教会的许可范围。③不仅如此，在邹伊三次婚姻的背后其实还掩盖着数次婚外情经历，比如她与米哈伊尔·帕弗拉贡的奸情以及与君士坦丁·莫诺马霍斯的绯闻。普塞洛斯认为邹伊在宫中长年过着色欲的生活，④后来由于跟罗曼诺斯三世求子不成遭到皇帝的摒弃，邹伊很快与年轻的米哈伊尔·帕弗拉贡勾搭成奸，甚至在众人面前大谈二人的交欢之事。⑤此外，仍是在罗曼诺斯在位期间，邹伊与君士坦丁·莫诺马霍斯经常私会，二人逐渐发展出一段暧昧关系。⑥

除了私生活的不检点，普塞洛斯还对邹伊的另一个缺点予以批判，

---

① *The Chronographia of Michael Psellus*, 5.51, p.151.
② 参见 Ιωάννου Σκυλίτση, *Χρονογραφία*, p.419, pp.427-428。
③ 参见 Laiou, "Imperial Marriages and Their Critics in the Eleventh Century: The Case of Skylitzes", pp.165-176。
④ *The Chronographia of Michael Psellus*, 3.17, p.75.
⑤ *The Chronographia of Michael Psellus*, 3.19, p.77.
⑥ *The Chronographia of Michael Psellus*, 6.16, p.163.

那便是这位女皇的奢侈无度，大肆挥霍国库钱财。自君士坦丁九世登基以来，邹伊不再受到先前的种种束缚，任意使用国库的钱财，普塞洛斯写道，"邹伊打开了帝国的金库，让存放在那里的金子像河流一样倾泻而出，就这样，金子像洪水一样被毫无节制地挥霍掉了"①。邹伊将大量的国库钱财用于赏赐自己的心腹近臣，用于满足自己怪异的癖好，还用于满足自身看似极度虔诚实际上华而不实、只能造成铺张浪费的宗教情结。

斯基利齐斯在《历史概要》中关于邹伊的记载同样散布于许多卷中，作者对邹伊的评价似乎比普塞洛斯更具否定意味。斯基利齐斯笔下的邹伊看上去显得更加恶毒，做事也更为决绝。例如，关于罗曼诺斯三世的死因，斯基利齐斯十分肯定是邹伊和米哈伊尔·帕弗拉贡给皇帝下毒，这种毒药令罗曼诺斯的健康状况慢慢恶化，身体机能一点一点地损坏，最终卧床不起，然而却不能快速置人于死地。②在米哈伊尔四世统治期间，邹伊又通过自己身边的太监收买了一名医生，要求他在孤儿院院长约翰的泻药中混入毒药，最终事情败露，邹伊与约翰的关系更加恶化。③《编年史》中的邹伊在遭受不公正待遇之后更多地选择逆来顺受，可是斯基利齐斯却为我们提供了不同的信息，足以显示出邹伊的政治野心与毒辣心肠。

2. 塞奥多拉

塞奥多拉是君士坦丁八世皇帝的小女儿，邹伊的亲妹妹，马其顿王朝的最后一位君主。④与其姊邹伊相比，塞奥多拉似乎少了一分高贵与美貌，她的性格更为温和恬静，风格更加沉稳，行为语言更加简练迅捷。

---

① *The Chronographia of Michael Psellus*, 6.160, p.240.

② Ιωάννου Σκυλίτση, *Χρονογραφία*, p.433.

③ Ιωάννου Σκυλίτση, *Χρονογραφία*, pp.446-447.

④ 关于塞奥多拉的新近研究，可参见 Klaus-Peter Todt, "Die Frau als Selbstherrscher: Kaisarin Theodora, die lezte Angehörige der Makedonischen Dynastie", *Jahrbuch der Österreichischen Byzantinistik*, 50 (2000), pp.139-171.

另外，相比于邹伊的挥霍无度，塞奥多拉则要节俭许多，甚至在普塞洛斯看来十分吝啬。

在普塞洛斯眼中，塞奥多拉做事果断，完全不受自身性别的限制，她非常看重自己皇室继承人的身份。君士坦丁九世皇帝死后，塞奥多拉成为拜占庭帝国的最高统治者，有人猜测或许塞奥多拉会像她已经去世的姐姐邹伊那样找一个丈夫，同时将此人推上皇位，然而塞奥多拉的做法却出乎很多人的意料，"她无意再让另一个人登上皇位"，普塞洛斯如是说，"帝国是她自己一个人的，她亲自监督国家的一切事务"。①不仅如此，塞奥多拉女皇在所有的政府事务中行使自己的权力，就像一个男人一样履行职责，并且毫无困窘之情可言。她亲自任命官员，庄严地在皇位上伸张正义，在法庭上行使投票权，颁布法令。②塞奥多拉这样做，或许是因为作为马其顿王朝正统继承人的她长期被排斥于最高权力之外，眼看着邹伊多次将帝国统治权拱手让给他人。一旦独立掌权，塞奥多拉没有理由不牢牢抓住本该属于自己的统治大权。

普塞洛斯眼中的塞奥多拉女皇十分节俭，如果与其姊邹伊相比则显得非常吝啬。普塞洛斯说塞奥多拉花钱时会仔细地算计，她平时最大的爱好便是收集聚敛达里克金币③，为此她还特意制造了一个铜的保险箱。④更有甚者，塞奥多拉独立继承皇位之后一改以往的惯例，并未封赏大臣和民众，这引起许多人的不满。塞奥多拉对此有自己的理由，她坚持认为自己并未打破传统，因为这并不是她第一次接触帝国的统治，自己也不是一个新的皇位继承人，她早已从父亲那里继承了它，现在只不过是重新收回自己天然和正当的遗产罢了。⑤如果与自己的姐

---

① *The Chronographia of Michael Psellus*, 6.A1, p.261.
② *The Chronographia of Michael Psellus*, 6.A2, p.261.
③ 波斯金币名，希腊文 *δαρεικός*，亦作 *δαρεικός στατήρ*，1 达里克等于 20 个希腊德拉克马。参见罗念生、水建馥编《古希腊语汉语词典》，商务印书馆 2004 年版，第 179 页。
④ *The Chronographia of Michael Psellus*, 6.62, p.186.
⑤ Μιχαήλ Ψελλός, *Χρονογραφία*, τόμος Β´, 6.A3, p.181.

姐邹伊那种挥霍无度相对照，那么塞奥多拉的这种举措无疑显得有些
过于小气了，然而在普塞洛斯看来正是邹伊毫无节制地挥霍国库钱财
酿成了帝国日后的衰败，那么塞奥多拉的节制在作者眼中就是值得称
赞的行为了。

斯基利齐斯对于塞奥多拉的记载同样十分简短，但是作者在之前的
各卷中多次提及塞奥多拉卷入谋反的行为，而这些内容普塞洛斯从未提
及。另外，斯基利齐斯认为塞奥多拉任命利奥·斯特拉庞迪洛斯是看中
了后者的治国才能，[①]这一点与普塞洛斯一味的否定有所区别。阿塔里
亚迪斯的《历史》中直接涉及塞奥多拉的内容只有两小段，很重要的一
部分内容是关于女皇对斯特拉庞迪洛斯的任用。阿塔里亚迪斯对斯特拉
庞迪洛斯做出了积极的评价，认为此人利用法制治理国家，做到了公正
无私，于是不仅拜占庭公民内部，就连外邦人之间都消弭了纷争。[②]斯
基利齐斯和阿塔里亚迪斯对斯特拉庞迪洛斯的评价，不似普塞洛斯那般
否定色彩浓重，这在一定程度上反映出塞奥多拉女皇在任用官员的问题
上还是比较合理的。

艾德萨的马修称赞塞奥多拉是一位道德崇高的人，贞洁、正派、善
良。然而马修这样的评价或许在很大程度上是因为塞奥多拉对亚美尼亚
人的友善。因为马修在上述评价后紧接着写到，塞奥多拉将囚禁狱中的
亚美尼亚国王阿贝尔的儿子们释放，将他们从囚禁的岛屿上召回，赐予
他们很高的荣誉，并且让他们返回故土阿尔克尼要塞，同时告诫他们永
远不要与拜占庭帝国为敌。[③]我们必须清楚马修是一位热忱的爱国主义
者，对亚美尼亚和自己民族的热爱或许是令他对塞奥多拉女皇做出如此
积极评价的原因之一。

① Ιωάννου Σκυλίτση, *Χρονογραφία*, p.519.
② Μιχαήλ Ατταλειάτης, *Ιστορία*, pp.105-107.
③ *The Chronicle of Matthew of Edessa*, part II, 4, pp.88-89.

3. 尤多西娅

尤多西娅·马克莱姆波利迪斯皇后是君士坦丁十世皇帝的妻子，米哈伊尔七世皇帝的母亲。尤多西娅来自马克莱姆波利迪斯家族（Μακρεμβολίτης），该家族很可能得名于君士坦丁堡的一个区 Makros Embolos（意为"长门廊"），其成员多为文职官员。[①]尤多西娅的父亲约翰是君士坦丁堡贵族，母亲是牧首米哈伊尔·基路拉里欧斯的姊妹。君士坦丁十世去世后尤多西娅曾短暂摄政，随后她与罗曼诺斯·迪奥叶尼斯结婚。普塞洛斯称尤多西娅"出身高贵显赫，是一位品格高尚、美貌不凡的女子"[②]。普塞洛斯本人与尤多西娅的父亲是精神兄弟（spiritual brothers），因此他自己相当于尤多西娅的精神叔父。[③]然而两人之间的这层非血缘亲属关系却没有令普塞洛斯对自己这位侄女一味地称颂赞扬，而是力求对她做出应有的评判。

在《编年史》中，普塞洛斯试图将尤多西娅刻画得精明能干，主要表现在她摄政期间对帝国大权的行使以及对两个儿子的辅佐和教育上面。君士坦丁十世去世之后，尤多西娅与两个儿子米哈伊尔（七世）和君士坦丁共同执政，但是两个儿子基本上将帝国大权交付给母亲，因此尤多西娅成为帝国实际的领导者。普塞洛斯对于尤多西娅的统治方式予以明确的记载，认为她充当的俨然是一位男性统治者的角色。"她并没有把统治大权移交给其他人。她非但没有选择在家中无所事事地度日，同时让那些官员负责公共事务，反而是亲自掌控了整个政府管理……她令自己熟悉所有的职责，只要可行，她就参与政府的所有程序，包括行政官员的选择、民政事务、财政收入和税收。她的决定带有一种权威的

---

① *The Oxford Dictionary of Byzantium*, p.1272.

② *The Chronographia of Michael Psellus*, 7.A6, p.334.

③ *The Chronographia of Michael Psellus*, 7.B4, p.347.关于godparent和spiritual relationship等概念，可参见 *The Oxford Dictionary of Byzantium*, p.858, p.1938;另参见 Ruth Macrides，"The Byzantine Godfather"，*Byzantine and Modern Greek Studies*, 12 (1987), pp.139-162。

意味，就像个皇帝一样。"①对于真正的皇位继承人、自己的儿子米哈伊尔七世，尤多西娅亲自训练，以为他将来独立统治做必要的准备。她令米哈伊尔熟知一个皇帝必须履行的各种职责，并且鼓励他自己担任法官，后来还允许他亲自任命官员。按照普塞洛斯的说法，尤多西娅经常把米哈伊尔托付给他，让他指导米哈伊尔履行职责。②即使是后来尤多西娅被迫再嫁罗曼诺斯四世，也是出于帝国危难局势的需要，最终的目的还是希望保住自己儿子的统治地位。由此可见，尤多西娅是在利用一切可行的途径来履行一位母亲和摄政之人的职责，她的所作所为显示出这位女子精明的头脑和高超的政治技巧。

然而普塞洛斯通过描述米哈伊尔七世对母亲尤多西娅独揽大权的顺从，在某种程度上表露出自己对于女人统治的不满。③普塞洛斯认为那时的米哈伊尔智力上已经成熟，而且具备了承担管理帝国事务的能力，可是他却没有参与任何与帝国相关的事务。于是作者在《编年史》中略带讽刺地写道："要找出一个与他顺从的态度或是把整个政府交给母亲的方式类似的情况并非易事。在这一点上，我觉得怎么称赞这个年轻人也不为过。有几次我亲眼见到，当他本可以在母亲面前说话的时候他却缄口不言，好像他无法说话一样。"④普塞洛斯并非第一次在《编年史》中表达类似的看法，我们在其他很多地方也能够轻易找到作者对于女人统治的不满。

通过以上的分析论述，我们可以得出以下几点结论：

首先，除了开篇的瓦西里二世之外，《编年史》中其他 13 位帝王的"形象"总体上呈现否定色彩，或者说否定的成分占据其记述的很

---

① *The Chronographia of Michael Psellus*, 7.B1, p.345.
② *The Chronographia of Michael Psellus*, 7.B3, p.346.
③ 详见第四章第一节"女人统治"。
④ *The Chronographia of Michael Psellus*, 7.B2, pp.345-346.

大一部分内容。普塞洛斯对这些帝王仅有的赞扬，基本停留在出身、风度以及不切实际的学识等方面，而对于其他方面则贬斥多于赞扬。作者或是指责某些人性格方面的缺陷，如虚伪、怯懦、反复无常等，或是揭露某些人私生活不得当、不检点，或是批判某些人政策的不合理，或者有些帝王在普塞洛斯看来根本就没有担负起一名统治者应负的责任。[①]

其次，对于不同类型帝王"形象"的构建，普塞洛斯的刻画方法各有所侧重，着眼点也不尽相同。对那些贵族皇帝，普塞洛斯在赞颂他们高贵出身和过人气度的同时，通常认为他们懈怠懒散，没有积极投身于帝国的管理事务。对那些军人皇帝，作者肯定他们勇于承担帝国大任、雷厉风行的统治风格，但是尖锐地指出这些人的政策过于激进，没有结合帝国当时的境况采取适当的措施，因而并未收到良好效果。至于3位女性统治者，普塞洛斯显然不满于如此庞大的帝国由3个女人统治。但无论普塞洛斯侧重从哪个角度去构建这些"形象"，我们总是能够从中发现作者的指责与批评。

最后，普塞洛斯在构建这14位帝王的"形象"时，并非一味地将这些人视作统治者或者政治家来进行描述，而是将他们视作一个个普通人，试图从一个常人的角度对这些人诸多方面的举止行为进行评价。其他古代史家往往仅从统治者一个维度对历代帝王加以述评，我们在这些史家著作中所了解到的，无外乎政治外交等军国大事，他们对某些历史现象（比如国家的衰落）的解释，更多的是集中于制度层面的考察。然而普塞洛斯却为我们展现了统治者作为普通人的一面，补充了其他史家所忽视的内容，因此他的记载为我们全面了解拜占庭帝王，进而了解11世纪的拜占庭帝国提供了极为珍贵的素材，令我们可以从人与人性的角

---

① 可参见赵法欣、邹薇《普塞洛斯〈编年史〉中拜占廷帝王"形象"塑造的特点》，第177—190页。

度去看待拜占庭帝国在这 100 年间的兴衰变化。

第二节 普塞洛斯的"帝王批判"①

通过上一节中对于普塞洛斯笔下帝王"形象"的分析，我们不难看出作者虽然偶有赞扬的成分，但相比之下批判似乎才是普塞洛斯写作的主旨。同时，由于普塞洛斯记载内容的特殊性，即并非一味地专注于每位统治者的内政外交等各项政策，而是力图从普通人的角度去刻画这些统治者生活的诸多方面，因此我们有条件比较全面地分析作者如何对笔下诸帝王展开批判。笔者将《编年史》中的信息整理归类，大致分成外貌、性格、学识、癖好、宗教情结、婚姻爱情、疾病、统治等几个方面，②为了论述的方便，笔者又将上面几个方面内容再分成内在特性（外貌、性格）、习得特性（学识、癖好、宗教情结、婚姻爱情、疾病）和统治三大类，在分别探讨普塞洛斯对这三个大方面所持立场之后，归纳总结出作者"帝王批判"的某些手法和特征。③

一　内在特性

1. 外貌

普塞洛斯倾向于突出拜占庭帝王体格上的美，因此习惯将自己笔下的人物形象刻画得英俊而美丽。在其《编年史》中，普塞洛斯通常用这样的词汇来形容各位拜占庭帝王的外貌特征，如"高贵的""美丽的""结

---

① 笔者此处借用蒂恩菲尔德的术语，参见 Franz H. Tinnefeld, *Kategorien der Kaiserkritik in der byzantinischen Historiographie von Prokop bis Niketas Choniates*, München: Wilhelm Fink Verlag, 1971, pp.122-134。

② 柳巴尔斯基将普塞洛斯《编年史》中主要人物的品质和特征划分为 9 大类别，分别是：家庭出身；生活方式；学识，对待学者的态度；语言风格；宗教虔诚；勇气，毅力；作为政治家的品质（包括是否履行君主职责、统治方式、与臣民的关系以及慷慨等）；智力；道德伦理。参见 Ljubarskij, *Η Προσωπικότητα και το Έργο του Μιχαήλ Ψελλού*, pp.300-301。

③ 关于本节内容，可参见赵法欣《米哈伊尔·普塞洛斯〈编年史〉中的"帝王批判"研究》，《西南民族大学学报》（人文社会科学版）2015 年第 10 期，第 225—229 页。

构匀称的",并且时常将这些人比作"花朵""太阳"或"水晶"。①这方面的例子以普塞洛斯对君士坦丁九世皇帝的描绘最为典型,"当他风华正茂的时候……任何愿意仔细观察他的人肯定会把他的头比作光辉灿烂的太阳,把他的头发比作太阳的光芒,而在他身体的其他部分,他会看到最纯净、最透明的水晶。方其年少时……他的头发好似太阳的光线,而他身体的其他部分则如同纯洁透明的水晶一样闪烁着灿烂的光泽"②。众所周知,根据拜占庭帝国的政治理论和实践,身体上有残缺的人无法登上帝国的皇位。③体格健壮、容貌俊美之人,往往才是拜占庭帝王的理想人选。于是自然地,为了迎合这种需要,普塞洛斯赋予他笔下的人物各种形体上的美感。因此即便是像米哈伊尔四世这样出身微贱的皇帝,在普塞洛斯眼中依然是"一个身材匀称的年轻人,脸上洋溢着青春的光彩,像花儿一样清新"④。与外表的美相伴随的,是人物的高贵气质,因此普塞洛斯笔下的拜占庭帝王通常都是风姿卓著,气质不凡。普塞洛斯说罗曼诺斯三世"拥有一副英武之躯,看上去就像一位真正的国王",⑤说邹伊"举手投足具有帝王风范"⑥。

然而,如果我们将《编年史》中瓦西里二世的外貌描写与其他帝王进行对比,便可以看出普塞洛斯此处的用意并非简单地赞美那些仪表堂堂之人。普塞洛斯对瓦西里二世外貌的刻画,与其他帝王相比具有显著的不同。瓦西里二世的身高比常人要矮一些,脖子结实但不太长,年老之后他脸颊上的头发向下生长。⑦拜占庭史学作品中对帝王的描写深受面相学理论的影响,根据这一理论,中等身材的隐含意就是智力过人和

---

① 参见 Antony R. Littlewood, "Imagery in the *Chronographia* of Michael Psellos", in Charles E. Barber and David Jenkins, eds., *Reading Michael Psellos*, Leiden; Boston: Brill, 2006, pp.13-53。

② *The Chronographia of Michael Psellus*, 6.126, p.221.

③ Καραγιαννόπουλος, *Το Βυζαντινό Κράτος*, p.300.

④ *The Chronographia of Michael Psellus*, 3.18, p.76.

⑤ Μιχαήλ Ψελλός, *Χρονογραφία*, τόμος Α΄, 3.2, p.117.

⑥ *The Chronographia of Michael Psellus*, 2.5, p.55.

⑦ *The Chronographia of Michael Psellus*, 1.35, 36, pp.48-49.

灵敏,粗壮的脖颈代表坚毅的性格,而并不打弯的须发也是积极的象征,因为卷曲的头发意味着贪婪和怯懦。①因此,瓦西里二世的平实外貌在普塞洛斯这里似乎成了杰出统治者的外在特征,而视觉上的超凡脱俗反而具有了某种否定色彩;实际上,普塞洛斯笔下的一群美男子、美妇人基本是一些平庸之才,欠缺优秀帝王所必备的若干品质。从这个意义上来说,普塞洛斯大肆渲染这些统治者外貌的做法,并不应该被误解为一种阿谀奉承的行为。我们甚至有理由相信,在一定程度上普塞洛斯对帝王身体外貌褒扬,实际上是为了反衬他们作为统治者的无能或者失败,作者在此使用的是一种欲抑先扬的手法。当然我们也应该清楚地认识到,普塞洛斯有意通过描写帝王外表的美来展示自己的文学才能,这是他深受修辞学和古典史学传统影响的体现。正是因为对拜占庭帝王外貌生动传神的刻画,才令普塞洛斯的这部《编年史》名垂青史。②

如果我们将普塞洛斯与其他历史学家进行对比,那么这种反差显而易见。在《历史》中,阿塔里亚迪斯对尼基弗鲁斯三世和罗曼诺斯四世两位皇帝的外貌也进行了不同程度的赞美。如他写道,尼基弗鲁斯三世身体上的美感来自上帝,简直就是一个奇迹。③而对于罗曼诺斯四世的外貌,阿塔里亚迪斯给予了更为细致的描述:面相俊美,肩宽背阔,身材挺拔,仪表堂堂,浑身上下散发出高贵气质。④但是我们必须意识到,军事人物在阿塔里亚迪斯的《历史》中占据非常显赫的位置,他们身上的男子气概和勇武正是作者极力称道的美德;那么作为军人出身的皇帝,尼基弗鲁斯三世和罗曼诺斯四世自然受到阿塔里亚迪斯特殊的赞誉。⑤因此作者对他们二人外貌之美的描述和赞美,应该是为了进一步衬托此

---

① Barry Baldwin, "Physical Descriptions of Byzantine Emperors", *Byzantion*, 51 (1981), pp.11-12.

② Constance Head, "Physical Descriptions of the Emperors in Byzantine Historical Writings", *Byzantion*, 50 (1980), p.233.

③ Μιχαήλ Ατταλειάτης, *Ιστορία*, p.483.

④ Μιχαήλ Ατταλειάτης, *Ιστορία*, p.187.

⑤ Markopoulos, "The Portrayal of the Male Figure in Michael Attaleiates", pp.224-225.

二人的光辉形象，与普塞洛斯的用意截然相反。

2. 性格

普塞洛斯是一位善于刻画人物性格的大师，十分注重观察人物性格的变化和多样性，我们可以在《编年史》中经常见到作者对各色人物性格的生动刻画。而普塞洛斯对于其笔下拜占庭统治者性格的描绘，更是成为《编年史》一书的重要内容。归结起来，普塞洛斯笔下拜占庭帝王的性格主要具有两大特征：变化性与复杂性。

普塞洛斯对于帝王性格的变化有着清楚的认识，正如作者自己所指出的那样，"大多数致力于记录历代皇帝历史的人都会惊奇地发现，没有一个皇帝在每一个细节上都能保持自己的声誉不受玷污。有些人早年的行为赢得了更多的赞誉，有些人在晚年给人留下了更深刻的印象，有些人更喜欢享乐的生活，还有一些人涉足哲学，只是为了混淆他们选择遵奉的原则，并以混乱告终。就我自己而言，我觉得这种前后矛盾没什么好奇怪的；相反，如果有人总是一成不变，那就非同寻常了"[①]。普塞洛斯进而给出了诠释，因为皇帝的生活经常性地受到外界的干扰，即便是最隐私的部分也难以摆脱人们的关注。因此，普塞洛斯常常为他笔下统治者性格上的转变找到外部原因，或者是周围局势改变使然，或者是由于自身健康状况的变化而引起的。

在普塞洛斯看来统治者性格上的变化，往往都是突然发生的，而且经常是剧变。比如，瓦西里二世皇帝早年曾经过着极为骄奢淫逸的生活，为人懒散，性格脆弱。然而他的性情却因为斯科利洛斯和巴尔达斯的反叛而发生巨大转变，性格变得刚毅坚强，"他开始怀疑每一个人，自己成了一个傲慢而诡秘的人，脾气暴躁，并且会对那些不执行他命令的人大发雷霆"[②]。又如患病之后的罗曼诺斯三世，"所有的坏脾气一齐落在

---

① Μιχαήλ Ψελλός, *Χρονογραφία*, τόμος Α´, 6.27, p.343.

② *The Chronographia of Michael Psellus*, 1.18, p.37.

了他身上——性格暴躁、情绪乖张、怒火万丈以及大喊大叫，这些都是他身上迄今为止从未有过的东西。从早年起，他一生都是一个友善的人；现在，不仅获准来到他面前变得困难，而且让他礼貌地回答别人的问题也变得困难了。笑容弃他而去，随之而去的还有他以前那种和蔼可亲的天性。他根本不相信任何人，在别人看来他自己也不值得信任。一方怀疑对方，同时也遭到对方的怀疑"①。

如果说一些人是因为外部环境的变化而引起自身性格的改变，那么另有很多拜占庭统治者在普塞洛斯笔下从一开始便具有双重性格，他们的双重性格或者说两种精神状态之间存在着极大的反差。这方面最典型的例子当属普塞洛斯对于伊沙克一世性格的描述，"我自己曾经见过他的两种情绪，即紧张时刻与放松时刻，在我看来，他的性格确实是双重的。当他放松时，我感到不可思议的是，他会再次集中注意力；而当他非常专注于某个目标时，他会再次放松下来，或者忘记自己严肃的思考，从而回到现实中来。在一种状态下，他是那么和蔼可亲，那么令人愉快，而在另一种状态下……甚至他的脸都变了，他的眼睛闪闪发光，他的眉毛……像乌云一样悬挂在那里"②。如果说伊沙克的两种状态只是其性格的两个不同侧面，那么在普塞洛斯看来另有一些皇帝性格的双重性则完全是虚伪人格的体现，他们平时可以伪装得滴水不漏，然而一旦外部条件适合便会完全暴露本来面目。米哈伊尔五世就是这样一个典型的代表，普塞洛斯极为辛辣地讽刺道："当时运不济时，没有人在言行上比他更加奴颜媚骨，也没有人在精神上比他更加卑贱。然而，一旦时运稍有好转，他便立即撕掉卑躬屈膝的面具。虚伪的外表被抛在一旁，他立即充满了勇气。"③普塞洛斯的这种刻画手法应该说更为接近人性的真实

---

① *The Chronographia of Michael Psellus*, 3.24, p.80.

② *The Chronographia of Michael Psellus*, 7.46, p.304; 参见 Lauritzen, *The Depiction of Character in the Chronographia of Michael Psellos*, pp.63-66。

③ *The Chronographia of Michael Psellus*, 5.9, p.126; 参见 Lauritzen, *The Depiction of Character in the Chronographia of Michael Psellos*, pp.62-63。

状态。通过在一个人身上展现双重性格，普塞洛斯将他笔下的这些拜占庭君主们从天堂拉到了人间，打破了笼罩在这些统治者身上那道神圣的光环。这种处理方法在普塞洛斯之前的拜占庭史学作品中并不多见。①如果我们联系某些统治者性格变化之后的所作所为，或是另一些人在双重性格驱使下的行为，那么普塞洛斯在这里为我们展示的更多的是他们性格当中消极的一面，于是作者要表达的更多的是一种批判倾向。

外貌和性格基本上属于一个人与生俱来的特征，所以笔者将这两项内容放置于"内在特性"中加以分析。普塞洛斯虽然在某些细节之处能够发现积极因素，比如身体外貌的美，然而作者却能够在这些先天因素中找到批判的空间，可见其观察之敏锐，处理手法之高明。

二 习得特性

1.学识

普塞洛斯本人学富五车，在哲学、修辞学、历史学、神学、医学、占星术甚至军事科学等多个领域都有很高的建树，②在他身上古典传统文化与基督教知识得到了完美的融合。对于那些学识平庸之人，普塞洛斯自然持有一种蔑视。因此在他笔下，许多位拜占庭统治者的学问都被视作"肤浅"，而且普塞洛斯还经常讥讽他们当中的一些人对自己的学识"过于自信"。例如普塞洛斯认为君士坦丁八世"并没有多少学问。他学到了一点文化知识，这对孩子们来说已经足够了"③。对罗曼诺斯三世，普塞洛斯则显得更为苛刻，认为他"关于自己知识范围的想法被过度夸大了"，并且"对自身知识的信念，以及这种超越自己智

---

① Ljubarskij, "Man in Byzantine Historiography from John Malalas to Michael Psellos", pp.177-186.

② Kaldellis, *The Argument of Psellos' Chronographia*, p.9, Hunger, *Βυζαντινή Λογοτεχνία*, τ. Β′, p.190.

③ *The Chronographia of Michael Psellus*, 2.6, p.56.

力极限的过度使用，导致他犯下各种大规模的错误"。[1]由于普塞洛斯将基督教信仰与希腊罗马古典文化融于一身，所以他不仅仅是从其中一个方面来评价一个人的学识。如果某人只是熟悉一个方面而忽略另一方面，那么也会遭到作者的奚落。这便恰好说明为什么普塞洛斯称米哈伊尔四世"完全不懂希腊文化"了。[2]

值得注意的是，普塞洛斯似乎有意极力赞扬米哈伊尔七世的学识，称这位皇帝醉心于各门学问，并且取得了高深的造诣。但是我们不能简单地将其理解为普塞洛斯专门以米哈伊尔七世作为称颂的对象，同时贬低其他的统治者。[3]普塞洛斯对于米哈伊尔七世学识的称赞或许是在衬托出自己作为皇帝导师的功不可没，是一种变相的自我炫耀。此外，历史的真实状况是，米哈伊尔七世皇帝完全沦为太监尼基弗里基斯的工具，帝国真正的统治大权落在了后者手中，于是皇帝也只能在各种书籍当中寻求安慰了。[4]因此，普塞洛斯此处的赞誉要么为了是暗讽米哈伊尔皇帝不能胜任帝国的统治大任，要么就是为了指斥尼基弗里基斯篡夺最高统治权。

2. 癖好

拜占庭帝王闲暇时纵情于自己的兴趣爱好，从事正常的休闲娱乐活动本是司空见惯之事，是他们作为普通人日常生活的必要组成部分，无可厚非。可是我们在《编年史》中见到的很多统治者要么是有着特殊甚至奇怪的癖好，要么则是过分沉溺于各种自己感兴趣的事物而难以自拔，最终给自身甚至给帝国都带来不良的后果。

拜占庭人的休闲娱乐方式有很多种，包括大竞技场中的各种比赛、宗教节日、宴会、驯兽演出、各种棋类、狩猎、骑术比赛以及凯旋仪式

---

① *The Chronographia of Michael Psellus*, 3.2, pp.63-64.

② *The Chronographia of Michael Psellus*, 4.7, p.90.

③ 参见 Lauritzen, *The Depiction of Character in the Chronographia of Michael Psellos*, pp.153-156。

④ Μιχαήλ Ατταλειάτης, *Ιστορία*, p.317ff.; Ιωάννης Ζωναράς, *Επιτομή ιστοριών*, τόμος Γ΄, p.225.

等。^①各个阶层的人群根据自己条件和能力纷纷对自己感兴趣的娱乐活动乐此不疲。然而偏偏有一些帝王却有着十分奇怪的个人癖好，不仅看上去荒诞可笑，有时甚至还会为自己招来意想不到的灾祸。比如君士坦丁九世皇帝，普塞洛斯说他对风琴音乐、笛子的旋律、优美的嗓音、舞蹈、哑剧或诸如此类的东西都没有兴趣，可是如果有人说话有障碍、无法正确发音，或者一个人只是胡言乱语、说出任何偶然进入他脑海里的单词，皇帝会认为这很有意思。总之一句话，没有什么比用词不当更能讨他的开心了。^②普塞洛斯进而详细记载了君士坦丁皇帝如何先后过度宠信两名小丑弄臣，将他们长期留在自己身边形影不离，最终招致两次未遂的弑君阴谋。

普塞洛斯的另一个指责，在于这些拜占庭帝王过分沉溺于自己的某些癖好而难以自拔。比如他说君士坦丁八世"一心扑在跳棋和骰子上，因为他是如此热衷于游戏，如此着迷，以至于即使有使节等待着他的召见，如果他在玩游戏，他也会无视他们。他对那些最重要的事情会不屑一顾，而当他想掷骰子时会整日整夜地玩"^③。又如邹伊唯一关心的事情是开发新的香水品种，或者说是油膏的制备，她的私人卧室简直就像工匠和铁匠们在市场上劳作的作坊，房间里到处都是燃烧的火盆，数量很多。^④这些君主一心陶醉于自己的兴趣爱好，就意味着他们可能对国家大事不闻不问，这样的统治者在普塞洛斯看来显然是不称职的。

由此我们可以清晰地看到，普塞洛斯笔下拜占庭帝王们的个人癖好，无疑已经超出了正常的休闲娱乐范围，其代价常常是国家事务被忽视以及公共资源遭到肆意挥霍，最终遭受损失的是帝国的福祉，因此普塞洛斯关于拜占庭帝王癖好的记载显然呈现出明确的批判态度。

---

① *The Oxford Dictionary of Byzantium*, p.702.
② *The Chronographia of Michael Psellus*, 6.138, p.228.
③ *The Chronographia of Michael Psellus*, 2.9, pp.57-58.
④ *The Chronographia of Michael Psellus*, 6.64, pp.186-187.

3. 宗教情结

在宗教事务方面，普塞洛斯尤其关注许多皇帝修建、扩建教堂或修道院的行为。普塞洛斯并不完全否定这些行为背后的虔诚因素，但是他同时认为这些行为的手段和效果并非十分理想，甚至与其初衷背道而驰。

一些统治者为了显示自身的虔诚而动用公共资源修建宗教建筑，结果大量的钱财被挥霍，很多时候甚至还造成国库的空虚。[1]普塞洛斯记述了君士坦丁九世修建曼加纳的圣乔治修道院的过程，详细列举了君士坦丁如何不断地更新建筑方案，如何利用各种手段装饰美化内外布局，最终该修道院具有了超乎寻常的美感，就连普塞洛斯也不得不感叹，它仿佛朝圣之所终，宛若无可比拟的人间仙境。可是普塞洛斯却认为修建该修道院是君士坦丁皇帝最恶劣的奢侈放纵行为，因为"黄金从国库中流出，就像一股从永不枯竭的泉中汩汩涌出的溪流"[2]。更有甚者，有些统治者长期、大规模的修建工程不仅消耗巨大，同时还滋生出许多腐败行为。罗曼诺斯三世为了修建"受人敬仰的圣母"修道院而一掷千金，他动用了所有的皇家珍宝，甚至为了得到原材料而命人挖遍了每一座山。可是在普塞洛斯看来，"本应该是一种虔诚的行为，结果却变成邪恶的根源和许多不公正的起因……所有的皇家财宝都拿来使用……钱财都被耗尽……为这座教堂筹集的大部分资金都被提前挪用，并且浪费在其他事情上"[3]。

除此之外，一些统治者修建宗教建筑的动机根本不够纯粹，对于上帝或者圣母的信仰和崇敬只不过是幌子，其中隐藏着极为现实甚至是不可告人的秘密。米哈伊尔四世长期受到癫痫病的困扰，因此他花费国库中的大宗钱财在君士坦丁堡扩建了阿纳尔基利修道院，并且新建了一所

---

① 参见 Rosemary Morris, "Monasteries and Their Patrons in the Tenth and Eleventh Centuries", *Byzantinische Forschungen*, 10 (1985), pp.185-231。

② Μιχαήλ Ψελλός, *Χρονογραφία*, τόμος Β΄, 6.185, p.151.

③ *The Chronographia of Michael Psellus*, 3.14, p.72.

穷人院和女修道院，为的是取悦上帝、宽恕自己的罪行，最终是为了使自身免于病痛的折磨。[1]然而在普塞洛斯看来，这一切都是徒劳，因为他的气数已尽，他的健康状况仍旧继续恶化。斯基利齐斯同样将米哈伊尔四世的各种慈善行为视作皇帝对罗曼诺斯三世所犯罪行的忏悔，同时认为如果米哈伊尔就此放弃非法获得的帝国权力，并且不再与邹伊生活在一起，那么他的慈善义举或许可以达到目的。可是实际情况并非如此，米哈伊尔依旧端坐于皇位之上，依旧与邹伊日夜相伴，于是斯基利齐斯反诘道："难道他认为上帝是那么的没有头脑、那么的不公正，以至于通过别人的钱财（指的是国库——笔者）便可以将其收买，他自己便可以得到宽恕吗？"[2]于是，本来是为了表达虔诚信仰的高尚行为，被这些别有用心之人利用，成为一种赤裸裸的投机行为。

4. 婚姻爱情

11 世纪的拜占庭宫廷充满了婚外情、通奸等各种不耻行为，正如安娜·科穆宁所写的那样："自从莫诺马霍斯皇帝登基以来，皇宫之内的妇女区已经完全腐化堕落，因为淫乱的'男女关系'而荣誉扫地，这种状况一直到我父亲（即阿莱克修斯一世）登基才得以改观。"[3]或许安娜此处更多的是为了赞扬自己祖母安娜·达拉森妮（Άννα Δαλασσηνή）[4]净化宫廷风气的改革，然而她对于 11 世纪拜占庭帝王私生活的评论却不乏其合理性。这样糜烂的私人生活自然不会逃过普塞洛斯的法眼，他在《编年史》中对很多拜占庭帝王的风流韵事都给予了详尽的记述，通过这些记述我们清楚地看出作者在这一问题上明显持有一种批判的立场。

---

① *The Chronographia of Michael Psellus*, 4.31, p.105; 4.36, pp.107-108.
② Ιωάννου Σκυλίτση, *Χρονογραφία*, p.441.
③ *The Alexiad of the Princess Anna Comnena*, 3.8, p.86.
④ 阿莱克修斯一世皇帝的母亲，她于 1040 年或 1045 年与伊沙克一世·科穆宁的兄弟约翰结婚，伊沙克退位后安娜曾坚决反对继承皇位的杜卡斯家族成员，甚至为此而不喜欢阿莱克修斯与伊琳妮·杜凯娜的婚姻。阿莱克修斯一世统治期间，安娜曾经掌握很大的统治权力，然而民众的不支持使她最终与儿子的关系恶化，安娜被迫隐退至修道院中。*The Oxford Dictionary of Byzantium*, p.578.

　　由于对罗马法有着比较深入的研究，普塞洛斯对于婚姻的相关规定应该十分清楚，因此对某些拜占庭统治者婚姻的不合法性自然不会隐藏自身的否定态度。关于罗曼诺斯·阿尔基洛斯与邹伊的婚姻问题，普塞洛斯有这样的记载：君士坦丁八世临终之时选中罗曼诺斯继承皇位，并且将自己的二女儿邹伊许配罗曼诺斯为妻。可是罗曼诺斯的妻子海伦仍然健在，并且极力反对皇帝的安排。但是后来在君士坦丁八世的蒙骗和威吓之下海伦被迫同意与罗曼诺斯离婚，自己则削发进入修道院中度完余生。[①]根据罗马法的规定，如果夫妻一方自愿离婚，另一方再婚属于合法行为；但如果其中一方是被迫离婚，那么另一方的再次结婚就是非法的，可以被视作通奸行为。可是普塞洛斯在这里使用的却是被动语态形式的单词，意在强调罗曼诺斯的原配妻子并非出于自己本意而与丈夫离婚，[②]因此作者的立场便十分明确，在他看来罗曼诺斯与邹伊的婚姻存在不合法性甚至有通奸的嫌疑。

　　此外普塞洛斯还多次记载了拜占庭宫廷之内的婚外情事件，其中最著名的当数邹伊与米哈伊尔四世的通奸行为，以及君士坦丁九世与他的情妇斯科丽莱娜的私情了。[③]邹伊与君士坦丁九世分别都是在各自的配偶仍然在世时发生的出轨行为，在这一点上已经无须多言，包括普塞洛斯《编年史》在内的多种史料关于该问题的记载大体一致。关于邹伊和米哈伊尔，有一个问题尤其值得注意，即当罗曼诺斯三世遇害之后，邹伊立即与米哈伊尔四世完婚，并未遵守一年之内不得再婚的相关法律规定。[④]至于君士坦丁九世更是厚颜无耻地征得了邹伊皇后的同意，然后

---

　　① Μιχαήλ Ψελλός, Χρονογραφία, τόμος Α΄, 2.10, p.111.

　　② *Michaelis Pselli Chronographia*, Band 1, herausgegeben von Diether R. Reinsch, Berlin: De Gruyter, 2014, 2.10, p.30, "τὰς τε τρίχας ἀποτμηθεῖσα...ἐπί τι καταγώγιον μετατίθεται"; cf. Laiou, "Imperial Marriages and Their Critics in the Eleventh Century: The Case of Skylitzes", p.167ff.

　　③ *The Chronographia of Michael Psellus*, 3.18-20, pp.75-78; 6.52-59, pp.181-184.

　　④ Laiou, "Imperial Marriages and Their Critics in the Eleventh Century: The Case of Skylitzes", p.170.

将自己的情妇带入皇宫，甚至像对待合法妻子一样为后者安排宫廷内的房间，并且让她一起出席各种重大仪式和外交场合，这显然是对一夫一妻制赤裸裸的挑衅与践踏！

通过普塞洛斯的记载我们清晰地看到，11世纪的一些拜占庭帝王在私生活方面放荡糜烂，他们的所作所为是对世俗法律与教会法规的双重践踏，因此普塞洛斯的批判不仅停留在道德品质层面，同时也是对这些人无视国家律法和教会权威的一种强烈斥责。同样是关于拜占庭帝王的婚姻问题，阿塔里亚迪斯的处理与普塞洛斯相比则有很大的不同。为了使自己《历史》中的英雄人物尼基弗鲁斯三世的形象更加高大美好，阿塔里亚迪斯对于这位皇帝与阿兰尼亚的玛丽亚的婚姻只字不提。可是在根据其他史料记载，玛丽亚是出于被迫才削发进入修道院，这也就意味着她与原配丈夫、已经退位的米哈伊尔七世的婚姻并非合法终止，因此尼基弗鲁斯三世与玛丽亚的结合应该被视作通奸行为。①

5. 疾病

拜占庭人对疾病的知识十分感兴趣，很多拜占庭作家在他们的作品当中对人类所患的各种病症都有所记载，我们可以确知的包括狂犬病、眼睛感染、麻风病、各种皮疹、霍乱、肺炎以及肺结核等。②拜占庭人关于疾病的理论主要受到古代生理学家希波克拉底和盖伦的影响，认为人类生病是由于人体内四种基本的体液，即血液、黏液、黄胆液和黑胆液之间的比例失调而造成的，当它们失去平衡汇集在某处或是某处液体空虚都会使人疼痛生病。③普塞洛斯显然熟知这一理论并且是它的信徒，这

① Markopoulos, "The Portrayal of the Male Figure in Michael Attaleiates", p.225; Laiou, "Imperial Marriages and Their Critics in the Eleventh Century: The Case of Skylitzes", pp.173-175.

② 参见 N. Παπαδημητρίου, *Νοσήματα και ατυχήματα στις αυτοκρατορικές οικογένειες του Βυζαντίου (324-1261) κατά τη βυζαντινή ιστοριογραφία*, Αθήνα, 1996。

③ 可参见邹薇《拜占庭对古典医学的继承和发展》，《世界历史》2017年第3期，第113—115页。

一点我们从他对君士坦丁九世病情的描述中可以看出来。普塞洛斯认为君士坦丁身体的主要构造有了一个重大变化（即基本的体液），它们不断汇聚，破坏了先前的协调，体现在他的双脚、躯干关节和双手，随后大量地影响到了肌肉本身和背部的骨骼。[1]这一分析基本上符合古典医学的病理解释。

普塞洛斯在《编年史》中提及多种病症，并且时常极为生动地刻画某些拜占庭帝王遭受病痛折磨时的悲惨状况。他说罗曼诺斯三世得了一种罕见而痛苦的疾病，他全身溃烂，内部开始腐坏。普塞洛斯曾经亲眼得见病痛中的罗曼诺斯，说他"和一个死人几乎没什么不同。他的整个脸都肿了，脸色并不比在坟墓里死了三天的人的脸好看"[2]。伊沙克一世病重之时打算返回皇宫，普塞洛斯将他生动地比作"一棵高大的柏树被狂风猛烈地摇晃一样"，"他的确踉踉跄跄……双手在不停地发抖"。[3]有学者分析认为，普塞洛斯刻画病痛之人的手法体现出一种写实主义的倾向，是对前人写作手法的突破，具有很大的个人原创性。[4]

然而普塞洛斯这样处理的意图并不是为了表现自己对患病之人的同情，在很多情况下他将一些帝王染病视为这些人纵欲无度生活的必然结果，显示出作者的批判立场。根据普塞洛斯的记载，君士坦丁八世由于暴饮暴食以及性欲的驱使而饱受关节炎的困扰，更为糟糕的是他的双脚因此都无法行走。[5]伊沙克一世沉迷于各种形式的狩猎活动，经常数日于野外追逐猎物而乐此不疲；可是由于不停地向熊和野猪投掷长矛，

① The Chronographia of Michael Psellus, 6.127, p.222.
② The Chronographia of Michael Psellus, 3.24, 25, pp.80-81.关于罗曼诺斯三世的病症另可参见 Edouard Jeanselme, "La maladie et la mort de Romain III Argyre", Communications à la Société histoire de la Médécine, 17 (1923), pp.9-10。
③ The Chronographia of Michael Psellus, 7.80, p.324.
④ Kazhdan and Epstein, Change in Byzantine Culture in the Eleventh and Twelfth Centuries, p.212.
⑤ The Chronographia of Michael Psellus, 2.7, p.57; R. Radić, «Η ποδάγρα στα ιστορικά έργα του Μιχαήλ Ψελλού και της Άννας Κομνηνής», in Βασιλική Ν. Βλυσίδου, επιμέλεια έκδοσης, Η αυτοκρατορία σε κρίση (;): το Βυζάντιο τον 11ο αιώνα (1025-1081), Αθήνα: Ε.Ι.Ε., 2003, p.384.

再加上右臂反复用力，伊沙克感到身体的一侧发冷。起初病情不是特别明显，但是转天他便开始发烧，而且一阵阵地发抖。[①]伊沙克由此一病不起最终不得不退位并隐退到修道院中度完余生。另外君士坦丁九世皇帝终日不理朝政、贪图享乐，一天之中要在温水里洗几次澡，终于有一次在进进出出的时候着凉了。他的病情逐渐加剧，病毒侵袭了他的肺部，不久他便去世了。[②]至此普塞洛斯对皇帝病症的记载已经明显带有一种批判的意味，在作者看来很多帝王染病甚至由此失去皇位或者丧命，完全是由于自身生活的不节制、纵欲过度而引起，这些人没有履行君主责任的同时，还令自己的身体遭受痛苦。

学识、癖好、宗教情结、婚姻爱情和疾病基本上属于一个人后天的行为范畴，普塞洛斯在这些方面也基本上保持批判性立场，有时甚至大加挪揄之词。在这里我们看到的是不学无术、不务正业、信仰不纯、私生活腐朽糜烂的一群皇宫内的男男女女。普塞洛斯在上述方面着意指出11世纪拜占庭统治者行为的不当，作者在很大程度上运用了道德评判的标准。

三 统治

毋庸置疑，普塞洛斯对 14 位拜占庭统治者最重要的评价尺度，在于这些人的统治政策，[③]具体而言就是他们的行为是否符合一位优秀统治者的标准。我们认为普塞洛斯对于《编年史》中拜占庭帝王的统治政策总体上呈现批判态度，其批判的角度大体着眼于以下若干方面：是否能够承担起一名统治者应有的责任，是否施行合理有效的政策，以及是否在帝国境内推行公正的原则。

---

① *The Chronographia of Michael Psellus*, 7.73, p.321.
② Μιχαήλ Ψελλός, *Χρονογραφία*, τόμος Β΄, 6.201, p.171.
③ Ljubarskij, *Η Προσωπικότητα και το Έργο του Μιχαήλ Ψελλού*, p.302.

表 3.1　　　　　　　普塞洛斯关于拜占庭帝王统治的记载

统治者	是否委政于他人	司法公正	对待大臣民众（慷慨）	军队
瓦西里二世	统治初期太监瓦西里 1.3	不依靠成文法律 1.29	聚敛钱财，避免外流 1.31	熟知军事事务，领兵作战 1.32-33
君士坦丁八世	全面委政于他人 2.6	因猜疑某人而定罪，臣民"奴隶" 2.2	慷慨无度，挥金似土 2.3	
罗曼诺斯三世		根据自身好恶裁决 3.12	从极度慷慨到极度吝啬 3.6	效仿前代英主，领兵作战 3.8
米哈伊尔四世	太监约翰 4.19	不甚熟悉法律事务 4.8	慷慨出资修建教堂、修道院 4.31, 36	率军平叛保加利亚人 4.42
米哈伊尔五世	独断专行，臣民"奴隶" 5.15		赏赐以换取民心 5.16	
君士坦丁九世	军国大事一律付与他人 6.34, 47；后期一度委政于利户迪斯 6.178	糊涂的裁决 6.165	挥霍钱财与官衔 6.29	派遣将领出战 6.83, 121
塞奥多拉	利奥·帕拉斯庞迪洛斯 6.A6；缺乏主见，依赖他人 6.A15		独立统治后拒绝封赏 6.A3	
米哈伊尔六世	被朝臣架空 6.A20		胡乱赏赐官衔 7.2	派遣将领出战 7.10；忽视军队建设 7.1
伊沙克一世	独揽大权 7.44	并不熟悉法律事务，听从多数人意见 7.49	避免奢侈浪费行为 7.59	军人皇帝 7.7ff, 70
君士坦丁十世	固执己见 7.A17, A18	精熟法律 7.A2；自己充当法官 7.A16；司法公正 7.A19	谨慎的财政政策？7.A3	忽视军队建设 7.A17, A18
尤多西娅	独自统治 7.B1			
罗曼诺斯四世	大权独揽，藐视尤多西娅 7.B11, B14, B18			领兵作战 7.B13, B17, B19-22, B32-40
米哈伊尔七世	多次推让权力 7.B2, B3, B8, B25；倚仗叔叔约翰 7.C10		财政政策，行为适度得体 7.C2, C3	

在《编年史》中有一类帝王受到普塞洛斯的严厉谴责，这些人对于国家大事毫不关心，将帝国统治大任全权托付给他人，自己则终日享受快活的日子，最典型的就是君士坦丁八世和君士坦丁九世两位皇帝。另外还有一些统治者会选择某位大臣，将许多军政大权托付给此人，然而在普塞洛斯看来，君主们所委任之人有时候并不是特别胜任，例如塞奥多拉女皇选中的利奥·帕拉斯庞迪洛斯，[①]这些君主们推卸责任的做法更是为作者所诟病。

对于那些能够自己承担起帝国统治大任的统治者，普塞洛斯也有自己批判的理由。首先是对于某些统治者独断专行、不听劝谏的统治方式非常不满，在这方面就连饱受赞誉的君士坦丁十世皇帝也难以逃脱作者的谴责。普塞洛斯认为君士坦丁十世完全依赖于自己的判断而拒绝外人的意见，作者甚至将这一行为视作帝国衰落的重要原因之一。[②]类似的，普塞洛斯对于米哈伊尔五世、罗曼诺斯四世等人的独裁专断也都予以了批判。其次，普塞洛斯经常能够发现某些统治者政策的不合理之处并且着重强调，比如米哈伊尔七世的财政政策。除此之外，有一个问题受到普塞洛斯的特别关注，那就是 11 世纪的多位拜占庭统治者忽视军队建设这一严重失误，他们将更多的注意力转向内政事务，大量裁减军队人数，削减军队开支，令帝国军队的战斗力大幅度下降；从君士坦丁九世开始这种倾向便日益明显，最终给帝国造成了难以估量的恶果。[③]

另外有一点值得我们注意，即普塞洛斯对于拜占庭统治者与司法公正的态度。尽管普塞洛斯曾经跟随毛洛普斯和克西菲林诺斯研习法学，

① Ljubarskij, *Η Προσωπικότητα και το ΄Εργο του Μιχαήλ Ψελλού*, pp.140-149.

② Μιχαήλ Ψελλός, *Χρονογραφία*, τόμος Β΄, 7.A17, p.363; 7.A18, p.365.

③ 参见 Speros Vryonis, Jr., "The Eleventh Century: was there a Crisis in the Empire? The Decline of Quality and Quantity in the Byzantine Armed Forces", in Βασιλική Ν. Βλυσίδου, επιμέλεια έκδοσης, *Η αυτοκρατορία σε κρίση (;): το Βυζάντιο τον 11° αιώνα (1025-1081)*, Αθήνα: Ε.Ι.Ε., 2003, pp.17-43。

尽管他本人曾经在帝国军区担任过法官，然而我们在《编年史》中却很少看到作者记录或提及法律法规，这在很大程度上是因为，在普塞洛斯看来更为重要的问题是公正的待遇得以实现，其途径并不一定是通过法律程序。[①]因此，我们在《编年史》中看到许多并未严格依据法律法典裁决案件的统治者，这些人并未因此受到普塞洛斯的批评；作者批判的着眼点更多地在于统治者是否能够公正公平地处理案件，从而令正义和公平能够在帝国境内得以广泛地推行。于是很自然地，虽然瓦西里二世依据自身感受而并非成文法律审理案件，但是因为没有造成不公正的结果，所以并未受到普塞洛斯的指责。相反，虽然君士坦丁九世资助兴建了君士坦丁堡法律学校，[②]并且令帝国的法学研究和法学教育水平得以大幅度提高，但是因为这位皇帝的多次决断有失公允，因此还是遭到普塞洛斯毫不留情的批判。[③]

普塞洛斯的"帝王批判"与其他一些拜占庭历史学家帝王批判的基本内容具有类似之处，这些历史学家的目光基本上着眼于统治者是否践踏公共财产、是否独裁专制以及是否侵犯民众利益等几个方面。[④]在这个层面，普塞洛斯也会根据自己的立场展开批判，比如针对某些统治者修建宗教建筑时铺张浪费的行为，作者指责他们并不是用自己的钱财来表达自身的虔诚，而是浪费公共财产，将国库挥霍一空。又如普塞洛斯批判君士坦丁八世等人恐怖的专制手段，在官员和臣民当中造成恐慌，侵害了帝国臣民的正当权益，因此这些人被作者视作暴君一般。

---

① Laiou, "Law, Justice and the Byzantine Historian: Ninth to Twelfth Centuries", pp.173,174.

② 关于君士坦丁堡法律学校以及 11 世纪拜占庭的法学教育，可参见 Wanda Wolska-Conus, "Les écoles de Psellos et de Xiphilinos sous Constantin IX Monomaque", *Travaux et Mémoires*, 6 (1976), pp.223-243; Wanda Wolska-Conus, "L'école de droit et l'enseignement du droit à Byzance au 11ᵉ siècle: Xiphilin et Psellos", *Travaux et Mémoires*, 7 (1979), pp.1-107。

③ Laiou, "Law, Justice and the Byzantine Historian: Ninth to Twelfth Centuries", p.175.

④ Paul Magdalino, "Aspects of Twelfth Century Byzantine *Kaiserkritik*", *Speculum*, 58/2 (1983), pp.326-346; Averil Cameron, "Early Byzantine *Kaiserkritik*: Two Case Histories", *Byzantine and Modern Greek Studies*, 3 (1977), pp.1-17.

　　除此之外，在形式和内涵上普塞洛斯的"帝王批判"又增加了新的内容，因此与其他拜占庭史家有所区别。[①]普塞洛斯的"帝王批判"不仅仅停留在君主的统治这一个层面，而是将观察的视角扩展至统治者的各方面行为，从先天特性至后天特征，也就是我们前文分析的外貌、学识、宗教情结、疾病等若干方面的内容。作者立足于从普通人的角度去审视各位拜占庭统治者，试图揭示出他们每个人身上存在的各种"弱点"和"缺点"，最后又将这些"弱点"和"缺点"归纳为导致他们成为不称职统治者的重要原因和必要因素，于是普塞洛斯《编年史》中的各位拜占庭帝王不仅仅是无能的统治者，同时还是自身存在各种缺陷的个体。因此我们有理由认为，普塞洛斯在《编年史》中展开的"帝王批判"，在范围上较之于其他拜占庭史家有所突破，在深度上也比仅仅局限于帝王统治一个方面有所深化。

　　普塞洛斯对于《编年史》中各位统治者政策的评判还具有一个鲜明特色，即作者经常将统治者的政策与他们的性格联系起来。[②]关于每个统治者的性格特征，作者并非全盘否定，对于某些合理成分还是给予了应有的肯定；然而，更重要的是，普塞洛斯认识到有些人因为性格上的某些缺陷而影响到相应的政策选择。例如，米哈伊尔五世皇帝生性狡诈虚伪，心里想着一件事嘴上却说着其他事。在他升任凯撒之后便在内心里日夜盘算如何报复自己的家庭成员，可是表面上却装得毕恭毕敬若无其事。普塞洛斯说"这个家族的每位成员都被他轮番考量了一遍。凡是那些曾经有恩于他以及提携过他的人，他都准备除掉。他对皇后极为痛恨，他要杀死几个舅舅，其他人则一律流放"[③]。果不其然，米哈伊尔登基之后便撕去伪装，明目张胆地开始实施自己的报复行动，先后将舅

---

① 参见赵法欣《米哈伊尔·普塞洛斯〈编年史〉中的"帝王批判"研究》，第 227 页。
② 参见 Lauritzen, *The Depiction of Character in the Chronographia of Michael Psellos*, chap.2 & 3。
③ *The Chronographia of Michael Psellus*, 4.28, p.104.

父太监约翰和义母邹伊流放。在此之后，米哈伊尔又将魔爪伸向了家族内其他成员。普塞洛斯写道："他的所有亲戚，大多数都已经成年、蓄着胡须，他们已经做了父亲，并且在国家中被委以重任，米哈伊尔强迫他们净身，使他们的生活处于半死的状态。"[1] 此外，在普塞洛斯看来，统治者性格方面的缺陷对政策的影响有可能带来灾难性的后果，典型的事例就是罗曼诺斯四世的傲慢自大，他既藐视皇后尤多西娅的权威，同时又拒绝采纳不同的建议、一意孤行，最终酿成曼齐科特战役的失败，自己则成为塞尔柱突厥人的阶下之囚。

综上所述，普塞洛斯从普通人的角度剖析了统治者对拜占庭帝国命运的重要影响，他并非仅仅从制度的角度入手，去分析一个政权如何从兴盛走向衰落灭亡，这便为我们提供了一个新颖的视角和解释方法。但是普塞洛斯的解释并不系统，虽生动具体但是缺乏整体性的分析，而且更为重要的是他并未深刻挖掘出这个时代拜占庭国家政治动荡等一系列问题的根源所在。

---

① *The Chronographia of Michael Psellus*, 5.42, p.147.阿塔里亚迪斯对此也有明确的记载，除了流放太监约翰之外，米哈伊尔五世将家族中的其他成年的和未成年的人一律阉割，以防止他们觊觎权力。Μιχαήλ Ατταλειάτης, *Ιστορία*, p.39.

第四章 《编年史》中所体现的思想观念

《编年史》中蕴含着作者普塞洛斯多方面的思想，政治方面包括他的帝王观、对女性统治的看法以及对"民主"的态度，宗教领域则主要涉及上帝的旨意以及他对基督教圣像的态度。同时书中还包含了普塞洛斯对外族的立场，展现出作者身份认同的某些理念。当然，普塞洛斯也在书中的不同地方或详或略地阐发了他的史学写作理念。

第一节 政治理念

普塞洛斯在《编年史》中所阐发的政治理念，主要围绕君主权力的获取、运用及分配等问题而展开。作者尤其着重表达了关于女性统治者以及"民主"的观念，实际上是这他对帝国最高权力分配问题看法的某种补充。上述观念的形成，与普塞洛斯多年的从政经历，特别是宫廷任职的经历密不可分。

一 帝王观

我们在前文中已经分析了普塞洛斯笔下的帝王"形象"，以及作者对 11 世纪拜占庭统治者的批判内容。那么在普塞洛斯的观念中，一名合格的统治者究竟应该是什么样子？他们应该具备哪些基本素质？通过综合《编年史》中的信息，我们可以看出普塞洛斯对于一名合格君主的概念主要涉及以下内容。

1. 权力来源

根据基督教的理论，拜占庭皇帝被视作上帝在人间的代表，其权力自然首先来自上帝的恩赐。[①]"基督教会史之父"凯撒里亚的尤西比乌斯（Εὐσέβιος τῆς Καισαρείας）在 4 世纪时就已经明确阐释了这一理论，他将君士坦丁一世皇帝视作天选之子，被上帝赋予各种无上的荣光，以至于能够比他的前辈们统治更多的民族。[②]这种观念在后世不断得到完善、加强，成为拜占庭人信奉的准则之一。

普塞洛斯自然熟知这一理论，但与此同时，在实际操作层面，他还认为一名君主应该以合法的方式获得权力，这也是一位君主日后统治帝国的必要前提。在普塞洛斯看来，血亲继承是皇位传承最合理、最正统的方式。比如在《编年史》的一开篇普塞洛斯便阐明了自己的这一立场，"约翰·兹米斯基斯皇帝就这样去世了……罗曼诺斯[③]的两个儿子瓦西里和君士坦丁于是合法地继承了权力"[④]。需要特别指出的是，瓦西里在其父继位后的第二年（960 年）便被加冕为共治皇帝，[⑤]君士坦丁也于

---

① Καραγιαννόπουλος, *To Βυζαντινό Κράτος*, pp.291-292.

② Eusebius, *Life of Constantine*, introduction, translation, and commentary by Averil Cameron and Stuart G. Hall, Oxford: Clarendon Press, 1999, 1.1-6, pp.67-69. 中译文可参见尤西比乌斯《君士坦丁传》，林中泽译，商务印书馆 2015 年版，第 162—167 页。关于尤西比乌斯及其历史作品，还可以参见以下作品：Robert M. Grant, *Eusebius as Church Historian*, Oxford: Clarendon Press, 1980; Aaron P. Johnson, *Eusebius*, London; New York: I. B. Tauris, 2014.

③ 即罗曼诺斯二世，马其顿王朝皇帝，959—963 年在位，君士坦丁七世皇帝之子。他于 939 年生于君士坦丁堡，963 年 3 月 15 日去世。罗曼诺斯于 945 年加冕为共治皇帝，959 年 11 月 9 日继承君士坦丁七世的皇位。他保留了先皇的一班旧臣，但是将国家的统治大权交付于太监约瑟夫·布林加斯。罗曼诺斯二世统治期间，拜占庭帝国收复了克里特岛，并且重新征服了日耳曼尼基亚。*The Oxford Dictionary of Byzantium*, pp.1806-1807.

④ Μιχαήλ Ψελλός, *Χρονογραφία*, τόμος Α´, 1.1, p.41.

⑤ Ιωάννου Σκυλίτση, *Χρονογραφία*, p.283.

962 年加冕。只是因为他们的母亲塞奥发诺（Θεοφανώ）①以及尼基弗鲁斯二世和约翰一世先后辅政，兄弟二人至 976 年才正式开始自己的统治。因此在普塞洛斯眼中，瓦西里和君士坦丁此时才真正地从父亲罗曼诺斯二世手中接过了帝国的统治大权。此外，如果不是父死子继、兄终弟及，那么最稳妥的继位方式便是通过和平手段登基，纯粹依靠武力夺取政权在普塞洛斯看来似乎有些不妥。伊沙克·科穆宁起兵反叛米哈伊尔六世并由此登上拜占庭皇位，是《编年史》中唯一一次靠武力取得政权的事例。普塞洛斯身为米哈伊尔皇帝的使节，在叛军首领伊沙克的营帐内，他竭力规劝后者应当以合法的手段继承皇位。普塞洛斯提议伊沙克应该立即停止军事行动，与皇帝达成和解，并且首先得到凯撒（καίσαρ）②的头衔，最终由此继承帝位。③普塞洛斯的意图固然是要在皇帝与叛军之间做出调停，希望结束内战实现和平，然而我们不能否认此处或许也体现出作者关于统治者获取权力途径的一贯态度，在普塞洛斯看来合法地成为帝国最高统治者才是最令人信服的手段。

11 世纪时正统王朝的观念已经深入人心，在皇权继承的过程中，选举已经失去了原先的重要作用，家族和血缘成为更加受人关注的因素。家庭成员继承皇位已经成为 11 世纪拜占庭帝国皇位继承的主导方式，普塞洛斯对此持肯定态度。《编年史》中出现的各位统治者，都以不同的

---

① 拜占庭皇后，罗曼诺斯二世皇帝的妻子，她 940 年之后生于君士坦丁堡，976 年之后去世。塞奥发诺系君士坦丁堡一名酒商的女儿，以美貌打动罗曼诺斯皇帝，并于 956 年前后与其结婚。罗曼诺斯二世死后，塞奥发诺成为瓦西里二世和君士坦丁八世的摄政者，并且为了巩固权力于 963 年又嫁给了尼基弗鲁斯·弗卡斯。但是后来塞奥发诺联合约翰·兹米斯基斯共同谋害了尼基弗鲁斯二世皇帝，然而她自己与约翰的第三次婚姻并未得以实现。迫于牧首波利埃弗克托斯的压力，约翰在加冕之前不得不将塞奥发诺流放，他自己则迎娶了罗曼诺斯二世皇帝的妹妹塞奥多拉为妻。*The Oxford Dictionary of Byzantium*, pp.2064-2065.

② "凯撒"最初指代皇帝自己，戴克里先改革之后成为小皇帝的称谓，地位在奥古斯都之下。11 世纪之前，凯撒一直是皇帝的儿子们所能享有的最高头衔，有些皇帝也把该头衔赏赐给其他一些家庭成员。凯撒的证章是一个没有十字架的王冠。在对拜占庭官职体系进行改革之后，阿莱克修斯一世皇帝降低了凯撒的级别，将其置于首席大贵族（σεβαστοκράτωρ）之下。14 世纪以后，享有凯撒头衔的多是一些外国君主。*The Oxford Dictionary of Byzantium*, p.363.

③ *The Chronographia of Michael Psellus*, 7.27-30, pp.290-293.

方式力图使自身继承皇位这一事实得到认可，体现的是一种对于正统观念的维护。正如孤儿院院长约翰所做的那样，在促成米哈伊尔五世登基之际，约翰要求他的其他几个兄弟不要僭越皇后邹伊擅自行事，要在她的基础上建立他们自己的大业和未来，要做一切他们认为可能赢得她的事情。①还有一个现象值得我们注意："执事"利奥已经在其《历史》的第 10 卷中插入了瓦西里二世平定斯科利洛斯和弗卡斯两次叛乱的内容，这些肯定是约翰一世皇帝去世之后的事情。然而普塞洛斯依然坚持从约翰死后、瓦西里和君士坦丁的独立统治开始写起，并且同样记载了上述两次叛乱，不惜与利奥《历史》中的内容有所重复，这或许在某种程度上体现了作者对于正统王朝的某种偏爱。另外，马其顿王朝也是结束于 11 世纪，此后拜占庭帝国的统治大权在众多继位者手中竞相传递，直至 1081 年阿莱克修斯一世上台，一个崭新的科穆宁王朝出现在帝国的政治舞台之上。关于马其顿王朝的寿终正寝，普塞洛斯有着明确的认识。在他看来，君士坦丁八世死后这个统治拜占庭帝国将近两百年的王朝便宣告结束："他（瓦西里二世——笔者）的兄弟君士坦丁走完了限定的生命历程，这同时标志着一个辉煌王朝的结束。"②对于那些试图建立新王朝的人，普塞洛斯一般持保留态度。罗曼诺斯三世登基之后，十分迫切地要与皇后邹伊生育自己的后代，意在为自己确立男性继承人，用普塞洛斯的话讲，罗曼诺斯完全"以自己对未来的信念为指引"，"认为自己会统治很多年，并留下一个注定要世世代代承袭皇位的家族来继承他"。③普塞洛斯此处流露出的完全是一种鄙夷的语气，罗曼诺斯费尽心思求子的种种努力在作者看来不仅徒劳无功，甚至有些荒唐可笑。

---

① Μιχαήλ Ψελλός, *Χρονογραφία*, τόμος Α´, 5.3, p.245.
② Μιχαήλ Ψελλός, *Χρονογραφία*, τόμος Β´, 6.91, p.29.
③ *The Chronographia of Michael Psellus*, 3.5, p.65.

2. 君主责任

普塞洛斯眼中合格君主的另一项必备品质，便是能够勇于承担起一名统治者应负的责任，亲身肩负起各项国家事务。于是，君士坦丁八世、君士坦丁九世等人主动放弃帝国统治大任、好逸恶劳的做法自然会遭到普塞洛斯的指责。相比而言，那些积极承担帝国政务的帝王尽管也会有其他缺点和不足，却能因为尽职尽责而得到普塞洛斯的称赞。特别值得注意的是，作者对米哈伊尔四世的记载，虽然普塞洛斯也曾经指出这位皇帝很多方面的失误，但是对其在饱受疾病困扰之际没有放松对于国家事务的关注予以肯定。正如普塞洛斯所说的，"在已经开始影响他的病情发展到顶点并达到顶峰的整个过程中，他仍然监督着整个帝国的管理，就如同根本没有疾病困扰着他一样"[①]。

作为一名合格的统治者，他还应该能够统领军队，抗击外敌入侵，维护帝国的安宁与和平。要做到这一点，必须对领兵作战以及如何取得战争的胜利有一个清晰的认识。在普塞洛斯看来，取得战争胜利的关键，不在于军队规模的庞大，因为人海战术并不一定会带来战斗力的提高。因此那些将战争胜败完全寄托于增加军队人数的做法，最终的结局往往是失败。例如，罗曼诺斯三世认为"如果他把军队增加到正常兵力之外，或者更确切地说，如果军团数量增加，那么当他与如此众多的士兵——包括罗马人和盟友——一起对付敌人时，没有人能够抵抗他"，因为在他看来"战争是由大量的军队决定的"。[②]可是他的军队却在阿勒颇附近遭遇惨败，铩羽而归。类似地，罗曼诺斯四世第三次征讨塞尔柱突厥人之时，率领着一支在人数上比以往更加庞大的军队出发，[③]可是由于策略不得当最终兵败被俘。与之形成鲜明对照，那些对战争胜败关键有着

---

① Μιχαήλ Ψελλός, *Χρονογραφία*, τόμος Α΄, 4.19, p.191.
② Μιχαήλ Ψελλός, *Χρονογραφία*, τόμος Α΄, 3.7, p.125, 3.8, p.127.
③ Μιχαήλ Ψελλός, *Χρονογραφία*, τόμος Β΄, 7.B18, p.403.

清醒认识，并且能够审时度势、运用合理战术取得胜利的军事领袖，通常会得到普塞洛斯的肯定。作者借瓦西里二世之口表达了取得战争胜利的一个重要的，甚至是决定性的因素，那便是把军队保持在一个连贯的整体上，唯有如此，罗马军队才是不可战胜的。[1]与此同时，普塞洛斯还认为精选最优良的士兵和最有经验的将领才是一名统帅明智的选择，也是保证取得胜利的另一个重要因素。[2]普塞洛斯对拜占庭帝王军事能力的描写和评判或许影响了后代历史学家的写作。13 世纪的历史学家乔治·阿克罗波利迪斯（Γεώργιος Ἀκροπολίτης）[3]为了凸显米哈伊尔八世·帕莱奥洛格皇帝（Μιχαὴλ Η΄ Παλαιολόγος）在战场上的英勇奋战和军事才能，甚至不会放过这位君主在阿克萨雷和沃代纳战役中哪怕一点点的闪光点。至于佩拉戈尼亚战役的胜利，阿克罗波利迪斯完全归因于米哈伊尔八世的运筹帷幄，以至于"令拜占庭军队的威名远播四海，传遍世界的每一个角落"[4]。

　　另外在普塞洛斯看来，一名优秀的统治者必须竭力在各种场合维护公正，不能有所偏颇。像瓦西里二世那样，"既不会对自己宠信的人改变态度，除非出于迫切需要，也不会对那些激怒他的人采取不同的策略"，[5]这似乎正是普塞洛斯推崇的做法。具体而言，统治者的公平公正首先体现在对待大臣和民众的封赏应该一视同仁，不能偏袒某一部分人而忽略其他人的利益。像君士坦丁八世那样厚此薄彼的做法注定要遭

---

　　① Μιχαὴλ Ψελλός, *Χρονογραφία*, τόμος Α΄, 1.33, p.89.

　　② *The Chronographia of Michael Psellus*, 4.43, p.112.

　　③ 关于阿克罗波利迪斯及其《历史》，可参见以下著作：Gerhard Richter, "Des Georgios Akropolites Gedanken über Theologie, Kirche und Kircheneinheit", *Byzantion*, 54 (1984), pp.276-299; Wilhelm Blum, "L'historiographie et le personnage de Georges Acropolites (1217-1282)", *Byzantinische Forschungen*, 22 (1996), pp.213-220; Μαρία Αυγερινού-Τζιώγα, *Η Χρονική Συγγραφή του Γεωργίου Ακροπολίτη: η αττικιστική διαχείριση ενός γλωσσικού κεφαλαίου*, Θεσσαλονίκη: Αθανασίου Αλτιντζή, 2012。

　　④ *Georgii Acropolitae Opera*, I, recensuit Augustus Heisenberg, editionem anni MCMIII correctiorem cvravit Peter Wirth, Lipsiae: Teubner, 1978, 81, p.171.关于阿克罗波利迪斯对米哈伊尔八世的刻画，可另参见孙丽芳《阿克罗颇利塔斯〈历史〉研究》，南开大学，博士学位论文，2014 年，第 164—178 页。

　　⑤ Μιχαὴλ Ψελλός, *Χρονογραφία*, τόμος Α΄, 1.34, pp.89,91.

到普塞洛斯的指摘，因为在作者看来这位皇帝虽然慷慨无比，但是在封赏时违背基本的公平原则："在恩惠这件事上，他比所有的皇帝都要慷慨，但这种良好品质在他身上并没有得到公正的调和。他向自己的宫廷成员大开恩惠之门，把金子像沙子一样堆在他们身上；但对那些远离皇宫的人来说，这种美德就不那么明显了。"①统治者体现自身公正的另一个重要方式，就是在司法审判的过程中努力维护公正，使控辩双方都能够心悦诚服。在《编年史》中我们经常可以看到普塞洛斯对那些肆意践踏司法公正的统治者的批判。例如关于罗曼诺斯三世统治期间的案件审理，普塞洛斯写道："诉讼中的判决不是根据诉讼双方提交的证据做出的，而是他亲自承担起其中一方的责任。因此，法庭的判决与其说是对原告或被告有利，不如说是对他自己有利。"②

二　女人统治

长期以来，拜占庭人对女性的态度呈现出一种矛盾状态。一方面，许多基督教神学家根据《旧约》传统，认为女性具有与生俱来的弱点，甚至将她们视作被魔鬼利用的人，是人类堕落的根源。于是认为女性的地位自然要在男性之下，妇女甚至不可以在教会内部传教或任职。与此同时，基督教会也承认女性在精神层面与男性的平等，因为女性也是按照上帝的形象被创造出来的，并且通过与男性一样的方法得到救赎。对于一般的妇女而言，她们的主要职责基本局限于家庭内部，操持家务和繁衍后代是妇女最重要的两项责任。然而有一些皇室和贵族妇女在拜占庭政治、文化和宗教生活领域扮演了重要角色，她们可以修建修道院，组织学者从事文学创作，或者资助扶持艺术活动。③以普尔海利娅、塞

①　*The Chronographia of Michael Psellus*, 2.3, p.54.

②　*The Chronographia of Michael Psellus*, 3.12, p.71; 参见 Helen Saradi, "The Byzantine Tribunals: Problems in the Application of Justice and State Policy (9th-12th c.)", *Revue des Études Byzantines*, 53 (1995), pp.165-204.

③　参见 Steven Runciman, "Some Notes on the Role of the Empress", *Eastern Churches Review*, 1/4 (1972), pp. 119-124.

奥多拉和马尔蒂娜为代表的皇室妇女，在 5—7 世纪的拜占庭历史上留下了深刻的印记。更为重要的是，在某些政治动荡的年代，皇室妇女的作用更加明显。这一点鲜明地体现在 11 世纪的拜占庭历史上。[①]

11 世纪期间，先后有三位女性以皇位合法继承人或摄政者的身份成为拜占庭帝国的最高统治者，即马其顿王朝的最后两位皇室成员邹伊与塞奥多拉，以及君士坦丁十世的遗孀尤多西娅。她们三人在位的时间虽然不是很长，却形成了拜占庭历史上女性当权最为密集的一个时期。普塞洛斯在《编年史》中对上述三位女性统治者分别予以比较详细的记述，从这些内容我们可以分析出作者关于女性统治的立场和态度。

与其他很多拜占庭作家类似，普塞洛斯在一定程度上接受帝国由女人统治这一既成事实，很重要的一个原因在于通过这种方式帝国正统可以得到维护并延续。[②]邹伊和塞奥多拉两姐妹是君士坦丁八世皇帝的女儿，因此在普塞洛斯看来完全有资格继承帝国的统治大权，关于这种认识我们在《编年史》中多次见到。此外，值得一提的是，由于具有这样的正统继承人身份，邹伊才能够通过三次婚姻和一次收养分别将自己的三任丈夫和一个养子推上帝国皇位，这些在普塞洛斯看来也是合法的行为。至于塞奥多拉的独立统治，普塞洛斯说她"非常自信地像一个男人一样公开行使一切权力，无须任何掩饰"，[③]因为她对帝国的统治权力直接继承自她的父亲君士坦丁。尤多西娅也是在其夫君士坦丁十世临终之

---

① *The Oxford Dictionary of Byzantium*, pp. 2201-2204.关于拜占庭妇女的社会地位和角色可参见以下作品：Joëlle Beaucamp，"La situation juridique de la femme à Byzance"，*Cahiers de civilisation médiévale, Xe-XIIe siècles*, 20 (1977), pp.145-176; Angeliki E. Laiou，"The Role of Women in Byzantine Society"，*Jahrbuch der Österreichischen Byzantinistik*, 31/1 (1981), pp.233-260; Lynda Garland，"The Life and Ideology of Byzantine Women"，*Byzantion*, 58 (1988), pp.361-393; Judith Herrin, *Women in Purple. Rulers of Medieval Byzantium*, London: Weidenfeld & Nicolson, 2001; Carolyn L. Connor, *Women of Byzantium*, New Haven: Yale University Press, 2004; Marina Nasaina，"Woman's Position in Byzantine Society"，*Open Journal for Studies in History*, 1/1 (2018), pp.29-38。

② 参见 Νικολάου και Χρήστου，«Οι αντιλήψεις των Βυζαντινών για την άσκηση της εξουσίας από γυναίκες (780-1056)», pp. 49-64。

③ Μιχαήλ Ψελλός, *Χρονογραφία*, τόμος Β΄, 6.A2, p. 179, p. 181.

时被委以辅佐幼子米哈伊尔七世的大任，甚至一度代替米哈伊尔行使统治大权。这三位女性统治者都是以合法的手段成为帝国的最高统治者，这便确保了她们统治的正统性与合法性，普塞洛斯对她们继位事实的接受与认可与作者的正统观念是相符合的。

但是这并不意味着普塞洛斯彻底拥护女性统治帝国，反之，他经常能够发现这些女性统治者性格方面的弱点，进而指出她们并不适合统治庞大的拜占庭帝国，在作者看来帝国的最高统治者应该还是一个男人。在《编年史》开篇，普塞洛斯便通过斯科利洛斯对瓦西里二世的忠告，表达出自己关于女人与权力的看法。"禁止女性进入朝廷"，①表面上看是斯科利洛斯给瓦西里皇帝提出的建议，实际上却是普塞洛斯在表达自己的政治见解。在作者的观念中，由一个女人统治的拜占庭帝国会失去其男子气概，因而是极为不体面的。②因此在论及邹伊和塞奥多拉的联合统治时，普塞洛斯一针见血地指出，"从气质上看，她们俩都不适合统治。她们既不知道如何管理，也没有能力就政治问题进行严肃的辩论。在大多数情况下，她们将后宫琐事与国家要事混为一谈"③。普塞洛斯进而大声疾呼，"国家的各项事务迫切需要强有力和老练的领导，国家呼唤着一个男人的治理——一个铁腕人物，精熟于统治，他不仅了解时局，而且知晓过去所犯的任何错误及其可能的后果。我们想要这样的人，他能为将来做准备，并且对所有可能的攻击或外部入侵未雨绸缪"④。也正是出于这样的观念，我们才会看到前文提及的当米哈伊尔七世处处对母亲尤多西娅退让而不能主动承担帝国大任时，普塞洛斯是多么的不满。普塞洛斯持有这样的立场，因为他看清了女性统治者自身固有的特点，或者说缺陷，这些缺陷使她们

① *The Chronographia of Michael Psellus*, 1.28, p.43.
② Μιχαήλ Ψελλός, *Χρονογραφία*, τόμος Β΄, 6.A4, p.181.
③ *The Chronographia of Michael Psellus*, 6.5, p.157.
④ *The Chronographia of Michael Psellus*, 6.10, p.159.

不能很好地承担起统治大任。因此我们有理由认为，普塞洛斯看到了女性统治者的弱点所在，这样的弱点使她们无力应对 11 世纪拜占庭帝国所处的实际境况。

普塞洛斯的立场在很大程度上是受到帝国当时所处局势的影响。我们知道，拜占庭帝国自瓦西里二世去世后开始逐渐面临周边各民族的侵扰，这一状况在 11 世纪后半期开始呈现愈演愈烈之势。根据拜占庭的政治理论和实践，皇帝是帝国军队的最高统帅，应当率领大军扫平帝国边境各处的外敌入侵，维护国家的和平与安宁。可这些却是任何一位女性统治者无法完成的任务，因此才有了普塞洛斯（以及其他很多拜占庭作家）对于一位男性统治者热切的呼唤。如同上文所提及的，尤多西娅女皇虽然代理米哈伊尔七世行使最高统治权，然而帝国边境，尤其是小亚细亚地区严峻的局势迫使她不得不违背自己的誓言，选择军人出身的罗曼诺斯·迪奥叶尼斯成为自己的第二任丈夫，并将他推上皇位。因此可以说，正是 11 世纪拜占庭帝国所面临的紧张军事局势以及女性统治者的无力应对，才使得普塞洛斯持有一种矛盾的态度：他一方面认可这些女性统治的合法性，同时又会指出她们在大敌当前形势下的无能为力。追根溯源，这一状况植根于男性权力在拜占庭社会，尤其是政治生活中居于主导地位的现实，尽管许多拜占庭女性，特别是皇室女性能够在社会生活中发挥一定的作用，但终究无法彻底改变女性居于从属地位的现状。

三 "民主"的观念

"民主"（δημοκρατία）一词在拜占庭帝国早期具有相对积极的含义，可以用来表示"人民的政府""共和的"或者"罗马帝国"等意思，但是 5 世纪以后"民主"一词逐渐呈现贬义色彩，拜占庭人将"民主"视作"动荡""暴乱"的代名词，通常与"民众"或者"下等阶层"联系起来。①

普塞洛斯在一定程度上延续了这一传统，倾向于将"民主"与混乱无序状态和难以驾驭的暴民相联系，这一点清晰地体现在他对君士坦丁堡民众反对米哈伊尔五世暴乱场景的描述上。关于民众的破坏行为，普塞洛斯这样写道："他们发起总攻，一切都被夷为平地。那些建筑物，有些被遮蔽，其他的则裸露朝天；坍塌在地的屋顶上面覆盖着瓦砾，从地里冒出来的破碎地基被夷为平地，就如同土地正在甩掉累赘，将那些底部用力扔出去一样。并不是青壮年男子之手推倒了它的大部分，而是年轻女子和孩童们在破坏工作中提供了帮助。每座建筑在第一波猛攻中立即倒塌，破坏者漠不关心地带走了被打烂或者被拆毁的东西。这些东西被拿来出售，根本不顾及它们来自哪所豪宅。"②虽然君士坦丁堡民众起事是为了维护马其顿王朝的正统，但是对这些同时发生暴力行径，普塞洛斯并没有任何的肯定。很显然，普塞洛斯在这里所关注的是"民主"的负面含义。

从这一立场出发，普塞洛斯十分反对某些统治者将"民主"的负面影响无限扩大的行为，比如一些帝王将帝国官职头衔不加区分地胡乱赏赐给下层民众，由此造成帝国官僚体系的混乱臃肿，荣誉头衔贬值。普塞洛斯自然要对这样的行为予以讥讽。如他自己写道："在治理良好的城市中，公民名册上不仅刻着最优秀的人物和出身高贵之人的名字，还刻有出身不明之人的名字，军事领袖遵守这一习俗的程度不亚于民事官员。无论如何，这就是雅典人和所有那些效仿他们民主形式的城市所遵循的制度。然而，在我们的政体中，这种优秀的做法却

①　*The Oxford Dictionary of Byzantium*, p.607.有兴趣的读者还可以参见卡尔戴利斯的《拜占庭共和国：新罗马的人民与权力》（Anthony Kaldellis, *The Byzantine Republic: People and Power in New Rome*, Cambridge, MA: Harvard University Press, 2015）一书，书中的一些内容涉及了拜占庭的"民主"问题。

②　*The Chronographia of Michael Psellus*, 5.29, p.140.

被鄙夷地抛弃了，贵族也就不算什么了。"①上述描写出现在君士坦丁九世皇帝的那一章，不仅仅是他一个人，米哈伊尔六世、君士坦丁十世等人也都在不同程度上有过类似的行为。针对上述情况，普塞洛斯曾经在《编年史》中感叹道："你会发现有不少人穿着文明的衣服，而以前他们身上却裹着山羊毛斗篷。我敢肯定，我们的许多总督都是我们从蛮族那里买来的奴隶，我们一些重要的国家官职并没有交给伯里克利或泰米斯托克力这样的人，而是交给了斯巴达克斯这样毫无价值的无赖。"②

虽然反对民主制下民众对暴力毫无原则的使用以及由此引发的混乱无序，但是普塞洛斯也不赞成君主的独裁专制行为，因此那些一意孤行不能采纳合理建议的统治者在作者眼中无异于暴君。普塞洛斯在《编年史》中多次指出某些统治者上台之后采取独断专行的统治手段，俨然将自己视作绝对的权威，将所有臣民一律视作自己的奴仆。比如他对米哈伊尔五世的记载和评价就是这方面的典型例证："现在皇帝关于国家的统治意图毫无温和适度可言，而且毫不迟疑地要对先前的政策实现大逆转：一切事务都必须符合他的奇思怪想才行。政府官员再也没有以往那种友善的待遇了，皇帝开始敌视所有这些人，他对所有人的话语和举止极为傲慢。米哈伊尔的野心汇聚在一点：让他的臣民真正变成自己的'奴隶'，有条不紊地剥夺大多数官员惯有的特权，同时给予人民很大的自由，为的是获得人数众多的民众的支持，而不是依赖于贵族的拥护。"③另外如瓦西里二世、罗曼诺斯四世皇帝等人，也都遭到作者类似的指斥。

---

① Μιχαήλ Ψελλός, *Χρονογραφία*, τόμος Β΄, 6.134, p.89.

② Μιχαήλ Ψελλός, *Χρονογραφία*, τόμος Β΄, 6.134, pp.89,91;参见 Dejan Dželebdžić, "Η δημοκρατική Ρώμη στην πολιτική σκέψη του Μιχαήλ Ψελλού", *Zbornik Radova Vizantološkog Instituta*, 42 (2005), pp.23-34。

③ Μιχαήλ Ψελλός, *Χρονογραφία*, τόμος Α΄, 5.15, pp.263,265.

《编年史》中有一处比较独特的内容非常值得注意，可以帮助我们更好地认识普塞洛斯在这个问题上的看法。关于太监瓦西里失宠并遭到流放的记载，《编年史》中出现了两个明显的错误。除了将发生在 985 年瓦西里的流放事件延后至巴尔达斯·斯科利洛斯叛乱（978 年）和巴尔达斯·弗卡斯叛乱（987 年）之后以外，普塞洛斯还有意在流放太监瓦西里和瓦西里二世 996 年法令的颁布之间制造一种因果联系，让人们觉得皇帝颁布这道法令完全就是对太监瓦西里政策的否定，但实际上这两件事间隔了 11 年！因此，普塞洛斯的记载实际上显示出他对独裁统治和专制君主的厌恶。瓦西里二世流放太监瓦西里，标志着这位皇帝的统治由依赖、合作转变为独立统治，这与普塞洛斯所推崇的"哲学家的政府"是完全背道而驰的。①根据普塞洛斯的记载，瓦西里二世统治后期将帝国军政要务完全集中在自己手中，对朝臣们的依赖少之又少。②在普塞洛斯看来，这样的统治模式已经无异于独裁专制，因此作者此处有意重新安排若干事件的实际顺序，很有可能借此来表达自己的政治理念。

与普塞洛斯同时代的历史学家阿塔里亚迪斯也在其《历史》中表现出近似的立场，他在记述塞奥多拉女皇去世后米哈伊尔六世统治期间的混乱状态时写道："权力被分配给很多人，形形色色，鱼龙混杂。每个人都在觊觎着统治大权，这种对权力特殊的渴望招致贵族与民众的不满，因而造成一片混乱。因为只有那些受皇帝宠信以及和皇帝有关系的人才可以飞黄腾达，无论这些人对国家做了什么，或是根本没有任何贡献。"③在阿塔里亚迪斯看来，民主是与君主政体截然对立的：君主政体意味着秩序与和谐，而民主制只能带来混乱与无序。阿塔里亚迪斯使用"民主"一词用来表示皇权瓦解所带来的无序状态，最终的结

---

① Crostini, "The Emperor Basil II's Cultural Life", pp.59-64.
② *The Chronographia of Michael Psellus*, 1.29, pp.43-44.
③ Μιχαήλ Ατταλειάτης, *Ιστορία*, p.107.

果是社会上层对于权力无度的追求，以及下层民众盲目的暴力行为。①而
12 世纪的佐纳拉斯也在其《历史纲要》中指出，"民主"所带来的内部
冲突会对国家体制（πολιτεία）造成损害，并且用一个 νῦν（现在的）来
清楚表明它与现代的关联。②

　　普塞洛斯对于"民主"一词的认识，甚至可以说是他的政治思想，
在很大程度上受到了作者所处时代政治局势的影响。在普塞洛斯生活的
时代，既有民众以"民主"之名在不受任何约束的情况下制造的混乱，
亦不乏某些统治者独裁专断的统治，普塞洛斯亲身感受了二者各自的弊
端以及它们之间的强烈反差，让他认识到介乎两者之间或者说一种取长
补短式的统治模式才是最为可取的。普塞洛斯理想中的政府，或许是那
种集合了君主政体和民主制优点的混合统治模式，在这种模式下，君主
权威可以抑制民主权力的过度使用，同时对于民主体制的遵守亦可以防
止独裁专制暴君的出现。也许古罗马史家狄奥·卡修斯的一段论述能够
表明普塞洛斯的心声："如果摆脱了民主制的粗暴和暴君的粗野，我们将
有可能生活在秩序井然的自由和一个可靠的君主统治之下，没有了奴役
的束缚之苦，并且在没有冲突的情形下享受民主权力。"③

第二节　宗教观

　　普塞洛斯在《编年史》中所体现的宗教观念，核心问题是围绕历史
发展的决定力量这一命题而展开的，即上帝的神圣力量和人类的能动作

---

① 参见 Michael Angold, "The Byzantine State on the Eve of the Battle of Manzikert", *Byzantinische Forschungen*, 16 (1991), pp.25-26.

② 参见 Kaldellis, *The Byzantine Republic: People and Power in New Rome*, p.30; p.212, note 124。

③ Cassius Dio, *Roman History*, Vol.Ⅶ, LVI, 43.4, with an English translation by Earnest Cary, London: William Heinemann Ltd.; Cambridge, Massachusetts: Harvard University Press, 1955, p.101; 参见 Angold, "The Byzantine State on the Eve of the Battle of Manzikert", p.27.另外，古罗马作家西塞罗在《论共和国》一书中对古代国家几种政体的优劣进行了深入探讨，详见该书第一卷第 39—71 节。中译文参见西塞罗《论共和国》，李寅译，译林出版社 2013 年版，第 27—46 页。

用之辩证关系问题，普塞洛斯从上帝的旨意和圣像在现实世界中的作用两个角度来阐述自己的观点。普塞洛斯在《编年史》中关于基督教信仰的表述，近年来越来越多地受到学者们的关注。学界在这个问题上呈现出截然对立的两种观点：一种观点认为普塞洛斯并非受到反宗教情结的影响，也并未颠覆传统；反之，他抵制一切多神教行为，如占星术、占卜、预言以及古代希腊的各种信仰。[①]然而另一种观点认为对普塞洛斯作品的解读不能仅仅停留在字面含义上，因为作者所处的是一个政治和宗教高压的时代，普塞洛斯本人所写或许并非他内心的真实想法。因此，即便普塞洛斯合理利用一切场合多次表明自身信仰的正统，但是如果把他的言论放置于初始的语境中，那么我们有理由认为普塞洛斯并非一个虔诚的基督教徒。[②]笔者认为，普塞洛斯并非全盘地反对正统信仰，而是在本质上保留了基督教徒的色彩；但是广泛地涉猎古代希腊罗马文化，使普塞洛斯的思想观念中浸染了多神教文化的因素，因而他的世界观或者说对于人物事件的看法多了一分人文色彩。[③]

一 上帝的旨意

假如我们仅仅从某些语句的字面含义推导，那么无疑普塞洛斯相信上帝是人类命运的决定者，他的宗教理念无疑出自一名虔诚的基督教徒。我们可以在《编年史》中找到很多这样的表述，现仅援引最具代表性的一例："根据我们基督教的信仰，没有什么是预先决定的，也没有什么是必然的。但是结果和先前的行为存在着逻辑关系。如果你不完整保留良好的精神状态，或者因那些夺目的荣光而得意忘形，那么神圣的惩罚

---

① Καρπόζηλος, *Βυζαντινοί Ιστορικοί και Χρονογράφοι*, τόμος Γ΄ (11^{ος}-12^{ος} αι.), p.103;关于普塞洛斯的神学观念可参见 Δ. Ι. Κουτσογιαννόπουλος, «Η θεολογική σκέψις του Μιχαήλ Ψελλού», *Επετηρίς Εταιρείας Βυζαντινών Σπουδών*, 34 (1965), pp.208-217。

② Kaldellis, *The Argument of Psellos' Chronographia*, pp.105-109.

③ 可参见赵法欣《米哈伊尔·普塞洛斯〈编年史〉中的神学观念与古典因素》，《世界宗教文化》2020 年第 6 期，第 66—73 页。

将毫不迟疑地把你击垮。只要你的心还没有被骄傲所俘虏，你便可以鼓起勇气，因为上帝不会在他赐福我们的地方妒忌。恰恰相反，上帝很多时候会迅速地在一瞬间将某些人放置于光荣的道路上。"①上述文字如果仅从字面理解，无疑是对上帝决定论的明确阐释，显然是出自一位信仰虔诚的基督教徒之手。

但是如果我们完整解读普塞洛斯在《编年史》中对某些事件的记载，便可以清楚地看出那些被作者归结为上帝旨意（Θεία Πρόνοια）②的许多重大事件，完全是人为作用的结果。例如在论及米哈伊尔·卡拉发迪斯被邹伊收为义子并且成为凯撒之后，普塞洛斯写道："我习惯于将重大事件发生的决定性力量归结于上帝的旨意，或者这么说，如果我们人类的天性不被污染的话，我认为一切事情皆来自神的旨意。因此，这件事在我看来，也是超乎人类意志的必然结果；换言之，皇位的继承落在这位凯撒头上而不是这个家族其他人的头上，是因为上帝清楚只有通过这位凯撒才能将整个家族消灭掉。"③可是在此之前，普塞洛斯详细记述了米哈伊尔四世皇帝的病情日趋严重，其兄长孤儿院院长约翰为了保证自己的权力在皇帝病逝后不会被旁人褫夺，便开始未雨绸缪，建议米哈伊尔四世将他们的外甥小米哈伊尔定位皇位继承人，并且通过皇后邹伊的收养增添了小米哈伊尔日后继位的合法性。所有这一切都是太监约翰精心策划的结果，完全是人为因素发挥的作用，我们根本看不到任何超自然力量的影子，普塞洛斯也从未提及太监约翰或是米哈伊尔四世皇帝受到某种超自然力量的感召云云。

---

① Μιχαήλ Ψελλός, Χρονογραφία, τόμος Β΄, 7.41, pp.271,273.

② "上帝的旨意"相对而言是一个神学概念，是由反对多神教的宿命论观点发展而来。虽然上帝的旨意与命运两者之间的区别不是非常清晰，但是上帝旨意的概念以信仰人神（personal God）为前提，认为上帝将人类创造成善良的，但是拥有自由意志，因此便可以选择善或者恶的道路。普塞洛斯是深刻解析人类自主选择和神圣意志之间关系的第一人。*The Oxford Dictionary of Byzantium*, p.1733.

③ Μιχαήλ Ψελλός, Χρονογραφία, τόμος Α΄, 4.30, p.207.

　　类似地，关于太监约翰被米哈伊尔五世皇帝流放一事，普塞洛斯极为详尽地记述了自米哈伊尔五世继位之初甥舅二人心里各自的盘算，以及各种意在将对方置于死地的阴谋诡计，直至最后皇帝首先发难将约翰流放。我们从中看到的完全是两个权力野心同样膨胀的人争权夺势的争斗，哪里有什么上帝的影子！同样，普塞洛斯随后还影射了约翰日后的命运，如其所写："因为按照上帝的旨意，命运——我用委婉的言辞表述，毫不间断地给他带来无尽的苦难，直至最后让行刑人向他的眼睛下手，并且极为迅速地让他突然死去。"①实际上约翰一开始被米哈伊尔五世放逐到了莫诺巴泰修道院，君士坦丁九世皇帝登基后将约翰转移流放至米提林岛（莱斯博斯岛），后来又命人弄瞎约翰的双眼，最终约翰死于流放地马利卡塔。②因此我们再一次看到，约翰的悲惨下场完全来自他先前与君士坦丁（九世）莫诺马霍斯的个人恩怨和斗争，后者登基之后对约翰展开报复，并且最终将约翰置于死地。

　　普塞洛斯实际上是将"上帝的旨意"作为一种文学修饰，在这之后他都会给出真正的原因，通常是一些人力因素所造成的结果。例如在论及利奥·托尔尼基奥斯叛乱的那部分内容当中，普塞洛斯记载了叛军如何对君士坦丁堡发起一轮又一轮的攻击，以及君士坦丁九世皇帝如何抵抗不力，都城之内人心如何涣散，托尔尼基奥斯的胜利似乎近在咫尺。然而在形势大好的局面下，托尔尼基奥斯却推迟了进入君士坦丁堡的日期，这样便给了皇帝喘息之机，最终反败为胜剿灭叛军。关于托尔尼基奥斯决定翌日入城的原因，普塞洛斯先是写道"如果排除了上帝的旨意的话，那便没有什么可以阻挡敌军攻入君士坦丁堡，并且可以兵不血刃地征服他们想要的一切"，进而作者又明确给出了理由，声称托尔尼基奥斯"认为我们将会邀请他来做皇帝，执掌大权，并且会以奢华的皇家

---

① Μιχαήλ Ψελλός, *Χρονογραφία*, τόμος Α΄, 5.14, p.263.

② Ιωάννου Σκυλίτση, *Χρονογραφία*, pp.471,477.

仪式引领他进入皇宫。于是他将进城的日期推迟到了明天"。[①]由此可见，并不是上帝的意志阻止了托尔尼基奥斯进入君士坦丁堡接手皇位，而是他自己的虚荣心在作祟啊！

另外普塞洛斯在《编年史》中对于某些事件原因的解释，也被归结为上帝干预的结果；但是这些并非神意作用的结果，如果用今人的标准来衡量，我们可以将其视为所谓的命运或者不确定因素使然。[②]1043 年 3 月，乔治·马尼亚基斯率领的叛军与帝国军队在奥斯特洛沃斯开战，马尼亚基斯在战场上身负重伤，最终栽落马下，一命呜呼。普塞洛斯惊呼马尼亚基斯的死"只能是上天的行为，我们人类无法理解其中的缘由"。[③]显而易见，普塞洛斯此处所指的"上天的行为"无外乎必然中的偶然。因为在两军交锋之际，任何人随时都有受伤丧命的可能，无论将领还是士兵都不能例外。作为叛军首领的马尼亚基斯身先士卒，英勇冲杀，自然成为对方攻击的重点目标，因此他的受伤身死属于战场之上的正常现象，普塞洛斯用"上天的行为"来称呼它更多的是要强调这一事件的突发性和不可预见性。

笔者此处有意将普塞洛斯的《编年史》与其他拜占庭史家的作品做一番有益的对比。1043 年罗斯舰队进攻君士坦丁堡，普塞洛斯将罗斯人的失败归结于天气的变化，具体而言是风向突然逆转，如作者所写："突然间一阵雾气散开，遮蔽了太阳，将地平线盖住了很大一片，风向也随之改变，由东向西猛烈吹过，激起波浪滔天，巨浪翻滚着扑向罗斯人的

---

① Μιχαήλ Ψελλός, *Χρονογραφία*, τόμος Β΄, 6.114, p.65.

② 命运（τύχη）是一系列概念的集合，包括运气、机缘或机会等，来源于古典时代。另外命运也被解释为非人格的手段或者事件的原因，与人类自由意志并行；这一概念反映了多神教的宿命论学说，因此受到教父的抵制。在许多拜占庭作家的观念中，命运与必然（ἀνάγκη）、宿命（εἰμαρμένη）或上帝的旨意（πρόνοια）等几个概念之间的界限十分模糊。另外一些拜占庭历史学家将命运视作影响人类成功与失败的重要因素，比如"执事"利奥和约翰·金纳莫斯等。*The Oxford Dictionary of Byzantium*, p.2131.

③ Μιχαήλ Ψελλός, *Χρονογραφία*, τόμος Β΄, 6.84, p.21.

战船。"①随后大量的罗斯战舰或原地沉没，或者被风吹到了附近的海岸，拜占庭人趁势追击，一举粉碎了罗斯人的进攻。普塞洛斯这里没有只言片语提及上帝如何发挥作用，改变天气条件，使拜占庭军队从中得利。然而9世纪的历史学家塞奥发尼斯对于类似的战争场景和天气变化却有着完全不同的解释。717年，哈里发欧默尔派遣马萨尔马斯率领一支舰队从水路进攻君士坦丁堡。根据《塞奥发尼斯编年史》的记载，上帝对这些船只刮起一阵风暴，通过圣母玛利亚的代祷使这些船四处漂散，有些在普罗科尼索斯和其他岛屿附近沉没，其余的船只在穿越爱琴海之时遭遇大冰雹的袭击，海水沸腾，船只的龙骨断裂，与所有成员一起沉入海底。塞奥发尼斯进而指出是上帝的旨意向拜占庭人和阿拉伯人同时展示了这一奇观。但根据现代学者的考证，所谓"海水沸腾"很可能是希拉火山喷发引起的一系列不寻常现象。②根据塞奥发尼斯的写作原则，作为异教徒和蛮族的阿拉伯人是拜占庭帝国的宿敌，于是当仁不让地成为上帝惩罚的主要对象，因此一些自然现象在作者笔下也被巧妙地转化为上帝对这些蛮族实施惩戒的有效途径。在塞奥发尼斯的观念中，正是上帝的旨意给拜占庭帝国带来了一次次的胜利，这种认识的出发点与普塞洛斯存在明显的区别。③

此外，普塞洛斯在《编年史》中对拜占庭帝国在11世纪所面临的一系列内忧外患的解释，也是从人的行为层面加以考察。如上一章所述，普塞洛斯将帝国的衰落在很大程度上归结为统治者对国库资源的挥霍浪费，归结为统治者毫无原则地封赏官职头衔，归结为统治者不适当的政策等，所有这些都是人为因素造成了国家的混乱与衰落，作者几乎没

①Μιχαήλ Ψελλός, Χρονογραφία, τόμος Β΄, 6.95, p.37; 参见 Kaldellis, *The Argument of Psellos' Chronographia*, p.107.
②*The Chronicle of Theophanes Confessor*, pp.550-551, note 9.
③参见赵法欣《塞奥发尼斯〈编年史〉的特点及其影响》，《四川师范大学学报》（社会科学版）2014年第2期，第99—106页。

有考虑上帝在其中所扮演的角色。如果我们将普塞洛斯与其他作家进行对比，那么他的不同之处便十分明显了。同为 11 世纪历史学家的阿塔里亚迪斯也在其《历史》中涉及拜占庭帝国的衰落问题，但是作者将这一现象的终极原因视为上帝对拜占庭人不敬神灵以及种种罪行的惩罚。在米哈伊尔七世皇帝统治时期担任要职的阿塔里亚迪斯虽然也看到了当时政策的某些弊端，如某些朝廷官员非法聚敛钱财，从而忽视帝国军队建设等，但在作者看来所有这些都是对上帝的不敬，而且在很多次国家议会召开之前根本没有人以上帝之名祈祷甚至完全不提他的名字，因此阿塔里亚迪斯认为："由于这些原因，我将罗马帝国的衰落归结为上帝的报复以及神圣法庭的惩罚。在一些蛮族国家，人们将维护司法公正和坚定不移地保持古老的原则视作一种美德，并且认为每一次成功均来自造物主，因为他们自己坚持了道德准则，那是所有人所共有、每一种宗教都应该恪守的原则。基督徒的真实信仰已经成为过眼烟云，它更多地变成了我们遭受谴责和惩罚的缘由，因为我们已经远离了各种美德。"[1]如果我们再联系阿塔里亚迪斯在《历史》中关于地震原因的解释，那么很显然作者将许多事件的终极原因全部归结为上帝的意志，在这一点上阿塔里亚迪斯与普塞洛斯有着明显的不同。

通常情况下，拜占庭神学的主题认为人的本性并不是一个静态的、"封闭的"、独立的存在，而是一个充满活力的实体，由它与上帝的关系而决定。[2]许多拜占庭历史学家对于历史事件决定因素的解释都符合这种传统，比如上文提及的阿塔里亚迪斯。他分析列举了拜占庭人种种不敬上帝的行为，并且因此激怒了上帝，招致上帝的惩罚，那么拜占庭帝国在 11 世纪的衰落便是这种惩罚的具体表现之一。再如 12 世纪的历

---

① Μιχαήλ Ατταλειάτης, *Ιστορία*, p.345;参见 Δ. Τσουγαράκης, «Η αυτοκρατορία σε κρίση και η οπτική των σύγχρονον: μια ανάγνωση των μαρτυριών», in Βασιλική Ν. Βλυσίδου, επιμέλεια έκδοσης, *Η αυτοκρατορία σε κρίση (;): το Βυζάντιο τον 11ο αιώνα (1025-1081)*, Αθήνα: Ε.Ι.Ε., 2003, p.283。

② John Meyendorff, *Byzantine Theology: Historical Trends and Doctrinal Themes*, New York: Fordham University Press, 1974, p.2.

史学家尼基塔斯·侯尼亚迪斯，在他的观念中上帝决定了人类命运的走向，皇帝们虔诚与否直接影响到他们的政治命运和帝国的兴衰。[①]然而我们在普塞洛斯的《编年史》中却很少见到这种人与上帝之间有效的互动，作者似乎有意割裂人类行为与上帝意志之间的关系，认为人类的命运应该掌握在人类自己手中，而决定人类历史发展的决定性力量存在于人类的行为之中。因此，普塞洛斯关于"上帝决定"的论述更多地可以被视为一种修辞学上的装饰，而并非作者真实宗教观念的体现。

二 对圣像的态度

对圣像（εἰκών）的崇拜可以说贯穿整个拜占庭帝国的历史。广义的圣像包括任何神圣人物的图像，可以由许多种材质制成，包括大理石、马赛克、纺织物、象牙、皂石、珐琅、金、银或者木头，不限尺寸，可以是大型的不可移动的也可以是小型的可移动的；狭义的圣像专指人们祈祷用的镶金彩色木质画块。圣像崇拜的历史由来已久，许多学者将发现于埃及法尤姆绿洲的一系列葬礼肖像视作圣像的先驱。毁坏圣像运动期间，对圣像的崇拜一度遭到禁止。[②]843 年恢复圣像崇拜之后，人们可以自由地制作和崇拜圣像。毁坏圣像运动结束之后圣像的重要性日益增长，逐渐成为拜占庭教会及其宗教仪式的必要组成部分。拜占庭帝国晚期（1261—1453 年）是圣像绘制最为繁荣的时代，产生于这个时代的圣像不仅数量众多，而且在质量上也远远超过其他时代。[③]总而言之，圣

---

① 参见邹薇《尼基塔斯·侯尼亚迪斯〈记事〉研究》，南开大学，博士学位论文，2009 年，第 179—184 页。

② 关于拜占庭帝国的毁坏圣像运动，可参见以下作品：Edward Martin, *A History of the Iconoclasm Controversy*, London, Society for Promoting Christian Knowledge; New York, Macmillan, 1930; Ernst Kitzinger, "The Cult of Images in the Age of Iconoclasm", *Dumbarton Oaks Papers*, 8 (1954), pp.83-150; Marie-France Auzépy, *L'histoire des iconoclastes*, Paris: Association des amis du Centre d'histoire et civilisation de Byzance, 2007; Leslie Brubaker and John F. Haldon, *Byzantium in the Iconoclast Era (680-850): A History*, Cambridge; New York: Cambridge University Press, 2011。

③ Maria Vassilaki, "Icons", in Elizabeth Jeffreys with John Haldon and Robin Cormack, eds., *The Oxford Handbook of Byzantine Studies*, Oxford: Oxford University Press, 2008, pp.758-766; *The Oxford Dictionary of Byzantium*, pp.977-981.

像在拜占庭社会生活中具有不可替代的重要作用。

对于圣像崇拜的意义已经被延伸至对所绘原型人物的崇拜，这种观念在 4 世纪圣瓦西里的作品中已经予以阐述，后来又被 8 世纪大马士革的约翰和 9 世纪斯都底奥斯的塞奥多利进一步发展。如塞奥多利所写："每一尊人造的圣像通过模仿展示了画中人的形象，画中人身在圣像之中，两者互相依存，区别只是在于材质的不同。因此，一个人如果崇拜圣像，那么他也必将崇拜圣像所展示的那个人；而不是圣像的材质……他纯粹的崇敬行为不会将画中人从圣像中分离出去，因为通过模仿的形式圣像与画中人实为一体……"[①]在拜占庭人看来，圣像因为承载着某些神圣人物的形象，如基督、圣母以及一些圣徒等，而具有了一种神圣力量。[②]这种神圣力量可以在很多场合创作出奇迹，帮助拜占庭人渡过难关；对拜占庭统治者来说，圣像的神圣力量经常在战场之上发挥作用。

普塞洛斯在《编年史》中一共三次提及圣像，其中两处是出现于战场之上的圣母像，另有一次是邹伊皇后的耶稣像。然而无论是哪一个，普塞洛斯对圣像的总体态度基本上是一致的。

圣母像在《编年史》中两次出现都是在战争期间，通过对比两次战役的不同结局，我们可以看出普塞洛斯关于圣母像在战场上发挥作用的态度。普塞洛斯第一次提及圣母像是在巴尔达斯·弗卡斯叛乱期间。989 年 4 月 13 日，瓦西里二世率领大军与弗卡斯的叛军在阿比多斯对垒，[③]普塞洛斯不仅翔实记录了当时双方交战的场面，而且特别提

---

① Cyril Mango, *The Art of the Byzantine Empire: 312-1453, Sources and Documents*, Englewood Cliffs, N.J., 1972, p.173; cf. Gary Vikan, "Sacred Image, Sacred Power", in idem, *Sacred Images and Sacred Power in Byzantium*, Aldershot, Hampshire, Great Britain; Burlington, VT, USA: Ashgate, 2003, art. I , p.1.

② 关于拜占庭圣像的神学意义，可另参见 Λεωνίδας Ουσπένσκυ, *Η θεολογία της εικόνας στην ορθόδοξη εκκλησία*, μετάφραση: Σπυρίδων Μαρίνης, Αθήνα: Εκδόσεις Αρμός, 1998, pp.79-293.

③ Jean Skylitzès, *Empereurs de Constantinople*, p.282, note 99.

及瓦西里手中的圣母像：

> 瓦西里……手持宝剑。他将左手中的圣母像举在胸前，认为在敌人凶猛的进攻面前这尊圣像是最安全的保障……此刻，驻扎在两翼的军队向弗卡斯投掷长枪。在主力部队稍前面一点，是挥舞着长矛的君士坦丁（八世）皇帝。在距离自己的队伍不远处，弗卡斯突然间从马鞍上滑落下来，狠狠地摔在了地上。很多作家对这一点的记述并不一致。有些人认为他被投枪手击中受重伤落地。另一些人则宣称由于肠子的紊乱运动而使他突然感到一阵眩晕。失去意识后，弗卡斯从马鞍上摔了下来。无论实情如何，是君士坦丁冒称自己亲手杀死了叛贼。然而通常的解释，认为所有这一切完全是一个阴谋。弗卡斯喝了别人掺在他水中的一种毒药，一旦运动药效便立刻发挥了作用，使他神志不清，并且造成眩晕，以至于栽倒在地。这个主意是瓦西里想出来的，实施者则是弗卡斯的斟酒官。就我自己而言，我宁愿将这一荣誉献给圣母玛利亚，而不做任何评判。①

在上面的引文中，普塞洛斯先是告诉我们瓦西里二世在战场上将圣母玛利亚的圣像视作自己的保护神，并且最终赢得了这场战役的胜利。可是作者的记载同时揭示出决定战役成败的关键性因素——叛军将领弗卡斯的突然倒地以及随后被杀，而且普塞洛斯还不忘强调很可能是瓦西里皇帝实施计谋暗算了弗卡斯。此外，如果我们再联系后文中普塞洛斯称赞瓦西里二世具备丰富的军事作战经验，而且常常御驾亲征、身先

---

① Μιχαήλ Ψελλός, *Χρονογραφία*, τόμος Α΄, 1.16, p.63. 关于弗卡斯坠马身亡的过程以及瓦西里谋害他的前后经过，斯基利齐斯提供了更多的细节，参见 Ιωάννου Σκυλίτση, *Χρονογραφία*, pp.382-383.

士卒，①那么这位皇帝能够多次取得战争的胜利完全是因为个人努力的结果，圣母的保佑或许更多的是一种精神上的鼓励和心理的慰藉。

如果我们对比罗曼诺斯三世对圣母像在战场之上作用的依赖以及他最终遭遇的结果，那么普塞洛斯的立场便不言自明了。1030 年，罗曼诺斯三世率军征讨叙利亚，在阿勒颇附近遭受阿拉伯人伏击的拜占庭军队溃不成军，罗曼诺斯险些被俘，拜占庭军队的辎重被敌人抢劫殆尽，然而有一尊圣母像却得以安然保留，普塞洛斯记录了这一场景：

> 有个人带着圣母玛利亚的圣像回来了，这是很多罗马皇帝每次出征必定携带的东西，就如同它是一位将领或者整支军队的保护神一样。只有这尊圣像没有落入蛮族之手……皇帝对这尊圣像的崇拜十分虔诚，因此一见此圣物立即信心大振，用双手紧紧将它握住；我无法用任何语言描绘出他是怎么抱住圣母圣像并为它泪洒胸前的，他将感人肺腑的言语献给这尊圣像，同时深情回顾了圣母的种种善举、他们一起面对的各种危难，以及圣母如何一次又一次地在危急时刻拯救了罗马帝国。从此皇帝又开始满怀信心了……②

从表面上看，这尊圣母像似乎是此战过后罗曼诺斯三世唯一保住的物品，也正是靠着它的庇护皇帝才得以全身而退。然而如果我们联系之前普塞洛斯关于罗曼诺斯出征前备战工作的记述便不难看出，这次出兵叙利亚的失败完全是因为罗曼诺斯战术策略不得当所致，③即使是圣母像也难以力挽狂澜。普塞洛斯此处不仅指出罗曼诺斯三世作为军事统

---

① *The Chronographia of Michael Psellus*, 1.32-33, pp.46-47.
② Μιχαήλ Ψελλός, *Χρονογραφία*, τόμος Α΄, 3.10-11, pp.131,133.
③ *The Chronographia of Michael Psellus*, 3.8, pp.67-68.

帅的不称职，同时还批评他过分迷信圣母像的力量。[1]通过对比我们发现，同样都是在战争中将圣母像当作某种幸运之物或者护身符来对待，可是瓦西里二世依靠计谋取得胜利，罗曼诺斯三世却在迷信中溃败，两种截然不同的结局并非由于圣母像的作用发生了变化，因为在普塞洛斯看来或许它根本就不能成为决定战争结果的一个因素罢了。

　　12 世纪的历史学家尼基塔斯·侯尼亚迪斯在其《记事》中也多次谈及圣像在战场之上的作用，但是出发点与普塞洛斯有很大的不同。例如，1122 年（或 1123 年）约翰二世·科穆宁皇帝[2]与越过多瑙河侵袭色雷斯地区的佩臣涅格人交锋对垒。佩臣涅格人猛烈的进攻令拜占庭军队难以招架，此时此刻约翰二世的虔诚在战场之上发挥了作用，如侯尼亚迪斯记载的那样："一旦罗马军团遭受敌人的猛烈攻击，皇帝便会仰望圣母的圣像，大声呼号，摆出一副可怜的姿态，他的泪水比流淌在战场之上的汗水还要炽热。约翰的行为并非徒劳无益，穿上被上帝赋予力量的胸甲，他击溃了佩臣涅格人的军队，就如同摩西高举双手使亚玛利人的部队难以前进一般。"[3]另外在阿莱克修斯·布拉纳斯（Αλέξιος Βρανάς）[4]反叛期间，伊沙克二世·科穆宁皇帝（Ισαάκιος Β´ Κομηνός）也曾将"引领者"修道院[5]的圣母像抬至城墙的高处，将其视作固若金

---

① 参见 Kaldellis, *The Argument of Psellos' Chronographia*, p.63。

② 拜占庭皇帝，1087 年 9 月 13 日生于君士坦丁堡，1143 年 4 月 8 日死于阿纳萨尔波斯附近。1118 年，约翰继承其父阿莱克修斯一世的皇位，并且挫败了母后伊琳妮·杜凯娜和姐姐安娜·科穆宁的夺权阴谋。约翰二世在位期间强化了拜占庭帝国军队的管理，并且在安纳托利亚和巴尔干地区取得一系列军事胜利。关于约翰的内政措施，我们掌握的信息十分有限，只知道他将民政事务委托给出身低微之人，如普齐的约翰以及斯蒂芬·梅里斯等人。据称约翰死于一次狩猎中的意外事故，但是我们也不能排除他遇刺身亡的可能。*The Oxford Dictionary of Byzantium*, p.1046.

③ Niketas Choniatēs, *O City of Byzantium, Annals of Niketas Choniatēs*, Translated by Harry J. Magoulias, Detroit: Wayne State University Press, 1984, p.10.参见邹薇《尼基塔斯·侯尼亚迪斯〈记事〉研究》，第 213 页。

④ 拜占庭将领。1185 年，布拉纳斯击退了意在进攻君士坦丁堡的诺曼人，并收复了塞萨洛尼基。1187 年，布拉纳斯起兵反叛伊沙克二世，但是在进攻君士坦丁堡的战役中战败身亡。*The Oxford Dictionary of Byzantium*, p.320.

⑤ 位于君士坦丁堡城内圣索菲亚大教堂以东，"引领者"（Οδηγών）得名于一些修道士，他们带领盲人朝圣者来到一处产生奇迹的泉水附近，从而使这些朝圣者得以重见光明。最迟至 12 世纪，著名的"引导者"（Οδηγήτρια）圣母像便安放于该修道院中。*The Oxford Dictionary of Byzantium*, pp.939,2172.

汤的堡垒和难以攻破的栅栏。[1]由此可见在侯尼亚迪斯的观念中，圣像在战场之上可以发挥决定性的作用，除了 1204 年君士坦丁堡被攻破的唯一一次例外，在其《记事》中凡是有圣像出现的战役拜占庭人都获得了胜利。相比较于侯尼亚迪斯将决定战争成败的因素更多地归结为超自然力量，[2]普塞洛斯更加重视人为因素在战争中的作用。

　　普塞洛斯在《编年史》中另一次提及圣像，是关于邹伊女皇对耶稣像的迷恋。根据普塞洛斯的记载，邹伊亲手制作了一尊耶稣塑像，工艺精美，活灵活现，简直就如同真人一般。不仅如此，邹伊甚至把自己和帝国的命运走势完全寄托于这尊圣像颜色的变化：

　　　　通过变换颜色它可以回答问题，通过不同的色调可以预知即将发生的事情。因此，邹伊还可以通过这个小人儿来预测未来。于是，当好运降临她便会感谢小人儿，一旦遭遇厄运她便赶紧请求小人儿施以帮助。我曾目睹困境中的邹伊手里紧紧抱住那尊神圣的雕像，虔诚地注视着它，像对一个活人一样与其交谈，用最为可爱的名字称呼它。我也见过她倒在地上，泪水横流，浸湿了地面，同时在那里顿足捶胸。如果看到小人儿呈现暗淡之色，她便会非常沮丧；但是如果小人儿发出耀眼的光芒，她便把这件事告诉皇帝，因为那预示着光明的未来。[3]

　　在普塞洛斯看来，邹伊对这尊圣像的依赖已经达到了痴迷甚至难以自拔的程度，如果我们联系《编年史》中其他几处关于邹伊虔诚举动的记载便很容易看出，普塞洛斯自始至终对这位女皇的虔诚持否定立场，

---

① Niketas Choniatēs, *O City of Byzantium, Annals of Niketas Choniatēs*, p.209.
② 参见 Simpson, *Niketas Choniates: A Historiographical Study*, p.284ff。
③ Μιχαήλ Ψελλός, *Χρονογραφία*, τόμος Α΄, 6.66, pp.387,389.

他的记述和评价明显充满了讽刺意味。[1]此外，作者对于邹伊表达自己虔诚信仰的方式也尽显批判态度，他认为邹伊的行为代价过大，大肆浪费了国家财产，比如她为了向上帝献祭而从印度和埃及进口昂贵的香和香水。[2]综合上述分析我们有理由认为，普塞洛斯既反对将国家民族的命运寄托于圣像的干预，同时又指责某些拜占庭统治者对圣像过分而无度的崇拜和依赖。

第三节 民族观

记述帝国与周边地区的关系，是许多拜占庭历史作品的重要内容之一，如我们前面所提及的"执事"利奥的《历史》便是典型代表。[3]相比较而言，普塞洛斯的《编年史》却对拜占庭帝国与外族的战争不是特别感兴趣，作者关注的重点在于拜占庭宫廷内之事以及各色人物，很少涉及君士坦丁堡城外的事情。[4]但我们仍旧可以在《编年史》中找到关于保加利亚人、佩臣涅格人、突厥人等拜占庭周边民族的信息，普塞洛斯谈及这些外族时多是为了记载帝国与他们进行战争而进行的必要铺垫，[5]或者是为了从军事、外交等角度来解释帝国在11世纪衰落的原因；他认为当时的一些拜占庭统治者忽略军队建设是令周边各蛮族卷土重来的根本原因。普塞洛斯在《编年史》中分别用"蛮族"（βάρβαροι）和"外族"（ξένοι）两个术语来指称周边各民族，[6]这两个词在作者笔下

① Kaldellis, *The Argument of Psellos' Chronographia*, p.111.

② Μιχαήλ Ψελλός, *Χρονογραφία*, τόμος Β΄, 6.159, p.123.

③ 这方面的成果可参见 Gyula Moravcsik, "Zum Bericht des Leon Diakonos über den Glauben an die Dienstleistung im Jenseits", in *Studia antiqua Antonio Salač septuagenario oblate*, [Praga] Sumptibus Academiae Scientiarum Bohemoslovenicae Pragae, 1955, pp.74-76; Victor Terras, "Leo Diaconus and Ethnology of the Kievan Rus", *Slavic Review*, 24 (1965), pp.395-406; H. Ditten, "Zu Germanoi = Derevljane in Leon Diakonos' Geschichteswerk Ⅵ, 10", *Byzantinoslavica*, 45, no.2 (1984), pp.183-189.

④ 参见赵法欣《普塞洛斯〈编年史〉的特点及其在中世纪欧洲史学的地位》，《西南民族大学学报》（人文社会科学版）2014年第5期，第214—220页。

⑤ 详见本书第二章第二节三"与周边各民族战事"。

⑥ 参见 *The Oxford Dictionary of Byzantium*, pp.252-253,796-797。

明显具有不同的含义：前者一般是指那些与帝国为敌的民族，如 1043 年前来进犯的罗斯人；而后者则多指代与帝国结盟的各民族，如 1041 年克里米亚地区的斯基泰人。①当然，普塞洛斯基本上继承了拜占庭时期知识分子对"蛮族"的一贯态度，这种态度集中体现在《编年史》关于佩臣涅格人的一段描述中，特援引如下：

> 他们比其他民族要难以对付和征服。他们既非体格健壮，精神上也不是英勇无畏，他们不穿胸甲和护胫甲，头部也没有头盔保护。他们手里没有任何样式的盾牌……腰里也没佩剑。这些人所持的唯一武器是长矛，此乃他们唯一的防身手段。他们没有分成多少个小分队，出去作战也没有战术战略可言。这些人根本不晓得"先锋""左翼""右翼"到底为何物。他们也不修建木头栅栏用来防御，也根本没有在自己营盘周界挖壕沟的观念。一群人一哄而上，混乱地拥挤成一团，舍死忘生一般，呼号着作战的口号，他们便冲向了敌人。如果他们成功地击退敌人……便会毫不留情地将敌人杀戮。然而，如果对方抵挡住了他们的攻击，并且在面对这些蛮族的猛攻时保持住自己的队形，那么蛮族士兵就会立即掉头，撤退逃命。可是他们在撤退时毫无秩序可言。三五成群，四散逃窜……这些人同时一哄而散，但是过后又以某种奇怪的方式再次会合……口渴难耐之时，无论找到什么水源，泉水也好溪水也罢，他们立即跳入其中大口狂饮；如果没有水，那每个人翻身下马，用刀割开马的血管，饮马血以解口渴。他们便以鲜血代水来止渴。随后他们便把最肥的马切成一块一块的，也不知从哪弄来一些木柴，当场把马肉稍稍加热便半生不熟地狼吞虎咽般统统吃掉。酒足饭饱之后，他们迅速返

---

① Frederick Lauritzen, "Nations and Minorities in Psellos' *Chronographia* (976-1078)", *Studia Ceranea*, 9 (2019), pp.328-329.

回原始的营地像蛇一样潜伏起来，置身于悬崖峭壁以此为掩映……总体上讲，这是一个令人害怕且背信弃义的民族。友好条约对这些个蛮族根本没有任何约束力，甚至在圣坛之前立下的誓言也可以弃之脑后，因为他们根本就不信神，遑论崇敬上帝了。在他们看来一切事物都是偶然的结果，只有死亡才是万物的终结。为此他们可以和你欣然讲和，随后当他们觉得有必要诉诸武力的时候，又会无所顾忌地违背和平条款。如果你能够在战争中挫败他们，那后者会恳求第二次议和；可假如是他们在战役中获胜，那这些人则会杀掉一些俘虏，把其余的拿去来一场大拍卖。对于那些有钱的俘虏他们标以高价，如果不能很快得到赎金，他们便把这些人统统杀掉。①

通过上述文字可以看出，普塞洛斯笔下的佩臣涅格人具有以下一些突出特点②：第一，社会发展水平处于极为落后的阶段，表现为生活方式极为简陋、原始（吃半生的肉，饮生水、血液等），没有任何军事素养，武器装备朴素。第二，该民族的特性是习惯于背信弃义，不遵守任何契约。第三，将上述几个方面汇总起来，普塞洛斯此处通篇透露出佩臣涅格人无比野蛮的气息，这种野蛮不仅令该蛮族与文明世界显得格格不入，他们身上所表现出来的各种野蛮行径更让"文明"的拜占庭人时时感到恐惧。③11世纪下半期的拜占庭帝国，正遭遇瓦西里二世皇帝以来又一次严重的外部威胁，帝国与周边各民族的战事频繁发生；普塞洛斯在记述这段历史的时候有意突出这些蛮族的野蛮成性，以此来解释帝国腹背受敌的原因所在，也是为了告诫拜占庭统治者要对这些民族引起

---

① Μιχαήλ Ψελλός, *Χρονογραφία*, τόμος Β΄, 7.68-69, pp.310-315.

② 参见 Elisabeth Malamut, "L'image byzantine des Petchénègues", *Byzantinische Zeitschrift*, 88 (1995), p.122。

③ Nike Koutrakou, "Psellus, Romanus III and an Arab Victory 'Beyond any Reasonable Expectation': Some Remarks on Psellus' Perception of Foreign Relations", *Graeco-Arabica*, 11 (2011), pp.319-345.

足够的重视。

同为 11 世纪历史学家的阿塔里亚迪斯在《历史》中也有不少关于佩臣涅格人野蛮成性和背信弃义的记载，现援引一例如下：

> 这个民族喜欢武装劫掠，胜过其他任何技能或行业，他们依靠不断使用刀剑和弓箭为生。在饮食和生活的其他方面他们非常令人厌恶，并且会吃一些腐烂的食物。因为一些不幸的偶然机遇，他们涌入罗马帝国的边境，后来造成了许多的困难，我在这里无法详细列举……当瘟疫有所减缓后，像得到温暖的蛇一样，这些佩臣涅格人又一次开始积极地移动，他们表现得似乎拥有一种无法被轻易征服的力量。皇帝（君士坦丁九世）的计划是将他们的首领送回，寄希望于这些人可以使自己的同胞恢复理智……当他们回到自己人中间后，便再次根据自己民族的习惯行事，无法停止挑衅和暴怒。他们不断地侵袭劫掠周边的土地，掠夺沿途之上的一切，使罗马的土地浸染上罗马人的鲜血。[①]

阿塔里亚迪斯和普塞洛斯笔下的佩臣涅格人具有一些类似的特征，如野蛮、残暴、背信弃义等，一方面，这是因为两位作家对待外族（蛮族）具有近似的民族立场和情感，另外也是由于他们处于同一个时代，面对几乎相同的社会环境，对待类似的问题难免得出相似的结论。另一方面，我们也应该清楚，以上述两位历史学家为代表的拜占庭知识分子所塑造的佩臣涅格人的形象——实际上不仅仅局限于佩臣涅格人一个族群，也是为了现实宣传的需要。这些作家通过利用、调整这些蛮族形象来服务于特定的文学体裁，这是拜占庭作家们惯常使用的讨论他们与

---

① Michael Attaleiates, *History*, translated by Anthony Kaldellis and Dimitri Krallis, Cambridge, Mass.: Harvard University Press, 2012, chap.7, pp.53-55.

外部世界关系的修辞学伎俩。①我们不妨认为，以普塞洛斯为代表的知识分子群体，他们的民族观念通常都是现实政治生活的真实反映，在很大程度上可以被视作这些人政治、宗教等观念的延伸。

第四节　史学写作理念

普塞洛斯在《编年史》中的许多地方不惜笔墨地阐发自己的史学写作理念。他尤其注重史料的甄别与遴选，以保证自己作品的真实性。同时，他还反复强调这部《编年史》的性质并非颂词作品，以此来维护自己作品的可信度。另外，普塞洛斯十分明确地表达了自己写作《编年史》的目的，这是建立在他对历史学作品写作目的的正确认知之上的。

一　历史的真实性

普塞洛斯力求准确真实地记录历史事件和人物活动的努力，在很大程度上体现在他对史料的把握和处理方面。具体而言，对于自己的亲身观察，他努力做到如实记录；对于那些从其他渠道获得的信息，他会有意识地加以鉴别比较；此外，对于一些无法确知的事件，他可能会记载下不同的版本，而将最终的判断权留给读者。

普塞洛斯写作《编年史》最主要的信息来源，无疑来自作者自身的观察和亲身经历。普塞洛斯在书中多次提及接下来的记述来源于自己的亲身经历，例如在第 3 卷开篇作者写道："从此处开始，接下来我的历史会比之前的内容更加可信，因为瓦西里皇帝去世时我还是个孩童，君士坦丁统治结束时我刚刚开始接受初级教育。我从未与他们有过任何接触，也不可能听到他们讲话。我也说不好是否见过他们，因此我那时太小还不怎么记事。然而，我确实见过罗曼诺斯，甚至还跟他交谈过。于

---

① 参见 Anthony Kaldellis, *Ethnography After Antiquity: Foreign Lands and People in Byzantine Literature*, Philadelphia: University of Pennsylvania Press, 2013, p.125。

是很自然的，对于瓦西里和君士坦丁的评论我主要依靠他人提供的信息，而关于罗曼诺斯的记载则是我自己的所见所闻。"①类似这样表明依据自身经历展开记述的文字在《编年史》中还有许多处，又如米哈伊尔四世皇帝死后，孤儿院院长约翰开始实施拥立米哈伊尔·卡拉发迪斯为帝的计划，普塞洛斯在详细记载约翰等人的阴谋诡计之前首先表明自己的信息来源："我目睹了这一切，并且亲眼所见真正发生的事情，现在我把这一切如实记录在我的历史中，不会有半点的歪曲。"②从这些语句中我们可以看出普塞洛斯不仅重视对于所述历史事件的亲身观察，同时力求在记录这些事件的时候秉笔直书，尽力把自己所看到的一切如实记录下来。

对于自己没有经历时代的记载，普塞洛斯或许参考使用了其他历史学家的作品，但是这些作品很有可能没有流传下来，因此具体细节我们不得而知。普塞洛斯只是在其《编年史》中偶尔提及自己使用其他史学作品的情况，例如关于巴尔达斯·弗卡斯的性格特征，普塞洛斯的评论也是来源于其他史家的记述："根据历史学家们的说法，这个巴尔达斯让人们想起了他的叔父尼基弗鲁斯皇帝，因为他总是表现得很冷峻，时刻警觉，并且具有预知不测和洞悉微小事件的本领。"③值得注意的是，从普塞洛斯对前代史家作品的使用方法，我们也可以看出作者在进行历史写作的时候求真求实、独立思考的风格；他并非简单机械地援引其他人的作品，而是能够对比某些不一致的材料，从而得出自己独立的结论。例如关于瓦西里二世皇帝的记载并非来源于作者自身的观察，很可能是参照了某些历史学家的著作。很多亲眼见过瓦西里二世的人认为这个皇帝操行严谨，刚正直率，言行冷静，毫无柔弱之举。然而普塞洛斯却根

---

① Μιχαήλ Ψελλός, *Χρονογραφία*, τόμος Α΄, 3.1, p.115.
② Μιχαήλ Ψελλός, *Χρονογραφία*, τόμος Α΄, 5.3, p.245.
③ Μιχαήλ Ψελλός, *Χρονογραφία*, τόμος Α΄, 1.7, p.49.

据历史学家的记载认为，这种行为方式和性情方面的转变是瓦西里继位之后由于受到时局的影响而产生的。"我根据那些记载瓦西里的历史学家们推断，在他统治刚刚开始的时候他并不是那个样子的。登上皇位之后，他的性格大变，他一改以往的骄奢淫逸，变得精力充沛。"[1]这种不盲从他人、批判性的态度在《编年史》的其他一些地方均有所体现。

另外普塞洛斯还利用了一些当事人提供的材料，例如关于邹伊与米哈伊尔四世的风流韵事，普塞洛斯听到两种不同的故事版本，一个版本是来自"一位那时经常出入宫廷的人"，另一个版本则来源于"另一个线人"的叙述。[2]对于这些他人提供的信息普塞洛斯也能够保持批判的态度，有所甄别地加以使用。他对于自己的处理方法有着清晰的表述："我很清楚地知道，人们倾向于凭空捏造，出于那个原因，普通民众中流传的谣言并不会轻易地使我相信。在我确信所听到的事情之前，我总是要将这些传闻加以验证。"[3]比如关于米哈伊尔四世的记载与评价，普塞洛斯称自己不仅亲眼见到、亲身参与了许多事件，更是得到了皇帝身边密友所提供的一手材料，因此作者认为自己的叙述比起当时流行的说法更有说服力，更加准确。[4]普塞洛斯对待口述材料的严格态度，很可能是受到古希腊历史学家修昔底德（Θουκυδίδης）的影响，后者在其《伯罗奔尼撒战争史》中明确阐述了自己对待不同史料的审慎原则，他尤其重视考订信息的真实性，不轻信传闻。[5]尽管普塞洛斯与修昔底德在写作历史时的侧重点有所不同，但他们严格对待史料的态度是一脉相承的，这也是西方古典史学优良传统的体现。

---

[1] *The Chronographia of Michael Psellus*, 1.4, p.29.

[2] *The Chronographia of Michael Psellus*, 3.23, pp.79-80.

[3] Μιχαήλ Ψελλός, *Χρονογραφία*, τόμος Α΄, 4.33, p.209.

[4] Μιχαήλ Ψελλός, *Χρονογραφία*, τόμος Α΄, 4.38, p.215.

[5] *Thucydidis Historiae*, recongnovit brevique adnotatione critica instruxit Henricus S. Jones, apparatum criticum correxit et auxit Johannes E. Powell, tomus prior, Oxonii E Typographeo Clarendoniano, 1955, I.22. 中译文参见修昔底德《伯罗奔尼撒战争史》（上册），谢德风译，商务印书馆 1985 年版，第 17—18 页。

在《编年史》中有些事件并无定论，普塞洛斯对这样的情形通常直言不讳地指出，比如关于马尼亚基斯在奥斯特洛沃斯的战场上身受致命一击，并且由此坠马被杀。但究竟是谁给了马尼亚基斯致命的一枪，又是谁最后杀死了这位叛军首领并且割下他的首级，这些均已无法考证。于是普塞洛斯坦率地写道："许多这样的说法都是捏造的，并没有任何令人信服的证据。另一方面，他们确实声称，从他侧面受伤的事实来看，武器一定是一支长矛。然而，直到我写下这部历史的那一天，造成这一创伤的人仍然不为人所知。"①除此之外，在他人提供的信息当中经常会有一些不能确定的内容，普塞洛斯对于这些口头材料并非全盘接受，他通常的处理方法是将所掌握的不同信息收录于书中，从而为读者们留下自主判断的空间。②比如关于巴尔达斯·弗卡斯在阿比多斯战役期间突然栽落马下的原因，普塞洛斯虽然记录了自己听到的一种解释，即瓦西里二世暗地里买通弗卡斯的斟酒官在后者的酒里下毒，但是普塞洛斯对这种传闻的真实性未置可否，因此他以这样的语句结束关于这件事的记载："就我个人而言，我宁愿在这个问题上不发表任何意见，而是把所有的荣耀都归于基督之母。"③

二 历史学作品与颂词

某些拜占庭历史学家具有这样一种意识，将历史著作与颂词④作品

---

① *The Chronographia of Michael Psellus*, 6.85, p.197.

② 这或许又会让我们联想到希罗多德在《希波战争史》中的某些表述，如"我的规则是不管人们告诉我什么，我都把它记录下来"，至于"这两种说法哪一种说法合乎事实，我不想去论述"。*Herodoti Historiae*, recognovit brevique adnotatione critica instruxit Nigel G. Wilson, Tomus Prior, Oxonii: E Typographeo Clarendoniano, 2015, 2.123, p.199; 1.5, p.5.

③ *The Chronographia of Michael Psellus*, 1.16, p.37.

④ 颂词是一种赞颂性的演说，拜占庭的颂词创作与古典时代略有不同，它将赞颂的范围仅仅局限于个人，包括圣徒、皇帝和牧首等；其中对圣徒的赞颂构成圣徒传记的主题，而皇帝和牧首则是由官方修辞学家在特定的节日进行称颂。在一些特殊场合，如婚礼、葬礼、凯旋仪式等，也会创作一些散文体或韵文体的颂词。为一些人物，包括皇帝和牧首而创作颂词从 11 世纪末开始日趋流行。颂词创作的元素也会出现在历史学作品当中，但一些历史学家还是尽量在两种文学体裁之间做出区分。*The Oxford Dictionary of Byzantium*, pp.700-701.

进行严格区分，普塞洛斯便是其中一位突出的代表。普塞洛斯在《编年史》中运用大量的篇幅对历史学的特性予以阐释，作者尤其强调历史著作与颂词之间的本质区别。这些内容主要集中在《编年史》的第 6 卷当中，因为普塞洛斯曾经为君士坦丁九世皇帝撰写过多篇颂词，内容完全是对皇帝美德的赞颂甚至吹捧。[①]因此当普塞洛斯在《编年史》中记载评价同一个君士坦丁皇帝的时候，他极力避免自己将颂词创作的原则与历史学的方法相混淆。下面一段引文集中体现了普塞洛斯关于两种性质完全不同的作品的认识：

> 写颂词的人可以忽略被称颂者那些不甚光彩的事情，集中记述他那些更为高贵的行为。即便当反面的材料成为主要内容时，演说家只需要写下具有积极影响的一件事，由此创作出一篇令人满意的颂词。如果他使用些许伎俩的话，他甚至可以把卑劣的行径都转化为受到称颂的内容。可是，写历史的人就如同法官，对所有人平等对待，不徇私情。在他叙述事情的时候不能对任何一方有所偏向，必须采取严格的不偏不倚的态度进行写作。他不能代表善或恶任何一方表露哪怕一点点意见，只能纯粹地记录下来所发生的事情。[②]

在作者看来，颂词作品为了满足赞颂的目的而可以不惜歪曲事实甚至杜撰出一些根本不存在的事情，或者将受称颂者的恶行转化为光彩的行为加以赞扬；然而历史学家则必须时刻保持公正的立场，严格按照真实情况予以记录，不能随意歪曲事实或是编造杜撰。

---

① 这些作品收录于 *Orationes panegyricae*, ed. George T. Dennis, Stutgardiae: Teubner, 1994。参见 Chamberlain, "The Theory and Practice of Imperial Panegyric in Michael Psellus: The Tension between History and Rhetoric", pp.16-27。

② Μιχαήλ Ψελλός, *Χρονογραφία*, τόμος Β΄, 6.161, pp.123,125.

　　在《编年史》的其他许多地方我们还可以看到类似的评论，普塞洛斯不厌其烦地反复强调自己有意识在两种体裁之间做出明确区分，固然是作者对于自身历史写作有着清楚的认识，但与此同时，我们也不能忽视另外一个重要事实，即普塞洛斯所处的政治环境对他写作《编年史》的影响。具体而言，鉴于普塞洛斯与君士坦丁九世（其他一些统治者）的特殊私人关系，以及政治上的君臣隶属关系，[①]普塞洛斯在客观记载评价这些人的行为事迹时注定会有所顾忌，因为过于直白的批判很可能令自己遭受迫害甚至身陷囹圄。因此普塞洛斯必须找到一种适合的方式在《编年史》中评述某些统治者的不光彩行为，同时保住自己的政治影响力。在第 6 卷中，每每普塞洛斯将要对君士坦丁九世某些"不光彩行为"进行记述之前，他通常都会为自己辩解一番：

　　　　就我自己而言，我自然希望我最爱戴的皇帝永远不会受到责备……但是历史事件本身并不会完全随我们所愿。那么，神圣的灵魂啊，请原谅我吧！如果我在叙述你的统治时偶尔会直言不讳，毫不隐藏地揭露真相，那么请就此原谅我吧。我不会遗漏任何一件你做过的高尚的事情，我会把它们一一记录下来。可是与此同时，你那些不十分高尚的行为，也会出现在我的历史当中。[②]

　　实际上，如果通篇考察普塞洛斯关于君士坦丁九世的记载，我们很容易看出作者对于这位皇帝的许多行为持有批判态度，那些所谓值得称道的"事迹"或许成了一种点缀，而对这位皇帝不理朝政的指责以及卑

---

　　① 参见 Michael Jeffreys, "Psellos and 'his emperors': fact, fiction and genre", in Ruth Macrides, ed., *History as Literature in Byzantium. Papers from the Fortieth Spring Symposium of Byzantine Studies, University of Birmingham, April 2007*, Farnham, Surrey, England; Burlington, VT: Ashgate, 2010, pp.77-85,88-91.

　　② Μιχαήλ Ψελλός, *Χρονογραφία*, τόμος Α΄, 6.28, pp.345,347.

劣人格的讽刺似乎构成了第 6 卷的主要内容。①这样的无奈不仅仅体现在普塞洛斯对君士坦丁九世的记载和评论中，在涉及君士坦丁十世、米哈伊尔七世等人的相关部分我们也会看到十分类似的内容。普塞洛斯在第 7 卷中曾经两次提及，自己撰写的是一部历史而并非为君士坦丁十世皇帝撰写的颂词（πανηγυρικός λόγος），②随后紧接着作者直指皇帝统治期间政策上最大的失误，即忽视帝国军队的建设，从而造成在抵抗蛮族入侵时难以应对。③又如在涉及米哈伊尔七世独立统治的一开始，普塞洛斯写下了如下一段文字："我必须首先恳请读者们，不要将我对这个人性格和事迹的记述视作言过其实。相反，其实我在这里还有所保留呢……实际上，我真的无法不赞美他。我请求读者们相信我的记载，不要对我此处留下的文字表示怀疑，因为这些都是在米哈伊尔皇帝在世时写就的。"④表面上看，普塞洛斯是在为之后的记载进行开脱，因为《编年史》的最后一部分确实充斥着对米哈伊尔七世的献媚之词；然而，如果我们考虑到普塞洛斯写作这部分内容的时间以及他与皇帝的特殊关系，那么这样的献媚之词或许是一种无奈甚至是反语；更为重要的是，我们能够在这一部分中找到普塞洛斯对米哈伊尔七世微妙的批判，比如关于皇帝的财政政策，另外普塞洛斯的许多评价实际上是一种反讽语气，表达的是截然相反的意思。⑤这不仅令我们联想起 6 世纪的历史学家普罗柯比（Προκόπιος ὁ Καισαρεύς）在其《秘史》前言中一段类似的表述："现在我要按另一种方案写作，以揭露罗马帝国各地发生的各种事情……鉴于

---

① 参见 Kaldellis, *The Argument of Psellos' Chronographia*, p.137。

② 皇帝献词是颂词的一种形式，修辞学者米南德尔列举了这种体裁的主要内容：皇帝的出身、外貌（主要是美貌）、成长、习惯、在和平年代与战争中的作为、四项美德（勇气、正义、节俭或适度以及过人的判断力）、慈善行为和好运。但是拜占庭人又加上了"虔诚"这一项，以此替代"好运"的观念。皇帝献词一般作于某些特殊场合，通常在主显节之际。正如凯撒里亚的尤西比乌斯所立下的标准，皇帝献词意在描绘理想化的帝王，而并非为历史进行真实的记录。*The Oxford Dictionary of Byzantium*, p.267.

③ Μιχαήλ Ψελλός, *Χρονογραφία*, τόμος Β΄, 7.A17, p.363; 7.A23, p.371.

④ Μιχαήλ Ψελλός, *Χρονογραφία*, τόμος Β΄, 7.C1, p.435.

⑤ *The Chronographia of Michael Psellus*, 7.C2, pp.367-368; 7.C7, p.371.

那些当事人还在世，我便无法如实地记录那些事情。因为我既无法摆脱那些间谍或告密者的搜查，一旦被捕也难逃惨死的厄运。我甚至不能相信最亲近的亲属。此外，在之前的作品中（指《战争史》——笔者）我被迫隐藏了许多事件的来龙去脉。因此，在本书中我有义务揭示先前隐瞒的东西，讲述那些所讲事情的缘由。"①众所周知，普罗柯比的三部历史作品在立场上有很大的区别，其中《战争史》和《建筑》基本上属于对查士丁尼一世皇帝文治武功的歌颂，而《秘史》却一反常态，揭露了许多关于查士丁尼皇帝和塞奥多拉皇后、贝利萨留和安东妮娜夫妇的"内幕"，这些"内幕"大多是上述四人的各种丑陋行径，是作者在前两部书中只字未提的，所以《秘史》在普罗柯比去世后 1000 余年才得以被世人所知。②普塞洛斯和前辈普罗柯比或许有着类似的苦衷，只能用这样的"借口"来为自己的历史作品进行辩护。

相比之下，阿塔里亚迪斯的《历史》中关于尼基弗鲁斯三世·博塔尼亚迪斯皇帝的记述很明显是一篇颂词性质的作品。③阿塔里亚迪斯笔下的尼基弗鲁斯三世几乎具备了一名理想君主的全部优秀品质：出身显赫、英勇无畏、仁慈公正、宽宏大量、慷慨、虔诚、适度，同时在阿塔里亚迪斯看来，尼基弗鲁斯三世是由上帝挑选并且受到保护，同时皇帝本人时刻不肯放松对帝国福祉的关注。④通过对比我们有理由认为，普塞洛斯的《编年史》在某种程度上具有辩解辞（ἀπολογία）⑤的

---

① *Προκοπίου Ἀνέκδοτα ή Ἀπόκρυφη ιστορία*, Μετάφραση: Αλόη Σιδέρη, Αθήνα: Εκδόσεις Ἄγρα, 1988, p.27.

② 关于普罗柯比及其三部历史作品，参见 James A. S. Evans, *Procopius*, New York: Twayne Publishers, 1972; Averil Cameron, *Procopius and the Sixth Century*, Berkeley: University of California Press, 1985; Ἀπόστολος Καρπόζηλος, *Βυζαντινοί Ἱστορικοί και Χρονογράφοι*, τόμος Α΄ (4ος-7ος αι.), Αθήνα: Εκδόσεις Κανάκη, 1997, pp.369-387; Anthony Kaldellis, *Procopius of Caesarea: Tyranny, History and Philosophy at the End of Antiquity*, Philadelphia: University of Pennsylvania Press, 2004。

③ 参见 Hunger, *Βυζαντινή Λογοτεχνία*, τ. Β΄, pp.205-206。

④ Markopoulos, "The Portrayal of the Male Figure in Michael Attaleiates", pp.220-221.

⑤ 辩解辞是一种辩护或者自我辩护的演说，比如柏拉图为苏格拉底所作的辩解辞。起初该称谓多用于殉教者为维护基督教信仰而作的演说，以及针对多神教教徒和犹太教徒对于基督教的误解而作。在世俗领域，辩解辞特指一种文学体裁，包括自我辩护、法庭辩护以及外交领域对于无理要求的辩驳等。*The Oxford Dictionary of Byzantium*, pp.138-139.

性质，作者运用高超的修辞学技巧，在某些看似具有颂词色彩的表述中将自己的真实思想（有时是与字面意思截然相反的含义）蕴含其中，表达了这位历史学家的政治理念和宗教思想。[①]因此我们说普塞洛斯在《编年史》中对历史著作和颂词两种体裁多次作出区分界定，既是为了表明自己的清晰概念，更重要的也是为了满足整部作品主旨思想的需要。

三 历史写作的目的

通过上文的分析我们获知普塞洛斯对《编年史》的性质有着明确的认识，并且在写作过程中力求严格遵循历史学的方法，在记述评价人物时做到客观公正，避免颂词作品中那种歌功颂德甚至是歪曲事实的手法。那么在普塞洛斯看来，准确记述历史事件、公正品评人物的目的，或者说历史写作的目的又是什么呢？换言之，普塞洛斯撰写这部《编年史》究竟是出于什么目的呢？

关于普塞洛斯写作《编年史》的动机，我们不能简单地理解为是作者受朋友之托而作，如他自己在书中所写的那样，"有好几个人不止一次地敦促我写这部历史。他们当中既有当权人物和元老院领袖，也有研究神学、解释《圣经》奥义的人，以及那些极为圣洁高尚之人"[②]。此处的"神学家"，普塞洛斯有可能暗指他的朋友君士坦丁·利户迪斯和约翰·毛洛普斯。我们不否认普塞洛斯从事历史写作是受到好友的鼓励，但是与此同时，普塞洛斯也深刻领会一名历史学家应该负起的责任。在普塞洛斯生活的时代，人们确实面对这样的危险，"时光的流逝有可能将已经发生的事情永远尘封，那些已经逝去的年代似乎根本没有存在

---

① 参见 Efthymia Pietsch, *Die Chronographia des Michael Psellos, Kaisergeschichte, Autobiographie und Apologie*, Wiesbaden: Dr. Ludwig Reichert Verlag, 2005, pp.66-128。

② *The Chronographia of Michael Psellus*, 6.22, p.165.拜占庭历史上这种因为受人所托而进行历史写作的例子并不少见，如9世纪的历史学家"忏悔者"塞奥发尼斯就是在朋友乔治·辛凯洛斯的一再请求下写作《编年史》的。详见 *The Chronicle of Theophanes Confessor*, pp. I－II。

过一样"①。于是，普塞洛斯像很多位拜占庭史家甚至是古典历史学家一样，将一个共同的目标视作自己写作历史的动机和目的，即防止自己所处时代美好的或有价值的事情被后人遗忘，用普塞洛斯自己的话讲，"不要让我们的后人认为只有在我们之前发生的事情才值得记录，而我们自己的行为则淹没于遗忘的深渊"②。这不禁让我们联想起"西方史学之父"希罗多德在《希波战争史》开篇的那几句话，作者明确指出写作这部历史就是为了不让希腊人和异邦人那些值得赞叹的丰功伟绩失去光彩，并且还要把他们开战的原因记录下来。③

　　我们可以在其他拜占庭史学作品中找到类似愿望的表达。"执事"利奥在其《历史》的开篇就表明写作的目的，"人们不可以漫不经心地忽视那些有价值有益处的事情，而使自己靠近那些令人讨厌有害的东西。因此历史学的作用就在于将过往的事情重新赋予生命，使它们避免被淹没在被遗忘的深渊之中"④。与普塞洛斯同时代的阿塔里亚迪斯在其《历史》的开篇便直言不讳地指出，"我写作的目的就是避免随着时光流逝，过去的事情被遗忘在历史的深渊，我要让它们成为人们永恒的记忆"⑤。三位历史学家——当然不止他们三位，在此处目的基本是一致的，甚至他们还同时使用了"遗忘于深渊"（λήθης βυθοῖς）这样的表达。上述三位史家对于自己所处时代的关注，主要关注点不再仅仅是对往昔的好奇，而是更多地满足于为现实树立起值得模仿的观念、生活方式和模范典型。⑥这种保存记忆、垂训后世的史学传统甚至到了1453年君士坦丁堡陷落后依然得以保留下来。米哈伊尔·克里托布鲁斯（Μιχαήλ

---

① Μιχαήλ Ψελλός, *Χρονογραφία*, τόμος Α΄, 6.22, p.337.

② Μιχαήλ Ψελλός, *Χρονογραφία*, τόμος Α΄, 6.22, p.337.

③ *Herodoti Historiae*, p.3.中译文参见希罗多德《历史》（上册），王以铸译，商务印书馆1997年版，第1页。

④ *The History of Leo the Deacon*, 1.1, p.55. 参见赵法欣《从拜占廷史著〈历史〉中的人物样态看利奥的史学新思想》，《四川大学学报》（哲学社会科学版）2011年第3期，第22—28页。

⑤ Μιχαήλ Ατταλειάτης, *Ιστορία*, p.31.

⑥ Markopoulos, "Byzantine History Writing at the End of the First Millennium", p.186.

Κριτόβουλος）在其《历史》的前言中便再现了这一悠久传统，声称该书正是为了满足那些意在了解这段历史的人们而作，同时避免那些伟大的行为被后人遗忘。①

那么在普塞洛斯的观念中，哪些事情是作者生活的那个时代里最不能够被遗忘的？或者说普塞洛斯希望通过自己的著作留给后人什么样的经验和教训，并且通过这些令后人对他所经历的时代能有一个更为清晰的认识呢？

笔者认为，贯穿普塞洛斯《编年史》的主题，无疑应该是通过记载11 世纪那些统治者的无能与失误，解释拜占庭帝国在 11 世纪的衰落这一重要历史现象。普塞洛斯在《编年史》中对该问题做出了明确的阐述，他将帝国内部的动荡和对外战争的失利，基本上归结为统治者的个人原因，认为是这些人葬送了帝国的前途，导致拜占庭帝国的衰亡。因此，我们有理由将揭示帝国在 11 世纪的衰落视为普塞洛斯撰写这部《编年史》的立意所在。在他看来，帝国的衰落完全是统治者一手造成的，普塞洛斯给出了以下几方面的原因：

1. 挥霍浪费

根据普塞洛斯的记载，瓦西里二世皇帝在位期间大量积蓄财富，他死后留下一个极度充盈的国库，然而就是从那时开始，即从他的兄弟君士坦丁八世继位的那一刻起，帝国的国库资源被一任又一任的统治者挥霍一空，普塞洛斯不得不发出这样的感叹，"士兵们的奖金和用作军队开支的收入，都被不必要地挪作他用，被留作其他人使用——一群马屁

---

① Kritovoulos, *History of Mehmed the Conqueror*, trans. Charles T. Riggs, Princeton: Princeton University Press, 1954, 1-8, pp.9-11. 关于克里托布鲁斯的生平及其《历史》，还可参见以下作品 Diether R. Reinsch, "Kritobulos of Imbros: Learned Historian, Ottoman Raya and Byzantine Patriot", *Zbornik Radova Vizantološkog Instituta*, 40 (2003), pp.297-311; Σ. Ἡμελλος, «Θεοσημίες προ της αλώσεως της Κωνσταντινουπόλεως υπό των Τούρκων κατά τον ιστορικόν Κριτόβουλον», *Επετηρίς Εταιρείας Βυζαντινών Σπουδών*, 52 (2004-2006), pp.447-478; Hunter Koski, "Assessing the Historian Michael Kritovoulus as a Historical Figure through Analysis of Michael Kritovoulus' History of Mehmed the Conqueror", *International Journal of Arts & Sciences*, 6 (2) (2013), pp.1-18.

精，以及那些当时受托保护女皇的人——好像瓦西里皇帝就是为了这个目的才把国库塞满了财宝似的"①。普塞洛斯进而列举了各位统治者挥霍国库资源的三种途径。

首先是用来满足统治者个人的享乐。这方面最典型的例子当数君士坦丁九世皇帝，他不仅终日不理朝政，一味地沉湎于声色犬马之中，挥霍大量的国库钱财用于铺张浪费和修建工程，同时还为了满足两位皇后以及自己情人的需要而挥金似土。根据普塞洛斯的记载，君士坦丁九世极度纵容邹伊和塞奥多拉奢侈放荡的生活，并且自己也参与其中，乐此不疲。普塞洛斯说他"不想以任何方式反对她们的欲望，而是小心翼翼地为她们提供各种娱乐"②。另外对自己的两名情妇，君士坦丁同样不遗余力地挥霍大量金银财宝来讨得此二人的欢心。例如有一次，君士坦丁在皇宫里发现了一个铜匣子，上面装饰着浮雕人物，他把匣子装满了钱，然后作为礼物送给了斯科丽莱娜。③斯科丽莱娜死后，君士坦丁又找到一名阿兰尼亚的女子做情人。普塞洛斯说君士坦丁为了取悦这名女子而挖空心思，无条件地满足她的各种欲望，"流淌着黄金的河流、财宝的溪流和财富的洪流都被用来满足她的享乐。于是，我们的所有财富再一次被挥霍掉。一部分被散播在城墙内，另一些则被带到了蛮族世界"④。

其次是拜占庭统治者对大臣或百姓毫无原则的封赏。普塞洛斯在《编年史》中记载了多位统治者在位期间大肆封赏群臣的做法，其中邹伊的行为是最令作者不满的。普塞洛斯认为邹伊的"慷慨大方，在很长一段时间里得到了广泛的施予，即便是这一特点，尽管从她那里获得好处的人无疑对其感到满意，但它无疑成为全面的腐败以及罗马的财富跌

---

① *The Chronographia of Michael Psellus*, 6.8, pp.158-159.
② *The Chronographia of Michael Psellus*, 6.49, p.180.
③ *The Chronographia of Michael Psellus*, 6.57, p.183.
④ *The Chronographia of Michael Psellus*, 6.153, p.236.

至谷底之唯一、首要的原因"①。普塞洛斯并非全盘否定统治者的封赏，他只是在强调任何的封赏都应该审时度势，有针对性，否则便成为一种放纵的行为，正如作者在书中写道："行善的美德是统治者最大的一种特征，在有歧视的地方，并且当受赠人的特殊情况和财富，以及他们不同的个人特点被考虑后，慷慨的分配就值得赞扬。反之，如果对这些问题没有真正的辨别力，那么花钱便是浪费了。"②另外如米哈伊尔六世、君士坦丁十世等人，也都因为这种无原则的封赏而饱受普塞洛斯的诟病。

最后是许多拜占庭统治者为了修建、扩建教堂或修道院，不加任何节制地动用国库钱财，将国家公共资源耗尽之后又想尽各种办法聚敛金钱，为的就是满足自身所谓的"虔诚"。这样的例子前文已述，典型代表包括罗曼诺斯三世、君士坦丁九世等人，具体内容此处不再赘述。普塞洛斯在这里并不是泛泛地批评这些统治者修建宗教建筑的行为，而是主要针对他们滥用国库资源这一事实，在作者看来，统治者们将帝国财富几乎用于满足自己"虔诚"野心的同时，国家其他方面的建设，尤其是帝国的军队遭受忽视，这才是国家衰落的根源所在。③伊沙克一世之前的一些君主，均为了一时的兴致而将国家财富挥霍。公共收入没有花在组织军队上，而是花在对平民的恩惠和盛大的表演上。为了确保他们死后的葬礼更令人印象深刻，葬礼更加奢华，这些皇帝们用金钱和财产来丰富自己的冥想之所（他们为这些建筑发明的名字），他们不仅掏空了宫殿的宝库，甚至还动用了人民贡献到公共收入的钱财。④

2. 忽视军队建设

在普塞洛斯看来，与统治者挥霍国库资源关系最为密切的，或者

① *The Chronographia of Michael Psellus*, 6.5, p.157.
② *The Chronographia of Michael Psellus*, 6.5, p.157.
③ 参见 Antonios Vratimos, "In the *Chronographia*, is Michael Psellos' Concern for the Army Entirely Disinterested?", *Zbornik Radova Vizantološkog Instituta*, XLIX (2012), pp.145-158。
④ *The Chronographia of Michael Psellus*, 7.59, p.311.

说受其影响最为剧烈的，当属拜占庭帝国的军队。具体而言，自瓦西里二世皇帝去世之后，拜占庭社会普遍流行一种和平的思想观念，军队和战争已经不再是统治者和大臣们关注的事情。[①]在这一思想的指引下，拜占庭的统治者们开始满足于和平年代的安宁，不再对帝国军队投入更多的关注，于是帝国军队无论在数量、作战能力以及士气上都大幅度下降了。[②]

　　在《编年史》中，普塞洛斯第一次明确提及拜占庭帝国军队受到忽视，应该是在米哈伊尔六世皇帝在位期间。[③]作者认为米哈伊尔皇帝过分关注文职官员的利益，对他们极尽大肆封赏之能事，但是忽略了军队的利益，甚至还蛮横地拒绝了以伊沙克·科穆宁为代表的军事贵族集团的利益要求，最终导致伊沙克起兵造反，米哈伊尔则在内乱中被迫退位。在论述君士坦丁十世统治政策的时候，普塞洛斯同样指出这位皇帝大幅削减用于军队建设的开销，因为在皇帝看来"国家间的分歧不应该诉诸武力，而是应该通过赠送礼物和其他友谊的象征来解决"，[④]随之而来的便是帝国军队的瓦解和战斗力的下降。甚至当乌策人（Οὖζοι）[⑤]进犯君士坦丁堡之时，君士坦丁皇帝仅仅征召起可怜的150名军士前去迎敌。[⑥]

---

① Τσουγαράκης, «Η αυτοκρατορία σε κρίση και η οπτική των σύγχρονων: μια ανάγνωση των μαρτυριών», p.288.

② 学界关于该问题形成了不同的看法，具体可参见 Warren Treadgold, *Byzantium and Its Army, 284-1081*, Stanford: Stanford University Press, 1995, pp.39-40; John Haldon, "Approaches to an Alternative Military History of the Period ca. 1025-1071", in Βασιλική Ν. Βλυσίδου, επιμέλεια έκδοσης, *Η αυτοκρατορία σε κρίση (;): το Βυζάντιο τον 11º αιώνα (1025-1081)*, Αθήνα: Ε.Ι.Ε., 2003, pp.45-74; Μάρθα Γρηγορίου-Ιωαννίδου, *Παρακμή και πτώση του θεματικού θεσμού: Συμβολή στην εξέλιξη της διοικητικής και της στρατιωτικής οργάνωσης του Βυζαντίου από το 10ο αι. κ.ε.*, Θεσσαλονίκη, 2007, pp.121-123。

③ *The Chronographia of Michael Psellus*, 7.1, p.275.

④ Μιχαήλ Ψελλός, *Χρονογραφία*, τόμος Β΄, 7.Α17, p.363.

⑤ 乌策人与塞尔柱突厥人属于同族。10世纪时，乌策人出现在黑海北岸和多瑙河中游地区。11世纪下半期，乌策人作为一支独立的雇佣军力量在拜占庭军队中发挥了重要作用。拜占庭作家曾经使用不同的称谓指代乌策人，如斯基泰人或匈奴人等。*The Oxford Dictionary of Byzantium*, pp.2147-2148.

⑥ Μιχαήλ Ατταλειάτης, *Ιστορία*, p.163.

但实际上帝国军队的瓦解至少从君士坦丁九世统治时期便已经开始，普塞洛斯在《编年史》中只是隐晦地提到这位皇帝"正在为当时身体康健的帝国做准备，以应对注定要在未来几年中侵袭帝国的千种疾病"①。我们有理由认为普塞洛斯此处可能影射君士坦丁九世裁撤伊比里亚军区的行为，原先这里的军队由国家供养，士兵无须纳税；然而君士坦丁却取消了他们的这一特权，此举不仅使帝国失去了一批优秀的战士，而且迫使这些人倒戈相向，无疑等于加强了帝国敌人的实力。②

历任统治者忽视帝国军队建设的直接恶果便是拜占庭军队作战能力的大幅度下降，我们在《编年史》中看到拜占庭军队在 11 世纪下半期多次作战的失败，可以说就是其战斗力下降最直观的体现。这些内容不仅引起了普塞洛斯的注意，在同时代其他史家眼里也是非常明显的事实，③他们所提供的信息令我们可以对该问题有一个更为全面而清晰的认识。在利奥·托尔尼基奥斯的叛军围困君士坦丁堡之际，君士坦丁九世却面临无兵可用的尴尬境地，他不得不临时征召城内居民作为防守的士兵，就这样皇帝仅仅拼凑了不到1000人。④这些人没有任何作战经验，完全是一群乌合之众，根本无力抵挡哪怕一小撮敌军的攻击。⑤到了罗曼诺斯四世征讨小亚细亚的塞尔柱突厥人的时候，他所率领的士兵因为缺乏必要的训练完全没有作战经验，甚至连必要的武器装备和作战马匹都难以保证。⑥

另一个严重后果或许可以被视为军队士气的丧失。一来表现为开战之前便已经确定自己不能战胜敌人；二来保家卫国已经不再是头等重要

---

① *The Chronographia of Michael Psellus*, 6.48, p.180.

② Μιχαήλ Ατταλειάτης, *Ιστορία*, p.93, p.95.

③ Τσουγαράκης, «Η αυτοκρατορία σε κρίση και η οπτική των σύγχρονων: μια ανάγνωση των μαρτυριών», p.279.

④ Ιωάννου Σκυλίτση, *Χρονογραφία*, p.487.

⑤ Μιχαήλ Ατταλειάτης, *Ιστορία*, p.61.

⑥ Μιχαήλ Ατταλειάτης, *Ιστορία*, pp.181,193,195; Τσουγαράκης, «Η αυτοκρατορία σε κρίση και η οπτική των σύγχρονων: μια ανάγνωση των μαρτυριών», p.279.

的事情，个人利益和自我保护才是当务之急。可以说在某种程度上，上至皇帝下到普通士兵，在他们心中弥漫着一种消极畏战的情绪。[1]罗曼诺斯三世率军征战叙利亚之际，敌人雷霆般的呼喊声震耳欲聋，使拜占庭士兵的心一遍又一遍遭受着恐惧的撞击，敌军的虚张声势在拜占庭军中造成恐慌，士兵士气十分低落。于是，用普塞洛斯的话讲，"他们都穿着原先的衣服逃跑了，脑子里除了逃跑什么也不想。那些碰巧骑在马背上的人调转回身，以最快的速度逃跑，而其他人甚至没有等着骑马……他们像彻底失败的人一样转身逃跑了……如果上帝没有在那一刻遏制住蛮族的进攻，如果他没有激励他们在胜利时刻保持克制的话，那便没有什么能够拯救罗马军队免于全军覆没，而皇帝也将第一个倒下"[2]。1064 年乌策人越过多瑙河，南下入侵拜占庭帝国，大肆洗劫。面对这种局面，君士坦丁十世皇帝似乎无意派兵抵抗，因为皇帝认为乌策人骁勇善战、训练有素，而且人数众多，要战胜如此庞大的敌人是不可能的事情，因此他根本没有勇气与这样强大的一支敌军开战。[3]

通过上文的分析我们可以看出，普塞洛斯对于写作《编年史》的原则、方法与意图有着清醒的认识，他并非简单地记载拜占庭帝国在一个世纪当中所经历的各个历史瞬间，而是在一个特定的主题之下选取特定的材料加以论述，体现出一名敏感的知识分子对国家前途与命运的关注。或许普塞洛斯自身的一段论述正是作者这种忧患意识的真实写照："帝国财富被分作三种用途：一来用于皇帝们的享乐；二来用于给他们新式的建筑物增色；三来用于使那些生性懒惰的人过上奢华的日子，他们对国家和人民没有半点贡献，同时还会玷污美德的实践和名誉；与此同时我们的军队遭到忽视，军事力量日趋衰退。"[4]

---

[1] Τσουγαράκης, «Η αυτοκρατορία σε κρίση και η οπτική των σύγχρονων: μια ανάγνωση των μαρτυριών», p.284.

[2] The Chronographia of Michael Psellus, 3.9, pp.68-69.

[3] Μιχαήλ Ατταλειάτης, Ιστορία, pp.159, 161.

[4] Μιχαήλ Ψελλός, Χρονογραφία, τόμος Β΄, 7.59, p.295.

结　语

　　米哈伊尔·普塞洛斯是拜占庭帝国历史上一位百科全书式的大学者，其学术成就受到当代许多学者的高度评价。奥斯特洛格尔斯基称他是"当时最伟大的学者和头脑最清晰的思想家，还是史学艺术的大师。其《编年史》是中世纪最杰出的回忆录，学术魅力无与伦比"[1]。特雷德格尔德将其誉为"那个时代最杰出的古典学者"，"他的《编年史》是拜占庭的第一部政治回忆录，因此不同凡响"。[2]赫里斯托菲洛布鲁更是盛赞普塞洛斯的《编年史》"文笔生动，措辞优美，对于人物内心世界的把握和心理活动的洞察十分独到"[3]。

　　普塞洛斯拥有丰富的从政经历，长年于拜占庭宫廷担任要职，在多位11世纪的拜占庭统治者身边献计献策，积累了大量的政治斗争经验，为其日后撰写《编年史》提供了丰富的写作素材。他的《编年史》具有许多鲜明的特色。

　　首先，《编年史》以人物为记载的重心和主要关注点，并且以此选取组织材料。普塞洛斯既没有严格地遵循传统意义上编年史作品的体例，

----

　　[1] 乔治·奥斯特洛戈尔斯基：《拜占廷帝国》，陈志强译，青海人民出版社 2006 年版，第 271 页。
　　[2] Treadgold, *A History of the Byzantine State and Society*, p.692.
　　[3] Χριστοφιλοπούλου, *Βυζαντινή Ιστορία*, τόμος Β΄2, p.190.

亦没有完全依据书中人物生平的年代顺序进行写作，而是根据自身设定的主题展开记载。①普塞洛斯以独特的视角记录了 11 世纪拜占庭帝国的发展历程，尤其是宫廷斗争和政坛活跃人物的百态，观察细致入微，拿捏准确适度，为后世读者提供了珍贵的历史信息。

其次，普塞洛斯在《编年史》中刻画人物的手法独树一帜，尤其是作者对人物性格的描绘最具特色。这种特色最为鲜明地体现于书中 14 位拜占庭统治者的身上，作者通过外貌、学识、癖好等多个维度塑造人物形象，使每位人物个性鲜明，栩栩如生，而非千人一面。普塞洛斯特别注重对人物的心理活动进行刻画，这也使他的《编年史》在拜占庭史学史上占据特殊的地位。②

最后，《编年史》中所体现的"帝王批判"的方法有所突破。普塞洛斯从常人的角度指出作为政治人物的统治者身上的各种缺陷，而不仅仅将眼光局限于统治政策一个方面。这种处理方法可以让读者更为全方位地了解 11 世纪拜占庭的统治者及其不足，并且在某种程度上从人性缺陷的角度认识拜占庭帝国在这一个世纪中衰落的缘由。

《编年史》是普塞洛斯多年政治生涯和个人经历的浓缩与总结，书中所载集中体现了作者对时代的认识和把握，显示出一名知识分子对于国家命运的关注与忧虑。普塞洛斯在《编年史》中多次提及拜占庭帝国的衰落，并且就这一现象给出自己的解释，他的这些解释为后代学者关于此问题的解析提供了一种选择。然而普塞洛斯的解释虽然具体但没有触碰到这个问题的深层次原因，没有将拜占庭帝国在 11 世纪的衰落还原于特定的历史发展进程中加以考察。

我们认为拜占庭帝国在 11 世纪的衰微动荡是帝国统治者的政策

---

① 详见本书第一章第二节。

② Jan O. Rosenqvist, *Η Βυζαντινή Λογοτεχνία από τον 6ο Αιώνα ως την Άλωση της Κωνσταντινούπολης*, μετάφραση: Ιωάννης Βάσσης, Αθήνα: Εκδόσεις Κανάκη, 2008, p.147.

所导致，是历史发展的必然结果。很多学者认为，马其顿王朝（特别是 10 世纪）的拜占庭皇帝们旨在保护小农的各项立法曾经取得一定成效，但是在瓦西里二世去世之后这些法律相继遭到废止，或者不再适用，所有这些导致了小农地产和农兵阶层在 11 世纪遭受破坏以致逐渐丧失其地位和作用。但笔者认为正是 10 世纪的诸多立法最终带来了帝国小农阶层的瓦解，[①]这些立法在保护小农地产的同时也将后者推向了逐步遭受侵吞迫害、最终走向覆灭的道路，因此我们不能将帝国在11世纪的衰败简单归结为当时统治者的无能或者政策不当，究其原因，恐怕还是要在传统农业社会小农阶层与大地产主这对基本矛盾中寻找。10世纪的这种矛盾在某种程度上以另外的形式得以缓解。拜占庭帝国对外战争的胜利以及随后（10世纪下半期）大规模的对外扩张，在本质上都是大地产主侵吞地产的行为，与他们在帝国境内吞并小农土地没有太大区别。[②]所以从尼基弗鲁斯二世至瓦西里二世统治的 62 年时间里（963—1025 年），拜占庭帝国境内小农阶层与大地产主之间的矛盾被转移到了帝国境外，但是随着帝国领土在瓦西里二世统治期内趋于稳定，对外扩张的势头逐渐减弱，帝国境内的这对固有矛盾便再次日益尖锐起来。这对矛盾激化的直接后果是小农阶层的破坏与瓦解，进而帝国军队的兵源受到威胁，再加上11世纪里甚嚣尘上的外族入侵，拜占庭帝国面对内外交困的局面也就不足为奇了。

最后，让我们回到学术界争论已久，也是本书开篇提出的那个问题，即普塞洛斯的《编年史》究竟体现了作者什么样的思想倾向。[③]众所周知，虽然普塞洛斯的《编年史》具有深刻的基督教痕迹，但是这

---

① *The Land Legislation of the Macedonian Emperors*, translation and commentary by Eric McGeer, Toronto: Pontifical Institute of Mediaeval Studies, 2000.

② George Ostrogorsky, "The Peasants' Pre-emption Right: An Abortive Reform of the Macedonian Emperors", *Journal of Roman Studies*, 37 (1947), pp.117-126.

③ 关于该问题的集中讨论，可参见赵法欣《米哈伊尔·普塞洛斯〈编年史〉中的神学观念与古典因素》，《世界宗教文化》2020 年第 6 期。

部作品的写作模式、思想观念以及解释体系都具备着鲜明的人文主义倾向，我们甚至可以说普塞洛斯在很多方面已经"超越"了中世纪的一般标准。

　　普塞洛斯《编年史》中所表现出的人文主义倾向，一方面得益于拜占庭帝国的文化传统，特别是 11 世纪的文化氛围，同样也得益于作者自身的成长教育经历。拜占庭帝国长期保存了丰富的古典文化因素，古希腊、罗马的文学、艺术作品成为知识分子乃至普通百姓学习、模仿的对象，因此，可以说，在拜占庭文化中本身就存在着大量的人文主义因素。①特别是 9 世纪以来这种文化氛围发展到了又一个高峰，以牧首弗条斯为代表的一批拜占庭学者起到了引领先河的作用。②这种人文主义色彩浓厚的文化氛围一直持续到 11 世纪，活跃于这个时代的普塞洛斯自然不免受到该潮流的影响。另一方面，这种人文主义倾向也源自作者本人的经历。前文已经提及，普塞洛斯自幼接受过良好的教育，成年之后的学术领域极为广博，除了基督教神学方面的知识外，他还特别注重古典文化的学习，因此在历史学、新柏拉图主义哲学、修辞学等古代知识领域都有极深的造诣。长期的耳濡目染令普塞洛斯不但接受了古典知识各方面的内容，同时也在思想上受到古代文化精英们的熏陶，因此具备了较为浓厚的人文主义思想倾向。

　　普塞洛斯的《编年史》继承了古典文化中的人文传统，其中所蕴含的思想境界是拜占庭史学人文精神发展的高峰。我们知道，自 9 世纪起拜占庭历史写作模式发生了显著变化，帝国早期（4—7 世纪初）流行的编年史虽然在作品数量上没有明显的减少，但是其质量和重要

---

① 参见陈志强《古史新话——拜占庭研究的亮点》，人民出版社 2019 年版，第 128—135 页。
② 关于拜占庭人文主义的相关问题，可参见勒梅尔《拜占庭的第一次人文主义》（Paul Lemerle, *Le premier humanisme byzantin: Notes et remarques sur enseignement et culture à Byzance des origines au Xᵉ siècle*, Paris: Presses Universitaires de France, 1971）。

性已经不复当年之盛况，而流行于同时期的教会史则几乎销声匿迹。①即使是承袭自古典史学的叙事史作品自身也发生了重要变化，具体表现为传记体史学作品大量出现，超越了传统的叙事史体例。在这种体例下，历史学家写作的重心从以往更为关注年代顺序、事件的发展甚至上帝的旨意变成了对人的重视，因此普塞洛斯可以更加自由地围绕中心人物展开叙述；而对人以及人类活动的关注，便是对人文精神最好的诠释。②普塞洛斯的作品虽然名为《编年史》，但并不以准确的时间定位为首要任务，作者只是在全书的整体布局上依照14位拜占庭帝王的在位顺序排列，具体到每位统治者，普塞洛斯也没有按照严格的时间顺序记载各位帝王一生的轨迹。因此我们可以认为，普塞洛斯立足于人类及其活动的写史原则，突破了中世纪神本史观的桎梏，超越了以时间为纲或以教会事务为中心的写作模式，作者并没有拘泥于上述任何一种叙述体例，而是在它们之间自由转换，体现出作者著史的人文精神。然而，这种蓬勃一时的人文精神却在11世纪末开始受到拜占庭政府的压制；伴随着约翰·伊塔洛斯异端案件以及君士坦丁堡牧首学校的建立，科穆宁王朝加强了对文化生活的管控，拜占庭知识界渐趋回归宗教虔诚的主流。因此，无论是安娜·科穆宁还是尼基塔斯·侯尼亚迪斯，以他们为代表的12世纪及以后的拜占庭史家虽然也在各自的作品中体现出一定的古典主义情怀，然而其思想的归宿却难以摆脱上帝决定论的束缚。

普塞洛斯《编年史》中所体现的人文主义倾向与近代以来的人文主义思想在许多方面有不谋而合之处。例如14世纪、15世纪的人文主义

---

① 参见 Warren Treadgold, *The Early Byzantine Historians*, Basingstoke [England]; New York, N.Y.: Palgrave Macmillan, 2010, pp.165-175; Καρπόζηλος, *Βυζαντινοί Ιστορικοί και Χρονογράφοι*, τόμος Α΄ (4ος-7ος αι.), pp.250-255。

② 参见赵法欣《普塞洛斯〈编年史〉中拜占廷帝王"形象"塑造的特点》，第189页。

者们大力提倡"全面的人"的思想，具体表现为注重教育对人格的塑造
和对各方面能力的培养。普塞洛斯在《编年史》中多处提及自己的学习、
教育经历，展示出他的学术旨趣涵盖多个领域，这一点通过他今天传世
的作品便可以得到证明。普塞洛斯还在《编年史》中对某些人的不学无
术，甚至是学识范围狭窄予以奚落，例如他说罗曼诺斯三世对文学研究
和战争科学都不在行，米哈伊尔四世更是"完全不懂希腊文化"，而对
所有领域全都涉猎的米哈伊尔七世反而得到作者的赞许。①普塞洛斯并
非单纯地鼓吹书呆子式的教育理念，而是强调一个人在接受了良好、系
统的教育之后应该积极地投身社会，将自己所学应用于现实当中，正所
谓学以致用。这种观念与文艺复兴时代所主张的"全才"教育是不谋而
合的，它强调人身上的潜质需要通过完善的教育加以唤醒，②在接受过
优质的教育之后积极服务于社会的不同领域。

　　然而，我们也应该清楚地认识到，普塞洛斯《编年史》中所体现的
人文主义倾向与文艺复兴时代及以后流行的人文主义思想仍然存在显
著的区别，普塞洛斯的人文主义尚未完全跳出中世纪流行世界观的藩
篱，未能摆脱基督教思想的影响，具体言之，它并没有将人放在社会或者宇
宙的中心位置，只是在一定程度上肯定人的价值与作用。③在作者的思
想世界里虽然有关注人的一面，但同时拥有基督教思想的印迹，这体现
了普塞洛斯及其《编年史》的时代特点和传统色彩。例如关于施行慈善
事业，普塞洛斯倡导人们尽其所能地救助饥贫，以减轻有需要的人的痛
苦；尽管他对米哈伊尔四世统治的评价不算积极，但是他充分肯定了这

---

①　Μιχαήλ Ψελλός, *Χρονογραφία*, τόμος Α΄, 3.2, p.117; 4.7, p.173; Μιχαήλ Ψελλός, *Χρονογραφία*, τόμος Β΄, 7.Γ4, p.439, p.441.
②　参见布洛克《西方人文主义传统》，董乐山译，群言出版社 2012 年版，第 34—35 页；刘明翰、陈明莉《欧洲文艺复兴史·教育卷》，人民出版社 2008 年版，"导论"，第 2—4 页。
③　参见布洛克《西方人文主义传统》，第 14 页。

位皇帝修建男、女修道院和穷人院的善举。①这一思想的出发点应该与基督教所提倡的善行义举、仁慈布施密切相关。另外，近代人文主义思想体系中较为重要的民族主义观念和世界史观，在普塞洛斯的《编年史》中也几乎难觅踪影。

---

① Μιχαήλ Ψελλός, *Χρονογραφία*, τόμος Α΄, 4.36, p.213; 参见 Demetrios J. Constantelos, *Byzantine Philanthropy and Social Welfare*, New Rochelle, New York: Aristide D. Caratzas, 1991, p.197。

参考文献

一　原始资料

Anna Komnene, *The Alexiad*, Translated by E. R. A. Sewter, Revised with Introduction and Notes by Peter Frankopan, Harmondsworth: Penguin Books, 2009.

Annae Comnenae Alexias, recensuerunt Diether R. Reinsch et Athanasios Kambylis, [CFHB 40:1-2], Berolini: Walter de Gruyter, 2001.

Armenia and the Crusades, Tenth to Twelfth Centuries. The Chronicle of Matthew of Edessa, trans. from the Original Armenian with a Commentary and Introduction by Ara E. Dostourian, University Press of America, 1993.

Byzantium in the Time of Troubles: The Continuation of the Chronicle of John Skylitzes (1057-1079), Introduction, Translation, & Notes by Eric McGeer, Prosopographical Index & Glossary of Terms by John W. Nesbitt, Leiden: Koninklijke Brill NV, 2020.

Fourteen Byzantine Rulers: The Chronographia of Michael Psellus, translated, with an introduction by E. R. A. Sewter, Harmondsworth: Penguin Books, 1966.

Histoire de Yahya-Ibn-Sa'ïd d'Antioche continuateur de Sa'ïd-Ibn-Bitriq, éditée et traduite en français par Ⅰ. Kratchkovsky et A. Vasiliev, *Patrologia Orientalis*, 18 (1924); *Patrologia Orientalis*, 23 (1932).

Ioannes Skylitzes, *Ioannes Skylitzes continuatus*, ed. Eudoxos Th. Tsolakes, Thessalonike, 1968.

Ioannis Scylitzae Synopsis Historiarum, recensuit. Ioannes Thurn [CFHB 5], Berolini et Novi Eboraci: Walter de Gruyter, 1973.

Jean Skylitzès, *Empereurs de Constantinople*, texte traduit par Bernard Flusin et annoté par Jean-Claude Cheynet, Paris: Lethielleux, 2003.

John Skylitzes, *A Synopsis of Byzantine History, 811-1057*, Translated by John Wortley, Cambridge: Cambridge University Press, 2010.

Leonis diaconi Calonsis Historia libri decem: et liber de Velitatione Bellica Nicephori August, e recensione Caroli Benedicti Hasii, Bonnae: Impensis Ed. Weberi, 1828.

Les Novelles des empereurs macedoniens, concernant la terre et les stratiotes, introduction, édition, commentaires Nicolas Svoronos, Athènes: Centre de Recherches Byzantines, F. N. R. S., 1994.

Michael Attaleiates, *The History*, translated by Anthony Kaldellis and Dimitry Krallis, Cambridge, Mass.: Harvard University Press, 2012.

Michaelis Attaliatae Historia, recensuit Eudoxos Th. Tsolakis, [CFHB 50], Athenis: Academia Atheniensis Institutum Litterarum Graecarum et Latinarum Studiis Destinatum, 2011.

Michaelis Pselli Chronographia, herausgegeben von Diether R. Reinsch, Berlin: De Gruyter, 2014.

Michaelis Pselli Historia syntomos, recensuit, Anglice vertit et commentario instruxit W. J. Aerts, Berolini; Novi Eboraci: W. de Gruyter, 1990.

Michel Psellos, *Chronographie: ou, Histoire d'un siècle de Byzance (976-1077)*, Texte établi et traduit par Émile Renauld, Paris: Société d'édition "Les Belles lettres", 1926-1928.

Michele Psello, *Autobiografia: encomio per la madre*, testo critico, introduzione, traduzione e commentario a cura di Ugo Criscuolo, Napoli: M. D'Auria, 1989.

Michele Psello, *Imperatori di Bisanzio: Cronografia*, testo critico a cura di Salvatore Impellizzeri, commento di Ugo Criscuolo, traduzione di Silvia Ronchey, Milan: Fondazione Lorenzo Valla/Arnoldo Mondadori Editore, 1984.

Miguel Ataliates, *Historia*, Introducción, edición, traducción y comentario de Immaculada P. Martín, Madrid: Consejo Superior de Investigationes Científicas, 2002.

Mothers and Sons, Fathers and Daughters: The Byzantine Family of Michael Psellos, edited and translated by Anthony Kaldellis, University of Notre Dame Press, 2006.

Nicéphore Bryennios Histoire, introduction, texte, traduction et notes par Paul Gautier, [CFHB 9], Bruxelles: Byzantion, 1975.

Psellos and the Patriarchs. Letters and Funeral Orations for Keroullarios, Leichoudes, and Xiphilinos, translated by Anthony Kaldellis and Ioannis Polemis, University of Notre Dame Press, 2015.

The Alexiad of the Princess Anna Comnena, trans. by Elizabeth A. S. Dawes, London; New York: Kegan Paul, 2003.

The Chronicle of Theophanes Confessor, Byzantine and Near Eastern History, AD 284-813, Translated with Introduction and Commentary by Cyril Mango and Roger Scott, Oxford: Clarendon Press, 1997.

The History of Leo the Deacon: Byzantine Military Expansion in the Tenth Century, introduction, translation, and annotations by Alice-Mary Talbot and Dennis F. Sullivan, Washington, D.C.: Dumbarton Oaks Research Library and Collection, 2005.

The Land Legislation of the Macedonian Emperors, translation and commentary by Eric McGeer, Toronto: Pontifical Institute of Mediaeval Studies, 2000.

Άννα Κομνηνή, *Αλεξιάς*, μετάφραση Α. Σιδέρη, Αθήνα: Άγρα, 2005.

Ιωάννης Ζωναράς, *Επιτομή ιστοριών*, εισαγωγή, μετάφραση, σχόλια, Ιορδάνης Γρηγοριάδης, τόμος Γ΄, Αθήνα: Εκδόσεις Κανάκη, 1999.

Ιωάννου Σκυλίτση, *Χρονογραφία: νεοελληνική μετάφραση με τις μικρογραφίες του κώδικα της Μαδρίτης*, εισαγωγή, μετάφραση: Διονύσιος Ι. Μούσουρας, Αθήνα: Μίλητος, 2006.

Μιχαήλ Ατταλειάτης, *Ιστορία*, μετάφραση-εισαγωγή-σχόλια, Ιωάννης Δ. Πολέμης, Αθήνα: Εκδόσεις Κανάκη, 1997.

Μιχαήλ Ψελλός, *Χρονογραφία*, Μετάφραση-Εισαγωγή-Σχόλια, Βρασίδας Καραλής, Αθήνα: Εκδόσεις Κανάκη, 2004.

Νικηφόρος Βρυέννιος, *Ύλη Ιστορίας*, Μετάφραση-σχόλια: Δημήτρης Τσουκλίδου, Αθήνα: Εκδόσεις Κανάκη, 1996.

二 专著

（一）外文专著

A. A. Vasiliev, *History of the Byzantine Empire, 324-1453*, Madison: The University of Wisconsin Press, 1958.

Alexander P. Kazhdan, *A History of Byzantine Literature: (850-1000)*, edited by Christine Angelidi, Athens: Institute for Byzantine Research, 2006.

Alexander P. Kazhdan and Ann W. Epstein, *Change in Byzantine Culture in the Eleventh and Twelfth Centuries*, Berkeley/Los Angeles/London: University of California Press, 1985.

Alexander P. Kazhdan and Simon Franklin, *Studies on Byzantine Literature of the Eleventh and Twelfth Centuries*, Cambridge: Cambridge University Press; Paris: Éditions de la Maison des Sciences de l'Homme, 1984.

Alfred Friendly, *The Dreadful Day. The Battle of Mantzikert, 1071*, London: Hutchinson, 1981.

Angeliki E. Laiou and Dieter Simon, eds., *Law and Society in Byzantium, Ninth-Twelfth Centuries*, Washington D.C.: Dumbarton Oaks Research Library and Collection; [Cambridge, Mass.]: Distributed by Harvard University Press, 1994.

Anitra Gadolin, *A Theory of History and Society, with Special Reference to the Chronographia of Michael Psellus, 11th Century Byzantium and A Related Section on Islamic Ethics*, Amsterdam: Adolf M. Hakkert, 1987.

Anthony Kaldellis, *The Argument of Psellos' Chronographia*, Leiden; Boston: Brill, 1999.

Anthony Kaldellis, *Streams of Gold, Rivers of Blood: the Rise and Fall of Byzantium, 955 A.D. to the First Crusade*, New York, N.Y.: Oxford University Press, 2017.

Barbara Hill, *Imperial Women in Byzantium 1025-1204: Power, Patronage and Ideology*, N.Y.: Longman, 1999.

Basil Tatakis, *Byzantine Philosophy*, trans., with introduction by Nicholas J. Moutafakis, Indianapolis, IN: Hackett Publishing Company, Inc., 2003.

Catherine Holmes, *Basil II and the Governance of Empire (976-1025)*, Oxford; New York: Oxford University Press, 2005.

米哈伊尔·普塞洛斯《编年史》研究

Charles Diehl, *Byzantine Empresses*, trans. By Harold Bell and Theresa de Kerpely, New York, Knopf, 1963.

Charles E. Barber and David Jenkins, eds., *Reading Michael Psellos*, Leiden; Boston: Brill, 2006.

Christian Zervos, *Un philosophe neoplatonicien du XIe siècle: Michel Psellos, sa vie, son oeuvre, ses lutes philosophiques, son influence*, Paris: E. Leroux, 1920.

Constance Head, *Imperial Byzantine Portraits: A Verbal and Graphic Gallery*, New Rochelle, N.Y.: Caratzas Bros., 1982.

Demetrios I.Polemis,*The Doukai: A Contribution to Byzantine Prosopography*, London: Athlone Press, 1968.

Dimitri Krallis, *Michael Attaleiates and the Politics of Imperial Decline in Eleventh-century Byzantium*, Tempe, Arizona: ACMRS, 2012.

Dimitri Obolensky, *The Byzantine Commonwealth: Eastern Europe, 500-1453*, Crestwood, N.Y.: St. Vladimir's Seminary Press, 1982.

Dissidence and Persecution in Byzantium: from Constantine to Michael Psellos, edited by Danijel Džino and Ryan W. Strickler, Leiden; Boston: Brill, 2021.

Efthymia Pietsch, *Die Chronographia des Michael Psellos, Kaisergeschichte, Autobiographie und Apologie*, Wiesbaden: Dr. Ludwig Reichert Verlag, 2005.

Émile Renauld, *Étude de la langue et du style de Michel Psellos*, Paris: A. Picard, 1920.

Franz H. Tinnefeld, *Kategorien der Kaiserkritik in der byzantinischen Historiographie von Prokop bis Niketas Choniates*, München: Wilhelm Fink Verlag, 1971.

Frederick Lauritzen, *The Depiction of Character in the Chronographia of Michael Psellos*, Turnhout, Belgium: Brepols, 2013.

George Ostrogorsky, *History of the Byzantine State*, Translated from the German by Joan Hussey, New Brunswick, N.J.: Rutgers University Press, 1969.

Georgina Buckler, *Anna Comnena: A Study*, London: Oxford U.P., 1968.

Georgios Theotokis and Marek Meško, eds., *War in Eleventh-century Byzantium*, Abingdon, Oxon; New York, NY: Routledge, 2021.

Gertrud Böhlig, *Untersuchungen zum rhetorischen Sprachgebrauch der Byzantiner mit besonderer Berücksichtigung der Schriften des Michael Psellos*, Berlin: Akademie-Verlag, 1956.

Gilbert Dagron, *Emperor and Priest. The Imperial Office in Byzantium*, trans. by Jean Birrell, Cambridge, UK; New York: Cambridge University Press, 2003.

Günter Weiss, *Oströmische Beamte im Spiegel der Schriften des Michael Psellos*, München: Institut für Byzantinistik und Neugriechische Philologie der Universitat, 1973.

Hans-Georg Beck, *Η Βυζαντινή Χιλιετία*, Μετάφρ. Δ. Κούρτοβικ, Αθήνα: Μ.Ι.Ε.Τ., 1992.

Hélène Ahrweiler, *Recherches sur l'administration de l'empire byzantin aux IXe- XIe siècles*, Paris, École française d'Athènes, en dépôt aux Éditions E. de Boccard, 1960.

Herbert Hunger, *Βυζαντινή Λογοτεχνία. Η λόγια κοσμική γραμματεία των Βυζαντινών*, τ. Β΄, Μτφρ. Ταξιάρχης Κόλιας, Αθήνα: Μ.Ι.Ε.Τ., 2007.

Jakov N. Ljubarskij, *Η Προσωπικότητα και το Έργο του Μιχαήλ Ψελλού. Συνεισφορά στην Ιστορία του βυζαντινού ουμανισμού*, μετάφραση:

Αργυρώ Τζέλεσι, Αθήνα: Εκδόσεις Κανάκη, 2004.

Jan O. Rosenqvist, *Η Βυζαντινή Λογοτεχνία από τον 6° Αιώνα ως την Άλωση της Κωνσταντινούπολης*, μετάφραση: Ιωάννης Βάσσης, Αθήνα: Εκδόσεις Κανάκη, 2008.

Jean-Claude Cheynet, *The Byzantine Aristocracy and Its Military Function*, Aldershot; Burlington: Ashgate, 2006.

Jean-F. Vannier, *Familles byzantines: les Argyroi (IXe-XIIe siècles)*, Paris: Sorbonne, 1975.

Joan M. Hussey, *Ascetics and Humanists in Eleventh-century Byzantium*, London, Dr. Williams's Trust, 1960.

Joan M. Hussey, *Church and Learning in the Byzantine Empire, 867-1185*, New York, Russell & Russell, 1963.

Joan M. Hussey, *The Orthodox Church in the Byzantine Empire*, Oxford: Clarendon Press, 1986.

John Haldon, *The Byzantine Wars: Battles and Campaigns of the Byzantine Era*, Stroud, Gloucestershire: Tempus, 2000.

John Meyendorff, *Byzantine Theology: Historical Trends and Doctrinal Themes*, New York: Fordham University Press, 1974.

Jonathan Shea, *Politics and Government in Byzantium: The Rise and Fall of the Bureaucrats*, London; New York, NY: I.B. Tauris & Co. Ltd, 2020.

Leonora A. Neville, *Authority in Byzantine Provincial Society, 950-1100*, Cambridge; New York: Cambridge University Press, 2004.

Lynda Garland, *Byzantine Empresses: Women and Power in Byzantium, AD 527-1204*, London; New York: Routledge, 1999.

Marc D. Lauxtermann and M. Whittow, eds., *Byzantium in the Eleventh Century: Being in Between. Papers from the 45th Spring Symposium of*

Byzantine Studies, Exeter College, Oxford, 24-6 March 2012, London and New York: Routledge, Taylor & Francis Group, 2017.

Maria E. Colonna, *Gli storici bizantini dal IV al XV secolo. I, Storici profani*, Napoli, Armanni, 1956.

Michael Angold, *The Byzantine Empire, 1025-1204: A Political History*, London and New York: Longman, 1997.

Nigel G. Wilson, *Scholars of Byzantium*, Baltimore: Johns Hopkins University Press, 1983.

Paul Lemerle, *Cinq études sur le XIe siècle byzantin*, Paris: Le Monde Byzantin, 1977.

Paul Magdalino, ed., *Byzantium in the Year 1000*, Leiden; Boston: Brill, 2003.

Paul Moore, *Iter Psellianum: A Detailed Listing of Manuscript Sources for all Works Attributed to Michael Psellos, Including a Comprehensive Bibliography*, Toronto: Pontifical Institute of Mediaeval Studies, 2005.

Paul Stephenson, *The Legend of Basil the Bulgar-slayer*, Cambridge, UK; New York, NY: Cambridge University Press, 2003.

Peter Charanis, *Social, Economic and Political Life in the Byzantine Empire*, London: Variorum Reprints, 1973.

Robert Volk, *Der medizinische Inhalt der Schriften des Michael Psellos*, München: Institut für Byzantinistik und neugriechische Philologie der Universität, 1990.

Rodolphe Guilland, *Recherches sur les institutions byzantines*, Berlin: Akademie-Verlag, 1967.

Rodolphe Guilland, *Titres et functions de l'empire byzantin*, London: Variorum Reprints, 1976.

Rosario Anastasi, *Studi sulla Chronographia di Michele Psello*, Catania: Bonanno Editore, 1969.

Ruth Macrides, ed., *History as Literature in Byzantium: Papers from the Fortieth Spring Symposium of Byzantine Studies, University of Birmingham, March 2007*, Farnham, Surrey, England; Burlington, VT: Ashgate, 2010.

Shaun Tougher, *The Eunuch in Byzantine History and Society*, London; New York: Routledge, 2008.

Sigfús Blöndal, *The Varagians of Byzantium*, translated, revised and rewritten by Benedikt S. Benedikz, Cambridge: Cambridge University Press, 1978, 2007.

Social Change in Town and Country in Eleventh-century Byzantium, edited by James Howard-Johnston, Oxford: Oxford University Press, 2020.

Speros Vryonis Jr., ed., *Byzantine Studies: Essays on the Slavic World and the Eleventh Century*, New Rochelle, N.Y.: A. D. Caratzas, 1992.

Stratis Papaioannou, *Michael Psellos: Rhetoric and Authorship in Byzantium*, Cambridge: Cambridge University Press, 2013.

The Cambridge History of the Byzantine Empire, c.500-1492, edited by Jonathan Shepard, Cambridge University Press, 2008.

Warren Treadgold, *A History of the Byzantine State and Society*, Stanford: Stanford University Press, 1997.

Warren Treadgold, *The Middle Byzantine Historians*, Basingstoke [England]; New York: Palgrave Macmillan, 2013.

Αθανάσιος Μαρκόπουλος, *Η θέση του χρονογράφου στη βυζαντινή κοινωνία: νοοτροπία-τεχνοτροπία*, Αθήνα: Ίδρυμα Γουλανδρή-Χόρν, 1998.

Αικατερίνη Χριστοφιλοπούλου, *Η σύγκλητος εις το βυζαντινόν κράτος*,

Αθήνα, 1949.

Αικατερίνη Χριστοφιλοπούλου, *Εκλογή, αναγόρευσις και στέψις του βυζαντινού αυτοκράτορος*, Αθήνα: Γραφείον Δημοσιευμάτων Ακαδημίας Αθηναίων, 1956.

Αικατερίνη Χριστοφιλοπούλου, *Βυζαντινή Ιστορία*, τ.Β΄2, *867-1081*, Θεσσαλονίκη: Εκδόσεις Βάνιας, 1997.

Αικατερίνη Χριστοφιλοπούλου, *Βυζαντινή Ιστορία*, τ.Γ΄1, *1081-1204*, Αθήνα, 2001.

Αικατερίνη Χριστοφιλοπούλου, *Το Πολίτευμα και οι Θεσμοί της Βυζαντινής Αυτοκρατορίας, 324-1204*, Αθήνα, 2004.

Αλέξιος Γ. Κ. Σαββίδης, *Βυζαντινό ιστοριογραφικό πεντάπτυχο: Προκόπιος, Μιχαήλ Ψελλός, Άννα Κομνηνή, Ιωάννης Κίνναμος, Γεώργιος Σφραντζής: συμβολή για τους ιστοριογράφους και την εποχή τους*, Θεσσαλονίκη: Ηρόδοτος, 2001.

Ανθούλλης Α. Δημοσθένους, *Μιχαήλ Ζ΄ Δούκας (1071-1078). Ο ανίκανος αυτοκράτορας;* Θεσσαλονίκη: ΕΚΔΟΤΙΚΟΣ ΟΙΚΟΣ ΑΝΤ. ΣΤΑΜΟΥΛΗ, 2005.

Απόστολος Καρπόζηλος, *Βυζαντινοί Ιστορικοί και Χρονογράφοι*, τόμος Β΄ (8ος-10ος αι.), Αθήνα: Εκδόσεις Κανάκη, 2002.

Απόστολς Καρπόζηλος, *Βυζαντινοί Ιστορικοί και Χρονογράφοι*, τόμος Γ΄ (11ος-12ος αι.), Αθήνα: Εκδόσεις Κανάκη, 2009.

Βασιλική Ν. Βλυσίδου, επιμέλεια έκδοσης, *Η αυτοκρατορία σε κρίση (;): το Βυζάντιο τον 11ο αιώνα (1025-1081)*, Αθήνα: Εθνικό Ίδρυμα Ερευνών, 2003.

Ελένη Γλύκατζη-Ahrweiler, *Η πολιτική ιδεολογία της βυζαντινής αυτοκρατορίας*, μετάφραση Τούλα Δρακοπούλου, Αθήνα: Ψυχογιός, 1977.

Ιάκωβος Φιλίλης, *Τίτλοι, οφφίκια και αξιώματα εν τη βυζαντινή αυτοκρατορία και εν τη χριστιανική ορθοδόξω Εκκλησία*, Αθήνα: Αστήρ, 1985.

Ιωάννης Καραγιαννόπουλος, *Η Πολιτική Θεωρία των Βυζαντινών*, Θεσσαλονίκη: Βάνιας, 1988.

Ιωάννης Καραγιαννόπουλος, *Το Βυζαντινό Κράτος*, Θεσσαλονίκη: Εκδόσεις Βάνιας, 2001.

Ν. Παπαδημητρίου, *Νοσήματα και ατυχήματα στις αυτοκρατορικές οικογένειες του Βυζαντίου (324-1261) κατά τη βυζαντινή ιστοριογραφία*, Αθήνα, 1996.

Ο Βυζαντινός Κόσμος, Τόμος Α΄, *Η Ανατολική Ρωμαϊκή Αυτοκρατορία (330-641)*, υπό την διεύθυνση της Cécile Morrisson, μετάφραση: Αναστασία Καραστάθη, Αθήνα: ΠΟΛΙΣ, 2007.

Ο Βυζαντινός Κόσμος, Τόμος Β΄, *Η Βυζαντινή Αυτοκρατορία (641-1204)*, υπό την διεύθυνση του Jean-Claude Cheynet, μετάφραση: Αναστασία Καραστάθη, Αθήνα: ΠΟΛΙΣ, 2011/2023.

Ο Βυζαντινός Κόσμος, Τόμος Γ΄, *Η ελληνική αυτοκρατορία και οι γείτονές της (13ος-15ος αιώνας)*, υπό την διεύθυνση των Αγγελικής Λαΐου και Cécile Morrisson, μετάφραση: Μαριλία Λυκάκη, Αθήνα: ΠΟΛΙΣ, 2024.

Ο. Α. Λαμψίδης, *Ή Χρονογραφία του Ψελλού πηγή της Έπιτομής του Ζωναρά*, Αθήνα, 1951.

Σταυρούλα Δ. Χονδρίδου, *Ο Κωνσταντίνος Θ΄ Μονομάχος και η εποχή του (ενδέκατος αιώνας μ.Χ.)*, Αθήνα: Ηρόδοτος, 2002.

Τηλέμαχος Λουγγής, *Η ιδεολογία της βυζαντινής ιστοριογραφίας*, Αθήνα: Ηρόδοτος, 1993.

（二）外文译著

奥斯特洛格尔斯基：《拜占廷帝国》，陈志强译，青海人民出版社 2006

年版。

科斯敏斯基：《中世纪史学史》，郭守田等译，商务印书馆 2012 年版。

孟德斯鸠：《罗马盛衰原因论》，婉玲译，商务印书馆 2001 年版。

汤普逊：《历史著作史》，谢德风译，商务印书馆 1996 年版。

瓦西列夫：《拜占庭帝国史》，徐家玲译，商务印书馆 2019 年版。

（三）中文著作

陈志强：《巴尔干古代史》，中华书局 2007 年版。

陈志强：《拜占廷学研究》，人民出版社 2001 年版。

陈志强：《拜占庭帝国通史》，上海社会科学院出版社 2013 年版。

陈志强：《拜占庭帝国政治史论》，江苏人民出版社 2023 年版。

陈志强：《拜占庭文明》，北京师范大学出版社 2018 年版。

陈志强：《古史新话——拜占庭研究的亮点》，人民出版社 2019 年版。

陈志强总主编：《拜占庭帝国大通史》，江苏人民出版社 2023 年版。

罗春梅：《11—12 世纪拜占庭经济与社会文字史料整理与研究》，人民出
    版社 2022 年版。

吴舒屏：《拜占廷心态文化研究——基于对东正教之神圣象征的分析》，
    人民出版社 2015 年版。

徐家玲：《拜占庭文明》，人民出版社 2006 年版。

叶民：《最后的古典：阿米安和他笔下的晚期罗马帝国》，天津人民出版
    社 2004 年版。

三 论文

（一）外文论文

A. Leroy-Molighen & P. Karlin-Hayter, "A Basileopator's Descendant",
    Byzantion, 38 (1968).

Alexander P. Kazhdan, "Der Mensch in der byzantinischen Literatur-geschichte", *Jahrbuch der Österreichischen Byzantinistik*, 28 (1979).

Angeliki E. Laiou, "The Role of Women in Byzantine Society", *Jahrbuch der Österreichischen Byzantinistik*, 31/1 (1981).

Angeliki E. Laiou, "Observation on the Life and Ideology of Byzantine Women", *Byzantinische Forschungen*, 9 (1985).

Angeliki E. Laiou, "Imperial Marriages and Their Critics in the Eleventh Century: The Case of Skylitzes", *Dumbarton Oaks Papers*, 46 (1992).

Anthony Kaldellis, "Historicism in Byzantine Thought and Literature", *Dumbarton Oaks Papers*, 61 (2007).

Anthony Kaldellis, "The date of Psellos' Death, Once Again: Psellos was not the Michael of Nikomedeia Mentioned by Attaleiates", *Byzantinische Zeitschrift*, 104 (2011).

Antonio Garzya, "On Michael Psellus' Admission of Faith", *Ἐπετηρίς Ἑταιρείας Βυζαντινῶν Σπουδῶν*, 35 (1967).

Antonios Vratimos, "In the *Chronographia*, is Michael Psellos' Concern for the Army Entirely Disinterested?", *Zbornik Radova Vizantološkog Instituta*, XLIX (2012).

Antony Littlewood, "The Midwifery of Michael Psellos: an Example of Byzantine Literary Originality", in Margaret Mullett and Roger Scott, eds., *Byzantium and the Classical Tradition: University of Birmingham Thirteenth Spring Symposium of Byzantine Studies, 1979*, Birmingham: Centre for Byzantine Studies, University of Birmingham, 1981.

Apostolos Karpozilos, "When did Michael Psellos Die? The Evidence of the Dioptra", *Byzantinische Zeitschrift*, 96 (2003).

Apostolos Karpozilos, "The Narrative Function of Theatrical Imagery in

Michael Psellos", in *Ενθύμησις Νικολάου Μ. Παναγιωτάκη*, Ηράκλειο, 2000.

Athanasios Markopoulos, "Byzantine History Writing at the End of the First Millennium", in Paul Magdalino, ed., *Byzantium in the Year 1000*, Leiden; Boston: Brill, 2003.

Barbara Crostini, "The Emperor Basil Ⅱ's Cultural Life", *Byzantion*, 66 (1996).

Barbara Hill, Liz James and Dion Smythe, "Zoe: The Rhythm Method of Imperial Renewal", in Paul Magdalino, ed., *New Constantines: The Rhythm of Imperial Renewal in Byzantium 4th-13th Centuries: Papers from the Twenty-sixth Spring Symposium of Byzantine Studies, St Andrews, March 1992*, Aldershot, Hampshire, Great Britain: Variorum; Brookfield, Vt., U.S.A.: Ashgate Pub. Co., 1994.

Barbara Hill, "Imperial Women and the Ideology of Womanhood in the Eleventh and Twelfth Centuries", in Liz James, ed., *Women, Men and Eunuchs: Gender in Byzantium*, London; New York: Routledge, 1997.

Barry Baldwin, "Physical Descriptions of Byzantine Emperors", *Byzantion*, 51 (1981).

C. Roueché, "Byzantine Writers and Readers: Storytelling in the Eleventh Century", in Roderick Beaton, ed., *Greek Novel AD 1-1985*, London; New York: Croom Helm, 1988.

Catherine Holmes, "Political Elites in the Reign of Basil Ⅱ", in Paul Magdalino, ed., *Byzantium in the Year 1000*, Leiden; Boston: Brill, 2003.

Ch. Chamberlain, "The Theory and Practice of Imperial Panegyric in Michael Psellus: The Tension between History and Rhetoric", *Byzantion*, 56 (1986).

Charalambos Sifonas, "Basile Ⅱ et l'aristocratie byzantine", *Byzantion*, 64 (1994).

Constance Head, "Physical Descriptions of the Emperors in Byzantine Historical Writings", *Byzantion*, 50 (1980).

Corinne Jouanno, "Le corps du prince dans la Chronographie de Michel Psellos", *Kentron*, 19 (2003).

Dejan Dželebdžić, "Η δημοκρατική Ρώμη στην πολιτική σκέψη του Μιχαήλ Ψελλού", *Zbornik Radova Vizantološkog Instituta*, 42 (2005).

Dimitri Krallis, "Attaleiates as a Reader of Psellos", in Charles E. Barber and David Jenkins, eds., *Reading Michael Psellos*, Leiden; Boston: Brill, 2006.

Dmitry E. Afinogenov, "Some Observations on Genres of Byzantine Historiography", *Byzantion*, 62 (1992).

Donald M. Nicol, "Byzantine Political Thought", in J. H. Burns, ed., *The Cambridge History of Medieval Political Thought, c.350-c.1450*, Cambridge: Cambridge University Press, 2004.

E.Jeanselme, "La goutte à Byzance", *Bulletin de la Société d'Histoire de la Médécine*, 17 (1920).

E.Jeanselme, "La maladie et la mort de Romain Ⅲ Argyre", *Communications à la Société histoire de la Médécine*, 17 (1923).

E.Stănescu, "Les réformes d'Isaac Comnène", *Revue des Études Sud-Est Européennes*, 4 (1966).

Efthymia Pietsch, "Αυτοβιογραφικά και απολογητικά στοιχεία στην ιστοριογραφία: Η Χρονογραφία του Μιχαήλ Ψελλού", in *L'Écriture de la Mémoire. La littérarité de l'historiographie: actes du IIe colloque international philoloqique "EPMHNEIA", Nicosie, 6-7-8 mai 2004*, sous la direction de Paolo Odorico, Panagiotis A. Agapitos, Martin Hinterberger, Paris: Centre d'études byzantines, néo-helléniques et sud-est européennes, École des Hautes Études en Sciences Sociales, 2006.

Elizabeth McCartney, "The Use of Metaphor in Michael Psellos' Chronographia", in John Burke et al., eds., *Byzantine Narrative: Papers in Honour of Roger Scott*, Leiden; Boston: Brill, 2006.

Emma Strugnell, "The Representation of Augustae in John Skylitzes Synosis Historiarum", in John Burke et al., eds., *Byzantine Narrative: Papers in Honour of Roger Scott*, Leiden; Boston: Brill, 2006.

Frederick Lauritzen, "A Courtier in the Women's Quarters: the Rise and Fall of Psellos", *Byzantion*, 77 (2007).

Frederick Lauritzen, "Nations and Minorities in Psellos' *Chronographia* (976-1078)", *Studia Ceranea*, 9 (2019).

Gary J. Johnson, "Constantine VIII and Michael Psellos: Rhetoric, Reality and the Decline of Byzantium, A.D. 1025-28", *Byzantine Studies/Études Byzantines*, 9 (1982).

George Dennis, "Were the Byzantines Creative or Merely Imitative", in Lynda Garland, ed., *Conformity and Non-Conformity in Byzantium: Papers given at the eighth conference of the Australian Association for Byzantine Studies, University of New England, Australia, July 1993*, Amsterdam: Verlag Adolf M. Hakkert, 1997.

George Dennis, "Imperial Panegyric: Rhetoric and Reality", in Henry Maguire, ed., *Byzantine Court Culture from 829 to 1204*, Washington, D.C.: Distributed by Harvard University Press, 1997.

George L. Kustas, "Literature and History in Byzantium", in Speros Vryonis, Jr., ed., *The "Past" in Medieval and Modern Greek Culture*, Malibu:

Undena Publications, 1978.

George Sidéris, "'Eunuchs of Light': Power, Imperial Ceremonial and Positive Representations of Eunuchs in Byzantium (4th-12th Centuries AD)", in Shaun Tougher, ed., *Eunuchs in Antiquity and Beyond*, London: Classical Press of Wales and Duckworth; Oakville, CT: David Brown Book, 2002.

George Vernadsky, "The Russo-Byzantine War of 1043", *Byzantinisch-neugriechische Jahrbücher*, 18 (1945-9, publ. 1960).

Herbert Hunger, "On the Imitation (ΜΙΜΗΣΙΣ) of Antiquity in Byzantine Literature", *Dumbarton Oaks Papers*, 23 (1969).

Ihor Ševčenko, "The Decline of Byzantium Seen Through the Eyes of Its Intellectuals", *Dumbarton Oaks Papers*, 15 (1961).

Ingela Nilson & Roger Scott, "Towards a New History of Byzantine Literature: The Case of Historiography", *Classica et Mediaevalia*, 58 (2007).

Ioli Kalavrezou, "Irregular Marriages in the Eleventh Century and the Zoe and Constantine Mosaic in Hagia Sophia", in Angeliki E. Laiou and Dieter Simon, eds., *Law and Society in Byzantium, Ninth- Twelfth Centuries*, Washington D.C.: Dumbarton Oaks Research Library and Collection; [Cambridge, Mass.]: Distributed by Harvard University Press, 1994.

Jakov N. Ljubarskij, "Man in Byzantine Historiography from John Malalas to Michael Psellos", *Dumbarton Oaks Papers*, 46 (1992).

Jakov N. Ljubarskij, "The Fall of an Intellectual: The Intellectual and Moral Atmosphere in Eleventh-Century Byzantium", in Speros Vryonis Jr., ed., *Byzantine Studies: Essays on the Slavic World and the Eleventh Century*,

New Rochelle, N.Y.: A. D. Caratzas, 1992.

Jakov N. Ljubarskij, "New Trends in the Study of Byzantine Historiography", *Dumbarton Oaks Papers*, 47 (1993).

Jakov N. Ljubarskij, "Some Notes on the Newly Discovered Historical Work by Psellos", in John S. Langdon et al., eds., *TO ΕΛΛΗΝΙΚΟΝ: Studies in Honor of Spyros Vryonis, Jr.*, v. 1: *Hellenic Antiquity and Byzantium*, New Rochelle, N.Y.: Artistide D. Caratzas, 1993.

Jakov N. Ljubarskij, *"SO DEBATE. QUELLENFORSCHUNG* AND/OR LITERARY CRITICISM: Narrative Structures in Byzantine Historical Writings", *Symbolae Osloenses*, 73 (1998).

Jakov N. Ljubarskij, "Michael Psellos in the History of Byzantine Literature: Some Modern Approaches", in Paolo Odorico and Panagiotis Agapitos, eds., *Pour une "nouvelle" histoire de la literature Byzantine: problèmes, méthodes, approches, propositions. Actes du Colloque international philologique, Nicosie-Chypre, 25-28 Mai 2000*, Paris: Centre d'études byzantines, néo-helléniques et sud-est européennes, École des Hautes Études en Sciences Sociales, 2002.

Jakov N. Ljubarskij, "How Should a Byzantine Text be Read?", in Elizabeth Jeffreys, ed., *Rhetoric in Byzantium: Papers from the Thirty-fifth Spring Symposium of Byzantine Studies, Exeter College, University of Oxford, March 2001*, Aldershot: Ashgate, 2003.

Jakov N. Ljubarskij, "The Byzantine Irony. The Case of Michael Psellos", in *Βυζάντιο: κράτος και κοινωνία: μνήμη Νίκου Οικονομίδη*, επιστημονική επιμέλεια Άννα Αβραμέα, Αγγελική Λαΐου, Ευάγγελος Χρυσός, Αθήνα: I.B.E./E.I.E., 2003.

Jean-Claude Cheynet, "La politique militaire byzantine de Basile II à

Alexis Comnène", *Zbornik Radova Vizantološkog Instituta*, 29-30 (1991).

Jean-Claude Riedinger, "Remarques sur le texte de la *Chronographie* de Michel Psellos", *Revue des Études Byzantines*, 63 (2005).

Joan M. Hussey, "Michael Psellus, the Byzantine Historian", *Speculum*, 10 (1935).

Joan M. Hussey, "The Byzantine Empire in the Eleventh Century: Some Different Interpretations", *Transactions of the Royal Historical Society*, 4th series, 32 (1950).

Johannes Sykoutris, "Zum Geschichtswerk des Psellos", *Byzantinische Zeitschrift*, 30 (1929-30).

John B. Bury, "Roman Emperors from Basil II to Isaac Komnenos", in Harold Temperley, ed., *Selected Essays of J. B. Bury*, Cambridge [Eng.]: The University Press, 1930.

John Duffy, "Reaction of Two Byzantine Intellectuals to the Theory and Practice of Magic: Michael Psellos and Michael Italikos", in Henry Maguire, ed., *Byzantine Magic*, Washington D.C.: Dumbarton Oaks, 1995.

John F. Haldon, "'Jargon' vs. 'the Facts'? Byzantine History-Writing and Contemporary Debates", *Byzantine and Modern Greek Studies*, 9 (1984/1985).

John Lascaratos, "'Arthritis' in Byzantium (A.D. 324-1453): Unknown Information from Non-medical Literary Sources", *Annals of the Rheumatic Diseases*, 54/12 (Dec. 1995).

Jonathan Shepard, "Isaac Comnenus's Coronation Day", *Byzantinoslavica*, 38 (1977).

Jonathan Shepard, "Why Did the Russians Attack Byzantium in 1043?",

Byzantinisch-neugriechischen Jahrbücher, 22 (1979).

Jonathan Shepard, "The Uses of the Franks in Eleventh-century Byzantium", *Anglo-Norman Studie*s, 15 (1993).

Jonathan Shepard, "Byzantium Expanding, 944-1025", in Timothy Reuter, ed., *The New Cambridge Medieval History*, Vol.III: *c. 900-c.1200*, New York: Cambridge University Press, 1999.

Judith Herrin, "Blinding in Byzantium", in *ΠΟΛΥΠΛΕΥΡΟΣ ΝΟΥΣ. Miscellanea für Peter Schreiner zu seinem 60. Geburtstag*, München-Leipzig, 2000.

K. Svoboda, "Quelques observations sur la méthode historique de Michel Psellos", *Bulletin de la société historique bulgare*, 16-18 (1940).

Kenneth Snipes, "A Newly Discovered History of the Roman Emperors by Michael Psellos", *Jahrbuch der Österreichischen Byzantinistik*, 32/3 (1982).

Kenneth Snipes, "The Chronographia of Michael Psellos and the Textual Tradition and Transmission of the Byzantine Historians of the Eleventh and Twelfth Centuries", *Zbornik Radova Vizantološkog Instituta*, 27-28 (1989).

Kenneth Snipes, "Notes on *Parisinus graecus* 1712", *Jahrbuch der Österreichischen Byzantinistik*, 41 (1991).

Kenneth Snipes, "The Scripts and Scribes of *Parisinus graecus* 1712", in *Paleografia e Codicologia Greca, Atti del II colloquio internazionale (Berlino-Wolfenbuttel, 17-21 ottobre 1983)*, a cura di Dieter Harlfinger e Giancarlo Prato, con la collaborazione di Marco D'Agostino e Alberto Doda, Alessandria: Edizioni dell'orso, 1991.

Koichi Inoue, "The Rebellion of Isaakios Comnenos and the Provincial

Aristocratic *oikoi*", *Byzantinoslavica*, 54/2 (1993).

L. Carb, "La Cronografía de Miguel Psellos: La Recepción de la tradición clásica y la síntesis con la visión Cristiana de la historia", *De Medio Aevo*, 3 (2014).

Lynda Garland, "The Life and Ideology of Byzantine Women: A Further Note on Conventions of Behaviour and Social Reality as Reflected in 11th and 12th Century Sources", *Byzantion*, 58 (1988).

Lynda Garland, "Political Power and the Populace in Byzantium Prior to the Fourth Crusade", *Byzantinoslavica*, 53/1 (1992).

Lynda Garland, "The Eye of the Beholder. Byzantine Imperial Women and Their Public Image from Zoe Porphyrogenita to Euphrosyne Kamaterissa Doukaina (1028-1203)", *Byzantion*, 64 (1994).

Lynda Garland, "How Different, How Very Different from the Home Life of Our Own Dear Queen: Sexual Morality at the Late Byzantine Court, with Especial Reference to the Eleventh and Twelfth Centuries", *Byzantine Studies/Études Byzantines*, n.s. 1-2 (1995/6).

Margaret Mullett, "New Literary History and the History of Byzantine Literature: A Worthwhile Endeavour?", in Paolo Odorico and Panagiotis Agapitos, eds., *Pour une "nouvelle" histoire de la literature Byzantine: problèmes, méthodes, approches, propositions. Actes du Colloque international philologique, Nicosie-Chypre, 25-28 Mai 2000*, Paris: Centre d'études byzantines, néo-helléniques et sud-est européennes, École des Hautes Études en Sciences Sociales, 2002.

Maria L. Agati, "Michele Ⅶ Parapinace e la Cronografia di Psellos", *Bolletino della Badia Greca di Grottaferrata*, n.s. 45 (1991).

Martin Arbagi, "The Celibacy of Basil Ⅱ", *Byzantine Studies/Études*

Byzantines, 2 (1975).

Michael Angold, "The Byzantine State on the Eve of the Battle of Manzikert", *Byzantinische Forschungen*, 16 (1991).

Michael Angold, "Imperial Renewal and Orthodox Reaction: Byzantium in the Eleventh Century", in Paul Magdalino, ed., *New Contantines: The Rhythm of Imperial Renewal in Byzantium, 4th-13th Centuries: Papers from the Twenty-sixth Spring Symposium of Byzantine Studies, St Andrews, March 1992*, Aldershot, Hampshire, Great Britain: Variorum; Brookfield, Vt., U.S.A.: Ashgate Pub. Co., 1994.

Michael J. Kyriakis, "The University: Origin and Early Phases in Constantinople", *Byzantion*, 41 (1971).

Michael J. Kyriakis, "Student Life in Eleventh-Century Constantinople", *Βυζαντινά*, 7 (1975).

Michael Jeffreys, "Psellos and 'his emperors': facts, fiction and genre", in Ruth Macrides, ed., *History as Literature in Byzantium: Papers from the Fortieth Spring Symposium of Byzantine Studies, University of Birmingham, March 2007*, Farnham, Surrey, England; Burlington, VT: Ashgate, 2010.

Milton V. Anastos, "*Vox populi voluntas Dei* and the Election of the Byzantine Emperor", in Jacob Neusner, ed., *Christianity, Judaism and other Greco-Roman Cults: Studies for Morton Smith at Sixty*, Leiden: Brill, 1975.

Milton V. Anastos, "The Coronation of Emperor Michael IV in 1034 by Empress Zoe and Its Significance", in John S. Langdon et al., eds., *TO ΕΛΛΗΝΙΚΟΝ: Studies in Honor of Spyros Vryonis, Jr.*, v. 1: *Hellenic Antiquity and Byzantium*, New Rochelle, N.Y.: Artistide D. Caratzas,

1993.

Nicolas Oikonomides, "The Mosaic Panel of Constantine IX and Zoe in Saint Sophia", *Revue des Études Byzantines*, 36 (1978).

Nicolas Oikonomidès, "Le serment de l'impératrice Eudocie (1067). Un épisode de l'histoire dynastique de Byzance", *Revue des Études Byzantines*, 21 (1963).

P. Joannou, "Psellos et le Monastère τα Ναρσού", *Byzantinische Zeitschrift*, 44 (1951).

Panagiotis A. Agapitos, "Teachers, Pupils, and Imperial Power in Eleventh-Century Byzantium", in Yun Lee Too and Niall Livingstone, eds., *Pedagogy and Power: Rhetorics of Classical Learning*, Cambridge University Press, 1998.

Paul Alexander, "Secular Biography at Byzantium", *Speculum*, 15 (1940).

Paul Lemerle, "'Le gouvernement de philosophes': L'enseignement, les écoles, la culture", in *Cinq études sur le XIe siècle byzantin*, Paris: Le Monde Byzantin, 1977.

Paul Magdalino, "A History of Byzantine Literature for Historians", in Paolo Odorico and Panagiotis Agapitos, eds., *Pour une "nouvelle" histoire de la literature Byzantine: problèmes, méthodes, approches, propositions. Actes du Colloque international philologique, Nicosie-Chypre, 25-28 Mai 2000*, Paris: Centre d'études byzantines, néo-helléniques et sud-est européennes, École des Hautes Études en Sciences Sociales, 2002.

Paul Magdalino, "Byzantine Historical Writing, 900-1400", in Sarah Foot and Chase Robinson, eds., *The Oxford History of Historical Writing*, Vol. 2: 400-1400, Oxford: Oxford University Press, 2012.

Peter Charanis, "The Byzantine Empire in the Eleventh Century", in

Kenneth M. Setton, general editor, *A History of the Crusades*, Vol. 1, *The First Hundred Years*, Madison: University of Wisconsin Press, 1969.

R. Radić, «Η ποδάγρα στα ιστορικά έργα του Μιχαήλ Ψελλού και της Άννας Κομνηνής», στον Βασιλική Ν. Βλυσίδου, επιμέλεια έκδοσης, *Η αυτοκρατορία σε κρίση (;): το Βυζάντιο τον 11° αιώνα (1025-1081)*, Αθήνα: Ε.Ι.Ε., 2003.

Ralph-Johannes Lilie, "Fiktive Realität: Basileios II. und Konstantinos VIII. in der Chronographia des Michael Psellos", in *Theatron: Rhetorische Kultur in Spätantike und Mittelalter*, herausgegeben von Michael Grünbart, Berlin; New York: Walter De Gruyter, 2007.

Robert Browning, "Enlightenment and Repression in Byzantium in Eleventh and Twelfth Centuries", *Past and Present*, 69 (1975).

Rodolphe Guilland, "Patrices du règne de Constantin IX Monomaque", *Zbornik Radova Vizantološkog Instituta*, 13 (1971).

Roger Scott, "The Classical Tradition in Byzantine Historiography", in Margaret Mullett and Roger Scott, eds., *Byzantium and the Classical Tradition: University of Birmingham Thirteenth Spring Symposium of Byzantine Studies, 1979*, Birmingham: Centre for Byzantine Studies, University of Birmingham, 1981.

Rosario Anastasi, "Psello e Isacco Comneno", *Critica storica*, 4 (1965).

Rosario Anastasi, "Considerazioni sul libro VII della Chronografia di Michele Psello", *Orpheus*, n.s. 6 (1985).

Ruth Macrides, "The Historian in the History", in C. N. Constantinides et al., eds., *Φιλέλλην, Studies in Honour of Robert Browning*, Venice: Istituto Ellenico, 1996.

Shaun F. Tougher, "Byzantine Eunuchs: An Overview, with Special

Reference to their Creation and Origin", in Liz James, ed., *Women, Men and Eunuchs: Gender in Byzantium*, London; New York: Routledge, 1997.

Speros Vryonis, "Byzantium: The Social Basis of Decline in the Eleventh Century", *Greek, Roman and Byzantine Studies*, 2 (1959).

Speros Vryonis, Jr., "Byzantine Δημοκρατία and the Guilds in the Eleventh Century", *Dumbarton Oaks Papers*, 17 (1963).

Speros Vryonis, "Byzantine Imperial Authority: Theory and Practice in the Eleventh Century", in *La notion d'autorité au moyen âge. Islam, Byzance, Occident: Colloques internationaux de La Napoule, session des 23-26 octobre 1978*, organisés par George Makdisi, Dominique Sourdel et Janine Sourdel-Thomine, Paris: Presses Universitaires de France, 1982.

Speros Vryonis, "The Greek and Arabic Sources on the Battle of Mantzikert, 1071 A.D.", in Speros Vryonis Jr., ed., *Byzantine Studies: Essays on the Slavic World and the Eleventh Century*, New Rochelle, N.Y.: A. D. Caratzas, 1992.

Speros Vryonis, "A Personal History of the History of the Battle of Mantzikert", in *Η Βυζαντινή Μικρά Ασία (6ος-12ος αι.)*, επιμέλεια έκδοσης Σ. Λαμπάκης, Αθήνα: Ε.Ι.Ε./Ι.Β.Ε., 1998.

Speros Vryonis, "Michael Psellos, Michael Attaleiates: The Blinding of Romanos Ⅳ at Kotyaion (29 June 1072) and his death on Proti (4 August 1072)", in Charalambos Dendrinos et al., eds., *Porphyrogenita: Essays on the History and Literature of Byzantium and the Latin East in honour of Julian Chrysostomides*, Aldershot, England; Burlington, VT, USA: Ashgate, 2003.

St. Linnér, "Literary Echoes in Psellus' *Chronographia*", *Byzantion*, 51 (1981).

St. Linnér, "Psellus' Chronographia and the Alexias. Some Texual Parallels", *Byzantinische Zeitschrift*, 76 (1983).

Stephanos Efthymiadis, "Michael Psellos and the Death of Romanos III (Chronographia III 26)", in Lars M. Hofmann and Anuscha Monchizadeh, eds., *Zwischen Polis, Provinz und Peripherie: Beiträge zur Byzantinischen Geschichte und Kultur*, Wiesbaden: Harrassowitz, 2005.

Steven Runciman, "Some Notes on the Role of the Empress", *Eastern Churches Review*, 4 (1972).

Steven Runciman, "Women in Byzantine Aristocratic Society", in Michael Angold, ed., *The Byzantine Aristocracy: IX to XIII Centuries*, Oxford, England: B.A.R., 1984.

Telemachos Lounghis, "The Byzantine Historians on Politics and People from 1042 to 1081", *Byzantion*, 72 (2002).

Thomas Whittemore, "A Portrait of the Empress Zoe and of Constantine IX", *Byzantion*, 18 (1948).

Walter E. Kaegi, "Patterns of Political Activity of the Armies of the Byzantine Empire", in Morris Janowitz and Jacques van Doorn, eds., *On Military Intervention. Studies presented at Varna International Sociological Association Conference*, Vol. I , 2, Rotterdam University Press, 1971. [=Walter E. Kaegi, *Army, Society and Religion in Byzantium*, London: Variorum Reprints, 1982, art.VII.]

Αικατερίνη Χριστοφιλοπούλου, «Η αντιβασιλεία εις το Βυζάντιον», *Σύμμεικτα*, 2 (1970).

Δ. Ι. Κουτσογιαννόπουλος, "Η θεολογική σκέψις του Μιχαήλ Ψελλού", *Ἐπετηρίς Ἑταιρείας Βυζαντινῶν Σπουδῶν*, 34 (1965).

Εμμανουήλ Κριαράς, «Ο Μιχαήλ Ψελλός», *Βυζαντινά*, 4 (1972).

Ιωάννης Καραγιαννόπουλος, «Η ύψωσις της τιμής του σίτου επί Παραπινάκη», *Βυζαντινά*, 5 (1973).

Κατερίνα Νικολάου και Ειρήνη Χρήστου, «Οι αντιλήψεις των Βυζαντινών για την άσκηση της εξουσίας από γυναίκες (780-1056)», *Σύμμεικτα*, 13 (1999).

Κωνσταντίνος Δ. Σ. Παΐδας, «Πολιτική σκέψη και ηγεμονικό πρότυπο στη Ύλη Ιστορίας του Νικηφόρου Βρυεννίου», *Βυζαντιακά*, 26 (2007).

Σοφία Αντωνιάτη, «Η περιγραφή στην Αλεξιάδα. Πως η Άννα Κομνηνή βλέπει και ζωγραφίζει πρόσωπα και χαρακτήρες», *Ελληνικά*, 5 (1932).

Τηλέμαχος Λουγγής, «Χρονικόν περί της αναιρέσεως του Αποβασιλέως Κύρου Μιχαήλ του Καλαφάτου, του Γεγονότος Καίσαρος, και των κατ'αυτήν συμβάντων», *Βυζαντιακά*, 18 (1998).

Τριανταφυλλίτσα Μανιάτη-Κοκκίνη, «Η επίδειξη ανδρείας στον πόλεμο κατά τους ιστορικούς του 11^{ου} και 12^{ου} αιώνα», στον *Το εμπόλεμο Βυζάντιο (9^{ος}-12^{ος} αι.)*, επιμ. Κώστας Τσικνάκης, Αθήνα: Ιδρυμα Γουλανδρή-Χόρν, 1997.

Φ. Σ. Ιωαννίδης, «Η Χρονογραφία του Μιχαήλ Ψελλού ως ιστορική πηγή για την εποχή του Μιχαήλ Δ΄ Παφλαγόνα», *Nicolaus*, 16 (1989).

（二）中文论文

陈志强：《拜占廷封建政治形态研究》，《河南大学学报》2002 年第 3 期。

陈志强：《拜占廷皇帝继承制度特点研究新观点》，《新华文摘》1999 年第 4 期。

陈志强：《拜占廷皇帝继承制特点研究》，《中国社会科学》1999 年第 1 期。

陈志强：《拜占廷皇帝谱牒简表》，《南开大学历史系建系七十五周年纪念文集》，南开大学出版社 1998 年版。

陈志强：《原始文献不一定可靠——以一个拜占廷专题研究为例》，《史学理论研究》2019 年第 3 期。

刘宇方：《11 世纪拜占庭历史书写转型探析——以邹伊和塞奥多拉的"紫衣女性"形象为例》，《世界历史》2018 年第 6 期。

庞国庆：《拜占庭帝国圣像崇拜的确立》，《世界宗教文化》2022 年第 2 期。

孙广杰：《拜占庭帝国在罗斯基督教化过程中的作用》，《外国问题研究》2015 年第 1 期。

赵法欣、邹薇：《论利奥〈历史〉中人物形象的特点》，《西南大学学报》（社会科学版）2012 年第 1 期。

赵法欣、邹薇：《普塞洛斯〈编年史〉中拜占廷帝王"形象"塑造的特点》，《史学理论与史学史学刊》2016 年下卷（总第 15 卷），社会科学文献出版社 2017 年版。

赵法欣：《〈西方史学通史〉第三卷"拜占庭史学"部分纠谬》，《古代文明》2016 年第 1 期。

赵法欣：《从拜占廷史著〈历史〉中的人物样态看利奥的史学新思想》，《四川大学学报》（哲学社会科学版）2011 年第 3 期。

赵法欣：《米哈伊尔·普塞洛斯〈编年史〉中的"帝王批判"研究》，《西南民族大学学报》（人文社会科学版）2015 年第 10 期。

赵法欣：《米哈伊尔·普塞洛斯〈编年史〉中的神学观念与古典因素》，《世界宗教文化》2020 年第 6 期。

赵法欣：《普塞洛斯〈编年史〉的特点及其在中世纪欧洲史学的地位》，《西南民族大学学报》（人文社会科学版）2014 年第 5 期。

赵法欣：《塞奥发尼斯〈编年史〉的特点及其影响》，《四川师范大学学报》（社会科学版）2014 年第 2 期。

邹薇:《拜占庭对古典医学的继承和发展》,《世界历史》2017 年第 3 期。

（三）学位论文

John H. Forsyth, The Byzantine-Arab Chronicle (938-1034) of Yaḥyā b. Sa'īd al-Antākī, Ph. D. diss., University of Michigan, 1977.

Kenneth Snipes, The Chronographia of Michael Psellos. Prolegomena to a New Edition, Ph. D. diss., Oxford University, 1978.

R. Niyogi, Revisiting the "Time of Troubles": Gender and Politics in Byzantium 1025-1081, Ph. D. diss., University of Chicago, 2005.

Stamatina Fatalas-Papadopoulos McGrath, A Study of the Social Structure of Byzantine Aristocracy as Seen through Ioannes Skylitzes "Synopsis Historiarum", Ph. D. diss., The Catholic University of America, 1996.

Stephen A. Kamer, Emperors and Aristocrats in Byzantium, 976-1081, Ph. D. diss., Harvard University, 1983.

陈悦:《11 世纪拜占廷女皇现象研究》,南开大学,博士学位论文,2013年。

刘宇方:《衰落中的帝国——阿塔雷亚迪斯及其笔下的拜占廷帝国研究》,南开大学,博士学位论文,2017 年。

王妍:《危机与应对——"马其顿王朝皇帝土地法令"研究》,南开大学,博士学位论文,2016 年。

邹薇:《尼基塔斯·侯尼亚迪斯〈记事〉研究》,南开大学,博士学位论文,2009 年。

四　工具书

Alexander P. Kazhdan, editor in chief, The Oxford Dictionary of Byzantium, New York: Oxford University Press, 1991.

Elizabeth Jeffreys with John Haldon and Robin Cormack, eds., The Oxford

Handbook of Byzantine Studies, Oxford: Oxford University Press, 2008.

Jennifer Lawler, *Encyclopedia of the Byzantine Empire*, Jefferson, N.C.: McFarland & Co., 2004.

Johannes Karayannopulos and Günter Weiss, *Quellenkunde zur Geschichte von Byzanz (324-1453)*, Wiesbaden: Harrassowitz, 1982.

John H. Rosser, *Historical Dictionary of Byzantium*, Lanham, Md.: The Scarecrow Press, 2001.

Leonora Neville, *Guide to Byzantine Historical Writing*, Cambridge University Press, 2018.

Stavros Lazaris, ed., *A Companion to Byzantine Science*, Leiden; Boston: Brill, 2020.

Ιωάννης Καραγιαννόπουλος, *Πηγαί της Βυζαντινής Ιστορίας*, Θεσσαλονίκη, 1970.

《基督教词典》编写组编：《基督教词典》，北京语言学院出版社 1994 年版。

任继愈主编：《宗教大辞典》，上海辞书出版社 1998 年版。

后　记

　　从博士论文答辩结束至今已经过去 13 年了，尽管在这期间我的研究重点逐渐偏离拜占庭历史写作而转向其他领域，但是我对普塞洛斯及其《编年史》依然保持着热情，并且不时地关注着学界的最新研究动态。其中最为引人注意的一项成就，莫过于《编年史》最新版本的问世。它由著名拜占庭学专家 D. 赖因施整理出版，就此逐渐取代了先前在学界通行的几个标准版。借助着学界关于普塞洛斯及其《编年史》研究的一些新进展，我也在过去的几年中陆续发表了一些文章，在这个过程中我不断地思考一个主题：我们今天为什么要阅读普塞洛斯的《编年史》？它究竟能够带给现代读者哪些东西？答案或许有许多，有兴趣的读者也可以通过阅读本书来找到些许线索，或者是在《编年史》原著中寻求解释；但至少有一点值得我们关注，那便是普塞洛斯在其书中表现出的对人的极度关注。这一点或许跟我们一般认知里中世纪时期的主流观念不相吻合，也正是这一点，激发了我通过解析这部《编年史》来重新思考和定位拜占庭文化的基本内涵和主要特征。

　　这本小书是在我博士论文的基础上修改而成的，它能够得以成型并最终出版，首先要感谢我的导师、南开大学讲席教授陈志强先生。我从 2002 年前后便开始跟随陈老师学习拜占庭史，屈指算来至今已有 22 个年头了。老师对我的关怀和指导数十年如一日从未间断，在学期间如此，在我离开母校、走上工作岗位之后依然。此书出版之际，陈老师又在百忙之中惠赐大序一篇，足见导师对我的关爱和提携之情。

借此机会，我还要郑重感谢我的本科班主任、天津师范大学欧洲文明研究院的哈全安教授，从 1999 年进入南开历史系上学到现在，哈老师这么多年来一如既往地给我各种帮助和指点，我从他那里学到的东西何止一二。我还要感谢南开大学历史学院古代史教研室各位授业的老师们，包括王敦书教授、杨巨平教授、王以欣教授、叶民副教授等师长。感谢四川大学历史文化学院的孙锦泉教授对我学业的指点和帮助，从我2011 年来成都工作后便经常在论文写作方面得到孙老师的悉心指导。感谢西南民族大学历史文化学院的张世均教授，在我刚刚参加工作之时，他作为学院领导和前辈同行在事业方面传授给我很多有益的经验，使我受用至今。

感谢我的父亲多年以来一直支持着我不断求学，直到我 31 岁那年才毕业工作，从此不再"啃老"。感谢我的妻子邹薇，她在生活上给予我无微不至的关怀，同时她又是我的博士同学，在专业上我们是同行，可以随时交流，此书从最一开始的构思便有她的功劳。感谢我的姑妈、姨妈、岳父岳母等各位亲人，是他们多年来的默默理解与支持给了我前行的动力。我愿将此书献给我的两个女儿，她们的到来为我的生活增添了无穷的生气与欢乐。

感谢我的学界朋友们，他们在专业或是其他方面都曾为我提供各种帮助，特别是在我当初写作博士论文期间，当时尚在希腊留学的同门师弟庞国庆曾经多次为我查找资料，解决我的燃眉之急。类似地，在本书的修改过程中，我昔日的学生们又帮我在各地的图书馆或是网上搜集到许多重要资料，在此尤其感谢清华大学的贾方舟博士和东北师范大学的慕宇璇同学。最后，衷心感谢中国社会科学出版社的安芳编辑为本书的出版所付出的辛苦努力。要感谢的人还有很多，在此恕我不能一一道来了！

最后，谨以此书怀念我的母亲！